权威·前沿·原创

皮书系列为

“十二五”“十三五”“十四五”国家重点图书出版规划项目

BLUE BOOK

智库成果出版与传播平台

经济特区蓝皮书

BLUE BOOK OF SPECIAL ECONOMIC ZONES

中国经济特区发展报告（2021）

ANNUAL REPORT ON THE DEVELOPMENT OF CHINA'S SPECIAL ECONOMIC ZONES (2021)

主　　编／陶一桃

执行主编／袁易明

社会科学文献出版社

SOCIAL SCIENCES ACADEMIC PRESS (CHINA)

图书在版编目（CIP）数据

中国经济特区发展报告.2021/陶一桃主编. --北京：社会科学文献出版社，2022.5
（经济特区蓝皮书）
ISBN 978-7-5201-9740-3

Ⅰ.①中… Ⅱ.①陶… Ⅲ.①经济特区-经济发展-研究报告-中国-2021 Ⅳ.①F127.9

中国版本图书馆CIP数据核字（2022）第023473号

经济特区蓝皮书
中国经济特区发展报告（2021）

主　　编／陶一桃
执行主编／袁易明

出 版 人／王利民
组稿编辑／周　丽
责任编辑／王玉山
文稿编辑／李小琪
责任印制／王京美

出　　版／社会科学文献出版社·城市和绿色发展分社（010）59367143
地址：北京市北三环中路甲29号院华龙大厦　邮编：100029
网址：www.ssap.com.cn
发　　行／社会科学文献出版社（010）59367028
印　　装／天津千鹤文化传播有限公司

规　　格／开 本：787mm×1092mm　1/16
印 张：27.75　字 数：415千字
版　　次／2022年5月第1版　2022年5月第1次印刷
书　　号／ISBN 978-7-5201-9740-3
定　　价／198.00元

读者服务电话：4008918866

中國經濟特區發展藍皮書

谷牧题

本报告得到教育部哲学社会科学发展报告培育项目“中国经济特区发展报告”立项资助和深圳市宣传文化事业发展专项基金项目“经济特区与中国道路”理论宣传系列活动资助。同时，本报告也得到中共广东省委宣传部“理论粤军·教育部在粤人文社科重点研究基地”专项建设支持。

主编简介

陶一桃　满族，教授，博士生导师，中国经济特区问题研究专家，师从著名学者胡寄窗先生。享受国务院政府特殊津贴专家、国家社科基金重大项目首席专家、国家社科基金会评专家，南开大学兼职教授、广东省学位委员会学科评议组成员，广东省特支计划领军人才、深圳市国家级学术领军人才、深圳大学理论经济学学科带头人、深圳大学领军学者，中国经济思想史学会常务副会长、广东经济学会副会长，深圳市政协委员、深圳市决策咨询委员会委员。现任深圳大学党委副书记、纪委书记，教育部人文社科重点研究基地——深圳大学中国经济特区研究中心主任，一带一路国际合作发展（深圳）研究院院长。

长期从事中西方经济思想与理论研究，研究领域涵盖经济史、经济思想史和制度经济学等。20多年来致力于中国改革开放史、中国改革开放经济思想史、中国经济特区发展史、中外经济特区比较研究。其代表性论文《从特区到自贸区：中国自贸区的特殊使命》被《新华文摘》全文转载；代表性著作《中国经济特区史论》被中宣部和国家新闻出版署列为“纪念改革开放30周年”的35本重点书系之一，此书获国家社科基金“中华学术外译项目”支持，并由英国帕斯国际出版公司英文出版全球发行，2011年获广东省社会科学优秀成果一等奖；国家社科基金重点项目结项成果《经济特区与中国道路》一书入选2016德国法兰克福书展，由德国斯普林格出版社在海外出版发行。

主持编撰中英双语海内外年度权威发布的《中国经济特区发展报告》(经济特区蓝皮书)，主持编撰《中国双创发展报告》(双创蓝皮书)、《一带一路与湾区经济蓝皮书》，创办《一带一路研究》学术集刊。目前正在主持国家社科基金重大项目“中国经济特区发展史（1978~2018)”。

袁易明 经济学博士，教授，博士生导师，深圳大学中国经济特区研究中心副主任，深圳市科技工作者联合会会长，深圳市汉仑绿色发展研究院院长，贵州省贵安新区高级顾问，贵州省委服务决策专家，苏州市吴江长三角一体化咨询委员会委员，深圳市政府决策咨询委员会专家。曾任世界银行地区研究顾问、深圳市绿色低碳基金会理事长。

《中国经济特区研究》中文版和英文版集刊（斯普林格出版社出版发行）的创办人和主编，《中国经济特区发展报告》执行主编。长期致力于经济增长、产业结构理论与政策研究。主持国家教育部、水利部、环保部和世界银行课题，以及非洲开发银行等国际组织研究课题25项，主笔完成世界银行课题报告3个，主持完成政策研究报告66个。

出版学术著作10余部:《资源约束与产业结构演进》《中国经济特区产业结构演进与原因》《平等——效率的替代与选择》《产权·机制·效率》《台湾香港公营经济》《政治经济学的现代形态》《市场经济的两大结构》《危机与重构：世界国有企业研究》等。

专著《台湾香港公营经济》(1998）是国内该领域第一部学术专著，2006年完成的《福利目标下中国所有制结构调整的路径选择》一书提出了中国所有制改革的社会边际福利方法，2002年完成的研究成果《平等——效率的替代与选择》建立了中国经济运行效率、所有制结构与平等间关系的分析框架和结构模型。

在《经济学动态》、《经济研究》、《南开经济研究》、《学术研究》、《海外事情研究》（日）等国内外刊物发表论文 90 余篇，多篇论文被《新华文摘》、人大复印报刊资料等全文转载。

多次受邀在国际学术会议上演讲。主要有：2016 年 5 月应邀在深圳低碳发展国际会议上做学术演讲，2014 年 5 月在卢旺达基加利非洲开发银行 2014 年经济特区高级学术会议上演讲，2012 年 1 月在联合国开发计划署"中非发展与减贫"国际会议上发表主题演讲，2011 年 2 月受邀参加在亚地斯亚贝巴非盟总部举行的由非洲联盟委员会、联合国非洲经济委员会和 OECD 主办的学术会议并发表演讲，参加竞争性产业集群发展南南合作交流会中国片区会议并做学术演讲。

摘　要

《经济特区蓝皮书：中国经济特区发展报告》是教育部人文社科重点研究基地——深圳大学中国经济特区研究中心着力打造的高端学术品牌和标志性科研成果之一，首部报告出版于2009年，是国家教育部报告，被列入中国蓝皮书计划，是全国唯一的经济特区蓝皮书。它以动态研究方式反映每一年深圳等传统经济特区和喀什、霍尔果斯、图们江等新兴经济特区的政治、经济、社会、文化、制度、环境、创新、改革的主要进展及面临的问题、挑战和对策，具有权威性、前沿性和原创性，已经在海内外产生了标志性的影响，既是经济特区研究的重要成果，也是研究中国经济特区的重要史料来源，已成为深圳具有国际影响力的学术品牌。

《经济特区蓝皮书：中国经济特区发展报告（2021）》全书分为总报告、专题研究报告、特区发展分述报告和特区发展动态考察报告四个部分。其中，总报告是全书的基本纲要，是站在国家整体发展战略规划的角度，对中国经济特区，包括改革试验区和部分新特区一年发展状态的整体评述。专题研究报告分别以特区的发展现状、比较分析、政策建议为切入点，对特区所面临的转型问题、资源的使用与可持续发展问题、经济社会发展问题、社会保障问题、科技创新问题、金融体制改革问题、特区文化产业问题等进行了综述分析，并针对每一具体问题提出了发展建议。特区发展分述报告是对五大传统特区及上海浦东新区和天津滨海新区一年发展状况的历史性记录与梳理，偏重对不同特区的特殊问题的比较，重点在于对不同特区进行个案分析，包括深圳、珠海、汕头、厦门、海南五大传统特区以及上海浦东新区和天津滨海新区。特区发展动态考察报告是为了及时反映中国区域发展战略调整及介绍、借鉴国外经验，尤其是新兴市场经济国家经济特区发展状况做的一个比较灵活且具有广泛扩展空间的结构安排。

关键词： 经济特区 改革试验区 高质量发展

目 录

深圳奇迹与中国共产党的改革智慧（代序）…………………… 陶一桃 / 001

Ⅰ 总报告

B.1 中国经济特区发展年度报告（2021）
…………………………………… 陶一桃 李 猛 车 达 / 001
一 2021 年经济特区发展的背景基础 …………………………… / 002
二 经济特区进展与评述 ………………………………………… / 003
三 经济特区发展面临的新挑战和机遇 ………………………… / 013
四 对策建议 ……………………………………………………… / 014

Ⅱ 专题研究报告

B.2 中国经济特区产业绿色转型发展报告………… 袁易明 杜亭亭 / 016
B.3 中国经济特区绿色全要素生产率评估报告
…………………… 钟若愚 吴文宗 岑育文 李愉欣 黄文宇 / 049
B.4 中国经济特区创新发展报告……………………… 黄义衡 赖 婷 / 072
B.5 中国经济特区社会保障发展报告…… 高兴民 丘 枫 陈仕江 / 090
B.6 中国经济特区人才特区建设报告…… 张克听 鲜林纹 冯家威 / 120

B.7 中国经济特区金融产业发展报告 …………………… 郭茂佳 / 133
B.8 中国经济特区文化产业发展报告 ………………… 钟雅琴 杨清童 / 159

Ⅲ 特区发展分述报告

B.9 深圳经济特区发展报告 ………………………… 伍凤兰 张凯越 / 175
B.10 珠海经济特区发展报告 ………………………………… 陈红泉 / 205
B.11 汕头经济特区发展报告 ………………………… 马丽梅 孟 霏 / 222
B.12 厦门经济特区发展报告 ……………… 周轶昆 张培喜 唐 辉 / 242
B.13 海南经济特区发展报告 ………………………… 刘伟丽 陈腾鹏 / 259
B.14 上海浦东新区年度发展报告 ……… 章 平 杨 帆 陈 旺 / 279
B.15 天津滨海新区发展报告 ………………………………… 李 桐 / 298

Ⅳ 特区发展动态考察报告

B.16 深圳前海深港现代服务业合作区发展报告 ……………… 雍 炜 / 310
B.17 中国自由贸易试验区发展报告 ………………………… 范霄文 / 323
B.18 中国图们江地区经济社会发展报告 ………… 沈万根 赵宝星 / 336
B.19 深圳湾区经济报告
——基于区域经济一体化的视角
…………………………………… 李 凡 刘承君 吴一菲 / 350
B.20 新疆新兴经济特区发展报告 ………………… 王保卫 李聿岢 / 366

后 记 ……………………………………………………………… / 386

Abstract ………………………………………………………… / 393
Contents ………………………………………………………… / 395

皮书数据库阅读使用指南

深圳奇迹与中国共产党的改革智慧（代序）

陶一桃*

在中国共产党百年辉煌而又艰苦卓绝的发展历史中，改革开放无疑具有其独特的历史意义及理论与实践价值。如果说始于1978年的改革开放，彰显了中国共产党人自我革命的勇气与挑战教条主义的大无畏的批判精神，那么打破传统计划经济体制，建立社会主义市场经济体系，走中国特色社会主义道路，则充分展示了中国共产党的道路自信、理论自信、制度自信与文化自信。深圳经济特区作为社会主义市场经济的试验田，作为最早的改革开放窗口，作为中国道路的先行者，作为中国特色社会主义先行示范区，不仅以其自身令世人瞩目的辉煌成就和发展奇迹证明了中国共产党改革开放的决策是英明的，印证了中国道路是正确的，同时还体现了中国共产党的改革智慧和源自于思想与道路的力量与魅力。

纵观经济特区发展的历程，它的建立与成功是中国共产党发展史上的辉煌一笔，它不仅以改革开放的实践真正推动了马克思主义的中国化，还以中国共产党人在社会转型进程中的不断探索性突破丰富发展了马克思主义，形成了中国特色社会主义理论体系，为新兴市场经济国家和转型国家提供了可以借鉴的发展中问题的中国解决方案。正如习近平总书记在深圳经济特区建立40周年庆祝大会上所说的“深圳是改革开放后党和人民一手缔造的崭新城市，是中国特色社会主义在一张白纸上的精彩演绎”。

---

* 陶一桃，深圳大学党委副书记、纪委书记，深圳大学中国经济特区研究中心主任，一带一路国际合作发展（深圳）研究院院长，教授，博士生导师。

一　中国共产党的伟大抉择：经济特区的创立与中国道路的开启

在建党百年的历史背景下，我们从中共党史的视角出发，回顾、总结、思考中国经济特区建立40余年的伟大历程：正是中国共产党带领全中国人民实事求是、解放思想，摆脱传统计划经济的束缚，探索适合中国国情的现代化建设道路，并以创办经济特区的方式开启了中国道路的伟大抉择，才有中国特色社会主义的伟大实践，才有改革开放40余年的伟大成就，才有中华民族的伟大崛起，才有令世界刮目相看的伟大的中国奇迹。经济特区在中国社会制度变迁的进程中具有不可替代的地位、功能与独特的历史使命，经济特区与中国道路作为中国特色社会主义理论的重要内涵与组成部分，也将成为中国共产党的理论与思想财富。

1980年中共中央和国务院决定将深圳、珠海、汕头和厦门四个“出口特区”改为“经济特区”。在中国改革开放40余年的历史进程中，经济特区，尤其是深圳经济特区，就以制度变迁的先行者和政策性经济增长极的双重使命与身份，率先探索着中国社会由传统计划经济向社会主义市场经济转型的发展路径，寻找着由普遍贫穷走向共同富裕的实践模式，探寻着由经济体制改革逐步深入到政治体制、社会管理体制机制等全方位改革的制度安排，践行着以非均衡发展战略实现区域协同发展的有效途径，贡献着由政策开放走向制度开放，由外向型经济走向开放型经济的理念、做法与可借鉴、可复制经验。以深圳为典型代表的经济持区，作为中国社会制度变迁的逻辑起点与中国道路的重要组成部分，它既是自上而下强制性制度变迁的产物，又是这一制度变迁的结果，还是中国特色“渐进式改革”的伟大的践行者。作为自上而下强制性制度变迁的产物，它肩负起“先行先试”和“先行示范”的历史使命；作为强制性制度变迁的结果，它以“政策性增长极”的制度力量，不断产生、释放着“虹吸效应”与“扩散效应”①，从而改变、

① Gunnar Myrdal, *Economic Theory and Underdeveloped Regions*, London: G. Duckworth, 1957.

形成着中国经济的新版图；作为“中国特色渐进式改革”的伟大的践行者，它以其自身的发展不断探索着中国社会制度变迁的路径，更以其自身的成功证明着中国道路选择的正确性。

40余年前，在“发展是硬道理”的渴望中，在“摸着石头过河”的探索中，倍受瞩目的经济特区诞生，作为由传统计划经济向社会主义市场经济转型的试验田，作为中国对外改革开放的窗口，经济特区的建立不仅成为一次冲出传统计划经济体制的崭新而富有挑战意义的制度尝试，成为中国改革开放的一个具有划时代意义却充满众多不确定因素的突破口，同时也开启了中国道路的探索征程。从此，中国现代化建设走上了一条既不同于传统体制下的“苏联模式”，又不同于资本主义时代的“西方模式”，更不同于被苏联、中东欧前社会主义国家和拉美转型国家所采纳的“华盛顿共识”的中国特色的发展道路——中国道路。① 中国共产党在民族生死存亡关头的伟大而坚定的决策，铸就了一条民族发展繁荣走向现代化的道路——中国道路。

这里所说的中国道路，是指1978年以来中国所选择的社会转型、经济发展与全面实现现代化的方式与路径。具体地说，就是在一个已经拥有30年计划经济历史，同时传统意识形态又毋庸置疑地占据主导地位的计划经济的大国里，在区域及城乡发展严重不平衡的国家中，把创办经济特区作为冲破以传统体制为目标的制度变迁的突破口，旨在全国范围内逐步完成由传统的计划经济向社会主义市场经济转型，使中国社会在一段时期内全面走上市场经济的道路，让其逐渐成为一个真正的经济繁荣、制度自信、文化昌盛、国富民强的社会主义市场经济国家。② 经济特区作为一种制度安排，打破了传统体制下的一般均衡状态，使非均衡发展成为中国社会制度变迁的最佳路径选择，从而也成为探索中国道路的路径选择。经济特区作为非均衡发展道路的产物，与非均衡发展道路共同构成了中国道路的重要组成部分。经济特区在“摸着石头过河”理念下，构成了中国渐进式改革的独特实践模式，

---

① 陶一桃：《新时代经济特区新使命新作为》，《深圳特区报》2018年5月8日。

② 陶一桃、鲁志国：《经济特区与中国道路》，社会科学文献出版社，2017。

而“先行先试”“率先示范”“敢闯”又构成了这一独特实践模式的重要内涵与品质。它们都以符合中国国情的改革实践方式，证明了中国道路的理论价值与实践意义。正是经济特区作为中国改革的探索者与先行者，在构成中国道路重要实践载体的同时，又以其路径选择的正确和发展的辉煌，推动、促进了中国社会主义市场经济体系的确立、发展与完善，掷地有声地证明了中国道路选择的正确性。

2021 年是经济特区建立 41 周年，经济特区的建立见证了中国改革开放的历史进程。对于今天的中国而言，经济持区已经不是一个单纯的特殊政策的产物，更不是一项权宜之计，而是中国社会制度变迁和中国道路的逻辑起点，它本身就构成了中国道路的重要内涵。从今天深圳经济特区的新时代新使命来看，由“先行先试”到“先行示范”，经济特区还将继续以“政策性增长极”的方式，成为中国深化改革进程中先行先试的先锋、增长极中的增长极、降低试错成本的先行区、创造可复制可推广经验的制度创新高地。正如习近平总书记所说的“改革开放是我们党的一次伟大觉醒”，“改革开放是中国人民和中华民族发展史上一次伟大革命”①。

二　中国共产党的伟大探索：经济特区与“中国特色渐进式改革”

如果说以建立经济特区的方式开启中国改革开放是中国共产党的伟大抉择，那么“中国特色渐进式改革”则是中国共产党的伟大探索。所谓“中国特色渐进式改革”是指 1978 年以来中国所采取的既不同于《华盛顿共识》所推崇的“激进式改革”，又不同于典型的“渐进式改革”的中国特色的制度变迁的道路与模式。具体地说，就是在以建立经济特区为重要的实践载体，以“先行先试”为主要的实践逻辑与步骤的前提下，以强制性制度

① 习近平：《在深圳经济特区建立 40 周年庆祝大会上的讲话》，《人民日报》2020 年 10 月 15 日。

变迁为主导，以诱致性制度变迁为潜能；以自上而下顶层设计为核心，以自下而上授权改革为路径；以经济改革为切入口，以全方位改革为方向；以发展经济为着眼点，以全面发展为目标；以非均衡发展为路径，以协调与共享发展为宗旨的非激进式改革。这一改革的基本路径，反映了中国道路前行的内在逻辑轨迹。[①] 所以，“中国特色渐进式改革”不仅构成了中国道路的重要组成部分，还以改革开放40余年的成功实践，发展了传统转轨经济学理论与区域经济学理论，丰富了中国特色政治经济学理论体系，为转型国家提供了另一条可供选择、借鉴的成功道路，这是中国共产党对马克思主义理论的全球性贡献。

经济特区作为“中国特色渐进式改革”的实践模式与路径，一方面，它在中央特殊政策所创造的率先改革的制度空间内实践着国家改革的整体意图，同时又以不断“先行先试”的成功经验创造出新的制度需求，从而使中央顶层设计的强制性制度变迁与特殊政策的发生源于地方政府改革能动性的诱致性制度变迁，作为改革过程中制度供给与需求的两个方面，形成了“中国特色渐进式改革”相辅相成的有机进程；另一方面，经济特区在自上而下的强制性制度变迁占绝对主导地位的社会转型框架下，作为强制性制度变迁结果和推动力，不断以“先行先试”所派生出来的充分体现地方政府改革勇气与胆识的自下而上的诱致性制度变迁与强制性制度变迁相互促进、推动的方式，构成了“中国特色渐进式改革”不断向纵深迈进的内在演进的逻辑。经济特区作为“中国特色渐进式改革”的实践模式与路径，在形成由特殊政策所引致的对生产要素和经济实体具有强大吸引力的“虹吸效应”的同时，又以其中央授权下的诱致性制度变迁（地方政府的大胆改革）创造出被加强了的“虹吸效应”，从而进一步提高了“中国特色渐进式改革”的制度绩效；经济特区作为“中国特色渐进式改革”的实践模式与路径，在形成由特殊政策所引致的对周边区域经济产生推动或有利影响的“扩散效应”的同时，又以其中央授权下的诱

① 陶一桃：《经济特区与中国特色“渐进式改革”的绩效》，《广东社会科学》2020年第6期。

致性制度变迁（地方政府的大胆改革）创造、释放出日益扩大、深化的“扩散效应”，从而更加快了“中国特色渐进式改革”的实践进程。经济特区作为“中国特色渐进式改革”的实践模式与路径，依靠先富带后富的“涓滴效应”，在展现率先发展城市“倒U形曲线”（随着经济的发展贫富差距缩小）的同时，从内在逻辑与机理上更加彰显“中国特色渐进式改革”的时代意义。

马克思说：“理论在一个国家实现的程度，总是取决于理论满足这个国家的需要的程度。”① 中国经济特区不只是特殊政策的产物，同时它本身也是一种制度安排，即由特殊政策赋予了“率先改革权”的一项制度安排。作为一种制度安排，它既率先担负起中国社会改革开放与深化改革的使命，又以“次级行动集团”② 的独特身份利用率先改革的特权，不断为中国社会的制度变迁提供着可复制、可借鉴的做法与经验。所以，经济特区作为“政策性经济增长极”，不仅在“中国特色渐进式改革”的框架内有力地诠释、践行着中国经济特区独特功能、作用与使命，而且使西方传统区域经济理论以“中国式”机制的方式非“经典”地展现了出来。这在丰富、完善中国特色社会主义理论的同时，展示了中国共产党的思想与道路的力量。③

三　深圳奇迹印证中国共产党的改革智慧

回顾40余年的改革开放历程，经济特区拥有着“与生俱来”的划时代意义。它不仅仅是中国共产党所创造的足以载入中国改革开放史中的厚重的政治财富，而且还是不断开创历史、创造奇迹的制度力量。从“先行先试”到“先行示范”，都在以“政策性增长极”的独特的制度绩效，展示着中国共产党的改革智慧，而深圳经济特区正是这一改革智慧的印证者。

---

① 《马克思恩格斯选集》第一卷，人民出版社，2012，第11页。

② L. E. Davis，Douglass C. North，*Institutional Change and American Economic Growth*，Cambridge University Press，1971.

③ 陶一桃：《经济特区与中国特色“渐进式改革”的绩效》，《广东社会科学》2020年第6期。

我们知道，社会转型的初期，获取民众对改革支持的最直接、最有说服力的方法就是发展经济及提高人们的收入水平。这是典型的“渐进式改革”的基本逻辑步骤。“中国特色渐进式改革”以首先建立“政策性增长极”——经济特区的方式，富有感染力与感召力地创造了一个具有说服力的制度空间。这就是改革开放初期邓小平同志所说的“让一部分人、一部分地区先富起来”政治智慧。1979 年，深圳经济特区建立时，GDP 不足 2 亿元（19638 万元），仅为同期广州 GDP 的 4%（广州 1979 年 GDP 约 48 亿元），不足同期香港 GDP 的 0.2%（香港 1979 年 GDP 约 1117 亿元）。但 41 年过去，深圳的 GDP 增长了约 1.5 万倍。按常住人口 1343.88 万人计算，2019 年深圳人均 GDP 达 20.03 万元（2.90 万美元），约是全国平均水平（7.09 万元，约 1.03 万美元）的 3 倍，连续 7 年超过台湾（2.59 万美元），逼近韩国人均 GDP（3.18 万美元），比 1979 年深圳这座城市刚建时的人均 GDP（606 元）翻了近 330 倍。[①] 如果说改革开放初期，深圳较高的工资收入是吸引人们“闯”深圳的重要而巨大的动力，那么改革开放以来，深圳不断增长的 GDP 和人均 GDP 则是其不断吸引人才的重要因素，甚至会让今天的创业者“忘记”高房价带来的巨大压力。当然，人均 GDP 本身并不能完整地说明“深圳奇迹”的原因。如果把人均 GDP 看作生产要素的价格，那么它无疑是吸引人力资本的重要因素。而作为对社会发展起决定性作用的人力资本，人均 GDP 则是蕴含在社会机体内的创造财富和奇迹的生生不息的力量。41 年来，深圳的 GDP 增长了约 1.5 万倍，深圳总人口增长了 40 倍，广州增长了 2 倍，香港增长了 0.5 倍，深圳可能是近几十年来世界上 GDP 和人口增幅最大的城市之一。与 2010 年第六次全国人口普查相比，第七次全国人口普查中广东省人口增长较多的 5 个市依次为：深圳市、广州市、佛山市、东莞市、惠州市，分别增加 7136531 人、5975805 人、2304552 人、2246388 人、1445850 人。根据百度地图慧眼发布的 2019 年度城市人口吸引力指数排行榜，排名前十的城市依次是深圳、广州、北京、东莞、上

① 数据来源于《深圳统计年鉴（2019）》。

海、成都、苏州、重庆、杭州、佛山。深圳海归人才和数字人才的引进数量，在全国大中城市中名列第三。[①] 人口无疑是一座城市发展的核心因素，尤其对一个在社会转型中成长的城市而言。一方面，人口流动的情况，足以体现一座城市对“人”的吸引力与魅力；另一方面，城市自身在获取劳动力红利和所创造的价值的同时，更获得了消费能力，扩大了消费规模。两者相互促进，又会产生有利于城市发展的“极化效应”[②]，以深圳为典型代表的经济特区，正是自身发展所产生的“极化效应”的最大的受益者。“极化效应”是邓小平“让一部分人、一部分地区先富起来，大原则是共同富裕”思想实施过程中的产物，它也构成了中国特色“渐进式改革”内在的自发溢出的效应。[③]

第一，深圳经济特区的成功证明，中国共产党建立经济特区的决策是正确的。如何在传统计划经济体系中开始社会主义市场经济的实践，这对中国共产党人来说是一个既陌生又全新的问题。一方面，谁都不知道社会主义市场经济到底应该是什么样子的；另一方面，万一失败了，如何将其后果降至最低，不至于使已经濒临崩溃的国民经济雪上加霜。所以，如何在计划经济中建立市场经济的绿洲，无疑是对中国共产党人的改革意志与智慧的历史性考验。深圳、珠海、汕头、厦门由于地处冷战前沿，计划经济布局相对薄弱，又具有地理位置的优势（或毗邻港澳，或与台湾隔海相望）；它们不是计划经济的重镇，且远离政治中心，一旦失败对当时的国民经济体系不会造成伤筋动骨的影响。正因为如此，这里成了率先开启中国改革开放的沃土。可以说，这既是一个降低改革的政治风险和成本的最佳选择，又是一个充满政治智慧的符合中国国情的选择。经济特区的建立不仅大大减小了在传统意识形态依然占据主导地位的情况下社会制度变迁的阻

① 引自百度地图发布的《2019 年度中国城市研究报告》。

② “极化效应”是经济学家 G. 迈达尔在其著作《经济理论和不发达地区》中提出来的。这一理论认为，在市场机制的作用下，一旦地区间发展水平与发展条件出现差距，条件好、发展快的地区就会在发展过程中不断地为自身积累有利因素，从而进一步遏制落后地区的发展，使不利于其发展的因素越积越多，处境也就日益恶化。

③ 陶一桃：《经济特区与中国特色“渐进式改革”的绩效》，《广东社会科学》2020 年第 6 期。

力，降低了传统体制依然占据支配地位情形下制度变革的成本，而且还成功地规避了改革开放有可能带来的各种风险和巨大的社会动荡，从而使制度变迁的绩效在短期内就迅速地显现出来，并卓有成效地示范于全国。以建立经济特区开启中国改革开放的进程，是中国共产党人的辉煌一笔，是马克思主义中国化的经典案例。

第二，深圳经济特区的成功证明，中国共产党“中国特色渐进式改革”的路径选择是正确的。“渐进式改革”的一个重要特征就是改革的实施从局部到全局逐步展开。中国共产党人并没有机械照搬西方渐进式改革理论模式，而是首先建立一个既能体现中央整体改革意图，再赋予其改革自主权的“政策高地”——经济特区，进而为渐进式改革成功地寻找到了一个具有“试验田”意义的实践载体。“先行先试”是转型中国赋予经济特区的“先天”品格，是中央统筹部署下的强制性制度变迁赋予经济特区的政策“特权”，是渐进式改革赋予经济特区的伴随风险和成本的“试验权”，是非均衡发展战略赋予经济特区需要智慧与勇气的“优先”改革权，更是经济特区不朽生命力的原因所在。“中国特色渐进式改革”的道路选择，不仅体现了中国共产党人的改革智慧，也展示了中国共产党人的理论自信与对马克思主义的再认识。

第三，深圳经济特区的成功证明，中国共产党“非均衡发展方式”的选择是正确的。非均衡发展方式是在经济发展不均衡的大国里，有效完成社会转型，从而较快实现全面发展的制度绩效最佳、成本代价最低的路径选择，尤其对于降低改革开放的试错成本和传统意识形态成本而言。如果说“中国特色渐进式改革”是面临制度约束的一种发展步骤，那么非均衡发展方式则是面临资源约束的一种发展方式，作为同一改革过程中相互支撑、相互推动的两个方面，它们共同保证了中国改革开放历程中强制性制度变迁主导下的诱致性制度变迁的自然发生；保证了转型进程从局部向全局的稳步推进；保证了体制内改革与体制外推动的有效结合；保证了经济的市场化与全方位改革的渐进式发生与实现；保证了改革、发展与稳定的相互协调；从而以符合中国国情的改革实践，为道路自信提供了令世人瞩目的现实依据。

第四，深圳经济特区的成功证明，中国共产党“中国道路”的选择是正确的。“中国道路”的实质就是中国共产党领导和实现社会主义现代化。从根本上说，中国道路的探索过程是对人类文明的认同过程，是为世界提出中国智慧的过程。这一过程体现了中国共产党作为改革开放倡导者、领导者的政治智慧与民族担当。首先建立经济特区，并赋予经济特区改革开放不同历史阶段的不同功能与使命，是中国道路的中国特色。如果说，当年以建立特区的方式开启中国社会的制度变迁主要在于降低改革开放的政治风险和试错成本，那么之后的各类特区的建立则更多的是以政策的力量培育经济增长极，并通过“回流效应”、“扩展效应”和“涓滴效应”的释放，以制度示范制度，以区域带动区域，并以先行先试所形成、积累的增长极，逐步带动、实现社会的均衡发展与全面发展。无论是典型经济特区、广义经济特区还是自由贸易试验区、湾区，都是在中国改革开放不同时期与阶段中，承担着不同的先行先试使命，从而实现国家整体发展战略的一项制度安排。或者说，都是在产生之初就被赋予了“政策性增长极”的功能与使命。这些增长极功能的发挥，如以“扩散效应”实现梯度转移，并不是简单的发展后的自然释放，更多的表现为市场机制基础之上的实现国家发展战略的政策性释放。市场选择与政策引力相作用，市场的力量与制度的力量相结合，使中国社会经济发展呈现独特的轨迹与较高的速度。从典型经济特区到广义经济特区，再到经济特区拓展形式的自由贸易试验区、湾区，正是“梯度发展”与“反梯度发展”路径选择的有机结合。这种有机结合在改革与深化改革的进程中，不断诠释着中国道路所蕴含的“举国体制”的独特魅力，彰显着中国共产党源于改革智慧的稳健而坚定的创新精神。

1984 年，中国改革开放的总设计师邓小平同志在视察深圳、珠海、厦门三个经济特区时高兴地说：“深圳的发展和经验证明，我们建立经济特区的政策是正确的。”1987 年，他再次谈及经济特区时说：“现在我可以放胆地说，我们建立经济特区的决定不仅是正确的，而且是成功的。所有的怀疑都可以消除了。”① 2020 年 10 月 14 日，在深圳经济特区建立 40 周年庆祝大会上习近平总书记发出了充满震撼力的历史回声：“深圳等经济特区的成功实践充分证明，党中央关于兴办经济特区的战略决策是完全正确的。经济特区不仅要继续办下去，而且要办得更好、办得水平更高。”②

如果说深圳奇迹印证了中国共产党的改革智慧，那么中国改革开放的成功实践则展示出中国共产党的思想与道路的力量。这一思想与道路的力量将作为珍贵的制度财富，镌刻在中国共产党的发展史中。

① 邓小平：《改革的步子要加快》，《新湘评论》2018 年第 11 期。

② 习近平：《在深圳经济特区建立 40 周年庆祝大会上的讲话》，《人民日报》2020 年 10 月 15 日。

总报告

General Report

B.1

中国经济特区发展年度报告（2021）*

陶一桃　李猛　车达**

摘　要： 2021年，深圳经济特区在中国特色社会主义先行示范区建设全面铺开的同时，也面临诸多突出矛盾和重大问题，特区中长期创新发展压力增大，新一轮科技革命和区域经济变革带来新的挑战，特区亟待以数字经济技术培育新动能。面对新阶段、新理念和新发展格局下的新要求，特区经济高质量发展的紧迫性增强，

* 本报告受到国家社科基金"中美贸易关系新形势下我国先进制造业升级路径研究"（项目编号：19BJY098）、广东省普通高校省级基础研究及应用研究重大项目（人文社科）（项目编号：2018WZDXM016）、国家社科基金重大项目（项目编号：18ZDA004）、教育部人文社会科学研究基金项目（项目编号：18YJA790094）和深圳市哲学社会科学规划课题"共建项目"（项目编号：SZ2019D005）资助。

** 陶一桃，深圳大学党委副书记、纪委书记，深圳大学中国经济特区研究中心主任，一带一路国际合作发展（深圳）研究院院长，教授，博士生导师，主要研究方向为中国改革开放史、中国改革开放经济思想史、中国经济特区发展史及中外经济特区比较；李猛，中国数量经济学会数字经济研究会会长，深圳大学经济学院副院长，广东省统计局省级共建合作平台——深圳大学数量经济与数据科学研究中心主任，教授，博士生导师，主要研究方向为数量经济与统计学；车达，深圳大学大湾区国际创新学院研究员，主要研究方向为文化科技理论与实践。

可持续发展的压力增大。经济特区须精准把握科技革命大势，超前规划和布局一批未来产业，转换经济增长引擎，打通经济内循环。

关键词： 数字经济　新科技革命　数字赋能

本报告是2020年度中国经济特区发展报告的延展。本报告对可获取的最新统计数据进行梳理分析，多角度把握中国经济特区经济社会各方面发展动态。为了与上年度报告相承接，本报告参考沿用了2020年度报告基本写作框架和数据分析指标。

一　2021年经济特区发展的背景基础

2021年，国内外形势日趋严峻。新阶段、新理念、新格局下的经济特区，制度红利面临拐点，社会经济发展（经济要素、技术要素、社会要素、文化要素、生态资源、政治法律要素）诸多方面面临瓶颈，经济社会可持续、高质量发展须尽快转换新引擎。

2021年，深圳经济特区在中国特色社会主义先行示范区建设全面铺开的同时，也面临诸多突出矛盾和重大问题：第一，美国对华遏制进入全方位、系统化阶段，特区中长期创新发展压力增大；第二，新冠肺炎疫情全球蔓延，加速了国内外产业链、价值链的重塑，应运而生的新技术、新业态、新模式、新产业正在推动新一轮科技革命和区域经济变革；第三，面对日趋严峻的外部环境，特区亟待以数字经济技术培育新动能，用新动能推动新发展，拓展经济发展新空间，推动实体产业深度转型升级到产业数字化的新阶段。

面对新阶段、新理念和新发展格局下经济社会高质量发展的新要求，经济特区需要继续坚定不移地深化改革，打通经济内循环，激发经济内生动力。

二　经济特区进展与评述

本部分梳理了经济特区各项建设进展，以期为全面把握特区深化改革阶段性特征、总体成效以及瓶颈提供参考。

（一）高质量发展全方位推进

1. 产业绿色转型成效显著

下面主要从五个评价维度（资源利用效率、污染物排放、创新能力、工业盈利能力、绿色全要素生产率）对五大经济特区的产业绿色转型成效进行评估。

（1）资源利用效率提升状况

从电耗指标来看，2019～2020年五大经济特区单位工业增加值电耗均实现负增长，表明五大经济特区资源利用效率均呈上升趋势。其中，厦门经济特区资源利用效率提升状况最优。2016～2020年单位工业增加值电耗增速总体为负值，表明五大经济特区资源利用效率整体呈现持续提升态势（见图1）。2020年各经济特区单位工业增加值电耗增速均分布在-0.1%～0范围内，表明五大经济特区资源利用效率呈现显著收敛特征，各经济特区资源利用效率变化趋于同步。

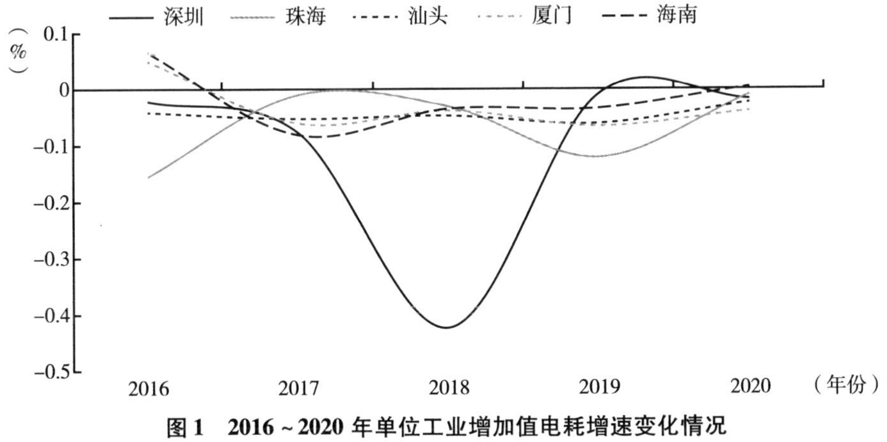

图1　2016～2020年单位工业增加值电耗增速变化情况

（2）污染物排放减少状况

从细微颗粒物 $PM_{2.5}$ 浓度指标来看，2015～2020 年五大经济特区主要污染物排放情况总体呈现稳步改善态势，各特区的细微颗粒物 $PM_{2.5}$ 浓度均下降明显（见图 2）。

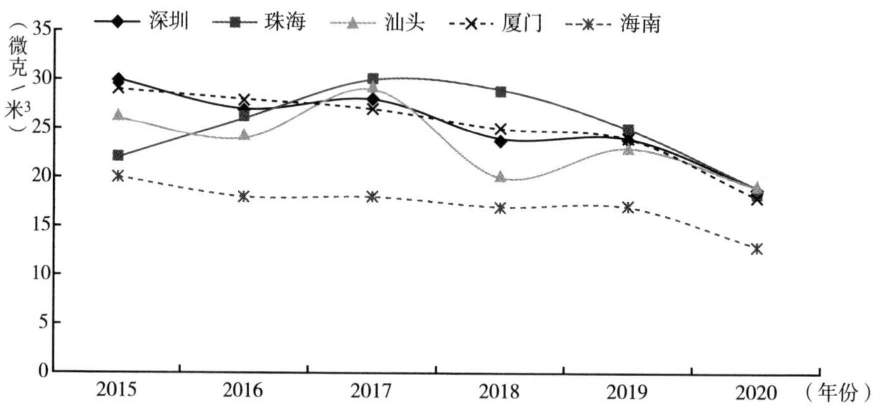

图 2　2015～2020 年五大经济特区细微颗粒物 $PM_{2.5}$ 浓度指标变化情况

（3）创新能力提升状况

从五大经济特区高新技术产业增加值比重来看，2015～2020 年深圳经济特区创新能力相对领先，其次是厦门经济特区（见图 3）。从专利授权量数据来看，厦门经济特区整体创新能力较为突出。2019～2020 年，五大经济特区

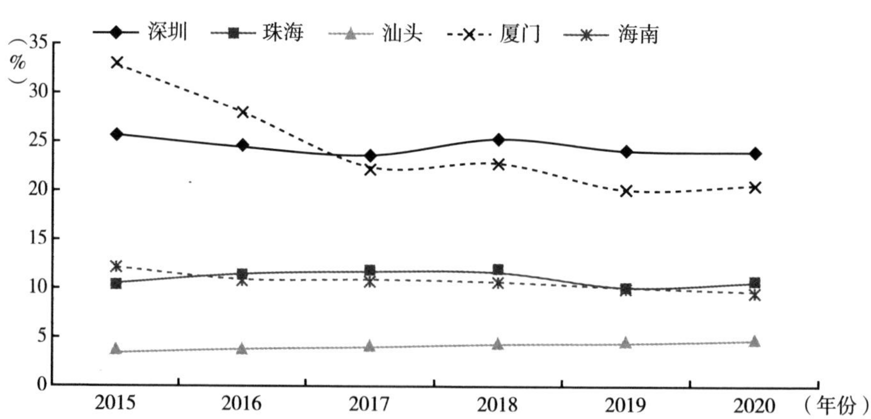

图 3　2015～2020 年五大经济特区高新技术产业增加值比重变化情况

专利授权总量均有所增加，其中，深圳、珠海、汕头、厦门专利授权总量趋于收敛，表明除海南外，四大经济特区创新能力差距明显缩小（见图4）。

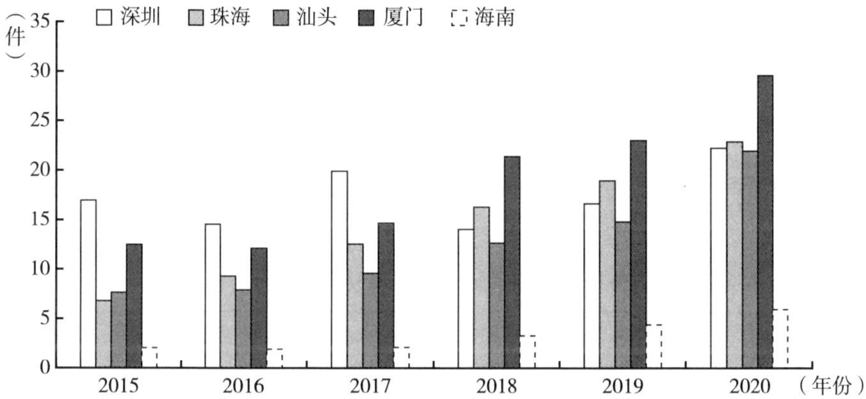

图4　2015～2020年五大经济特区专利授权量变化情况

（4）工业盈利能力提升状况

从工业利润指标来看，2016～2020年五大经济特区工业利润总额整体实现正增长，表明五大经济特区工业盈利能力整体呈提升态势。其中，厦门经济特区工业盈利能力相对较好，2020年，厦门经济特区工业利润在疫情冲击下仍然实现了较高水平的正增长，且增速反超深圳经济特区（见图5）。

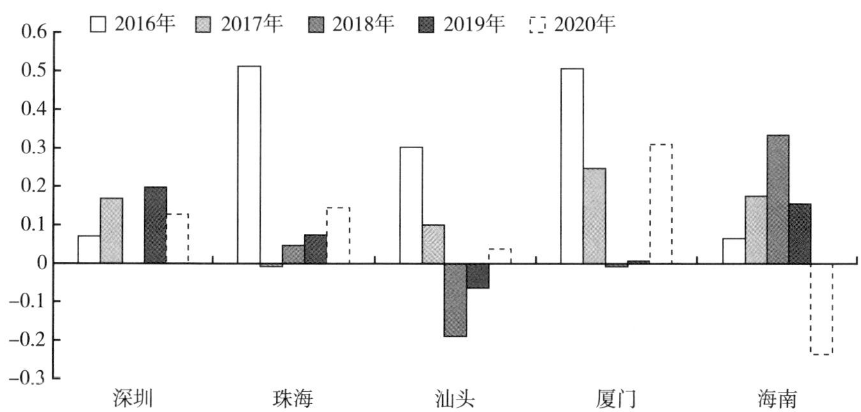

图5　2016～2020年五大经济特区工业利润总额增速变化情况

注：增速指数（纵轴）是以2015年为基期的同量纲实际增长率计算所得。

（5）绿色全要素生产率改进状况

本部分根据 ML 指数测算了 2000～2020 年五大经济特区绿色全要素生产率。如表 1 所示，在减污降碳双重约束下，深圳、厦门、海南、珠海、汕头在考察期内的 ML 指数均值分别为 0.9552、0.9725、0.9541、1.0232、0.8468。总体来说，只有珠海 2000～2020 年绿色全要素生产率总体呈增长趋势，厦门、深圳、海南、汕头的 GTFP 值均小于 1。总体上看，经济特区绿色全要素生产率仍存在一定的提升空间。

表 1　2000～2020 年五大经济特区 ML 指数、ML 指数均值及其排名

年份	深圳	厦门	海南	珠海	汕头
2000～2001	0.7353	0.7890	0.7534	0.7224	1.3174
2001～2002	0.6413	0.9851	0.8455	0.8058	0.3200
2002～2003	1.0956	1.6478	0.9339	0.7597	1.0054
2003～2004	0.9693	0.7942	0.6604	1.2732	0.8893
2004～2005	0.9948	0.6299	1.1117	0.6720	0.8500
2005～2006	0.9118	1.0738	0.8658	0.6143	0.5461
2006～2007	0.8823	1.0011	0.5822	0.7827	1.0185
2007～2008	0.9630	1.1529	1.3924	0.9347	0.9803
2008～2009	1.0018	0.7804	1.0604	1.0454	0.4951
2009～2010	0.8684	0.6687	0.6898	1.1516	0.6626
2010～2011	0.8834	0.8237	0.8811	0.6188	0.4609
2011～2012	1.1360	1.1357	0.9089	1.3440	1.5118
2012～2013	0.7754	1.0910	0.7098	1.2051	0.8423
2013～2014	1.8654	0.8874	1.1070	0.7614	0.5163
2014～2015	0.5761	1.1005	0.9571	1.1982	1.1537
2015～2016	0.9723	0.9484	0.9001	0.8504	1.0365
2016～2017	0.8857	0.9845	0.9027	1.1909	1.0491
2017～2018	0.9805	1.0200	0.9696	1.0352	0.8391
2018～2019	0.9354	0.9446	1.9945	0.7842	0.6551
2019～2020	1.0292	0.9910	0.8558	2.7138	0.7863
ML 指数均值	0.9552	0.9725	0.9541	1.0232	0.8468
排名	3	2	4	1	5

资料来源：根据本研究物质流分析简化框架数据计算整理和 2000～2020 年五大经济特区统计年鉴数据计算得出。

总体来看，五大经济特区产业绿色转型过程中基本实现了产业生态化与生态产业化融合发展，严格的环境规制并未显著阻碍创新能力提升和工业经济稳步运行。

2. 文体旅游产业加快复苏

2020 年，我国文化产业复苏态势显著，企业生产经营明显改善，全国规模以上文化及相关产业企业实现营业收入 98514 亿元，比 2019 年增长 2.2%，收入增速由负转正。[①] 2020 年，在文化产业九大行业中，新闻信息服务、创意设计服务营业收入增速超过两位数；文化娱乐休闲服务、文化传播渠道、文化辅助生产和中介服务三个行业受到一定影响；“互联网 + 文化”保持快速增长，文化新业态发展态势向好。从文化及相关产业细分行业看，文化新业态特征较为明显的 16 个行业小类实现营业收入 31425 亿元，比 2019 年增长 22.1%。[②]

2020 年，粤港澳大湾区和深圳先行示范区建设全面铺开。深圳地区生产总值为 27670.24 亿元，较 2019 年增长 3.1%。[③] 深圳深入落实《深圳文化创新发展（2020）实施方案》，加快完善公共文化服务体系，努力提升文体旅游产业的综合实力，全年文化及相关产业增加值为 1775.98 亿元，比 2019 年增长 1.3%。[④]

2020 年，珠海市出台《珠海市积极应对新冠肺炎疫情影响支持文化旅游体育行业发展政策措施实施细则》，从帮助纾困减负、推动复工复产、振兴文旅产业三大方面应对疫情给文旅体企业带来的影响，逐步提升市场信心。该政策还提出补贴全市超 270 家文化旅游体育企业共计 840 万元，分配 330 万元文旅消费资金补贴珠海保利城建大剧院有限公司、拱北口岸中旅等 11 家重点文旅企事业单位。

2020 年，厦门市不断加强顶层设计融合。厦门市相继发布一系列产业发展行动计划，其中《厦门市文化产业高质量发展三年行动计划（2020—

---

① 《2020 年全国规模以上文化及相关产业企业营业收入增长 2.2%》，国家统计局网站，2021 年 1 月 31 日，http://www.stats.gov.cn/tjsj/zxfb/202101/t20210129_1812934.html。

② 《2020 年全国规模以上文化及相关产业企业营业收入增长 2.2%》，国家统计局网站，2021 年 1 月 31 日，http://www.stats.gov.cn/tjsj/zxfb/202101/t20210129_1812934.html。

③ 《2020 年深圳政府工作报告》，深圳市人民政府办公厅网站，2021 年 6 月 7 日，http://www.sz.gov.cn/zfgb/2021/gb1121/content/post_8852606.html。

④ 《深圳市 2020 年国民经济和社会发展统计公报》，深圳市统计局网站，2021 年 4 月 23 日，http://tjj.sz.gov.cn/zwgk/zfxxgkml/tjsj/tjgb/content/post_8717370.html。

2022年)》提出，要通过旅游项目带动、旅游产品升级、文旅融合发展、旅游推广创新以及旅游环境优化等途径，全面促进厦门市旅游业现代化、集约化、品质化和国际化。

2020年，汕头市发布《汕头市加快推进文化和旅游融合发展三年行动计划（2020—2022年)》，提出通过“一核一带四区”优化文旅资源空间布局，把文旅产业建设成全市战略性支柱产业。同时，汕头市印发《汕头市人民政府关于加快发展旅游业的若干意见》，从发展全域旅游服务体系，培育壮大旅游产业，引导“旅游+”产业融合发展和强化政策扶持、保障等方面着力，推进汕头市全域旅游示范区创建工作深入开展。此外，汕头开展“2020汕头潮南·雷岭荔枝文化旅游节”“2020汕头·澄海薄壳美食文化旅游节”等活动，助力文化旅游市场加快复苏。

2020年，海南省集聚文旅融合优势，推动旅游业转型升级。一方面，海南围绕国际旅游消费中心建设，促进旅游和文化体育、医疗健康、购物消费等深度融合；另一方面，海南大力发展邮轮游艇、夜间经济、海岛经济、“首店经济”等消费新业态。国家发展改革委发布《海南省建设国际旅游消费中心的实施方案》，致力将海南打造为业态丰富、品牌集聚、环境舒适、特色鲜明、生态良好的国际旅游消费胜地。海南省人民政府出台《海南省旅游业疫后重振计划——振兴旅游业三十条行动措施（2020—2021年)》，重点从财税金融扶持力度、旅游项目落地、旅游消费、旅游产业国际化水平、旅游服务质量五大方面助力，促进旅游经济全面复苏和高质量发展。另外，海南的优质旅游品牌创建迈上新台阶，长影环球100奇幻乐园、桂林洋国家热带农业公园分别获评国家4A级、国家3A级旅游景区，观澜湖旅游度假区获评省级旅游度假区。据统计，海南省2020年接待游客6455.09万人次，比2019年下降22.3%，旅游总收入为872.86亿元，比2019年下降17.5%。[①]

① 《2020年海南省国民经济和社会发展统计公报》，海南省统计局网站，2021年2月20日，http://stats.hainan.gov.cn/tjj/tjgb/fzgb/n_81550/202102/t20210220_2936215.html。

（二）“新区”肩负国家战略使命

国家发展改革委的公开资料显示，下一步会加大对“新区”的制度供给。国家发展改革委未来将“重点加快自贸试验区、丝绸之路经济带等功能区建设，重点加快相关领域先行先试，为进一步改革提供重要经验”。

1. 自贸试验区的最新进展情况

经过8年的改革创新实践，截至2020年，中国21个自贸试验区的67个片区，大胆探索，充分发挥了制度改革试验田的作用，贸易便利化水平已超过世界贸易组织（WTO）《贸易便利化协定》的要求，高水平的营商环境正在形成，自贸试验区方案中设定的任务已经基本完成，260项制度创新成果的集成及复制推广为我国开放型经济体制的构建奠定了良好的基础。2021年7月5日，国务院自由贸易试验区工作部际联席会议办公室印发了自由贸易试验区第四批18个“最佳实践案例”，成果复制推广再添新篇。更高水平开放的海南自由贸易港，在税收制度改革和法律保障制度建设方面先行先试，更高水平开放的开放型制度不断完善。

（1）自贸试验区制度改革成果按照国际通行规则在区内全面实施准入前国民待遇，非禁即入，建立了“法无禁止皆可为”的市场准入负面清单管理模式；“一线放开、二线安全高效管住、区内流转自由”的贸易便利化制度落地生效，海关“四自一简”[①] 监管制度不断降低企业运营的制度成本。本外币一体化自由贸易账户，打通了企业境外融资渠道和降低了融资成本，构建了“一线放开、二线严格管理”的金融监管模式和“法无授权不可为、法定职责必须为”的事中事后监管制度，构建起了“以信用为核心的跨部门协同监管平台”，政府管理理念已发生了根本变革。《中华人民共和国海南自由贸易港法》（以下简称《海南自由贸易港法》）的颁布，标志着高水平开放的法制保障不断加强。

---

① “四自一简”指综保区内企业（以下简称“企业”）可自主备案、合理自定核销周期、自主核报、自主补缴税款，海关简化业务核准手续。

（2）自贸试验区制度改革取得新进展。一是税收制度改革已分阶段展开。2020 年 6 月 1 日中共中央国务院印发的《海南自由贸易港建设总体方案》中，首次提出了税收制度改革安排，海南自由贸易港将按照不同发展阶段，分别进行零关税、低税率、简税制的制度改革，最终形成具有国际竞争力的高水平开放型经济税收制度。

现阶段，零关税意味着对进口征税商品目录以外的所有进口商品免征进口关税、允许海南进口的商品免征进口关税、进口环节的增值税及消费税。低税率，指鼓励类企业所得税 15% 和高端紧缺人才个人所得税实际税负超 15% 的部分予以免征。简税制，指简化税种，在全岛封关时，将增值税、消费税、车辆购置税、城市维护建设税及教育费附加等税费进行简并，改为在货物和服务零售环节增收销售税，构建简单科学、收入归属清晰的税种结构体系。

二是跨境服务贸易负面清单发布，标志着更高水平的贸易自由化。2021 年 7 月 23 日，商务部发布了我国跨境服务①贸易领域首张负面清单——《海南自由贸易港跨境服务贸易特别管理措施（负面清单）（2021 年版）》。清单共包含八大行业 70 条，该负面清单从 2021 年 8 月 26 日起正式施行。

按照 WTO《服务贸易总协定》的规定，国际服务贸易有跨境交付、境外消费、设立商业存在和自然人流动四种模式。已经发布的外商投资负面清单列明的是“设立商业存在”模式的市场准入规则，而跨境服务贸易负面清单则列明了其他三种贸易模式下的市场准入规则，随着跨境服务贸易负面清单的出台，我国非禁即入的国际贸易开放水平达到一个新的高度。

三是《海南自由贸易港法》颁布。2021 年 6 月 10 日，中华人民共和国第十三届全国人民代表大会常务委员会第二十九次会议通过了《海南自由贸易港法》，并于 6 月 10 日起在海南施行。《海南自由贸易港法》包括 8 章 57 条，聚焦贸易自由便利、投资自由便利、财政税收制度、生态环境保护、产业发展与人才支撑等制度改革方面并进行顶层设计，赋予海南新的、更大

① 跨境服务是指境外服务提供者以跨境方式向海南自由贸易港内市场主体及个人提供服务的商业活动。

的立法权，为海南高水平开放经济制度的大胆改革、先行先试，提供了法制保障。

2021 年 9 月 29 日，海南省通过了海南自贸港法颁布实施以来首批配套法规：《海南自由贸易港优化营商环境条例》《海南自由贸易港反消费欺诈规定》《海南自由贸易港公平竞争条例》《海南自由贸易港社会信用条例》，自贸港法制保障不断完善。

2. 图们江地区经济的最新进展情况

2021 年，正式通过《中华人民共和国国民经济和社会发展第十四个五年规划和 2035 年远景目标纲要》，并明确指出“我国已转向高质量发展阶段”①。中国图们江地区②是我国的边疆地区、民族地区以及革命老区，由于区位以及历史发展原因，中国图们江地区经济实力相对其他地区较弱。因此，在“十四五”规划期间，中国图们江地区应顺势而上，把握“十四五”规划期间发展机遇，推进地区高质量发展，借此促进民族团结、推进中华民族共同体建设，并维系国家边疆安全稳定，实现长治久安。

（1）中国图们江地区经济稳中有进，但整体实力有待增强

2020 年，中国图们江地区实现地区生产总值 726.86 亿元，相较 2019 年实现增长 0.5%。地区人均 GDP 为 35296 元，同比增长 1.4%。从地区生产总值与增长速度来看，地区生产总值逐年增加，但地区生产总值增长速度逐步放缓。2016～2020 年，2016 年为近五年最高增长率，为 7.1%；2017 年增长率大幅下降，下降 4.3 个百分点，为 2.8%。此后地区生产总值增长率大致为 2%～3%，受新冠肺炎疫情影响，2020 年地区生产总值增长率仅为 0.5%，成为近五年最低增长率。2016～2020 年，地区生产总值平均增长率约为 3.67%，2018～2020 年地区生产总值平均增长率仅约为 1.77%。

① 《中华人民共和国国民经济和社会发展第十四个五年规划和 2035 年远景目标》，人民出版社，2021，第 4 页。

② 中国图们江地区，本报告中指吉林省延边朝鲜族自治州，包括延吉市、图们市、珲春市、龙井市、和龙市、敦化市、安图县和汪清县等 8 个县市。

（2）产业结构趋于合理，为中国图们江地区未来发展奠定良好基础

2020 年，中国图们江地区第一、第二、第三产业增加值分别为 66.27 亿元、241.68 亿元、418.90 亿元，同比分别增长 2.2%、0.5%、0.1%，三次产业占地区生产总值的比重分别为 9.1%、33.3%、57.6%。2016～2020 年三次产业增加值占地区生产总值的平均比重为 8.0%、33.8%、58.2%，按比重由多到少排列可见，长期保持在“三二一”的动态局面。受疫情影响，第二、三产业增加值的比重有所减少，第一产业增加值的比重有所增加。①

（3）人力资本外流是中国图们江地区人口变化的长期趋势

生产要素由低收益地区流向高收益地区是生产要素流动的内在规律。中国图们江地区经济实力有限，劳动力生产要素会出现流出中国图们江地区、流入高收益地区的现象。2016～2020 年，中国图们江地区除 2016 年实现正增长外，其余年份自然增长率均为负值，年平均自然增长率为 -2.29‰。2020 年，中国图们江地区自然增长率为 -6.24‰，为 2016～2020 年自然增长率最低水平。中国图们江地区净流失总人口为 65307 人，平均每年净流失人口 13061 人，中国图们江地区长期呈现人口流出的态势。

（4）进出口贸易有所回落，外商直接投资明显增加

2020 年，受到新冠肺炎疫情的影响，中国图们江地区全年货物进出口总额为 120.11 亿元，比 2019 年减少 29.57 亿元，同比下降 19.8%。其中，出口额为 62.28 亿元，比 2019 年减少 11.7 亿元，同比下降 15.8%；进口额为 57.83 亿元，比 2019 年减少 17.87 亿元，同比下降 23.6%。随着进口额的大幅度下降，中国图们江地区进出口贸易转逆差为顺差，由 2019 年的进出口贸易逆差 1.73 亿元变为 2020 年的进出口顺差 4.45 亿元，增加 6.18 亿元。中国图们江地区外商直接投资额不同于进出口贸易额普遍下降的态势，外商直接投资额实现较大幅度增长。2020 年中国图们江地区实际使用外商直接投资金额 353 万美元，比 2019 年增加 225 万美元，增长了近 1.8 倍。其中，外商直接投资集中于制造业与租赁和商务服务业，二者占据全部外商直接投资额的

① 方元秀主编《延边经济社会发展蓝皮书》，延边人民出版社，2021。

87.3%。其中制造业外商直接投资额为 157 万美元，占全部外商直接投资额的比重为 44.5%，相较 2019 年增加 124 万美元，同比增长 375.8%，比重提升 18.7 个百分点；租赁和商务服务业外商直接投资额为 151 万美元，相较 2019 年增加 112 万美元，同比增长 287.2%，占全部外商直接投资额的比重为 42.8%。

三　经济特区发展面临的新挑战和机遇

新形势下，特区经济高质量发展的紧迫性增强，可持续发展的压力增大。经济特区需精准把握科技革命大势，超前规划和布局一批未来产业，推动产业转型升级和经济社会高质量发展。

（一）科技自立自强发展战略确立

中国科技面临“卡脖子”的困境迫使决策层不得不重视技术本土化问题。“十四五”规划强调，要把科技自立自强作为国家发展的战略支撑。《中共中央关于制定国民经济和社会发展第十四个五年规划和二〇三五年远景目标的建议》提出，2035 年基本实现社会主义现代化远景目标，包括关键核心技术实现重大突破，进入创新型国家前列；人均国内生产总值达到中等发达国家水平，中等收入群体显著扩大等。该建议还提出，未来五年要建设制造强国、网络强国、数字中国；形成强大国内市场，畅通国内大循环。

（二）未来产业开启超前规划布局

2015 年以来，国务院先后制定和发布《中国制造 2025》《深化科技体制改革实施方案》《国家创新驱动发展战略纲要》《新一代人工智能发展规划》等战略规划，为各个经济特区未来产业的选择培育提供了政策参考依据。从国内主要经济特区未来产业发展实践看，部分经济特区已经梳理和规划了未来产业的基础架构。深圳市较早提出生命健康产业、航空航天产业、机器人产业、智能装备产业、海洋产业五大未来产业概念，目前已把未来产业整合进战略性新兴产业发展体系，在构建创新型现代经济体系框架下进行统一布局。其他主要经济特区在产业技术重大攻关规划中，对量子通信、低轨卫星通信、石墨烯、区块链、干细胞、再生医学等未来产业提前进行了谋划布局。

四　对策建议

2021 年前三季度，经济特区新产业、新业态蓬勃发展，新亮点正在逐步显现。未来需积极引导消费、投资、出口等需求转向未来产业、新产业；继续加强人才支撑，培养与未来产业适配的人才队伍。

（一）积极引导消费、投资、出口等需求

当前，新增长点尚未充分挖掘，投资驱动经济增长的边际效用呈递减趋势，需有计划地引导新增投资转向新型数字基础设施等新产业、未来产业，助力产业超前布局。深入发掘、拓展新兴的、面向未来的消费需求热点，提升出口标准，加快开拓国际市场。

（二）积极培养未来产业适配人才

结合科技革命大势，为未来产业发展提供人才支撑。加快推进科研制度改革，着重培育前沿性、原创性科研成果。大力支持创新载体建设，助力科技成果产业化。优化人才培育模式，提高专业型人才的理论通识水平和通识型人才的实践操作水平。加大扶持职业教育力度，面向未来产业新技术战略调整课程设置，有计划地为交叉技术融合的新科技、新产业储备优质人才。

参考文献

2000 ~ 2020 年中国统计年鉴。

国家统计局国民经济综合统计司编《新中国 55 年统计资料汇编》，中国统计出版社，2005。

《中国统计摘要 2020》。

全国及各省（区、市）2020 年统计公报。

国家统计局有关数据，www. stats. gov. cn。

中国政府网有关政策，www. gov. cn。

自然资源部有关规划、政策和公报，www. mnr. gov. cn。

生态环境部有关规划、政策和公报，www. mee. gov. cn。

国家发展改革委有关规划、政策，www. ndrc. gov. cn。

专题研究报告

Reports on Specific Researches

B.2
中国经济特区产业绿色转型发展报告*

袁易明　杜亭亭**

摘　要： 本报告根据产业生态化理论对五大经济特区产业绿色转型成效进行综合评估，并用产业绿色转型指标体系对五大经济特区产业绿色转型进展进行追踪评价。五大经济特区的实践表明，产业生态化转型可以使创新、生态和经济发展形成良性循环体系。五大经济特区的产业绿色转型成效显著，具有重要的引领示范意义。

关键词： 经济特区　产业生态化　产业绿色转型成效评估

* 本报告系教育部人文社会科学重点研究基地重大课题“经济特区产业转型与发展机会的社会分配研究（课题编号：15JJDZONGHE032）”和深圳大学中国经济特区研究中心课题“2021年中国经济特区产业转型进展研究”成果。

** 袁易明，深圳大学中国经济特区研究中心副主任，深圳市科技工作者联合会会长，深圳市汉仑绿色发展研究院院长，教授，博士生导师，主要研究方向为产业经济学；杜亭亭，深圳大学中国经济特区研究中心博士后，主要研究方向为产业经济学。

一　产业绿色转型背景

党的十九届五中全会明确提出，推动绿色发展，促进人与自然和谐共生。“十四五”时期，我国生态文明建设要坚持以绿色发展理念为引领，走产业生态化、生态产业化协同的绿色发展之路。经济特区产业发展起步早，高效节能环保已成为产业发展的目标之一，产业绿色转型经验具有重要的引领示范意义。本报告持续多年研究中国经济特区产业绿色转型，并对五大经济特区的产业绿色转型进行评估，其中发现经济发展与环境质量齐头并进的现象，例如深圳环境质量和经济发展均呈现良好发展势头，并没有出现许多城市所担忧的因产业绿色转型政策而增加企业发展成本，进而导致经济增速减缓的现象。

中国经济特区产业绿色转型系列报告的宗旨，就是展示中国经济特区在解决中国当前最迫切的现实问题，即环境美好和经济增长的协调发展中所表现出来的开拓和创新精神。不少人认为中国经济特区已经没有了当初的特殊意义，因为中央赋予其的政策已经覆盖到其他许多地区。本研究认为，中国经济特区的意义不应止于中央赋予其的特殊使命，更在于中国经济特区本身为中国问题提供的创新解答，即经济特区本身的特别之处在于其具有勇于创新、勇于挑战的能力。曾经的经济特区在解决生产力解放和经济发展方面做出了贡献，在新时代，中国经济特区的特别之处在于为中国的环境困境提供解决方案。

二　产业绿色转型：内涵、路径与评估

产业生态学理论起源于1989年通用汽车研究部副总裁罗伯特·福布什（Rbert Frosch）与发动机专家尼古拉斯·加罗布劳斯（Nicolas Gallopou-los）发表在《科学美国人》上的文章《制造业发展战略》。该文章认为可以通过生产方式的革新来减少工业对环境的不利影响，并以此引出产业生态学的思想。Erkman从历史视角探讨了产业生态化的运行机理，指出产业生态化是

基于对生态系统全面认识后的产业自我调整，最终达到产业活动和自然生态的和谐统一。[①] 黄志斌等认为，产业生态化是将产业活动物质生产过程中的资源和能量的消耗加入生态系统的总转换之中，在实现产业生态系统良性循环的同时求得经济效益与生态效益的统一。[②] 郭付友等认为，产业生态化作为产业环境协调共进、耦合共生的新兴发展模式，其本身包含十分丰富的科学内涵：一是从目标导向方面，产业生态化将产业系统与环境系统纳入统一巨系统——产业生态系统之中，并且将产业活动对于资源环境影响等外部成本进行内部化，最终实现产业生态系统良性可持续发展；二是从过程导向方面，产业生态化是按照自然生态系统运行规律，将产业系统有机融入生态系统之中，逐步实现产业生态系统由线性开放系统转化为循环封闭系统；三是从尺度导向方面，产业生态化具体体现在不同尺度下的实践模式上，即微观尺度实施清洁生产，中观尺度建立生态工业园，宏观尺度形成循环经济；四是从路径导向方面，产业生态化通过研究开发与应用推广清洁型与轻型化产业体系，最终实现产业运行过程中产品与废弃物逐步融入产业生态系统物质循环代谢过程之中。[③] 综上所述，关于产业生态化的路径选择，以往研究主要存在以下几种观点：推行清洁生产、实现物质减量化、增补产业链、集约集群式发展等。

产业生态化进展的评估方法近似于产业生态效率的评估方法，我国学术界大多采用了综合指数评价和多元统计方法。生态效率一词最早由德国学者 Schaltegger 和 Stum 于 1990 年提出，他们认为生态效率能更好地考察经济活动对环境的影响。[④] 世界可持续发展工商理事会（WBCSD）在此基础上进一步提出了生态效率的定义，即：生态效率能减少物品和服务的物质或能源投入密度、减少有害气体排放、提高物质的循环利用率、延长物品生命周

① S. Erkman, *Industrial Ecology*, FPH Press, 1999, p. 12.

② 黄志斌、王晓华：《产业生态化的经济学分析与对策探讨》，《华东经济管理》2000 年第 3 期。

③ 郭付友、佟连军、刘志刚、赵海杰、侯爱玲：《山东省产业生态化时空分异特征与影响因素——基于 17 地市时空面板数据》，《地理研究》2019 年第 9 期。

④ 张娜、刘晶茹、王效华、吕彬：《生态效率应用对比研究》，《农业工程》2012 年第 8 期。

期、最大程度利用可再生能源以及提升物品或服务的舒适度。袁久和等认为，产业生态化所具备的“低消耗、少排放、可循环、绿色化、高效率、能创新、有融合、显集约”八大特征可从以下三个维度提炼而得。企业维度：应倡导低消耗、少排放、可循环的企业行为，实现传统企业绿色化改造和新兴企业生态化培育；产业维度：应推动产业结构优化升级，鼓励产业技术创新与生态融合，确保产业高效发展和生态化转型；空间维度：应推进国土空间优化布局，促进产业集约集聚集群式发展，保证生态空间、生产空间和生活空间达到绿色标准。

三　五大经济特区产业绿色转型基础性制度建设进展

中国五大经济特区围绕产业绿色转型在国家层面的环境规制之外，也出台了地方性的环境规制。本报告将重点论述五大经济特区在环境规制方面的举措并将其与创新能力结合进行阐述。本报告将从环境规制的三大分类上阐述五大经济特区的环境规制体系。第一类命令控制型，指立法和行政部门制定的环保法律、法规、政策和制度；第二类市场激励型，指政府利用市场机制设计的借助市场信号引导企业更加环保的制度；第三类公众参与型，指通过企业和个人的自发行为来约束自身的行为达到环保的制度。

（一）五大经济特区命令控制型环境规制

在五大经济特区中命令控制型环境规制是控制污染物的主要手段。有学者研究指出，命令控制型环境规制在环境污染严重、急切需要解决的情况下，较为有效。例如，政府通过法律和行政命令强制企业达到污染物排放某标准，以及达到节能减排目标，从而实现产业绿色转型。从 2020 ~ 2021 年五大经济特区出台的政府文件来看（见表 1），它们均不同程度采取了命令控制型环境规制。

表 1　2020 ~ 2021 年五大经济特区出台的政府文件

特区	文件名称
深圳经济特区	《深圳市排污单位环境信用评价管理办法(试行)》 《建设项目环境影响评价分类管理名录(2021 年版)》 《深圳经济特区污染物排放许可证管理办法(2020 年 6 月 15 日修正)》 《深圳经济特区生态环境保护条例》 《深圳经济特区环境噪声污染防治条例(2020 年修订)》 《深圳经济特区绿色金融条例》 《深圳经济特区生态环境公益诉讼规定》
珠海经济特区	《珠海市人民政府关于禁止“黑烟车”上路行驶的通告》 《珠海市生态环境局环境违法行为举报奖励办法(试行)》 《珠海市服务业环境管理条例(2020 修正)》 《珠海市环境保护条例(2020 修正)》 《珠海经济特区生态文明建设促进条例(2020 修正)》
汕头经济特区	《汕头市生态环境局奖励公众举报环境违法行为办法》 《汕头市环境噪声污染防治条例(修订草案征求意见稿)》 《汕头市人民政府关于划定禁止黑烟车行驶区域的通告》 《汕头市生态环境执法行政处罚自由裁量权细化规则(试行)(征求意见稿)》 《汕头市固体废弃物处置专项规划(2020—2035 年)(征求意见稿)》
厦门经济特区	《厦门市生态环境保护专项资金管理办法实施细则(2020 年修订)》 《厦门市机动车排气检测机构与人员管理办法》 《厦门市生态环境局　厦门市公安交通管理局关于进一步加强排放超标机动车管理的通告(暂行)》 《厦门市生态环境准入清单(2021 年本)(征求意见稿)》
海南经济特区	《关于海南省推广使用国Ⅵ标准车用汽柴油的通告》 《海南省生态环境厅环境保护信用评价办法(试行)》 《海南省生态环境厅环境信息公开办法(试行)》 《海南省环评审批正面清单实施细则》 《海南省生态环境厅环境影响评价文件审查审批管理规定(试行)》 《海南省生态环境违法行为举报奖励办法》 《海南省生态环境厅推行行政执法公示制度执法全过程记录制度重大执法决定法制审核制度工作规范》

资料来源：深圳、珠海、汕头、厦门生态环境局网站，海南生态环境厅网站。

从 2020 ~ 2021 年五大经济特区的命令控制型环境规制来看，各地相关环境法律法规覆盖的领域涉及噪声、海域、水、空气、机动车和燃料等，总体较为严格、详细。

五大经济特区的命令控制型环境规制对产业绿色转型有以下作用：一是

淘汰了环境污染较高产业，优化了产业结构；二是在新项目方面，较高标准也限制了落后产能的进入，为优质项目提供了机会；三是提升了本地企业的环境技术水平，提高了其产品和服务的竞争力。

（二）五大经济特区市场激励型环境规制

市场激励型环境规制旨在通过各种市场手段，促使企业进行有利于环保和可持续发展的投资，激发企业进行技术创新和设备升级，进而提升企业生产效率。[①] 五大经济特区均采用市场激励型环境规制来促进环保产业发展和产业转型，但是与命令控制型环境规制相比，从数量上看，仍然以命令控制型为主。

从表2可以看出，2020年五大经济特区市场激励型环境规制覆盖面广、政策较多、针对性强。市场激励型环境规制可以具有以下优势：一是鼓励节能环保创新创业，深圳将节能环保作为战略新兴产业之一，对其财政扶持力度较大；二是创造了更好的营商环境，吸引了对环境有高要求的企业和人才的集聚；三是为城市可持续发展打下了坚实基础，节能环保产业将是未来经济增长的源泉，随着各地对节能环保要求的提升，深圳企业将具有先发优势。

表2　2020年五大经济特区市场激励型环境规制

特区	规制内容
深圳经济特区	深圳市生态环境专项资金 积极服务企业推进生态环境治理能力现代化的若干资金 集成电路制造企业环保设施建设项目资金
珠海经济特区	中央财政大气污染防治资金 臭氧治理达标攻坚专项资金
汕头经济特区	中央财政土壤污染防治资金 中央财政大气污染防治资金 环境违法垃圾焚烧发电项目可再生能源电价附加补助资金 中央水污染防治资金 大气污染物现场监测执法设备购置资金
厦门经济特区	厦门市生态环境保护专项资金

① 孙玉阳、宋有涛、杨春荻：《环境规制对经济增长质量的影响：促进还是抑制？——基于全要素生产率视角》，《当代经济管理》2019年第10期。

续表

海南经济特区	中央财政土壤污染防治资金 中央财政大气污染防治资金 中央水污染防治资金 老旧车淘汰和污染治理补贴省级财政预算资金 农村环境整治资金 跨界断面出境水体水质自动站专项资金 跨界断面出境水体水质自动站能力建设专项资金

（三）五大经济特区公众参与型环境规制

产业绿色转型的实现不能仅依靠政府的力量，还需要动员企业和市民力量。以公众参与和企业参与为主要模式的自愿型环境规制是命令控制型和市场激励型环境规制的重要补充，并且是新的发展方向。

从 2020 年五大经济特区环境信访投诉案件数量来看，深圳市环境信访投诉案件数量远高于其他地区（见图 1）。这一方面表明深圳市民参与环境规制的积极性相对较高，另一方面也体现出深圳市在产业绿色转型过程中面临的利益冲突相对其他地区更为突出。

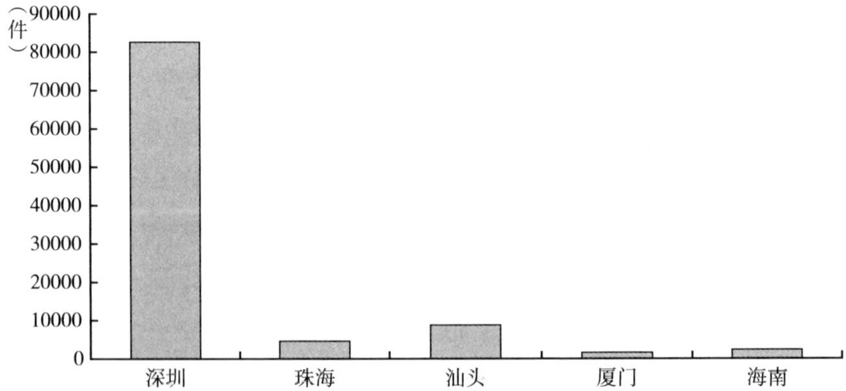

图 1　2020 年五大经济特区环境信访投诉案件数量

四　产业绿色转型总体进展

五大经济特区在产业绿色转型方面继续保持国内领先水平，在新能源汽车产业的发展和新能源汽车的使用、绿色建筑的普及以及绿色建筑产业的发展方面表现尤为突出。本部分将从第二、三产业角度论述重点行业的绿色转型情况，具体包括制造业的清洁生产实施情况、新能源汽车产业和绿色建筑产业发展概况、绿色金融产业发展概况。

（一）制造业的清洁生产实施情况

制造业生产环节的绿色转型主要通过政府强制性规制措施——清洁生产审核来实现，清洁生产审核是指按照一定程序，对生产和服务过程进行调查和诊断，找出能耗高、物耗高、污染重的原因，提出降低能耗、物耗、废物产生以及减少有毒有害物料的使用、产生和废弃物资源化利用的方案，进而选定并实施技术经济及环境可行的清洁生产方案。根据《中华人民共和国清洁生产促进法》和《清洁生产审核办法》，各省、市制定了相应的清洁生产审核的相关细则。例如，要求对国家公布的五个重金属污染防治重点行业的重点企业每两年完成一轮清洁生产审核，七个产能过剩行业的重点企业每三年完成一轮清洁生产审核，《重点排污单位名录管理规定》确定的其他重污染行业的重点企业每五年开展一轮清洁生产审核。

2020 年，五大经济特区清洁生产审核情况如下。深圳市全年完成 96 家企业强制性清洁生产审核，其中，通过验收 80 家，责令整改 16 家。对 2320 宗环境违法行为做出行政处罚，处罚金额 1. 09 亿元，其中，实施按日连续处罚 3 宗，实施查封扣押 81 宗，限产停产 3 宗，移送公安行政拘留 30 宗，移送涉嫌环境污染犯罪 19 宗，清理整治“散乱污”企业（场所）3014 家，媒体曝光企业违法信息 19 家，企业登报道歉 48 宗。厦门市全年完成省市两级大气精准治理项目 46 个，核查 VOCs 重点排放企业 103 家，整治“散乱污”企业 748 家，实施工地扬尘管控“五步工作法”，开展“五查联动”，推动5550个工地扬尘问题整改。海南省实现全省固定污染源排污许可证核发登记全覆盖，全年共核查8163家登记管理类企业和1048家特殊情形标记类企业。汕头市全年共核查企业13144家，对152家重点排污企业进行重点监测。

（二）新能源汽车产业发展概况

新能源汽车技术的研发决定了新能源汽车产业的发展方向与历程。新能源汽车的动力技术主要有两类，一类是氢能源动力，另一类以充电电池为动力。从对环境的影响来看，氢能源动力汽车是相对更加绿色的汽车产品，在使用过程中仅排出水。但是，由于氢能源动力汽车目前还处于研发和小试阶段，不仅初期投资大，而且面临市场垄断势力的压力。采用动力电池的新能源汽车门槛相对较低，可与传统油车共享生产平台，因此几乎没有沉没成本。同时动力电池汽车充电设备无须单独占地，不挤占城市空间，诸多因素使动力电池新能源汽车更快速地实现了产业化。

动力电池汽车在生产工艺方面正在由“油改电”平台向纯电车平台转换。在发展初期，为缩短研发周期、降低研发风险、减少生产成本和快速抢占市场，国内油车企业采用既有的油车生产平台来生产动力电池新能源汽车。与特斯拉等纯电平台生产的动力电池汽车相比，“油改电”平台生产的新能源汽车存在的最大问题是车身平衡问题，其动力电池采用异形电池包，不规则地分布在座位和底盘下面，而原本承重较大的发动机舱却相对空虚，由此造成汽车安全性、稳定性和舒适性下降。大部分传统车企均采用了“油改电”的起步模式。例如，比亚迪等传统车企在经过多年的市场拓展和技术积累之后，转而开始进行专用性资产的投资用于打造纯电车平台，进而生产更安全、更稳定和舒适的动力电池汽车。

1. 深圳

深圳是国内第一个实现公交车和巡游出租车全面纯电动化、环卫车及牵引车等纯电动重卡规模化和商业化推广的城市。截至2020年底，深圳新能源汽车保有量达48万辆，位居全国第一，并约占全市机动车保有量的14%。根据乘联会发布的“2020 年中国新能源汽车区域销量 TOP10”，“北上广深”四大超一线城市是我国新能源汽车销量前四甲，而深圳作为四大城市中面积最小、人口最少的城市，在新能源汽车销量方面超过广州，位列第三。

2. 厦门

厦门新能源汽车产业以整车制造和电池材料为主，逐步向电池、电机和电控领域延伸。《厦门市加快新能源汽车推广应用促进产业发展实施意见》中提出，到 2020 年，全市累计将推广新能源汽车 2.6 万辆以上，全市城市公交更新为新能源汽车。适宜应用新能源汽车的公路客运车实现电动化率达 50%。城市巡游出租车、网约出租车等城市出租车电动化率高于全国平均水平。城市环卫和物流等城市专用车电动化率达 50% 以上。私人新能源乘用车累计推广超过 2.06 万辆。

3. 海南

海南新能源汽车推广应用步伐加快，2020 年同比增长 142.5%。个人用户接受度明显提高，2020 年海南省个人用户新能源汽车推广量占全部推广量的 73.4%，较 2019 年提高了近 20 个百分点，高于全国平均水平约 9 个百分点。截至 2020 年底，海南新能源汽车保有量超 6.4 万辆，保有量占比达 4.2%，高出全国平均水平约 2.4 个百分点，在全国排名第四。

4. 珠海

《珠海市新能源汽车推广应用实施方案 2016—2020 年》中提出，到 2020 年，全市新能源公交车保有量达 2385 辆，占全部公交车的比例超过 85%。到 2020 年，推广新能源汽车不少于 10000 辆，其中私人新能源乘用车不少于 6000 辆。

5. 汕头

汕头市尚不具备汽车整车生产能力。2017 年，汕头市政府与正道集团有限公司签订《共同推进汽车产业发展战略合作框架协议》，拟建设新能源整车生产基地、石墨烯钛酸锂电池生产基地和汽车管理系统数据库，截至目前，项目仍在建设中。

（三）绿色建筑产业发展概况

绿色建筑是指在建筑的全寿命期内，最大限度地节约资源、保护环境和减少污染，为人们提供健康、适用和高效的使用空间的建筑。由于绿色建筑比普通建筑建造成本每平方米高出500元以上，绿色建筑的管理和运营也需要一定的专业性，如果管理水平达不到一定标准，则绿色投入部分难以收回成本，所以，目前绿色建筑的发展主要依靠政府强制推动，政府投资的公共建筑是绿色建筑主要的推广领域。国家对绿色建筑的强制规制严苛程度快速提升。2013年国家发布《绿色建筑行动方案》，要求到2015年新建城镇建筑中绿色建筑面积达到20%，而2020年发布的《关于印发绿色建筑创建行动方案的通知》，要求到2022年绿色建筑比重达到70%。

在中央政府的规制指引下，各经济特区出台了不同的绿色建筑相关政策。深圳市采取了高于国家标准的强制规制，2013年出台的《深圳市绿色建筑促进办法》要求100%的新建建筑至少达到绿色建筑评价标识国家一星级或深圳铜级标准的要求，鼓励公共建筑按照国家二星级或深圳市金级以上标准进行规划、建设和运营。截至2020年，深圳新增绿色建筑评价标识项目已有160个，其中高星级绿色建筑项目146个，占比达91.3%。深圳高星级绿色建筑项目保持快速增长，率先形成粤港澳大湾区高星级绿色建筑聚集区。厦门市2014年出台的《厦门市绿色建筑行动实施方案》也高于国家标准，要求2015年新建建筑绿色建筑比例达到30%。2020年，全市新开工建设的民用建筑实现百分之百执行绿色建筑标准，累计推广绿色建筑超2000万平方米。海南省在2015年达到国家提出的新建建筑20%为绿色建筑后，于2016年出台《关于加快推进绿色建筑发展的意见》，要求从2016年8月起，住宅建筑全部达到绿色建筑标准，单体建筑面积超过3000平方米的政府投资的学校、医院、博物馆、科技馆、体育馆等满足社会公众公共需要的公益性建筑，以及单体建筑面积超过20000平方米的机场、车站、宾馆、饭店、商场、写字楼等公共建筑执行绿色建筑标准的强制性规定，按此标准绝大多数公共建筑均必须达到绿色建筑标准。珠海市也逐步提高了绿色建筑标准，2017 年出台的《珠海经济特区绿色建筑管理办法》要求新建民用建筑达到国家绿色建筑一级标准，使用财政资金投入的公共建筑应达到国家绿色建筑二级标准。汕头市执行的是《广东省绿色建筑行动实施方案》，该文件要求 2020 年新建建筑中绿色建筑比例达到 30%，2018 年广东省又出台《广东省绿色建筑量质齐升三年行动方案(2018—2020 年)》，要求珠三角地区新建建筑中绿色建筑比例达到 70%，而处于非珠三角地区的汕头市执行的是 60% 的标准。总体来看，五大经济特区对绿色建筑的规制标准高于全国，但对于国家 2020 年出台的新的规制标准，个别特区还需要进一步制定更高标准的规制政策。

（四）绿色金融产业发展概况

产业绿色转型发展需要激励企业进行绿色投资，“绿色金融”是指为支持环境改善、应对气候变化和资源节约高效利用等经济活动所提供的金融服务①。政府通过再贷款、财政贴息、专业化担保等定向支持手段激励金融机构为绿色项目投资提供绿色金融服务，金融机构将政府激励转移至绿色项目。绿色金融成本相对较低，绿色信贷成本比一般贷款项目成本低 10% 以上，而绿色债券的发行成本优势则更明显②，因此绿色金融对绿色投资可以起到诱导作用。由于绿色金融涵盖的领域相当宽泛，地铁和大型交通设施等市政项目也能够以绿色出行的名义获得绿色金融服务，而此类项目往往金额高、风险低，金融机构更愿意为此类项目提供绿色金融服务，这些高投资额项目迅速扩大了绿色金融的规模。2020 年，五大经济特区绿色金融实现了稳步发展。

1. 深圳

深圳市绿色金融发挥重要“稳定器”作用。深圳银保监局数据显示，

---

① 此定义源自《深圳经济特区绿色金融条例》。

② 绿色债券发行成本比一般债券低 20% ~30%，2020 年，深圳地铁发行 3 年期绿色债券，票面利率仅为 2.9%

截至2020年末，深圳银行业金融机构绿色信贷余额达3488亿元，同比增长16.8%，较各项贷款增速高出2.6个百分点。环境污染强制责任保险在保企业672家，保额约为12亿元，保费收入达1727万元，均居全省乃至全国前列。2014～2020年，巨灾保险累计赔付超1500万元，较好地起到了大灾风险“缓冲垫”和社会“稳定器”的作用。

2. 珠海

珠海以绿色金融助推高质量发展。中国建设银行珠海分行数据显示，2020年，其绿色信贷余额已达70.22亿元，当年新增50.99亿元，并实现绿色金融零不良，为基础设施升级、清洁能源、清洁生产、节能环保、生态环境、绿色服务等领域企业提供了新的发展动能。

3. 厦门

厦门以金融支持碳达峰、碳中和，促进绿色产业发展。厦门市金融局数据显示，2020年，厦门绿色信贷余额达673.13亿元，“十三五”期间复合增长率高达35%，绿色信贷服务覆盖节能环保产业、清洁生产产业、清洁能源产业、生态环境产业、基础设施绿色升级等领域，助力减排标准煤380万吨、二氧化碳855万吨、二氧化硫3.6万吨、氮氧化物1.3万吨，实现了较好的节能减排和污染防治。

4. 海南

海南以绿色金融发展推动经济发展转型升级。中国人民银行海口中心支行数据显示，截至2020年末，海南全省绿色贷款余额429亿元，比年初增长74亿元，占各项贷款增量的16.1%。分行业看，绿色贷款主要流向电力、热力及燃气供应业，该行业绿色贷款余额237亿元，占绿色贷款余额的55.2%。从贷款用途看，绿色贷款主要用于发展“清洁能源产业”和“基础设施绿色升级”。2020年末，用于发展“清洁能源产业”用途的贷款余额214亿元，用于“基础设施绿色升级”用途的贷款余额134亿元，两者合计占绿色贷款的81.1%。从信贷质量看，绿色贷款信贷质量较好，不良贷款率为1.6%，低于全省不良贷款率的平均水平。

5. 汕头

汕头以绿色金融助力环境治理、产业生态化转型。各金融机构紧抓当地开展练江流域综合整治、推动印染企业入园集聚发展重大机遇，不断探索适合园区各类型企业的金融产品。中国人民银行汕头市中心支行统计数据显示，2020 年上半年，汕头市绿色贷款余额达到 63. 24 亿元。

五　经济特区产业绿色转型成效评估

（一）总体成效

产业绿色转型的评价指标主要包括资源利用效率、污染物排放、创新能力和工业盈利能力等，本部分将主要从这四个方面分别论述五大经济特区的产业绿色转型成效。

1. 资源利用效率提升状况

从电耗指标来看，2019 ~ 2020 年五大经济特区单位工业增加值电耗均实现负增长，表明五大经济特区资源利用效率均呈上升趋势。其中，厦门经济特区资源利用效率提升状况最优。2016 ~ 2020 年单位工业增加值电耗增速总体为负值，表明五大经济特区资源利用效率整体呈现持续提升态势（见图 2）。

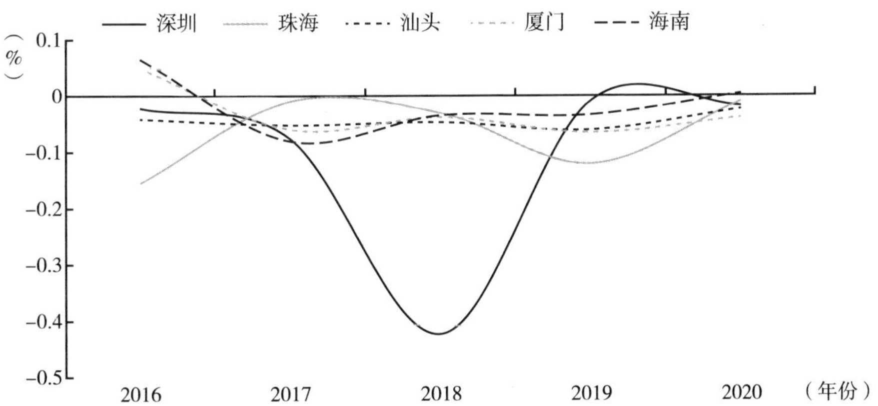

图 2　2016 ~ 2020 年五大经济特区单位工业增加值电耗增速变化情况

2020 年各经济特区单位工业增加值电耗增速均分布在 -0.1% ~0 范围内，表明五大经济特区资源利用效率呈现显著收敛特征，各经济特区资源利用效率变化趋于同步。

2. 污染物排放减少状况

从细微颗粒物 $PM_{2.5}$浓度指标来看，2015 ~2020 年五大经济特区主要污染物排放情况总体呈现稳步改善态势，各特区的细微颗粒物 $PM_{2.5}$浓度均下降明显（见图 3）。

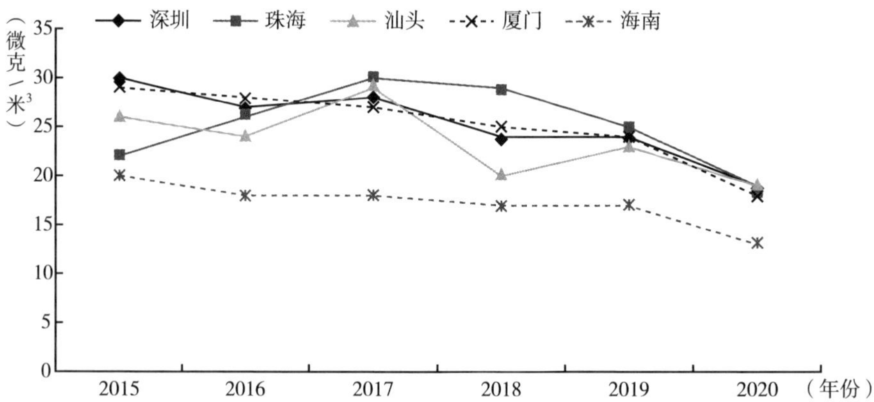

图 3　2015 ~2020 年五大经济特区细微颗粒物 $PM_{2.5}$浓度变化情况

3. 创新能力提升状况

从高新技术产业增加值比重来看，2015 ~2020 年深圳经济特区创新能力相对领先，其次是厦门经济特区（见图 4）。从专利授权量数据来看，厦门经济特区整体创新能力较为突出。2019 ~2020 年，五大经济特区专利授权总量均有所增加，其中，深圳、珠海、汕头、厦门专利授权总量趋于收敛，表明除海南外，其他经济特区创新能力差距明显缩小（见图 5）。

4. 工业盈利能力提升状况

从工业利润指标来看，2016 ~2020 年五大经济特区工业实现利润总额增速整体实现正增长，表明五大经济特区工业盈利能力整体呈提升态势。其

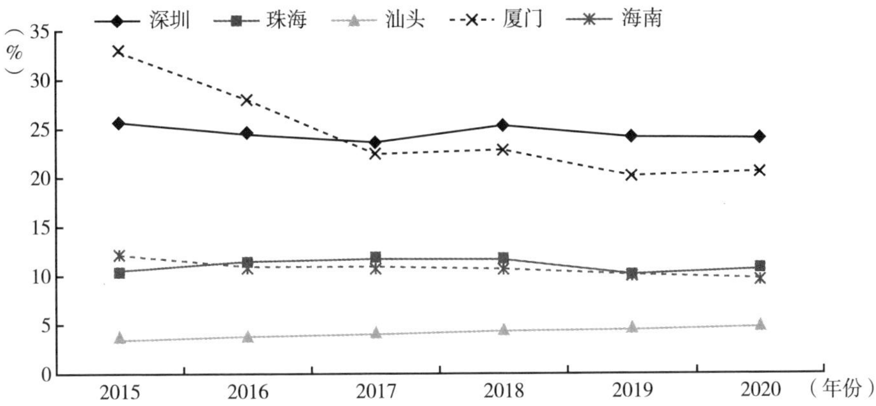

图 4　2015～2020 年五大经济特区高新技术产业增加值比重变化情况

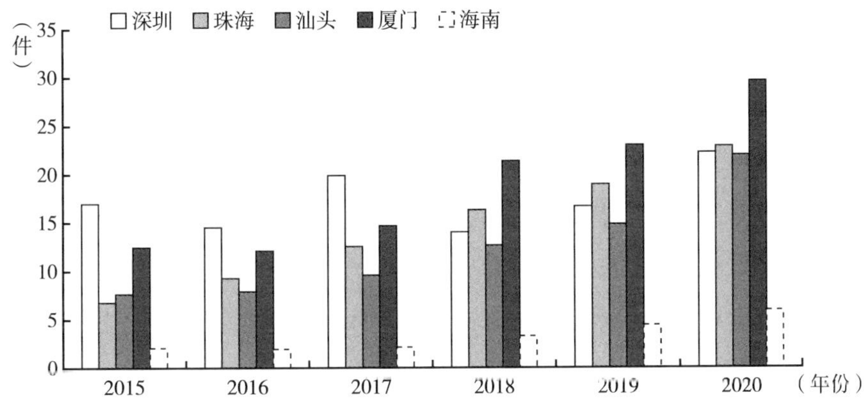

图 5　2015～2020 年五大经济特区专利授权量变化情况

中，厦门经济特区工业盈利能力相对较好。2020 年，厦门经济特区工业利润在新冠肺炎疫情冲击下仍然实现了较高水平的正增长，且增速反超深圳经济特区（见图 6）。

总体来看，五大经济特区产业绿色转型过程中基本实现了产业生态化与生态产业化融合发展，严格的环境规制并未显著阻碍创新能力提升和工业经济稳步运行。

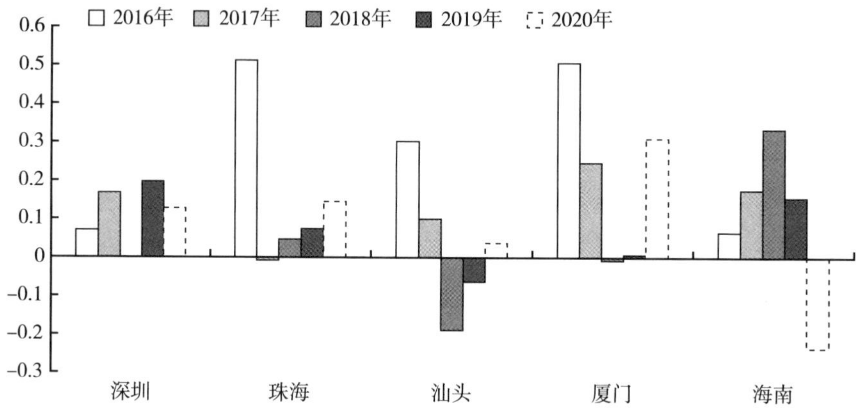

图6　2016～2020年五大经济特区工业实现利润总额增速变化情况

（二）产业绿色转型成效综合评估

五大经济特区均不同程度采取了绿色转型的措施，产业绿色转型是一项系统工程，涉及的方面较多，有政府产业政策、绿色投入、公众参与、绿色转型效果等，需要一个整体性评估方案对五大经济特区的绿色转型能力进行评估。同时，根据评估结果，对其提出相应的政策和建议。通过创建评估产业绿色转型能力的指标体系，结合计量研究和比较研究的分析方法，对五大经济特区的产业绿色转型开展整体性和综合性评价。一方面揭示五大经济特区产业绿色转型的发展现状，另一方面查找五大经济特区产业绿色转型中存在的短板，并在此基础上提出相应对策。

1. 指标体系

产业绿色转型应该结合实际情况，制定精准的成效评估指标。区域产业生态系统由区域生态系统的多样性、抵抗力、系统活力以及可恢复性多维因素共同决定，评估过程中应优化“两化”融合发展的动态综合效益测度。基于“两化”融合发展要求，经济特区生态产业化和产业生态化过程中产生的经济、生态、社会效益，应该被纳入一个整体框架进行系统评估。本报告根据产业绿色转型的内涵与特征，遵循客观性、全面性、层次性和可行性的指标设计原则，主要从产业绿色转型进度、绿色产出水平、区域环境动态、绿色转型基础、工业节能成效五个维度构建了经济特区产业绿色转型成效评估指标体系，二级指标则根据各个经济特区数据可得性、特征差异进行设计（见表3）。

表3　经济特区产业绿色转型成效评估指标体系

总目标	一级指标	二级指标	单位	指标类型
经济特区产业绿色转型进展情况评估	绿色转型进度	战略性新兴产业增加值比重	%	正向
		绿色低碳产业增加值比重	%	正向
		现代服务业增加值比重	%	正向
		高技术制造业增加值比重	%	正向
		先进制造业增加值比重	%	正向
		文化及相关产业增加值比重	%	正向
	工业节能成效	工业用电比全部工业增加值增速	%	负向
		工业用水比全部工业增加值增速	%	负向
		生产运营用水量	亿立方米	负向
		工业用电量	亿千瓦时	负向
	区域环境动态	细微颗粒物（$PM_{2.5}$）平均浓度	微克/米^3	负向
		酸雨频率	%	负向
		灰霾天气日数比例	%	负向
		空气质量级别一级（优）天数比例	%	正向
	绿色转型基础	全年规模以上工业实现利润总额增速	%	正向
		水利、环境和公共设施管理业固定资产投资增速	%	正向
		专利授权量	件	正向
	绿色产出水平	新能源汽车产量	万辆	正向
		绿色低碳产业增加值增速	%	正向

2. 数据收集

通过查阅五大经济特区《政府工作报告》《国民经济与社会发展统计公报》《环境质量公报》等官方资料，本报告分别整理和计算了五大经济特区2015～2020年经济特区产业绿色转型成效评估指标体系（见表4至表8）。

3. 评估过程

步骤一：指标选取。设有 r 个年份、n 个经济特区、m 个指标，则 x_{ijk} 表

表 4　深圳经济特区产业绿色转型成效评估数据

总目标	一级指标	二级指标	2015 年	2016 年	2017 年	2018 年	2019 年	2020 年
经济特区产业绿色转型进展情况评估	绿色转型进度	战略性新兴产业增加值比重	0. 38705	0. 40260	0. 40928	0. 37797	0. 37715	0. 37126
		绿色低碳产业增加值比重	0. 01871	0. 02061	0. 02991	0. 04090	0. 04028	0. 04435
		现代服务业增加值比重	0. 40761	0. 42469	0. 41476	0. 41659	0. 44942	0. 47287
		高技术制造业增加值比重	0. 25661	0. 24434	0. 23631	0. 25313	0. 24113	0. 24005
		先进制造业增加值比重	0. 29513	0. 27848	0. 25598	0. 27103	0. 25721	0. 26006
		文化及相关产业增加值比重	0. 10039	0. 05648	0. 06818	0. 06443	0. 06867	0. 06418
	工业节能成效	工业用电比全部工业增加值增速	0. 00000	-0. 02193	-0. 07651	-0. 42317	-0. 00942	-0. 01787
		工业用水比全部工业增加值增速	0. 00000	-0. 63097	-0. 05927	-0. 04171	-0. 02903	-0. 01172
		生产运营用水量	11. 02000	11. 00000	4. 56000	5. 00000	5. 03000	4. 94000
		工业用电量	690. 65000	716. 76000	743. 57000	490. 77000	503. 69000	491. 60000
	区域环境动态	细微颗粒物($PM_{2.5}$)平均浓度	30. 00000	27. 00000	28. 00000	24. 00000	24. 00000	19. 00000
		酸雨频率	0. 50900	0. 45500	0. 29700	0. 27400	0. 28900	0. 26600
		灰霾天气日数比例	0. 09589	0. 07397	0. 06027	0. 05479	0. 02466	0. 00822
		空气质量级别一级(优)天数比例	0. 49589	0. 52603	0. 52877	0. 51233	0. 51233	0. 67945
	绿色转型基础	全年规模以上工业实现利润总额增速	0. 00000	0. 07000	0. 16816	-0. 00102	0. 19708	0. 12720
		水利、环境和公共设施管理业固定资产投资增速	0. 00000	0. 42855	0. 42100	0. 28100	0. 04520	0. 04700
	绿色产出水平	专利授权量	16. 96	14. 53	19. 91	14. 02	16. 66	22. 24
		新能源汽车产量	1. 67130	6. 05000	3. 43000	9. 99000	9. 25730	10. 93370
		绿色低碳产业增加值增速	0. 00000	0. 22696	0. 67052	0. 47628	0. 09476	0. 13132

表 5　珠海经济特区产业绿色转型成效评估数据

一级指标	二级指标	2015 年	2016 年	2017 年	2018 年	2019 年	2020 年
绿色转型进度	先进制造业增加值比重	0.23434	0.22849	0.22849	0.22357	0.19497	0.19816
	高技术制造业增加值比重	0.10520	0.11462	0.11721	0.11654	0.10143	0.10640
绿色转型基础	一般公共预算节能环保支出增速	0	0.802491103	0.703849951	-0.329663963	0.801210026	-0.152111324
	全年规模以上工业实现利润总额增速	0	0.512168304	-0.007610645	0.047137554	0.074170826	0.144677987
	水利、环境和公共设施管理业固定资产投资增速	168.20000	112.28000	152.03000	206.74000	181.91852	245.59000
绿色产出水平	太阳能电池（光伏电池）锂电子电池	20740.62000	24707.43000	34603.65000	37519.59000	34255.38567	44485.86000
	专利授权量	6790.00000	9287.00000	12544.00000	16298.00000	18967.00000	22892.00000
	发明专利授权量	3667.00000	1796.00000	7769.00000	3360.00000	3327.00000	4362.00000
区域环境动态	空气质量级别一级（优）天数比例	0.50959	0.48767	0.43014	0.41096	0.51781	0.61370
	灰霾天气日数比例	0.12329	0.06575	0.15616	0.05479	0.03288	0.02192
	细微颗粒物（$PM_{2.5}$）平均浓度	22.00000	26.00000	30.00000	29.00000	25.00000	19.00000
工业节能成效	生产运营用水量	1.12637	1.04302	1.09308	1.17178	1.17530	1.18000
	工业用电量	88.28000	90.50000	97.10000	104.22000	107.02000	108.35000
	规模以上工业综合能源消费量	570.39000	567.53000	586.11000	610.64000	589.65000	592.59000
	工业用电比全部工业增加值增速	0	-0.155109489	-0.010387158	-0.03074141	-0.120946538	-0.009861933
	工业用水比全部工业增加值增速	0	-0.064646662	0.013152197	-0.029542073	-0.100029584	-0.001550706

表 6　汕头经济特区产业绿色转型成效评估数据

一级指标	二级指标	2015 年	2016 年	2017 年	2018 年	2019 年	2020 年
绿色转型进度	现代服务业增加值比重	0.30159	0.34817	0.39660	0.38336	0.46139	0.45870
	先进制造业增加值比重	0.09167	0.09495	0.23014	0.29603	0.42831	0.61338
	高技术制造业增加值比重	0.03416	0.03798	0.04014	0.04325	0.04432	0.04734
绿色转型基础	生态保护和环境治理业投资增速	0.00000	-0.19271	-0.83890	0.47800	1.04700	-0.30500
	全年规模以上工业实现利润总额增速	0.00000	0.30261	0.09966	-0.18887	-0.06318	0.03785
绿色产出水平	专利授权量	7651.00000	7924.00000	9593.00000	12651.00000	14809.00000	21959.00000
	发明专利授权量	303.00000	327.00000	384.00000	408.00000	331.00000	365.00000
	风电	6.32000	6.13000	6.52000	5.08000	5.56000	5.25000
工业节能成效	工业用电量比全部工业增加值增速	0.00000	-0.04145	-0.05247	-0.04736	-0.06099	-0.02398
	规模以上工业综合能源消费量比全部工业增加值	0.51000	0.43000	0.44000	0.47000	0.42000	0.42000
	石油及制品类零售额	202.80000	216.79000	277.59000	159.91000	267.27357	203.92974
	规模以上工业综合能源消费量	448.00000	411.67000	476.00000	540.85000	497.98000	511.70000
	全年全市用电总量	178.01000	190.93000	200.93000	209.36000	211.99000	218.46000
区域环境动态	细微颗粒物($PM_{2.5}$)平均浓度	26.00000	24.00000	29.00000	20.00000	23.00000	19.00000
	酸雨频率	0.00300	0.00200	0.00300	0.01100	0.00300	0.00000
	空气质量级别一级(优)天数比例	0.43562	0.46301	0.42466	0.40274	0.46301	0.50137

表 7　厦门经济特区产业绿色转型成效评估数据

一级指标	二级指标	2015 年	2016 年	2017 年	2018 年	2019 年	2020 年
绿色转型进度	规模以上高技术产业增加值占比	0. 90714	0. 83719	0. 67920	0. 67883	0. 69009	0. 70902
	旅游业收入占比	0. 24015	0. 25587	0. 26855	0. 29263	0. 27621	0. 16382
绿色转型基础	全年规模以上工业实现利润总额增速	0. 00000	0. 50621	0. 24686	-0. 00741	0. 00732	0. 31007
绿色产出水平	旅游总收入增速	0. 00000	0. 16327	0. 20682	0. 19991	0. 18100	-0. 36844
	全市天然气供气总量	25041. 83000	25923. 00000	30263. 12000	33701. 00000	34141. 62000	32690. 46000
	专利授权量	12467. 00000	12109. 00000	14678. 00000	21393. 00000	23013. 00000	29598. 00000
	发明专利授权量	1695. 00000	2028. 00000	2333. 00000	2214. 00000	2672. 00000	3066. 00000
工业节能成效	全部供水总量	4. 32000	4. 32000	4. 42000	4. 22000	4. 38000	4. 37000
	全年全市用电总量	211. 29000	229. 96000	248. 97000	269. 59000	282. 98000	291. 23000
	工业用电量比规模以上工业增加值增速	0. 00000	0. 04951	-0. 06018	-0. 03839	-0. 06575	-0. 03899
	生产运营用水比规模以上工业增加值增速	0. 00000	-0. 06021	-0. 10379	-0. 07593	-0. 07919	-0. 04020
区域环境动态	细微颗粒物（$PM_{2.5}$）平均浓度	29. 00000	28. 00000	27. 00000	25. 00000	24. 00000	18. 00000
	酸雨频率	0. 79000	0. 84000	0. 23500	0. 70000	0. 60000	0. 68200
	空气质量级别一级（优）天数比例	0. 55342	0. 53973	0. 52329	0. 46849	0. 50685	0. 58082
	灰霾天气日数比例	0. 00274	0. 00822	0. 00274	0. 00274	0. 00000	0. 00000

表 8　海南经济特区产业绿色转型成效评估数据

一级指标	二级指标	2015 年	2016 年	2017 年	2018 年	2019 年	2020 年
绿色转型进度	规模以上高技术产业增加值占比	0. 12125	0. 10924	0. 10915	0. 10685	0. 10130	0. 09716
	旅游业收入占比	0. 08741	0. 09442	0. 10219	0. 10967	0. 11091	0. 08791
绿色转型基础	全年规模以上工业实现利润总额增速	0. 00000	0. 06509	0. 17534	0. 33400	0. 15500	-0. 23600
	财政节能环保支出增速	0. 00000	0. 18499	0. 01185	0. 67314	0. 13600	-0. 13005
绿色产出水平	旅游总收入增速	0. 00000	0. 17399	0. 20814	0. 17016	0. 11329	-0. 17483
	专利授权量	2060. 00000	1939. 00000	2133. 00000	3292. 00000	4423. 00000	5944. 51200
	太阳能电池(光伏电池)锂电子电池	81. 71000	38. 67000	23. 88000	10. 79000	54. 59000	60. 84100
工业节能成效	规模以上工业综合能源消费量	1114. 26000	2102. 51000	1078. 99000	1174. 03000	1190. 14000	1174. 03000
区域环境动态	城市(镇)$PM_{2.5}$平均浓度	20. 00000	18. 00000	18. 00000	17. 00000	17. 00000	13. 00000
	原油消费量增速	-0. 15500	0. 00700	0. 11200	0. 10700	0. 07300	0. 00600

示第 i 年，第 j 个经济特区，第 k 个指标的值。

步骤二：指标标准化处理。由于不同的指标具有不同的量纲和单位，因此需要进行标准化处理。

正向指标标准化公式：$x\grave{}_{ijk} = \frac{x_{ijk} - x_{\min k}}{x_{\max k} - x_{\min k}}$

负向指标标准化公式：$x\grave{}_{ijk} = \frac{x_{\min k} - x_{ijk}}{x_{\min k} - x_{\max k}}$

其中 $x_{\min k}$ 、$x_{\max k}$ ，分别表示第 k 个指标在 n 个经济特区、r 个年份中的最小值与最大值。指标标准化处理后，$x\grave{}_{ijk}$ 的取值范围为 [0，1]，其含义为 x_{ijk} 在 n 个经济特区、r 个年份中的相对大小。

步骤三：计算指标的比重公式为 $y_{ijk} = x\grave{}_{ijk} / \sum_{i} \sum_{j} x\grave{}_{ijk}$ 。

步骤四：计算第 K 项指标的熵值公式为 $S_k = -\frac{1}{\theta} \sum_{i} \sum_{j} y_{ijk} \ln(y_{ijk})$ ，其中 $\theta > 0$ ，且 $\theta = \ln(rn)$ 。

步骤五：计算第 K 项指标的信息效用值。公式：$g_k = 1 - S_k$ 。

步骤六：计算第 K 项指标的权重。公式：$w_k = g_k / \sum_{k} g_k$ 。

步骤七：计算各经济特区每年的综合得分。公式：$h_{ij} = \sum_{k} w_k x\grave{}_{ijk}$ 。

4. 指标权重

五大经济特区产业绿色转型成效评估指标权重见表 9 至表 13。

表 9　深圳经济特区产业绿色转型成效评估指标权重

一级指标	二级指标	权重	权重
绿色转型进度	战略性新兴产业增加值比重	0.04681	0.30196
	绿色低碳产业增加值比重	0.04165	
	现代服务业增加值比重	0.05576	
	高技术制造业增加值比重	0.04253	
	先进制造业增加值比重	0.06367	
	文化及相关产业增加值比重	0.05152	

续表

一级指标	二级指标	权重	权重
工业节能成效	工业用电比全部工业增加值增速	0. 07842	0. 21780
	工业用水比全部工业增加值增速	0. 05180	
	生产运营用水量	0. 05362	
	工业用电量	0. 03395	
区域环境动态	细微颗粒物($PM_{2.5}$)平均浓度	0. 04735	0. 33043
	酸雨频率	0. 11434	
	灰霾天气日数比例	0. 12323	
	空气质量级别一级(优)天数比例	0. 04549	
绿色转型基础	全年规模以上工业实现利润总额增速	0. 04772	0. 08596
	水利、环境和公共设施管理业固定资产投资增速	0. 03824	
绿色产出水平	新能源汽车产量	0. 03051	0. 06382
	绿色低碳产业增加值增速	0. 03331	

表 10　珠海经济特区产业绿色转型成效评估指标权重

一级指标	二级指标	权重	权重
绿色转型进度	先进制造业增加值比重	0. 05573	0. 10841
	高技术制造业增加值比重	0. 05267	
绿色转型基础	一般公共预算节能环保支出增速	0. 06032	0. 22766
	全年规模以上工业实现利润总额增速	0. 12282	
	水利、环境和公共设施管理业固定资产投资增速	0. 04451	
绿色产出水平	太阳能电池(光伏电池)锂电子电池	0. 04919	0. 16168
	专利授权量	0. 05489	
	发明专利授权量	0. 05760	
区域环境动态	空气质量级别一级(优)天数比例	0. 06118	0. 10496
	灰霾天气日数比例	0. 04377	
工业节能成效	生产运营用水量	0. 09961	0. 39730
	工业用电量	0. 07467	
	规模以上工业综合能源消费量	0. 04054	
	工业用电比全部工业增加值增速	0. 10561	
	工业用水比全部工业增加值增速	0. 07688	

表 11 汕头经济特区产业绿色转型成效评估指标权重

一级指标	二级指标	权重	权重
绿色转型进度	现代服务业增加值比重	0. 05304	0. 20419
	先进制造业增加值比重	0. 09984	
	高技术制造业增加值比重	0. 05131	
绿色转型基础	生态保护和环境治理业投资增速	0. 05727	0. 11382
	全年规模以上工业实现利润总额增速	0. 05654	
绿色产出水平	专利授权量	0. 11164	0. 24537
	发明专利授权量	0. 06328	
	风电	0. 07045	
工业节能成效	工业用电量比全部工业增加值增速	0. 05928	0. 27389
	规模以上工业综合能源消费量比全部工业增加值	0. 04394	
	石油及制品类零售额	0. 04278	
	规模以上工业综合能源消费量	0. 06741	
	全年全市用电总量	0. 06047	
区域环境动态	细微颗粒物（$PM_{2.5}$）平均浓度	0. 07369	0. 16273
	酸雨频率	0. 05151	
	空气质量级别一级（优）天数比例	0. 03753	

表 12 厦门经济特区产业绿色转型成效评估指标权重

一级指标	二级指标	权重	权重
绿色转型进度	规模以上高技术产业增加值占比	0. 14436	0. 18002
	旅游业收入占比	0. 03566	
绿色转型基础	全年规模以上工业实现利润总额增速	0. 11706	0. 11706
绿色产出水平	旅游总收入增速	0. 03504	0. 24327
	全市天然气供气总量	0. 06076	
	专利授权量	0. 09426	
	发明专利授权量	0. 05321	
工业节能成效	全部供水总量	0. 04412	0. 21475
	全年全市用电总量	0. 06136	
	工业用电量比规模以上工业增加值增速	0. 06987	
	生产运营用水比规模以上工业增加值增速	0. 03940	

续表

一级指标	二级指标	权重	权重
区域环境动态	细微颗粒物($PM_{2.5}$)平均浓度	0.04096	0.24489
	酸雨频率	0.08201	
	空气质量级别一级(优)天数比例	0.08533	
	灰霾天气日数比例	0.03660	

表 13　海南经济特区产业绿色转型成效评估指标权重

一级指标	二级指标	权重	权重
绿色转型进度	规模以上高技术产业增加值比重	0.08319	0.20311
	旅游业收入占比	0.11992	
绿色转型基础	全年规模以上工业实现利润总额增速	0.05921	0.16966
	财政节能环保支出增速	0.11044	
绿色产出水平	旅游总收入增速	0.05600	0.30162
	专利授权量	0.16554	
	太阳能电池(光伏电池)锂电子电池	0.08008	
工业节能成效	规模以上工业综合能源消费量	0.04808	0.09615
区域环境动态	城市(镇) $PM_{2.5}$ 平均浓度	0.08148	0.22947
	原油消费量增速	0.14799	

5. 评估结果分析

从图 7 可以看出，五大经济特区 2015～2020 年综合得分变化趋势总体呈上升趋势，这表明从纵向的动态演进特征来看，五大经济特区的产业绿色转型成效总体较为显著，产业生态化过程中产业生态化与生态产业化较好地实现了融合发展。从横向比较来看，2019～2020 年，珠海和海南经济特区综合得分略有下降。2020 年，汕头经济特区综合得分居于首位，珠海经济特区最低。总体来看，各经济特区综合得分差距较小，这表明五大经济特区产业绿色转型成效相对收敛。

为了深入挖掘五大经济特区产业绿色转型成效动态变化特征即各经济特区差异性特征的具体原因，本报告进一步从绿色转型进度、绿色转型基础、绿色产出水平、工业节能成效、区域环境动态五个维度展开评估。如图 8 所示，总体来看，深圳经济特区 2015～2020 年的产业绿色转型成效主要体现

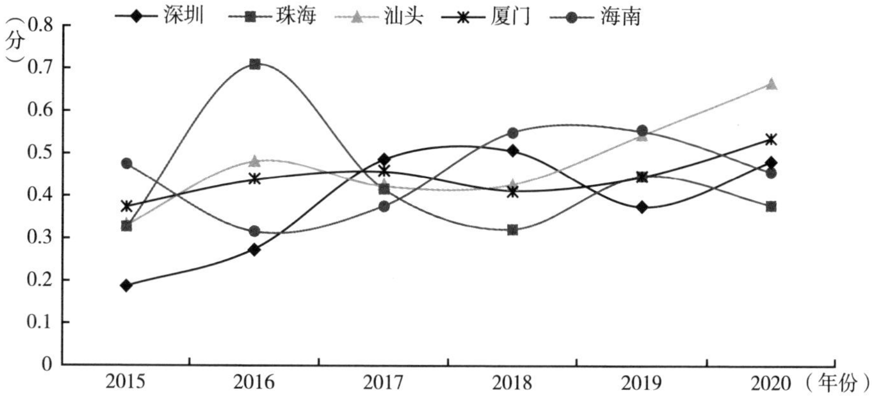

图 7　2015 ~ 2020 年五大经济特区综合得分变化趋势

在产业绿色转型进度和工业节能成效两个方面，绿色转型基础和绿色产出水平成效相对不显著。这表明深圳经济特区在产业结构方面具有显著优势，成为深圳实现高水平产业绿色转型的重要基础。

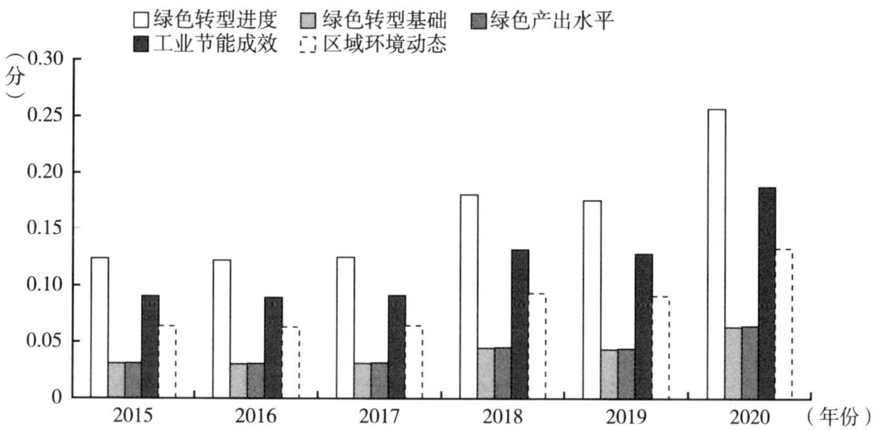

图 8　2015 ~ 2020 年深圳经济特区五大维度综合得分变化趋势

珠海经济特区 2015 ~ 2020 年的产业绿色转型成效主要体现在工业节能成效方面，区域环境动态方面成效相对不显著（见图 9）。这表明相比较其他经济特区，珠海经济特区产业绿色转型过程中产业生态化与生态产业化

“两化融合”程度较低，虽然节能减排效果显著，但是在环境污染的整治方面尚具有一定的提升潜力。

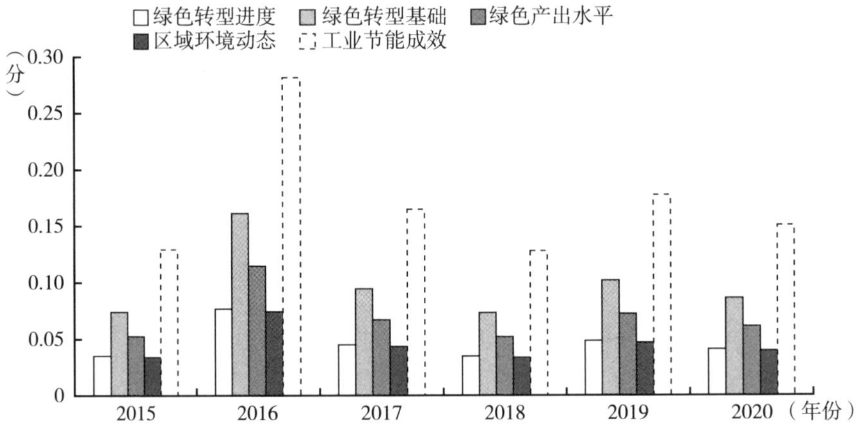

图 9　2015 ~ 2020 年珠海经济特区五大维度综合得分变化趋势

汕头经济特区 2015 ~ 2020 年的产业绿色转型成效主要体现在工业节能成效和绿色产出水平方面，绿色转型基础方面成效相对不显著（见图 10）。这表明相比较其他经济特区，汕头经济特区产业绿色转型过程中需要更加注重保证经济效益，确保经济发展与产业转型协调发展。

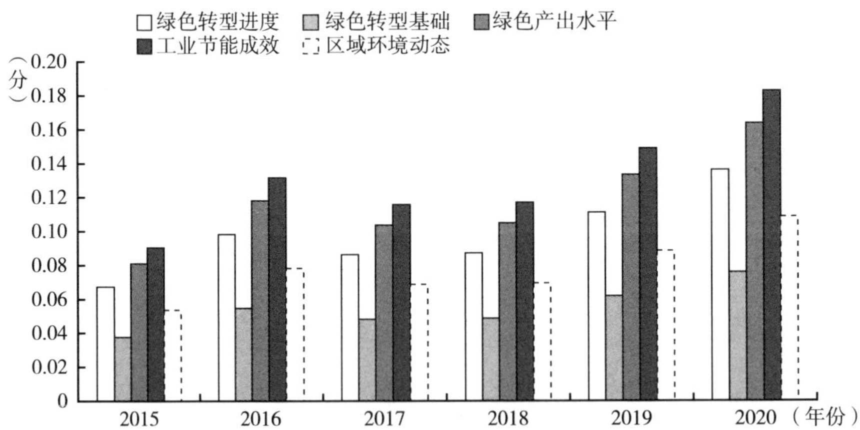

图 10　2015 ~ 2020 年汕头经济特区五大维度综合得分变化趋势

厦门经济特区 2015～2020 年的产业绿色转型成效主要体现在区域环境动态和绿色产出水平方面，绿色转型基础方面成效相对不显著（见图 11）。这表明相比较其他经济特区，厦门经济特区产业绿色转型过程中较好地实现了生态产业化发展，未来需要更加注重提高经济效益。

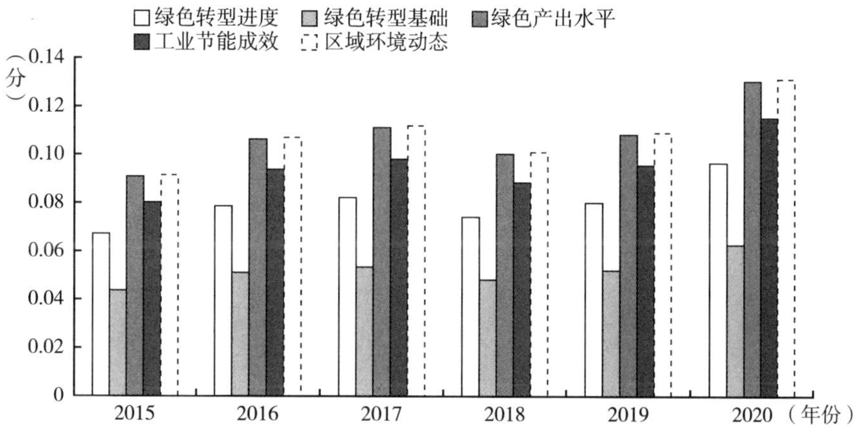

图 11　2015～2020 年厦门经济特区五大维度综合得分变化趋势

海南经济特区 2015～2020 年的产业绿色转型成效主要体现在绿色产出水平方面，工业节能成效相对不显著（见图 12）。这表明相比较其他经济特区，海南经济特区产业绿色转型过程中需要加快发展低碳新能源产业，补齐能源结构短板。

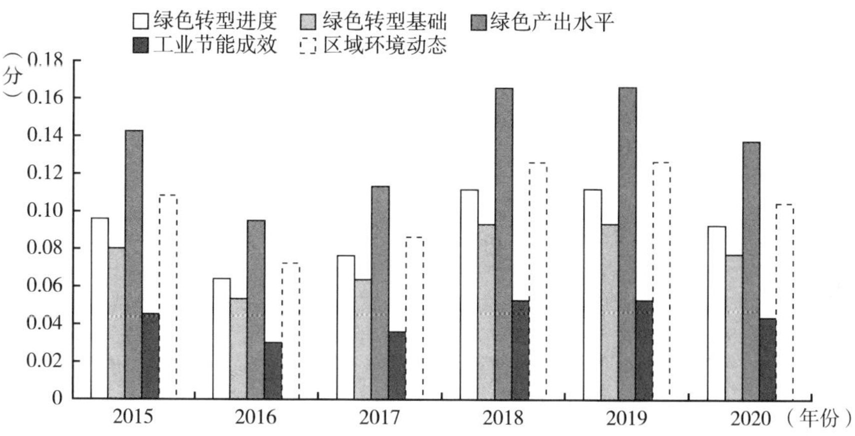

图 12　2015～2020 年海南经济特区五大维度综合得分变化趋势

六　经济特区产业绿色转型政策建议

产业生态化是指基于生态文明建设的内在要求，以高质量发展为导向，把发展思维转换成高质量发展思维，处理好新动能与旧动能的关系，提高资源利用效率，实现产业生态化改造的过程。具体包含三个层次：一是在新动能上引进发展资源利用率高、生态效益好的新兴产业；二是在旧动能上采用新技术和新理念改造传统产业，促进产业绿色发展；三是搭建产业生态链弥合平台，在不同产业间建立产业链和功能链，引导形成生态产业系统。

（一）加大绿色金融扶持力度，重点向绿色技术研发倾向

绿色金融对绿色投资具有诱导作用，但目前几大特区的绿色金融发展相对缓慢，不利于产业绿色转型发展。因此，在绿色金融扶持领域方面，要加大对绿色制造业和制造业绿色转型领域的扶持力度。在绿色金融扶持环节上，不仅要支持绿色技术的推广和使用，更要助力绿色技术的研发和创新。在绿色金融服务对象方面，重点加强绿色金融技术的研发和绿色项目技术的产业化，对金融机构绿色信贷余额设定一定的转型扶持比例，让绿色金融服务产业真正实现绿色转型发展。

（二）发挥核心企业引领作用，强化绿色供应链传导机制

从以华为为代表的绿色供应链试点项目的实施情况来看，核心企业主导的绿色供应链对于产业绿色转型具有积极的推动作用，应继续扩大试点范围进行全面推广。由生态环境部门设立专项基金，选择一些生产最终产品的行业龙头企业作为绿色供应链的核心企业，会同行业协会共同参与制定行业绿色供应链管理体系和标准，发挥核心企业的引领作用，通过绿色供应链传导机制带动全产业链进行绿色转型，在提升绿色发展水平的同时提升产业链的整体竞争优势。

（三）加大绿色公共设施投资力度，推动绿色技术开发和应用

共性的绿色技术和绿色公共设施由于存在较强的外部性，企业一般不愿进行类似投资，政府应将此类投资纳入公共研发范围，或提供一定的资金委托企业进行技术开发。出于对研发风险的规避，目前政府对绿色技术的扶持仍然着重在技术的应用和产业化方面，而对于绿色技术的开发投入相对不足。因此，要加大对共性的绿色技术和绿色公共设施的投入力度，提升绿色技术的经济可行性。同时，还需要加大对绿色项目管理和运营的中介机构的支持力度，帮助企业和单位提高管理绩效，提升企业和单位实施绿色项目的积极性。

参考文献

《2019 年海南省国民经济和社会发展统计公报》，海南省统计局网站，2019 年 1 月 29 日，http：//www. hainan. gov. cn/hainan/tjgb/201901/3508453efdb443f3a4310be618b1a2d5. shtml。

《2019 年海南省生态环境状况公报》，海南省人民政府网站，2020 年 6 月 8 日，https：//www. hainan. gov. cn/hainan/5309/202006/f900e51cb0ee4a43a73a9f82863ef939. shtml。

《2019 年汕头国民经济和社会发展统计公报》，汕头市统计局网站，2020 年 3 月 30 日，https：//www. shantou. gov. cn/tjj/tjzl/tjgb/content/post_ 1733953. html。

《2019 年汕头市生态环境状况公报》，汕头市生态环境局网站，2020 年 6 月 19 日，https：//www. shantou. gov. cn/epd/ztzl/hjzlzk/hjzkgb/content/post_ 1771085. html。

《2018 年度、2019 年度环境信访统计》，汕头市生态环境局网站，http：//www. shantou. gov. cn/epd/hjxf/201904/5e1854dd4af545b1ad4f96f8e0665dcc. shtml。

《深圳市 2019 年国民经济和社会发展统计公报》，深圳市统计局网站，2020 年 4 月 15 日，http：//tjj. sz. gov. cn/zwgk/zfxxgkml/tjsj/tjgb/content/post_ 7294577. html。

《2019 年度深圳市环境状况公报》，深圳市生态环境局网站，2020 年 4 月 29 日，http：//meeb. sz. gov. cn/xxgk/tjsj/ndhjzkgb/content/post_ 7259599. html。

《厦门市 2019 年国民经济和社会发展统计公报》，厦门市统计局网站，2020 年 3 月 20 日，http：//www. xm. gov. cn/zfxxgk/xxgkznml/gmzgan/tjgb/202003/t20200320_ 2433223. htm。

《2019 年厦门市环境质量公报》，厦门市生态环境局网站，2020 年 6 月 10 日，http：//sthjj. xm. gov. cn/zwgk/zfxxgk/fdzdgknr/hjzl/hjzkgb/202006/t20200610_ 2489482. htm。

《珠海市 2019 年国民经济和社会发展统计公报》，中国统计信息网，2020 年 4 月 14 日，http：//www. tjcn. org/tjgb/19gd/36312. html。

《2019 年珠海市环境质量状况》，珠海市生态环境局网站，2020 年 6 月 16 日，http：//ssthjj. zhuhai. gov. cn/gkmlpt/content/2/2988/post_ 2988470. html#6284。

戴越：《波特假说三个层面的当下证说与建言》，《求索》2013 年第 11 期。

黄鹏、郭闽、兰思仁：《福建省城市化与生态环境耦合状况分析》，《福建农林大学学报》（自然科学版）2015 年第 2 期。

董颖、石磊：《“波特假说”——生态创新与环境管制的关系研究述评》，《生态学报》2013 年第 2 期。

李婉红、毕克新、孙冰：《环境规制强度对污染密集行业绿色技术创新的影响研究——基于 2003 ~ 2010 年面板数据的实证检验》，《研究与发展管理》2013 年第 6 期。

徐艳、刘娟、顾江源等：《产品环境足迹：新的潜在绿色贸易壁垒》，《环境与可持续发展》2019 年第 6 期。

赵红、谷庆：《环境规制，引致 R&D 与全要素生产率》，《重庆大学学报》（社会科学版）2015 年第 5 期。

S. Ambec，M. A. Cohen，S. Elgie et al.，“The Porter Hypothesis at 20：Can Environmental Regulation Enhance Innovation and Competitiveness?” *Review of Environmental Economics and Policy* 1（2013）.

M. Jänicke，H. Mönch，T. Ranneberg et al.，“Economic Structure and EnvironmentalImpacts：East-West Comparisons，” *The Environmentalist* 3（1989）.

J. Labonne，“A Comparative Analysis of the Environmental Management，Performance and Innovation of SMEs and Larger Firms，” 2006，http：//ec. europa. eu/environment/archives/sme/pdf/final_ report_ sme_ en. pdf.

D. Popp，“Uncertain R&D and the Porter Hypothesis，” *Contributions in Economic Analysis & Policy* 1（2005）.

N. E. Porter，C. Van der Linde，“Toward a New Conception of the Environment-competitiveness Relationship，” *TheJournal of Economic Perspectives* 4（1995）.

M. E. Porter，C. Van der Linde，“Green and Competitive：Ending the Stalemate，” *Harvard Business Review* 5（1995）.

A. Xepapadeas，A. de Zeeuw，“Environmental Policy and Competitiveness：The Porter Hypothesis and the Composition of Capital，” *Journal of Environmental Economics and Management* 2（1999）.

B.3 中国经济特区绿色全要素生产率评估报告

钟若愚　吴文宗　岑育文　李愉欣　黄文宇*

摘　要： 随着环境问题日益凸显，推动减污降碳协同治理成为提高环境治理能力的重要举措。本报告基于减污降碳视角，使用超效率SBM模型对2000~2020年中国五大经济特区绿色全要素生产率进行评估，主要贡献是增加了资源要素投入DMI指标，将二氧化碳排放量、$PM_{2.5}$年均浓度作为双非期望产出，可以有效规避使用全部工业废气排放指标造成的产出结构繁杂。此外，通过对比各个特区在减污降碳方面的效率时发现，珠海特区GTFP基本处于前沿面，深圳特区在减污降碳两个方面做到了双高效的深度协同，但所有特区技术进步基本呈现退步状态。在此基础上提出优化经济特区绿色发展路径的政策建议。

关键词： 经济特区　绿色全要素生产率　减污降碳　超效率SBM模型

《中国生态环境状况公报（2020）》指出，2020年中国337个地级及以上城市中有202个城市环境空气质量达标，占全部城市数的59.9%，比2019年增加13.3%，平均超标天数比例为13%，以$PM_{2.5}$为首要污染物占污

* 钟若愚，深圳大学中国经济特区研究中心教授、博士研究生导师，深圳市应用经济研究会会长，深圳大学人口研究所所长，主要研究方向为人口、资源与环境经济学；吴文宗，深圳大学中国经济特区研究中心博士生，主要研究方向为人口、资源与环境经济学；岑育文，深圳大学经济学院硕士生，主要研究方向为人口、资源与环境经济学；李愉欣，深圳大学经济学院硕士生，主要研究方向为人口、资源与环境经济学；黄文宇，深圳大学经济学院硕士生，主要研究方向为人口、资源与环境经济学。

染天数的半数以上（51%）。中国168个重点城市[①]中环境空气质量排名前20的城市（见表1），五大经济特区有4个城市位列其中，分别为海口市（第1名）、厦门市（第4名）、深圳市（第6名）、珠海市（第11名），汕头市并不在列。此外，据《世界能源统计年鉴（2021）》[②]统计，2020年中国二氧化碳排放量达989930万吨，虽然同比增长仅为0.6%，但仍然占世界碳排放总量的30.7%，是世界上二氧化碳排放量最多的国家。

2020年中央经济工作会议宣布中国“双碳”目标，中国力争2030年前达到二氧化碳排放峰值（碳达峰），2060年前实现碳中和，更指出要继续打好污染防治攻坚战，实现减污降碳协同效应。“十四五”规划同样强调，需要推动绿色发展，深入开展污染防治行动，积极应对气候变化，协同推进减污降碳，持续改善环境空气质量。

表1　2020年168个重点城市中环境空气质量排名前20的城市

排名	城市	排名	城市	排名	城市	排名	城市
1	海口市	6	深圳市	11	珠海市	16	昆明市
2	拉萨市	7	丽水市	12	雅安市	17	南宁市
3	舟山市	8	福州市	13	台州市	18	遂宁市
4	厦门市	9	惠州市	14	中山市	19	张家口市
5	黄山市	10	贵阳市	15	肇庆市	20	东莞市

资料来源：《中国生态环境状况公报（2020）》。

随着经济进入高质量发展阶段，中国的环境污染也进入新阶段，污染源多元化、污染源头分散。虽然环境治理能力得到大幅提升，但中国的碳排放与大气污染问题依旧十分严峻。高质量发展阶段的必要前提是拥有良好的生态环境，降低高质量发展过程中的生态环境风险，提高环境承载力。因此，减污降碳协同治理应当成为新阶段环境治理的重要组成部分，一方面能够缓

① 重点城市包括京津冀及周边地区、长三角地区、汾渭平原、成渝地区、长江中游、珠三角等重点区域以及省会城市和计划单列市。

② 《世界能源统计年鉴（2021）》，https：//www.bp.com/en/global/corporate/energy－economics/statistical－review－of－world－energy.html。

解人民对美好环境需求与供给不平衡不充分间的矛盾，另一方面也是促进中国经济高质量发展的关键所在。

中国经济特区作为中国经济发展的先锋，是经济高质量发展的先行区，同时，其也应深入贯彻绿色发展思想，从而成为绿色发展的示范区。绿色全要素生产率（Green Total Factor Productivity，GTFP）能够兼顾经济效率和环境保护，从而在一定程度上能够反映绿色经济增长[①]，逐渐成为衡量区域经济发展质量的重要参考标准[②]。传统的绿色全要素生产率测算要么仅包含了二氧化碳等单一非期望产出，要么将污染物二氧化硫、氮氧化物等多种大气污染物加入非期望产出，使产出结构过于繁杂，不具有代表性。《中国生态环境状况公报（2020）》指出以 $PM_{2.5}$ 为首要污染物占污染天数的半数以上，因此 $PM_{2.5}$ 更具有代表性，也是雾霾污染的元凶。[③] 本报告基于减污降碳视角，将二氧化碳排放量和 $PM_{2.5}$ 年均浓度作为双非期望产出加入全要素生产率，测算中国五大经济特区（深圳、厦门、海南、珠海、汕头）绿色全要素生产率，以全面评价中国经济特区绿色发展效率。投入端结合物质流分析方法（Material Flow Analysis，MFA），纳入直接物质输入（Direct Material Input，DMI）指标，完善绿色全要素生产率分析方法，并根据 GTFP 评价结果为中国经济特区绿色发展路径优化建言献策。

一　减污降碳视角下中国经济特区绿色全要素生产率分析框架

（一）绿色全要素生产率分析框架

为全面评估中国经济特区绿色全要素生产率，需要借助 Super-SBM 模型[④]，

① 吕有金、高波、孔令池：《国内市场整合与绿色全要素生产率——非线性关系及门槛效应检验》，《经济问题探索》2021 年第 8 期。

② 余泳泽、杨晓章、张少辉：《中国经济由高速增长向高质量发展的时空转换特征研究》，《数量经济技术经济研究》2019 年第 6 期。

③ 陈诗一、陈登科：《雾霾污染、政府治理与经济高质量发展》，《经济研究》2018 年第 2 期。

④ K. Tone, "A Slacks-based Measure of Super-efficiency in Data Envelopment Analysis," *European Journal of Operational Research* 1 (2002).

来有效解决 SBM 模型[①]对有效单元无法继续进行评价和排序的缺陷。[②]

中国经济特区的数量为 n，即 n 个决策单元（Decision Making Unit, DMU），每个决策单元包含 3 个向量，即投入、期望产出与非期望产出，分别为 $x \in R^{m}$ 、$y^{g} \in R^{s_1}$ 、$y^{b} \in R^{s_2}$ ，s_1 、s_2 分别表示期望产出与非期望产出的数量。可以定义如下矩阵：

$$X = [x_1, \cdots, x_n] \in R^{m \times n} \tag{1}$$

$$Y^{g} = [y_1^{g}, \cdots, y_n^{g}] \in R^{s1 \times n} \tag{2}$$

$$Y^{b} = [y_1^{b}, \cdots, y_n^{b}] \in R^{s2 \times n} \tag{3}$$

则生产可能性集 p 可以表示为：

$$p = \{(x, y^{g}, y^{b}) \mid x \geqslant X\lambda, y^{g} \leqslant Y^{g}\lambda, y^{b} \geqslant Y^{b}\lambda, \lambda \geqslant 0\} \tag{4}$$

规模收益可变（Variable Returns to Scale, VRS）情况下 SBM 模型的规划式可以表示为：

$$\rho = \min \frac{1 - \frac{1}{m}\sum_{i=1}^{m}\frac{s_i^{-}}{x_{i0}}}{1 + \frac{1}{s_1 + s_2}\left(\sum_{j=1}^{s1}\frac{s_j^{g}}{y_{j0}^{g}} + \sum_{q=1}^{s2}\frac{s_q^{b}}{y_{q0}^{b}}\right)} s.t. \begin{cases} x_0 = X\lambda + s^{-} \\ y_o^{g} = Y^{g}\lambda - s^{g} \\ y_0^{b} = Y^{b}\lambda + s^{b} \\ \sum_{1}^{n}\lambda_i = 1 \\ s^{-} \geqslant 0 \\ s^{g} \geqslant 0 \\ s^{b} \geqslant 0 \\ \lambda \geqslant 0 \end{cases} \tag{5}$$

其中，ρ 为效率值，最优解为 ρ^{*} ；s^{-} 、s^{g} 、s^{b} 分别表示投入、期望产出、非期望产出的松弛变量；λ 为权重向量；x 或 y 的下标“0”表示被评价决策单

① K. Tone, “A Slacks-based Measure of Efficiency in Data Envelopment Analysis,” *European Journal of Operational Research* 3 (2001).

② 黄和平、李亚丽、王智鹏：《基于 Super-SBM 模型的中国省域城市工业用地生态效率时空演变及影响因素研究》，《生态学报》2020 年第 1 期。

元；ρ 在 s^- 、s^g 、s^b 上严格单调递减，并且 $0 \leqslant \rho \leqslant 1$ ，当且仅当 $\rho = 1$ ，且 $s^- = s^g = s^b = 0$ 时，DMU 有效，否则无效，需要在投入产出做出相应的调整。

为避免多个 DMU 出现效率值为 1 的情况，引入 Super-SBM 模型的超效率 SBM 模型：

Super-SBM 模型的有限生产可能性集表示为：

$$p \backslash (x_0, y_0) = \{(x, \bar{y}^g, \bar{y}^b) \mid \bar{x} \geqslant \sum_{k=1}^{n} \lambda_k x_k, \bar{y}^g \leqslant \sum_{k=1}^{n} \lambda_k y_k^g, \bar{y}^b \geqslant \sum_{k=1}^{n} \lambda_k y_k^b, \bar{y}^g \geqslant 0, \lambda \geqslant 0\} \tag{6}$$

规模收益可变（Variable Returns to Scale，VRS）情况下 Super-SBM 模型的规划式可以表示为：

$$\rho^* = \min \frac{\frac{1}{m}\sum_{i=1}^{m}\frac{\bar{x}_i}{x_{i0}}}{\frac{1}{s_1 + s_2}\left(\sum_{j=1}^{s_1}\frac{\bar{y}_j^g}{y_{j0}^g} + \sum_{q=1}^{s_2}\frac{\bar{y}_q^b}{y_{q0}^b}\right)} s.t. \begin{cases} \bar{x} \geqslant \sum_{k=1,k\neq 0}^{n} \lambda_k x_k \\ \bar{y}^g \leqslant \sum_{k=1,k\neq 0}^{n} \lambda_k y_k^g \\ \bar{y}^b \geqslant \sum_{k=1,k\neq 0}^{n} \lambda_k y_k^b \\ \bar{x} \geqslant x_0 \\ \bar{y}^g \leqslant y_0^g \\ \bar{y}^b \geqslant y_0^b \\ \sum_{1}^{n} \lambda_i = 1 \\ \bar{y}^g \geqslant 0 \\ \lambda \geqslant 0 \end{cases} \tag{7}$$

相比于 SBM 模型而言，超效率 SBM 模型能够解决多个决策单元同效率为 1 的情况，也能够更加真实地反映中国各个经济特区绿色发展情况。

通过 Super-SBM 模型方法可以评估 DMU 的相对效率，并且可以提出基于松弛变量提高单元效率的建议，但不能详细找到限制效率的因素。因此，继续使用考虑含有非期望产出的 ML 指数（Malmquist-Luenberger）①，即：

$$ML_t^{t+1} = \left[\frac{(1+\overrightarrow{D}_o^t(x^t, y^{gt}, y^{bt}; y^{gt}, -y^{bt}))}{(1+\overrightarrow{D}_o^t(x^{t+1}, y^{gt+1}, y^{bt+1}; y^{gt+1}, -y^{bt+1}))} \times \frac{[1+\overrightarrow{D}_o^{t+1}(x^t, y^{gt}, y^{bt}; y^{gt}, -y^{bt})]}{(1+\overrightarrow{D}_o^{t+1}(x^{t+1}, y^{gt+1}, y^{bt+1}; y^{gt+1}, -y^{bt+1}))}\right]^{\frac{1}{2}} \quad (8)$$

ML_t^{t+1} 指 $t+1$ 与 t 时期生产率比值，$ML_t^{t+1} > 1$ 表示生产率提高，$ML_t^{t+1} < 1$ 表示生产率降低。

ML 指数包含两个部分，技术效率指数（ML-EFFCH）与技术进步指数（ML-TECH）②：

$$ML\_EFFCH_t^{t+1} = \frac{1+\overrightarrow{D}_o^t(x^t, y^{gt}, y^{bt}; y^{gt}, -y^{bt})}{1+\overrightarrow{D}_o^{t+1}(x^{t+1}, y^{gt+1}, y^{bt+1}; y^{gt+1}, -y^{bt+1})} \quad (9)$$

$$ML\_TECH_t^{t+1} = \left[\frac{(1+\overrightarrow{D}_o^{t+1}(x^t, y^{gt}, y^{bt}; y^{gt}, -y^{bt}))(1+\overrightarrow{D}_o^{t+1}(x^{t+1}, y^{gt+1}, y^{bt+1}; y^{gt+1}, -y^{bt+1}))}{(1+\overrightarrow{D}_o^t(x^t, y^{gt}, y^{bt}; y^{gt}, -y^{bt}))(1+\overrightarrow{D}_o^t(x^{t+1}, y^{gt+1}, y^{bt+1}; y^{gt+1}, -y^{bt+1}))}\right]^{\frac{1}{2}} \quad (10)$$

公式（9）$ML\_EFFCH_t^{t+1}$ 表示 $t+1$ 与 t 时期技术效率比值，大于 1 表示技术效率提高，小于 1 表示技术效率降低。公式（10）$ML\_TECH_t^{t+1}$ 表示 $t+1$ 与 t 时期前沿发生的变化（技术变化或前沿变动），大于 1 表示技术进步（前沿前移），小于 1 表示技术退步（前沿后退）。$ML_t^{t+1} = ML\_EFFCH_t^{t+1} \times ML\_TECH_t^{t+1}$，即绿色全要素生产率 = 技术效率 × 技术进步。

（二）减污降碳视角下的绿色全要素生产率分析框架

绿色全要素生产率在传统全要素生产率基础上将环境约束下的非期望产

① 刘战豫、孙夏令：《中国物流业绿色全要素生产率的时空演化及动因分析》，《软科学》2018 年第 4 期。

② Y. H. Chungs, R. Fare, S. Grosskopf, " Productivity and Undesirable Outputs: A Directional Distance Function Approach," *Journal of Environmental Management* 51 (1997).

出纳入产出端，通常以二氧化碳作为单一非期望产出测算绿色全要素生产率①，另一种做法是将所有工业污染物作为非期望产出②，这种做法使非期望产出结构过于繁杂，且缺乏代表性。甚至还有学者将二氧化碳排放量与工业污染物进行加权求和，通过熵值法等手段测算出污染指数，作为单一污染非期望产出指标③，虽然简化非期望产出结构，但指数法使污染数据之间的差距大幅缩小，导致污染失去原本真实经济意义。

此外，在投入方面，较多学者在传统的生产函数上加入了能源投入④，因为能源消费是非期望产出的主要来源，但经济生产活动除了能源投入外，还包括其他资源消耗，因此仅仅建立"资本—劳动力—能源"三投入模型测算绿色全要素生产率难以全面囊括生产所需资源投入。物质流分析不仅包括一次能源投入，还包括工业原材料（金属、非矿物质）、半成品、生物质和进口等资源，即"资本—劳动力—资源"三投入模型能够更加全面评估中国经济特区绿色全要素生产率，也更加符合资源与环境经济学关注的"经济学投入—产出原理"以及经济活动可持续性。⑤

鉴于以上分析，为全面评估中国经济特区绿色全要素生产率在传统GTFP框架下进行拓展情况，将能源投入拓展为基于MFA的资源投入，同时考虑碳排放与雾霾污染双重约束的绿色全要素生产率。

1. **投入端**

物质流分析方法（MFA）从经济系统的物质量投入、消耗和流动状况进行

① 葛鹏飞、黄秀路、韩先锋：《创新驱动与"一带一路"绿色全要素生产率提升——基于新经济增长模型的异质性创新分析》，《经济科学》2018年第1期。

② 殷宝庆：《环境规制与我国制造业绿色全要素生产率——基于国际垂直专业化视角的实证》，《中国人口·资源与环境》2012年第12期。

③ 李斌、彭星、欧阳铭珂：《环境规制、绿色全要素生产率与中国工业发展方式转变——基于36个工业行业数据的实证研究》，《中国工业经济》2013年第4期；陈超凡：《中国工业绿色全要素生产率及其影响因素——基于ML生产率指数及动态面板模型的实证研究》，《统计研究》2016年第3期。

④ 葛鹏飞、黄秀路、韩先锋：《创新驱动与"一带一路"绿色全要素生产率提升——基于新经济增长模型的异质性创新分析》，《经济科学》2018年第1期。

⑤ 王学义：《区域人口学论释》，《人口研究》2017年第1期。

分析，能够得到衡量资源投入与消耗状况的简洁指标，从而拓展了可持续发展研究的方法①，同时也拓宽了绿色全要素生产率的评估思路。投入端加入基于 MFA 方法测算的 DMI，建立“资本—劳动力—资源”三投入模型。

本报告从区域和城市层面进行简化的物质流分析，侧重结合对城市产业结构解析来考察输入与输出结构②。由于区域边界系统界定不够明晰，且区域物质资源使用的数据较难获取，城市物质流分析简化框架直接物质输入指标、消耗指标分类见表 2。

表 2　城市物质流分析简化框架直接物质输入指标、消耗指标分类

<table>
<tr><th>指标</th><th>大类</th><th>构成项目</th><th>细分指标</th><th>主要内容</th></tr>
<tr><td rowspan="11">输入指标
DMI</td><td rowspan="11">直接物质输入 =
本地投入 +
外地调入：
DMI = DE + I</td><td rowspan="15">本地投入 DE</td><td rowspan="3">化石燃料</td><td>原煤</td></tr>
<tr><td>原油</td></tr>
<tr><td>天然气</td></tr>
<tr><td rowspan="4">工业金属矿物</td><td>铁矿石</td></tr>
<tr><td>铝矿石</td></tr>
<tr><td>铜矿石</td></tr>
<tr><td>其他</td></tr>
<tr><td rowspan="4">工业非金属矿物</td><td>化学化工原料</td></tr>
<tr><td>初级形态的塑料</td></tr>
<tr><td>玻璃、水泥等</td></tr>
<tr><td>其他</td></tr>
<tr><td rowspan="6">消耗指标
DMC</td><td rowspan="6">直接物质消耗 =
直接物质输入 -
本地调出：
DMC = DMI - E</td><td rowspan="4">生物质</td><td>农作物</td></tr>
<tr><td>林产品</td></tr>
<tr><td>水产品</td></tr>
<tr><td>畜产品</td></tr>
<tr><td>调入（进口）I</td><td colspan="2">化石燃料、工业金属矿物、工业非金属矿物、生物质</td></tr>
<tr><td>调出（出口）E</td><td colspan="2">化石燃料、工业金属矿物、工业非金属矿物、生物质</td></tr>
</table>

注：表 2 系根据本报告研究需要提出的城市物质流分析简化框架，借鉴国家物质流分析框架，对应国家层面进口、出口，城市层面上则称为调入、调出。

① 钟若愚、唐文、管志贵：《中国经济特区资源效率与可持续发展报告（1996～2016）》，陶一桃主编《经济特区蓝皮书：中国经济特区发展报告（2017）》，社会科学文献出版社，2018。

② 钟若愚、唐文、管志贵：《中国经济特区资源效率与可持续发展报告（1996～2016）》，陶一桃主编《经济特区蓝皮书：中国经济特区发展报告（2017）》，社会科学文献出版社，2018。

2. 产出端

经济生产需要资源投入，但产出除了经济产出 GDP 以外，还包括对生态环境的破坏，即非期望产出。非期望产出包括常见的工业污染，如大气污染，也包括温室气体排放，如二氧化碳。进入高质量发展阶段后，污染出现新方式，污染源也更加复杂多元，为应对新时期下的污染问题，需要持续提高环境治理能力，形成新的治理体系，推动减污降碳协同治理成为提高治理能力的重要举措。因此为全面评估中国经济特区绿色全要素生产率，本文拓宽传统的单一非期望产出框架，加入大气污染数据，考虑到须简化非期望产出结构，并选择更具有代表雾霾污染的指标，最终拟定“二氧化碳—细微颗粒物①（$CO_2-PM_{2.5}$）”双非期望产出。这种绿色全要素生产率分析框架还能够进一步分析出中国经济特区分别在减污、降碳上是否有效。

（三）数据来源与描述性统计

分析中国经济特区绿色全要素生产率需要投入数据与产出数据，运用 MaxDEA8.0 软件进行数据包络分析。根据前文分析，本报告投入指标分别为资本投入、劳动力投入与资源投入，分别使用社会固定资产投资资本存量、就业人数与 DMI；产出指标为期望产出与非期望产出，使用真实 GDP、二氧化碳年排放量与 $PM_{2.5}$年均浓度，构建中国经济特区绿色全要素生产率指标体系（见表 3）。

表 3　中国经济特区绿色全要素生产率指标体系

一级	二级	三级
投入指标	资本投入	社会固定资产投资资本存量
	劳动力投入	就业人数
	资源投入	DMI

① 使用 $PM_{2.5}$指标是因为工业废气在空中经过一系列化学作用，将形成 $PM_{2.5}$，因此 $PM_{2.5}$相比于直接使用工业二氧化硫、烟粉尘、氮氧化物排放量将更具有代表性，也是雾霾污染的元凶。

续表

一级	二级	三级
产出指标	期望产出	真实 GDP
	非期望产出	二氧化碳年排放量
		$PM_{2.5}$年均浓度

相关数据处理说明如下。

资本投入使用永续盘存法进行计算：

$$K_{i,t} = I_{i,t} + K_{i,t-1}(1 - \delta) \tag{11}$$

K 为资本存量，I 为当年新增资本形成总额，δ 为折旧率。基年设定为2000 年，2000 年后每年新增资本形成总额 I 使用固定资产投资价格指数进行调整，固定资产投资价格指数数据来源于国家统计局，折旧率参考张军等①的研究结果，取 9.6%。

GDP 数据使用平减后的名义 GDP 数据，即真实 GDP，名义 GDP 来源于经济特区各省市统计年鉴，GDP 平减指数来源于国家统计局网站。

在 DMI 计算过程中，因为存在统计口径不一致和部分数据缺失的问题，按照以下假定进行处理：

a. 对特定物质的消费需求，保持本地生产优先原则；

b. 将供大于求的特定物质（特指本地生产）的调入量假定为 0；

c. 将供小于求的特定物质（特指本地生产）的调出量假定为 0②。

报告中各经济特区的主要类别物质流数据将进行如下处理。

一是鉴于本地未开采工业金属矿物、工业非金属矿物、化石燃料，基本从市外调入，依照假定条件设调出量为零。数据处理时，按科学比例将化石燃料（由原煤、原油和天然气组成）转换为标准原煤形式展开分析，均以

① 张军、吴桂英、张吉鹏：《中国省际物质资本存量估算：1952—2000》，《经济研究》2004 年第 10 期。

② 海南省以外四大经济特区的工业金属矿物、工业非金属矿物、化石燃料等要素，均处于内部供给不足、需从外部进口或调入的状态，故依据假定 c 开展数据分析。

年产量进行度量，相关数据源自各经济特区统计年鉴与公报。

二是历年统计年鉴中有关工业金属矿物（主要由金、铜、铝、铅、锌和铁矿石等金属构成）组成成分的产量数据有限，因此通过对现有数据进行投入产出分析，估算得出原矿需求量。根据假定 c，若本地产量出现供不应求情况，直接物质投入量可视作本地开采量与外地调入量之和，即原矿需求量。特此说明，本报告未将矿产资源开采的生态包袱数值纳入计算范围。

三是生物质内容包括农作物、经济作物，水产品产量及林木年产量等，将由本地人均消耗量估算而得。

四是对于部分年份年鉴数据缺失情况，根据前后几年数据采用插值法进行平滑处理。

二氧化碳排放量根据《IPCC 国家温室气体编制清单指南》分析方法进行测算：

$$CO_{it} = \sum_{l=1}^{3} E_{itl} \times \theta_l \tag{12}$$

E 表示能源消耗量，CO 表示二氧化碳排放量，下标 i、t、l 分别表示第 i 个经济特区、第 t 年、第 l 种能源。其中能源消耗量 E 根据中国经济特区各省市统计年鉴核算得出，由于《海南统计年鉴》缺乏能源数据，故从《中国能源年鉴》中提取海南能源数据。θ 表示各种能源的碳排放系数，这里只使用原煤、石油和天然气三种能源进行核算。

$PM_{2.5}$年均浓度数据由于国家早期没有进行统计，为研究需要，使用芝加哥大学能源政策研究所①发布的中国五大经济特区 $PM_{2.5}$年均浓度数据。

其余数据基本来源于中国经济特区各省市统计年鉴与统计公报，部分缺失数据使用插值法进行补齐。面板数据截面维度包括中国五大经济特区，时间维度为 2000 ~ 2020 年。详细数据描述性统计如表 4 所示。

---

① 参见芝加哥大学能源政策研究所网站，https：//aqli. epic. uchicago. edu/the - index/? lang = zh - hans&visitorCountryCode = CN。

表 4 中国经济特区投入产出数据描述性统计

变量名称	样本量	均值	标准差	最小值	最大值
社会固定资产投资资本存量(亿元)	105	4887.61	5159.99	94.98	24841.20
就业人数(万人)	105	360.95	276.77	78.88	1568.24
DMI(万吨标准煤)	105	1875.44	1413.96	480.43	6007.68
真实 GDP(亿元)	105	1245.72	1339.37	332.35	5250.39
二氧化碳排放量(万吨)	105	375.95	267.06	105.04	1249.19
$PM_{2.5}$年均浓度(微克/米^3)	105	30.44	6.90	18.29	44.26

(1) 投入端数据分析

投入端包括资本投入、劳动力投入与资源投入三个指标，主要关注资源投入指标，即 DMI。因为基于 MFA 分析的 DMI 能够较好地分析出经济发展的环境可持续性，不仅能够度量物质在环境和经济系统之间的交换情况，还能够研究对资源环境承载力造成的压力，最终能够有效追踪物质资源在循环经济体内部的流动和沉积。① 2000 ~ 2020 年五大经济特区直接物质投入 DMI 趋势如图 1 所示。

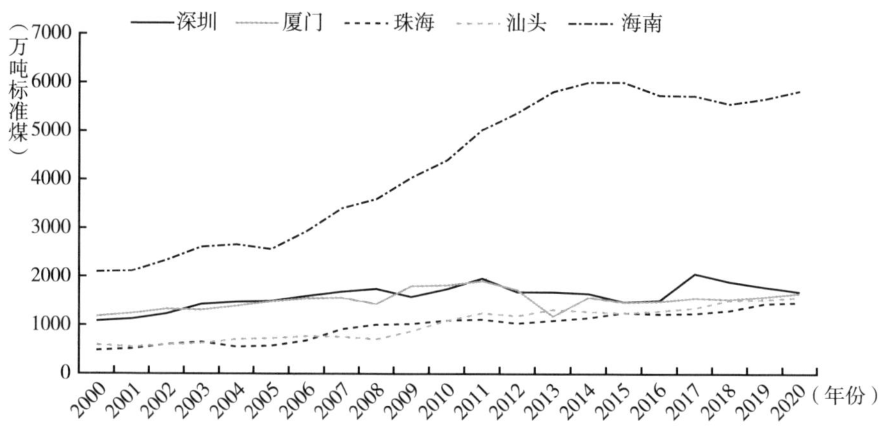

图 1 2000 ~ 2020 年五大经济特区直接物质投入 DMI 趋势

① 钟若愚：《欧盟 15 国资源生产率及其可持续发展政策——基于物质流分析的研究与比较》，《欧洲研究》2010 年第 4 期。

海南省 DMI 于观测期内呈现大幅上升趋势，2005～2014 年增长最为迅速，2015 年后涨幅放缓；2000～2020 年深圳、厦门、珠海、汕头 DMI 呈现小幅波动上升趋势，说明海南对直接物质资源投入的依赖程度更大，其余 4 个特区增长趋于收敛且涨幅较小，说明对直接物质资源投入的利用更为高效，依赖程度相对较低。

（2）产出端数据分析

经济进入高质量发展阶段，环境问题日益突出，人民美好环境需求与发展不平衡不充分之间矛盾日益凸显，分析中国各个经济特区期望产出与非期望产出能够准确把握各个特区“环境—经济”之间的关系。图 2 为 2000～2020 年中国五大经济特区产出数据，以每个特区为单元进行分析，产出数据包括真实 GDP、二氧化碳排放量与 $PM_{2.5}$ 年均浓度。从以下两个角度进行分析。

一是生态环境破坏程度角度。二氧化碳排放量方面，厦门呈现波动下降趋势，其余特区均呈现波动上升趋势，深圳增势最缓慢，海南增势最迅猛，超过了真实 GDP 增速；$PM_{2.5}$ 年均浓度方面，所有经济特区 $PM_{2.5}$ 年均浓度均呈现波动下降趋势，但厦门、海南、汕头于近几年略有回升。

二是大气环境污染—经济增长脱钩角度。深入分析时间趋势能够发现，厦门的二氧化碳排放已经与经济增长实现脱钩，增长趋势相反；深圳、珠海

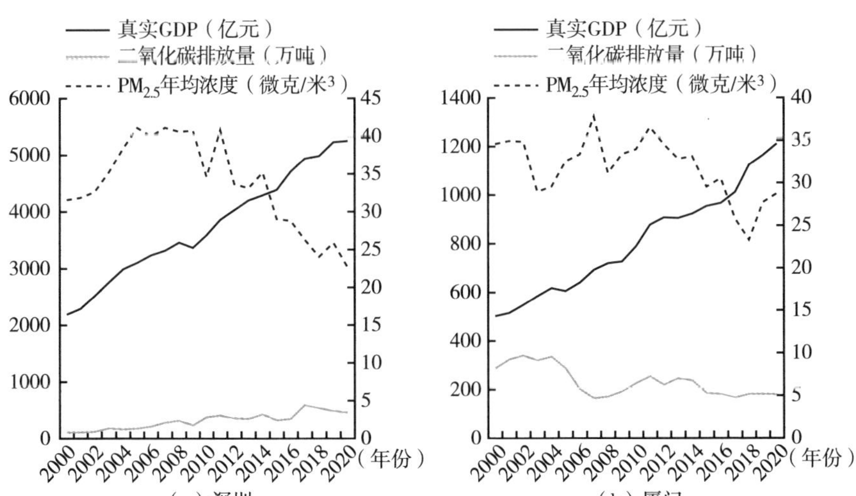

（a）深圳　　（b）厦门

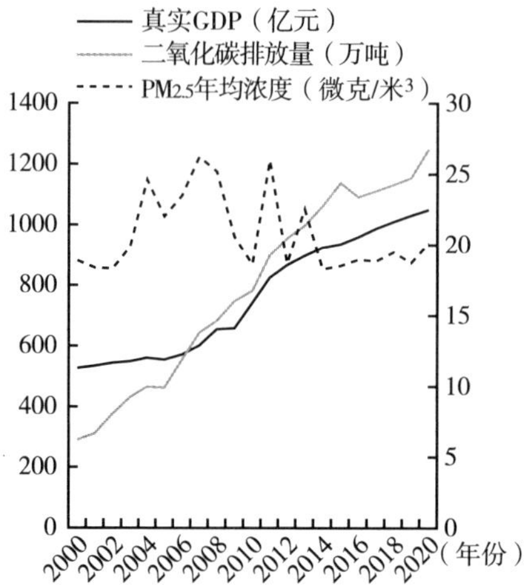

（c）海南

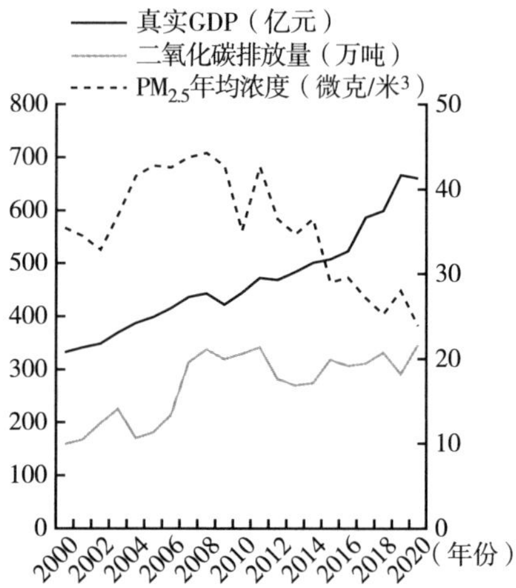

（d）珠海

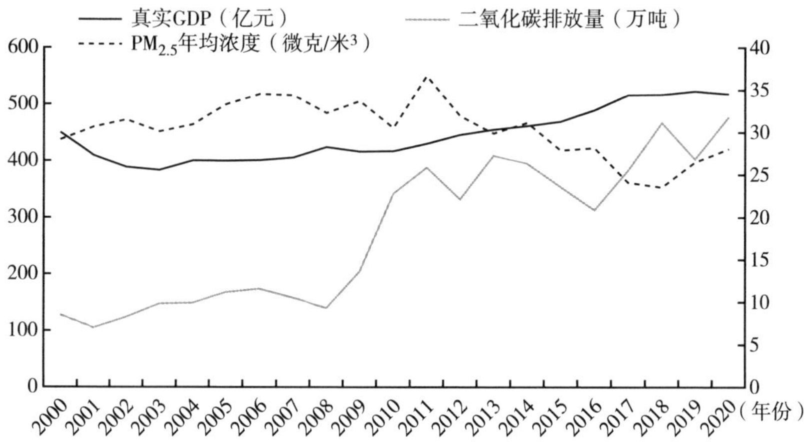

（e）汕头

图 2　2000 ~ 2020 年五大经济特区产出数据

增长趋势相同，每单位真实 GDP 排放的二氧化碳数值在逐年下降，出现弱脱钩现象。而海南与汕头依然呈挂钩趋势，且海南每单位真实 GDP 的二氧化碳排放量在逐年上升，表明海南特区在中国碳达峰事业上应做出更多努力。五大经济特区的细颗粒物均与经济增长实现脱钩。综合来看，深圳、厦门两个特区经济增长的生态环境代价在逐年降低，珠海、汕头尚未出现明显的代价降低趋势，海南则呈现代价逐年提高趋势。

二　减污降碳视角下中国经济特区绿色全要素生产率评估

（一）绿色全要素生产率 ML 指数评估

根据 ML 指数，测算 2000～2020 年五大经济特区 GTFP，结果如表 5 所示。在减污降碳双重约束下，考察期内深圳、厦门、海南、珠海、汕头经济特区的 ML 指数均值分别为 0.9552、0.9725、0.9541、1.0232、0.8468。总体来看，只有珠海绿色全要素生产率基本呈现逐年增加趋势，其后按照均值排名分别为厦门、深圳、海南、汕头，但 GTFP 值均小于 1，说明绿色全要素生产率仍需要进一步提升，其中汕头低于 0.9，说明绿色发展效率较低，发展方式亟待改进。

表 5　2000～2020 年五大经济特区 ML 指数、ML 指数均值及排名

年份	深圳	厦门	海南	珠海	汕头
2000～2001	0.7353	0.7890	0.7534	0.7224	1.3174
2001～2002	0.6413	0.9851	0.8455	0.8058	0.3200
2002～2003	1.0956	1.6478	0.9339	0.7597	1.0054
2003～2004	0.9693	0.7942	0.6604	1.2732	0.8893
2004～2005	0.9948	0.6299	1.1117	0.6720	0.8500
2005～2006	0.9118	1.0738	0.8658	0.6143	0.5461
2006～2007	0.8823	1.0011	0.5822	0.7827	1.0185
2007～2008	0.9630	1.1529	1.3924	0.9347	0.9803
2008～2009	1.0018	0.7804	1.0604	1.0454	0.4951
2009～2010	0.8684	0.6687	0.6898	1.1516	0.6626
2010～2011	0.8834	0.8237	0.8811	0.6188	0.4609
2011～2012	1.1360	1.1357	0.9089	1.3440	1.5118
2012～2013	0.7754	1.0910	0.7098	1.2051	0.8423
2013～2014	1.8654	0.8874	1.1070	0.7614	0.5163

续表

年份	深圳	厦门	海南	珠海	汕头
2014~2015	0.5761	1.1005	0.9571	1.1982	1.1537
2015~2016	0.9723	0.9484	0.9001	0.8504	1.0365
2016~2017	0.8857	0.9845	0.9027	1.1909	1.0491
2017~2018	0.9805	1.0200	0.9696	1.0352	0.8391
2018~2019	0.9354	0.9446	1.9945	0.7842	0.6551
2019~2020	1.0292	0.9910	0.8558	2.7138	0.7863
ML 指数均值	0.9552	0.9725	0.9541	1.0232	0.8468
排名	3	2	4	1	5

（二）中国经济特区减污降碳效率分析

减污降碳是一项协同治理工程，考虑到协同治理政策、机制、技术可能尚不成熟，本报告进一步放宽约束条件。分别测算减污、降碳约束条件下的ML 指数，通过横向对比自身单约束与双约束条件下 ML 指数差异，可以分析出每个经济特区自身分别在减污和降碳方面是否有效。[①] 图 3 为五大经济特区在 3 种约束模式[②]下的 ML 指数。

深圳特区绿色全要素生产率虽然没有呈现逐年提高的趋势，但 3 种约束模式下的 ML 指数差别极小，3 条时间趋势线基本重合。说明深圳特区能够较好兼顾减污降碳协同治理，成为中国绿色发展的模范特区。

其余特区（厦门、海南、珠海、汕头）基本都是减污约束下的 ML 指数 > 减污降碳双约束下的 ML 指数 > 降碳约束下的 ML 指数，说明这 4 个特区降碳效率相对较低，而减污效率相对较高，其中最为突出的是海南特区。

① 通过对比同一个特区在减污降碳双约束下与减污或降碳单约束下 ML 指数，若双约束在第 t 年 ML 大于第 t 年单约束下 ML，说明新增的另一项约束反而使该特区绿色全要素生产率增大，即绿色发展在新增约束方面是有效的。

② 第一种约束模式：减污约束（即非期望产出只有 $PM_{2.5}$）；第二种约束模式：降碳约束（即非期望产出只有二氧化碳）；第三种约束模式：减污降碳双重约束（即 $PM_{2.5}$ 与二氧化碳双非期望产出）。

海南特区降碳约束下的 ML 指数基本在观测期内一直小于另外 2 种约束模式下的 ML 指数，虽然曲线呈现增长趋势，但曲线实则反映了两个时期 GTFP 比值的时间趋势，比值始终小于 1 表明海南特区降碳约束下的绿色全要素生产率在逐年下降，但下降幅度在逐渐减小，表明海南特区已经开始提高对高碳排放的关注，治理能力有所提升。厦门特区、珠海特区、汕头特区应加快提升在降低二氧化碳排放方面的治理能力。

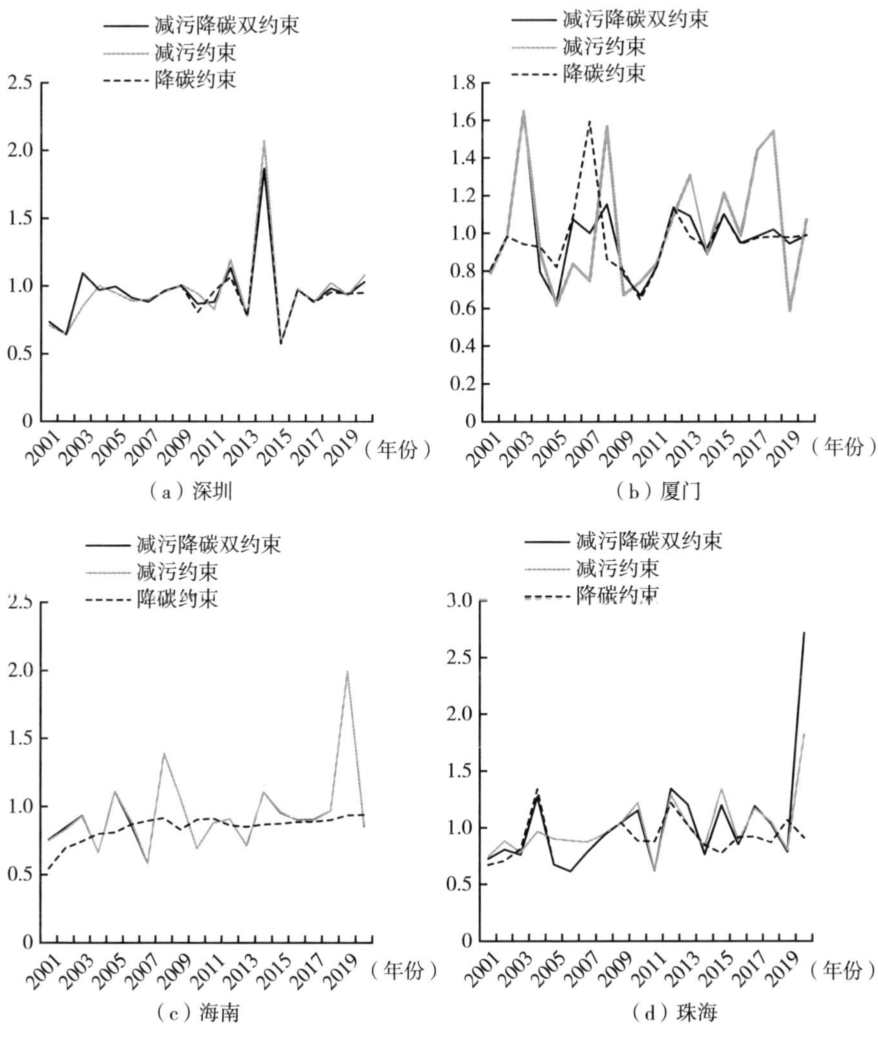

（a）深圳　（b）厦门

（c）海南　（d）珠海

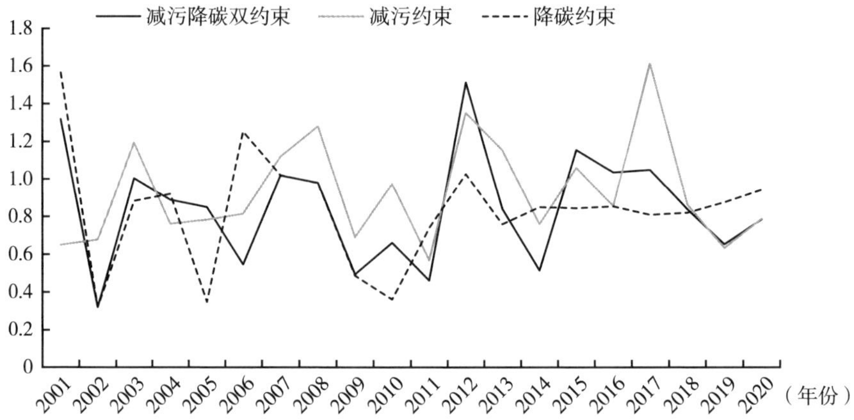

（e）汕头

图3　2001～2020年五大经济特区3种约束模式下的ML指数

三　中国经济特区绿色发展路径优化分析

提高经济特区绿色发展效率，或优化特区绿色发展路径最主要的两个方面：一是分析各个特区资源投入情况，是否存在冗余，冗余的资源投入造成资源浪费，不是绿色发展的本质要求；二是分析减污降碳约束下的生产技术处于何种状态。

（一）基于投入导向的Super-SBM模型改进变量分析

如表6所示，深圳、珠海两个特区PM+SM最终改进值均大于0，基本呈现逐年减小趋势，说明需要继续增加DMI投入，但也反映出DMI利用在逐渐靠近生产前沿。汕头也基本呈现类似趋势，只是2020年PM+SM最终改进值为负数，说明2020年DMI投入过多，需要减少投入，但－106的绝对值始终小于553的绝对值，说明汕头特区也在为逐渐靠近生产前沿做出不断尝试。厦门特区2010年前资源投入过多，资源没有得到充分利用，造成浪费，但2010年后通过改进达到0，说明资源利用较为充分，不需要进行任何改动。海南特区资源投入相对过度，造成资源浪费，尚未出现靠近生产前沿趋势。

表 6　2000～2020 年五大经济特区 DMI 投入改进变量

年份	深圳		厦门		海南		珠海		汕头	
	PM	SM	PM	SM	PM	SM	PM	SM	PM	SM
2000	700	0	201	-799	37	-704	659	-432	2420	-1799
2001	758	0	139	-813	112	-745	608	-373	2811	-2231
2002	320	0	260	-930	154	-784	573	-327	3257	-2604
2003	618	0	1483	-1196	839	-1069	571	-285	3743	-2940
2004	653	0	1869	-1933	784	-1053	681	-446	4157	-3396
2005	840	0	1263	-1318	1011	-975	707	-471	3976	-3212
2006	792	0	1219	-1730	1535	-1705	561	0	1173	-399
2007	710	0	1195	-1893	16	-1176	680	-282	1485	-651
2008	624	0	1104	-1589	2415	-3204	815	-601	1491	-766
2009	854	0	1073	-1842	2495	-2927	1045	-399	1749	-832
2010	651	0	0	0	223	-1286	1201	-521	2298	-1024
2011	686	0	0	0	2177	-2901	1335	-981	1931	-994
2012	608	0	0	0	193	-1496	1214	-822	2215	-1116
2013	23	0	0	0	14	-1703	1309	-1200	2229	-1311
2014	3217	0	0	0	0	-1406	1240	-893	1561	-554
2015	192	0	0	0	317	-1386	1070	-1028	1121	-376
2016	230	0	0	0	222	-1237	891	-816	1297	-451
2017	235	0	0	0	0	-1328	858	-679	1212	-47
2018	158	0	0	0	552	-1841	802	-584	621	0
2019	103	0	0	0	9558	-10637	968	-858	553	0
2020	161	0	0	0	12189	-14229	8890	-8682	-106	0

注：PM 代表 Proportionate Movement，即比例改进值；SM 代表 Slack Movement，即松弛改进值；PM + SM 代表最终改进值，大于 0 说明需要增加 DMI 投入，小于 0 说明需要减少 DMI 投入，等于 0 说明 DMI 在投入产出上已相对达到前沿，不需要改进。

（二）ML 指数分解指标分析

根据公式（8）（9）（10），EI 指数可以分解为技术效率与技术进步的乘积形式，图 4 与图 5 分别为 2001～2020 年五大经济特区减污降碳双约束下的技术效率指数与技术进步指数。

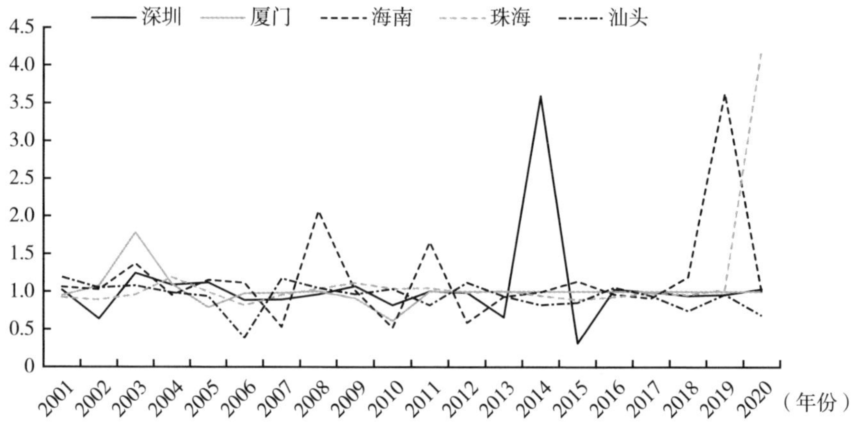

图 4　2001～2020 年五大经济特区减污降碳双约束下的技术效率指数

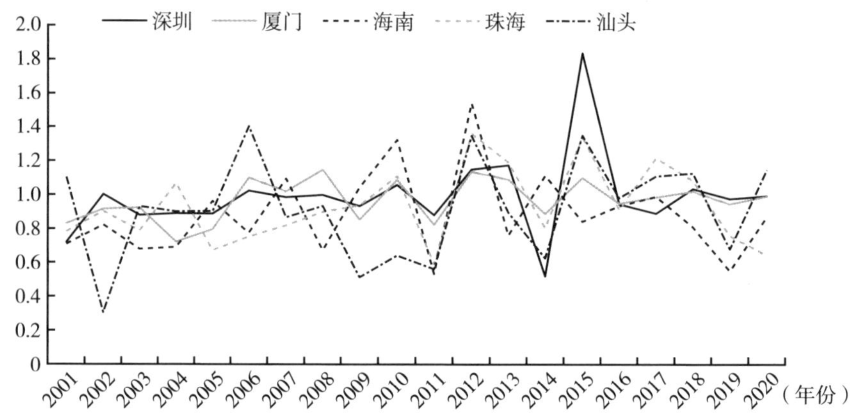

图 5　2001～2020 年五大经济特区减污降碳双约束下的技术进步指数

考察期内深圳 ML 指数均值为 0.9552，技术效率指数均值为 1.0641，技术进步指数均值为 0.9890，说明深圳特区技术高效率发挥巨大作用，但技术进步仍然较低；厦门 ML 指数均值为 0.9725，技术效率指数为 1.0094，技术进步指数为 0.9664；海南 ML 指数均值为 0.9541，技术效率指数为 1.1910，技术进步指数为 0.8861；珠海 ML 指数均值为 1.0232，技术效率指数为 1.1471，技术进步指数为 0.9319，厦门、海南、珠海特区的技术高效率发挥了主要作用，但技术进步指数较低；汕头 ML 均值为 0.8468，技术效率指数为 0.9411，技术进步指数为 0.9164，均对绿色全要素生产率产生负面影响。

四 结论与政策建议

（一）结论

中国环境问题日益凸显，经济发展受到资源与环境双重约束的特征越发明显，经济发展方式也由粗放式转变为高质量发展，绿色发展内涵得到进一步深化。中国经济特区是中国改革开放的前沿阵地，更是高质量发展的示范先锋，准确认识经济特区在绿色发展方面的不足是深入推动特区高质量发展的重要前提。本报告基于减污降碳视角较全面评估了五大经济特区绿色全要素生产率，通过研究得出以下结论。

第一，碳排放方面，厦门特区碳排放逐年下降，其余特区均呈现上升趋势，但深圳碳排放控制相对较好，增速缓慢；$PM_{2.5}$污染方面，所有特区$PM_{2.5}$年均浓度均呈现下降趋势。综合来看，深圳、厦门两个特区经济增长的生态环境代价在逐年降低，珠海、汕头尚未出现明显的代价降低趋势，海南则呈现代价逐年提高趋势。

第二，绿色全要素生产率方面，考察期（2000～2020 年）内五大经济特区绿色全要素生产率 ML 指数均值由大到小排序依次为珠海、厦门、深圳、海南、汕头，其中仅有珠海特区 ML 指数均值大于 1，说明珠海在绿色发展方面具有后发优势，绿色全要素生产率基本呈现逐年增加趋势。

第三，在减污降碳不同约束模式下对五大经济特区绿色全要素生产率再评估，发现深圳特区在减污与降碳方面深度协同，成为中国绿色发展的模范特区，其余特区均是减污效率相对高于降碳效率，说明厦门、海南、珠海以及汕头特区需要进一步提高降碳能力，才能深入落实减污降碳协同治理。

第四，资源要素投入冗余分析方面，厦门特区于 2010 年后达到资源要素生产前沿，最终改进值一直为 0，深圳、珠海两个特区 PM + SM 最终改进值均大于 0，但逐年减少，说明深圳、珠海的资源要素一直处于逐年接近生产前沿的状态。汕头也基本呈现类似趋势，为逐渐靠近生产前沿做出不断尝试。而海南特区资源投入相对过度，造成资源浪费，尚未出现靠近生产前沿趋势。

第五，基于减污降碳双约束下的 ML 指数技术指标分解方面，深圳、厦门、海南、珠海 4 个特区技术效率指数在考察期内的均值大于 1，技术效率在提升特区绿色全要素生产率方面发挥积极作用，但技术进步指数均值均小于 1，技术进步指数由大到小依次排序为深圳 、厦门 、珠海 、海南，深圳特区技术进步更为显著，更易达到清洁生产要求，这与深圳特区减污、降碳治理深度协同密切相关。汕头特区技术效率与技术进步双指数均小于 1，说明汕头在技术创新以及技术应用方面均有待提高，如此才能充分发挥技术在减污降碳协同治理中的效用。

（二）政策建议

首先，进一步激励清洁生产技术创新，积极探索区域合作创新。五大经济特区中仅有深圳特区在减污降碳两个方面的治理有效，做到了深度协同，其余 4 个特区基本均是减污效率较高，降碳效率较低，并且五大经济特区技术进步指标均值均小于 1，因此需要进一步推动清洁生产技术创新，减少二氧化碳与工业废气双排放。还需要进一步强化技术在资源要素方面的替代作用。海南特区 DMI 每年增长迅速，但过度依赖资源，且资源常年处于冗余状态，没有充分利用，因此需要进一步强化海南特区的技术在资源要素方面的替代作用，实现绿色发展。此外，可以探索特区间技术合作创新，提高技术创新效率，缩短创新周期，促进特区经济高质量协同发展。

其次，深入推动新能源在特区各个领域内的应用。虽然五大经济特区整体上细微颗粒物浓度呈现逐年减小趋势，但部分特区二氧化碳排放量依然居高不下，与真实经济增长呈现强挂钩状态，甚至超越真实 GDP 增长速度。需要进一步落实新能源在经济特区各个领域中的应用，让经济特区充分发挥试点示范作用，鼓励产业在生产方面使用清洁能源如天然气、电能等，政府可以在清洁能源方面提供适度清洁能源补贴，促进各大行业全面落实清洁生产。鼓励社会公众绿色出行，实行新能源公交车全覆盖，进一步提高公共交通通达性，缩短通勤时长，进而降低燃油汽车使用等。

最后，积极推动污染权交易市场与碳交易市场融合发展，助力减污降碳深度协同。五大经济特区大气污染排放与真实经济增长已经基本实现脱钩，但二氧化碳尚未实现全脱钩，说明污染权交易市场较碳交易市场更加成熟、高效。依托经济特区污染权交易市场机制，鼓励碳交易市场融合发展，在实现高效减污的同时，发挥高效降碳作用，通过政策、机制协同方式促进经济特区减污降碳深度协同。

B.4
中国经济特区创新发展报告

黄义衡　赖 婷*

摘　要： 2020年，受国际政治冲突加剧及新冠肺炎疫情影响，五大经济特区的创新发展进程有所放缓，总体上仍存在巨大的提升空间。经过梳理分析，本报告主要得出以下结论：地方政府债务攀升对全社会创新发展投入有显著的负面影响；基础性研究投入比例过高会在一定程度上挤占创新发展资源，进而影响创新发展绩效。基于此，本报告认为，经济特区在创新发展进程中应更加注重政策导向和市场导向的平衡，建立健全可持续的创新投入体系。

关键词： 经济特区　财政收支　市场化导向

一　经济特区创新发展的总体概况

（一）深圳经济特区

2020年10月14日，习近平总书记出席深圳经济特区建立40周年庆祝大会并发表重要讲话。在习近平总书记讲话中高度赞扬了深圳创造的辉煌成就，并鼓励深圳经济特区总结40年来的宝贵经验及创新举措，建设中国特

* 黄义衡，经济学博士，深圳大学中国经济特区研究中心助理教授，主要研究方向为技术进步与工资差距变动、中国经济体制转轨与特区发展；赖婷，深圳大学中国经济特区研究中心博士生，主要研究方向为家庭经济学、经济特区发展。

色社会主义先行示范区，在新征程上创造新奇迹。

1. 高新技术产业发展概况

2020 年，深圳全年实现地区生产总值 27670.24 亿元（初步核算数，下同），比 2019 年增长 2.8%；其中规模以上工业增加值增长 9071.07 亿元，比 2019 年增长 2.0%。在现代产业中，先进制造业和高技术制造业的增加值分别为 7196.01 亿元和 6642.28 亿元，比 2019 年增长 3.9% 和 2.3%。[①] 在四大支柱产业中，国家级高新技术企业达 1.86 万家，五年增幅为 237%。按照深圳市统计口径，2020 年战略新兴产业增加值合计 10272.72 亿元，同比增长 3.1%，占地区生产总值的 37.1%。其中，除数字经济产业和新材料产业的增加值有所下降（分别为 1601.03 亿元和 334.50 亿元，均同比下降 0.2%）之外，其他产业增加值都大幅增长，包括新一代信息技术产业（4893.45 亿元，同比增长 2.6%）、高端装备制造产业（1380.69 亿元，同比增长 1.8%）、绿色低碳产业（1227.04 亿元，同比增长 6.2%）、海洋经济产业（427.76 亿元，同比增长 2.4%）和生物医药产业（408.25 亿元，同比增长 24.4%）。

2020 年深圳市国内专利授权量 22.24 万件，同比增长 33.5%。PCT 国际专利申请 2.02 万件，同比增长 15.4%，居全国首位。每万人拥有发明专利量达 119.10 件，同比增长 12.0%。2020 年深圳市共有 3 项专利获中国金奖、2 项获外观设计金奖、8 项获广东省专利金奖，并获全国版权示范单位（软件正版化）2 项、获全国版权示范园区（基地）1 项，企业创新主体地位凸显。

2. 技术市场发展概况

深圳市坚持以习近平新时代中国特色社会主义思想为指导，深入学习贯彻习近平总书记在深圳经济特区建立 40 周年时的重要指示精神，积极推进“六稳”“六保”工作。2020 年，深圳市本级投入科技资金 379.40 亿元，同比增长 66.9%。2020 年上半年，深圳市登记技术合同认定同比增长 6.9%，共 4597 项。合同成交总额为 589.05 亿元，占广东省合同成交总额的

① 深圳市统计局网站未公布高技术制造业增加值，仅公布增加值占规模以上工业增加值的份额和增加值同比增长数。此处高技术制造业增加值是根据已知数据计算所得，先进制造业增加值亦如此。

63.8%。核定技术交易额同比增长49.9%，为581.14亿元。深圳市“高精尖”技术市场活跃，数字技术与科技创新深度融合。2020年上半年，深圳市单项技术合同成交额为1281.38万元，全市电子信息技术领域的合同成交额达330.36亿元，居各类技术领域市场首位。重大技术合同增幅明显，合同质量大幅提升。在所有技术交易中，重大技术合同成交额达1000万元及以上的共有370项，合同成交额达535亿元，同比增长58.2%。

3. 创新人才发展概况

截至2020年底，深圳市累计引进各类专业技术人员达198万余人，在深全职院士增加到61人。深圳市为各类人才安排专项经费83.10亿元，同比增长45.53%。高等教育方面，2020年全市普通高等学校共招生5.24万人，同比增长37.7%；毕业生人数为2.8万人，同比增长8.1%。年末全市各类技术人员共198万人，同比增长9.4%。2020年3月，天津大学佐治亚理工深圳学院得到教育部批准正式成立，8月迎来首批新生；深圳4所高校多人上榜爱思唯尔2020“中国高被引学者”榜单；深圳大学2020年新增博士点数量居全国第一。

4. 创新环境发展概况

为深入贯彻落实《中共中央国务院关于支持深圳建设中国特色社会主义先行示范区的意见》，深圳市发布《深圳率先打造美丽中国典范行动方案(2020—2025年)》，率先打造人与自然和谐共生的城市典范。深圳市规划和自然资源局（市海洋渔业局）制定和实施的《关于勇当海洋强国尖兵加快建设全球海洋中心城市的实施方案（2020—2025年)》提出，充分利用“双区”创建契机，重点引导和推动海工装备、海洋电子信息等新兴产业加速发展和海洋金融、港口航运开放合作，增强国际化水平。

5. 创新制度发展概况

2020年10月11日，中共中央办公厅、国务院办公厅印发了《深圳建设中国特色社会主义先行示范区综合改革试点实施方案（2020—2025年)》，在重点领域和关键环节改革上赋予深圳更多自主权，支持深圳在更高起点、更高层次、更高目标上推进改革开放，率先完善各方面制度，构建高质量发展体制机制，推进治理体系和治理能力现代化。深圳综合改革试点落地，发布首批授权的40项清单，创业板改革并试点注册制顺利落地。

（二）珠海经济特区

2020年，珠海经济特区在“十三五”期间基本完成规划的主要目标任务，实现快速发展。在“十四五”阶段，珠海将保持发展势头，稳步推动创新发展。

1. 高新技术产业发展概况

2020年，珠海市实现地区生产总值为3481.94亿元（初步核算数，下同），同比增长3.0%。高技术制造业增加值为370.97亿元，同比增长6.3%，其中医药制造业、医疗仪器设备及仪器仪表制造业涨幅较大，分别为12.5%、21.0%。[①] 电子及通信设备制造业和计算机及办公设备制造业增速较缓，分别为5.0%和3.4%，航空、航天器及设备制造业下降幅度较大，为30.3%。先进制造业增加值为612.82亿元，同比增长3.0%，其中新材料制造业和生物医药及高性能医疗器械业的增加值增速均超过两位数，分别为11.6%和13.5%。2020年1~11月，珠海市专利申请量达32020件，同比增长9.1%。2020年全年专利授权量为24434件，同比增长28.8%。PCT国际专利申请量为522件，同比下降7.0%。每万人拥有发明专利量达93.90件。发明专利授权量为4362件，同比增长31.1%；其中，4项获得国家科学技术奖，14项科技成果获得广东省科学技术奖。

2. 创新发展载体建设进展

2020年珠海市科学技术支出达51.51亿元；研发经费支出达109.68亿元，同比增长19.32%。截至2020年底，珠海市共有28家上市公司，总市值6498.23亿元，同比增长3.2%。全年高技术制造业投入134.78亿元，占固定资产投资的6.0%。新增高新技术企业734家，总数达2101家。全市共有国家

① 珠海市统计局网站未公布高技术制造业增加值，仅公布增加值占规模以上工业增加值的份额和增加值同比增长数。此处高技术制造业增加值是根据已知数据计算所得，先进制造业增加值亦如此。

级工程研究中心4家、省级284家。2020年珠海市新增国家级企业技术研究中心1家、省级企业技术研究中心17家，共有市级重点企业技术研究中心423家、国家地方联合工程研究中心3家、广东省工程研究中心4家。2020年，珠海市新增734家国家级高新技术企业。全市共有16家省级新型研发机构，17家省级以上孵化器。国家级工业设计中心2家，省级10家。全市拥有国家新型工业化产业示范基地3个，累计建成6590座5G基站。

3. 创新人才发展概况

2020年珠海市成功举办珠澳国际人才交流大会，深入落实“珠海英才计划”，新引进人才5.6万名、创新创业团队22个。新增博士后科研工作站2家、粤港澳联合实验室2家。为稳固人才，珠海市2020年民生支出461亿元，全面提高基本医疗保险、城乡居民基础养老金等标准。陆续开工和续建1.4万套保障性住房和人才住房。高等教育方面，中山大学珠海校区、北京师范大学珠海校区等正在加速建设；UIC新校区建成投入使用。2020年全市普通高校在校生人数为14.38万人，同比增长3.2%；毕业生人数为3.75万人，同比下降1.3%。

4. 跨区域创新合作概况

2020年珠海横琴累计注册澳资企业3575家，成为内地澳企集聚地。珠海积极推进跨境办公、通勤等创新措施，加速创建粤澳合作产业园、中医药科技产业园、横琴澳门青年创业谷等平台，举全市之力开展珠澳合作开发工程项目，不断优化横琴“分线管理”，持续推进“澳门新街坊”项目建设，扩大澳门单牌车入出横琴覆盖面，港珠澳大桥及口岸正式开通，交通发展实现历史性突破。

（三）厦门经济特区

2020年，厦门市统筹疫情防控和经济社会发展，扎实做好“六稳”工作，全力推进“五中心一基地”建设，经济总体呈现平稳增长态势。

1. 高新技术产业发展概况

2020年厦门市地区生产总值为6384.02亿元（初步核算数，下同），同比增长5.7%。规模以上工业高新技术产业同比增长8.9%，高于规模以上工业平均增速2.9个百分点。在规模以上工业高新技术产业中，2020年医药制造业，计算机、通信和其他电子设备制造业增加值分别同比增长10%、0.6%，增速较2019年有所放缓。“三高”规模以上服务业营业收入为836.58亿元，同比增长2.7%。2020年厦门市国内专利授权量为29598件，同比增长30.8%，其中发明专利授权量为3066件，同比增长14.8%。PCT国际专利申请量为534件；每万人有效发明专利拥有量达37.93件。新登记科技成果314项，同比减少5.1%；60项科技成果获福建省科学技术奖。

2. 创新发展载体建设进展

2020年厦门市百强企业的研发投入总和为88.77亿元，其中，前十强企业的研发投入总和为5.82亿元，同比增长15.4%；政府财政支出中科学技术支出26.80亿元，同比增长14.0%。新增高新技术企业354家，总数达2282家。厦门软件园获评工信部2019年国家新型工业化产业示范基地。全市小巨人领军企业总量已逾千家。截至2020年，珠海市共有市级、省级科技小巨人领军企业732家和567家；全市重点实验室减少10家、工程技术研究中心仍有128家；新增国家级企业技术研究中心4家，省级企业技术研究中心21家、省级新型研发机构15家；企业博士后工作站新增6家，总数达34家。新增科技企业孵化器12家，科技企业孵化器总数量达43家，其中国家级7家。新增市级众创空间26家，总量达2229家，其中省级86家、国家专业化示范3家。正式获批全国深化服务贸易创新发展试点、全国进口贸易促进创新示范区、国家数字服务出口基地。

3. 创新人才发展概况

2020年，厦门市通过“双百计划”引进人才47名，通过放宽台湾同胞职业资格直接采认，吸引1864名台湾人才来厦门就业。全市普通高等学校本专科在校生人数为16.93万人，研究生在校生人数为1.9万人；普通高等学校本专科毕业生人数为3.7万人，研究生毕业生人数为4508人。2020年厦门大学成功举办新时代中国高等教育改革与发展高峰论坛，36个专业入选教育部公布的“2020年度一流本科专业建设点名单”。

4. 跨区域创新合作发展概况

2020 年厦门市进出口总额为 6915.8 亿元，同比增长 7.8%。对共建“一带一路”沿线国家和地区方面，2020 年厦门市进出口总额同比增长 12.1%。对台方面，2020 年厦门市新批台资项目 577 个，使用台资的合同数同比增长 88.1%。海峡两岸首家全牌照合资证券公司——金圆统一证券正式开业，同时，建霖家居等台企在 A 股上市。成功举办海峡论坛、文博会、两岸企业家峰会年会等交流活动。厦金通电、通气、通桥前期工作取得积极进展。

作为“21 世纪海上丝绸之路”重要港口，厦门抓住大力发展港口经济的机遇，发挥各自航线、货源、区位等优势和通关一体化、内外贸同船等政策优势，继续推进两港之间在航线和腹地拓展方面的合作，共同打造两港互为中转业务的合作模式，将海口、厦门与国内其他主要港口以及东南亚、东北亚港口串联起来，打通跨区域的物流大通道。

（四）汕头经济特区

2020 年汕头市扎实推进“六稳”工作，全面落实“六保”任务，顺利完成了“十三五”规划的主要目标任务。

1. 高新技术产业发展概况

2020 年汕头市地区生产总值为 2730.58 亿元（初步核算数，下同），比 2019 年增长 2.0%，增速比 2019 年同期回落 4.1 个百分点。规模以上工业增加值比 2019 年增长 1.8%。高技术制造业增加值为 60.04 亿元，比 2019 年增长 8.8%，高于规模以上工业增加值平均增速 7 个百分点；先进制造业增加值为 335.63 亿元，同比增长 2.9%。[①] 另外，生产性服务业增加值为 439.78 亿元，同比增长 4.3%。2020 年汕头市新增专利授权量为 7150 件，同比增长 48.3%，总授权量达 21959 件，万人发明专利拥有量达 5.17 件。其中发明专利授权量为 365 件，同比增长 10.3%。在技术研发发明方面，

① 汕头市统计局网站未公布高技术制造业增加值，仅公布增加值占规模以上工业增加值的份额和增加值同比增长数。此处高技术制造业增加值是根据已知数据计算所得，先进制造业增加值亦如此。

获国家科学技术进步奖特等奖 1 项、省级科学技术奖 16 项。

2. 创新发展载体建设进展

2020 年汕头市全社会研发支出 37.24 亿元，比 2019 年增长 23%，占地区生产总值比重从 2019 年的 1.05% 上升至 2020 年的 1.36%。2020 年，汕头市新增 2 家国有研究与开发机构，使国有研究与开发机构、科技情报和文献机构等总量达 19 家。新签订各类技术合同 112 项，增长了 220%。至 2020 年末，汕头市高新技术企业达 648 家。化学与精细化工广东省实验室、粤港新发传染病联合实验室获批成立。全市共有国家级企业技术研究中心 2 家、省级新型研发机构 9 家、省级重点实验室 8 家、省级工程技术研究中心 200 家。

3. 创新人才发展概况

2020 年汕头大学共招生 4843 人，同比增长 6.8%；在校生人数为 14802 人，同比增长 15.1%。广东以色列理工学院共招生 212 人，在校生人数为 934 人，同比增长 26.9%。2020 年汕头市强化高层次人才支撑，现有省"珠江人才计划"团队 1 个、省"扬帆计划"团队 5 个，实施三年引进 4000 名全日制博（硕）士研究生行动计划。为此，汕头市安排市人才发展专项资金 2 亿元，针对不同领域、不同层级的人才，提出了不同的补助办法。按照补助标准，中国科学院院士、中国工程院院士每人一次性发放 100 万元，省、市领军人才每人一次性发放 50 万元，市战略性新兴产业急需人才每人 次性发放 20 万元。

4. 跨区域创新合作发展概况

2020 年，汕头市聚焦大招商，投入 87 亿元服务招商精准有效。围绕大招商、招大商精准制定惠企政策，鼓励市区、跨区联动招商。深度参与共建"一带一路"沿线国家和地区的务实合作。支持企业建设境外生产基地、区域总部和电商平台，大力开拓东盟市场。与此同时，汕头市将全面启动"双区"建设、"双城"联动。全面融入粤港澳大湾区建设，重点承接珠三角核心区外溢现代产业功能，打造粤港澳大湾区的功能延伸区和发展区。积极推动汕潮揭都市圈协同发展，促进三市产业一体化、人才跨区流动，实现与广深联动发展。

（五）海南经济特区

2020 年，海南省完成了全面建成小康社会的历史目标，为“三个大考”[①] 交出了令人民满意的“三张答卷”。

1. 高新技术产业发展概况

2020 年海南省地区生产总值为 5532.39 亿元，比 2019 年增长 3.5%。三次产业增加值分别为 1135.98 亿元、1055.26 亿元和 3341.15 亿元，分别比 2019 年增长 2.0%、下降 1.2% 和增长 5.7%。规模以上工业增加值为 513.58 亿元，比 2019 年下降 4.5%；其中，高技术制造业增加值比 2019 年增长 10.1%，增加值为 359.61 亿元。[②] 化学原料和化学制品制造业增加值同比增长 1.3%，石油加工业增加值同比下降 16.1%，医药制造业增加值同比下降 5.0%。规模以上服务业营业收入同比下降 11.5%。

2. 创新发展载体建设进展

2020 年海南省研究与试验发展经费支出 30.90 亿元，较 2019 年增加 1 亿元。研究与试验发展人员 1.60 万人，较 2019 年增加 0.14 万人。新增高新技术企业 446 家，使全省高新技术企业总数达 838 家。新增省级重点实验室 4 家，使省级重点实验室和工程技术研究中心总数达 118 家。新认定院士创新平台 33 家，全省院士创新平台数累计达 145 家。新认定院士创新平台 33 家，其中外籍院士工作站 23 家，全省院士创新平台累计达 145 家；新设立院士创新平台科研专项、支持项目 39 个。组织实施国家自然科学基金项目 208 项、省自然科学基金项目 789 项（其中高层次人才 341 项）、省重大科技计划项目 19 项。

3. 创新人才发展概况

2020 年海南省发布实施高端紧缺人才清单管理暂行办法等政策，引进人

① “三个大考”是指统筹常态化疫情防控和经济社会发展、全面建成小康社会、海南自由贸易港建设。

② 海南省统计局网站未公布高技术制造业增加值，仅公布增加值占规模以上工业增加值的份额和增加值同比增长数。此处高技术制造业增加值是根据已知数据计算所得。

才12.20万人，比2019年增长177%。同时，建设25万套安居型商品住房，符合条件的引进人才可以优惠价格购买安居型商品住房，商品住房销售均价按本市县城镇居民家庭的房价收入比不超过10倍，或者不超过本市县上年度商品住房销售均价的60%，为引进人才提供住房保障。推动人才培养基地建设工程，聚全省之力办好海南大学，实施海南师范大学、海南医学院提升工程，推动海南热带海洋学院等高校特色发展。国际教育创新岛签约和32所高校入驻，博鳌亚洲论坛等开放平台巩固扩大，吸引留学回国人员5万人。截至2020年末，全省普通高等学校共有21所，增加1所；拥有博士学位教师人数为2557人，比2019年增加296人；在校学生人数达24.05万人，较2019年增长11.4%。

4. 跨区域创新发展合作概况

2020年海南借由离岛免税购物新政，立足国内国际双循环的战略交汇点，着眼扩大流量，对内对接超大规模国内市场、对外吸引全球优质资源集聚，成为国内国际两个市场、两种资源的“反应炉”。海南依托投资贸易自由化、便利化政策深度融入“一带一路”建设，推动离岸新型国际贸易、离岸创新创业、生产性服务业发展，促进外资外贸再上新台阶。深化与粤港澳大湾区、泛珠区域、长三角等地区的联动发展。推进港航一体化，实现跨琼州海峡产业发展、社会管理和环境资源保护等无缝对接。

二　经济特区创新发展分析

（一）经济增速放缓、债务攀升带来研发资金压力

受新冠肺炎疫情在世界范围内蔓延以及国际政治经济冲突等因素的影响，2020年经济特区经济增速仍然出现显著下跌。与2019年地区生产总值平均增速6.66%相比，2020年五大经济特区地区生产总值平均增速仅为3.46%（见图1）。在地区生产总值增速放缓的同时，2020年五大经济特区地方政府年末债务余额快速攀升，其中负债水平最高的海南特区地方政府年

末债务余额由 2019 年的 2230.4 亿元上升至 2020 年的 2623.5 亿元，而财政收支状况较好的深圳特区地方政府年末债务余额也由 2019 年的 429.6 亿元上升至 2020 年的 881.2 亿元（见图 2）。

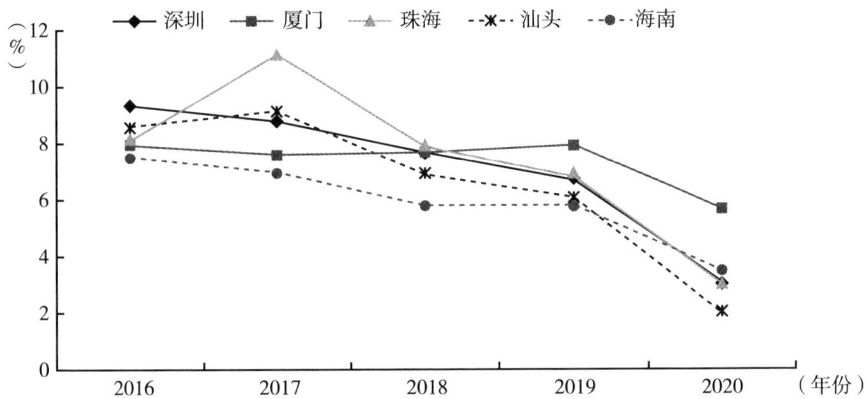

图 1　2016～2020 年五大经济特区地区生产总值增速

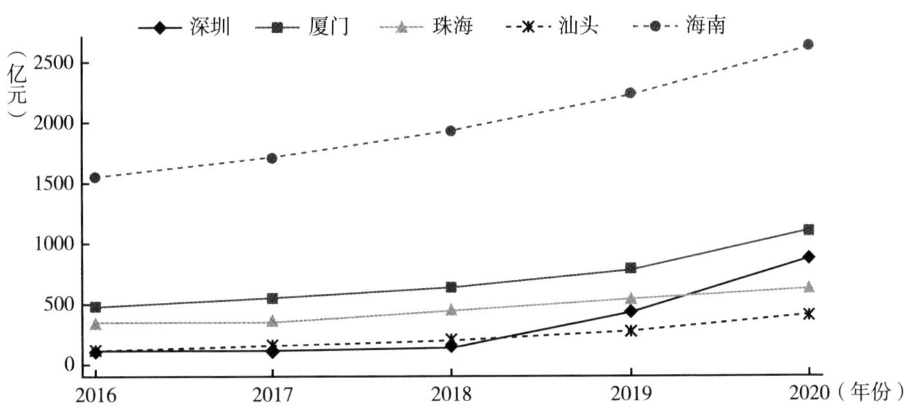

图 2　2016～2020 年五大经济特区地方政府年末债务余额

需要指出的是，不论是从经济特区科技创新发展体系的完善程度来看，还是从特区当下和未来科技创新发展的重点来看，地方政府的财政支持对于创新投入至关重要。在五大经济特区中，即使是科技创新发展水平最高、科技创新发展市场化水平最高的深圳特区，其 2019 年财政科技支出就已经达到 548.4 亿元，相当于全社会 R&D 投入 1328.28 亿元的 41.3%。[①] 在这种条件下，如果地方政府财政收支持续从紧，其必然会影响地方政府的财政科技支出能力，进而对全社会科技创新投入产生负面影响。

我们以地方政府年末债务余额和地方政府一般公共预算收入之比度量地方政府的相对债务水平，以全社会 R&D 投入与地区生产总值之比度量全社会科技创新投入水平。[②] 通过对经济特区样本数据进行分析，我们发现，如果上年地方政府相对债务水平上升 1 个百分点，则当年全社会 R&D 投入与地区生产总值之比将降低 0.0036 个百分点（见图 3）。2020 年五大经济特区的地方政府相对债务水平都大幅上升，从 11.4%（深圳）上升至 84.1%（海南），可以推断，全社会科技创新投入将面临缩减压力。[③]

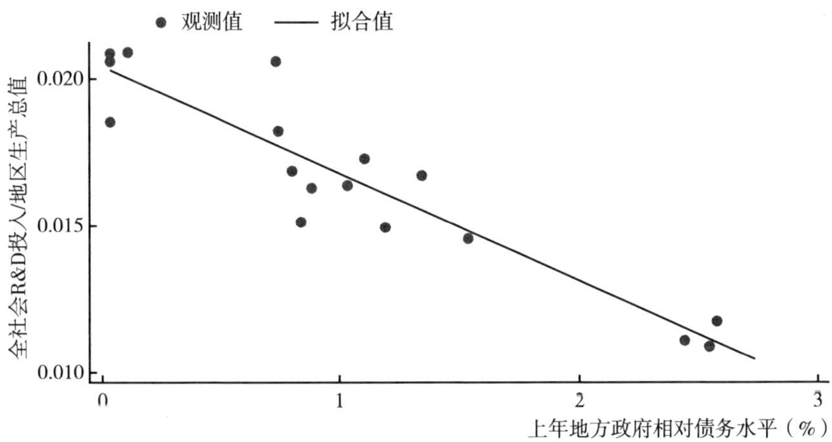

图 3　全社会 R&D 投入与地方政府相对债务水平

此外，我们还发现如果上年地方政府相对债务水平上升 1 个百分点，则当年地方政府相对债务水平将上升 0.17 个百分点（见图 4）。也就是说，如

① 2020 年深圳市财政支出数据尚未公布，故以 2019 年数据为例。

② 地方政府一般公共预算收入是指一段时期（通常是一年）内本地区公共预算收入中划归地方政府支配的部分，由于不包含来自上级政府转移支付等财政收入，其相当于地方政府依靠自身力量获取预算收入的能力。由此，以地方政府年末债务余额和地方政府一般公共预算收入之比度量的相对债务水平，其表征了地方政府在既定预算收入能力下的债务压力。

③ 在图 3 和图 4 对应的回归里面，控制了特区和年份的固定效应。

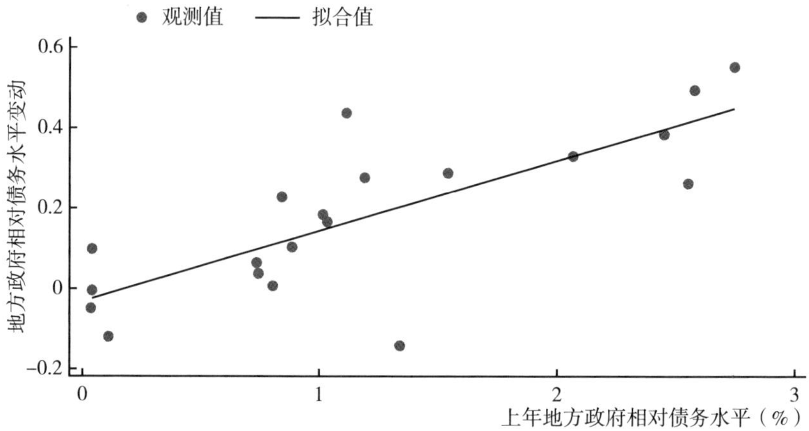

图 4 地方政府相对债务水平及其变动

果地方政府既有的债务负担加重，则其债务负担也会加速上升。截至 2020 年末，除深圳特区的相对债务水平较低（22.8%）以外，其余四个经济特区地方政府相对债务水平都超过 100%，尤其是海南和汕头，分别为 321.5% 和 290.8%。可以推断，快速攀升的地方政府相对债务水平极有可能为经济特区当下和未来的科技创新投入带来巨大的资金压力。

（二）制造业产业链、研发人员架构与创新企业数量

在财政收支从紧的条件下，如何利用有限的财政资源对创新活动进行支持，使各类创新主体的创新活动实现正收益，缓解地方财政收支从紧的局面，并为持续加大创新支持力度提供预算内财政收入，则成为经济特区地方政府需要考虑的重要问题。很显然，如果本地区的科技创新活动不能够在短期内为地方政府提供预算内财政收入，反而需要地方政府持续地提供高额财政补助，那么即使这些科技创新活动是基础性的并具有长远意义，其都会因为挤占本不充裕的财政资源而影响社会福利以及全社会的科技创新活动，甚至会因为财政的不可持续性影响既有的科技创新活动。

本报告考察规模以上工业的发展规模和研发人员结构对国家级高新技术企业数量变动的影响。其中，规模以上工业的发展规模以规模以上工业增加

值来度量，其表征了制造业的发展水平。研发人员结构以非企业 R&D 人员占全部 R&D 人员中比重的平方来度量，其表征了本地创新活动主体中非企业创新主体的地位。国家级高新技术企业数量表征的是本地区科技创新活动市场化发展程度。由于实现正利润是企业的基本要求，因此国家级高新技术企业数量也在一定程度上表征了本地区科技创新活动方面的财政可持续性。利用经济特区 2016 ~ 2020 年的样本，得出规模以上工业增加值、非企业 R&D 人员比重与高新技术企业数量增加情况（见表 1）。

表 1　规模以上工业增加值、非企业 R&D 人员与高新技术企业数量增加情况

特区	规模以上工业增加值均值(对数)	高新技术企业数量增加/非企业 R&D 人员比重增加	非企业 R&D 人员比重(平方)	高新技术企业数量增加/规模以上工业增加值增加
深圳	8. 99	11. 26 * (4. 57)	0. 027	2. 77 ** (0. 96)
厦门	7. 32	5. 26 ** (1. 65)	0. 083	2. 10 ** (0. 64)
珠海	7. 04	4. 23 ** (1. 16)	0. 030	2. 72 ** (0. 93)
汕头	6. 65	2. 84 *** (0. 55)	0. 028	2. 76 ** (0. 95)
海南	6. 20	1. 22 * (0. 51)	0. 560	0. 50 (0. 28)

注：括号中数字为标准误；* 、** 和 *** 分别表示在 0. 10、0. 05 和 0. 01 水平上显著；回归控制了特区和年份固定效应。

从高新技术企业数量增加/非企业 R&D 人员比重增加来看，对于所有经济特区而言，非企业 R&D 人员比重的增加都会带来高新技术企业数量的增加。然而，如果结合规模以上工业增加值均值（对数）来看，随着规模以上工业增加值的增加，非企业 R&D 人员比重增加与高新技术企业数量增加的比值逐渐上升。例如，如果非企业 R&D 人员比重增长在深圳带来高新技术企业数量 11. 26% 的增长，则相同的比重增长在厦门可以带来 5. 26% 的增长，而在海南只能带来 1. 22% 的增长。如果结合各地已有的国家级高新技术企业数量，则这种效应的差距将进一步扩大。

结合非企业 R&D 人员比重（平方）和高新技术企业数量增加/规模以上工业增加值增加来看，随着非企业 R&D 人员比重的增加，规模以上工业增加值增加与高新技术企业数量增加的比值逐渐下降。例如，非企业 R&D 人员比重在深圳为 16.48%，在海南为 74.65%；与此相对应，如果规模以上工业增加值增长 1%，在深圳可以带来高新技术企业数量 2.77% 的增长，在海南则只能带来 0.5% 的增长。事实上，除海南以外，其余四个经济特区的非企业 R&D 人员比重增加都不超过 30%，而这些经济特区国家高新技术企业数量也随着规模以上工业增加值的增加而显著上升。

三　经济特区创新发展建议

基于前一部分的分析以及本蓝皮书 2019 年版和 2020 年版中的分析[①]，我们认为经济特区在推动创新发展的思路上应当坚持根据自身要素禀赋来设计应对策略，即使是学习先进地区（如深圳）的经验和做法，也应当充分结合本地具体条件来融会贯通地学，而不是为了在短期内达到某些特定指标（例如人才引进数量指标）而机械地照抄照搬。在新冠肺炎疫情尚未结束、国际政治经济冲突未有缓和的背景下，经济特区政府在推动创新发展过程中应当特别注意两方面。

（一）关注地方政府财政收支状况

至少在较长的一段时间内，地方财政支出都必然是推动本地区创新发展的重要力量。在减税降费和土地财政难以为继的背景下，地方政府财政收支偏紧的局面可能要持续一段时间，加之地方政府相对债务水平加速攀升的趋势已经形成，经济特区 R&D 投入短期可能面临巨大的资金压力。债务负担

① 陶一桃主编《经济特区蓝皮书：中国经济特区发展报告（2020）》，社会科学文献出版社，2021；陶一桃主编《经济特区蓝皮书：中国经济特区发展报告（2019）》，社会科学文献出版社，2020。

较重的经济特区必须着重解决本地财政收支问题和政府债务余额过高的问题。否则，过度依赖财政系统输血的创新发展模式将不可持续。对于财政收支状况较好的经济特区，也应针对财政收支从紧制定预案，尤其是对需要持续提供财政支持的科技创新项目应提前做好准备。

（二）打通创新发展的市场化良性循环机制

2021 年 7 月 27 日国家发展改革委公布《国家发展改革委关于推广借鉴深圳经济特区创新举措的经验做法的通知》，总结了 5 方面 47 条“深圳经验”，鼓励各地区借鉴学习。从 47 条“深圳经验”不难看出，坚持创新发展市场化导向是深圳市推动创新发展的核心思路，例如，第 3 条“建立科技成果‘沿途下蛋’高效转化机制”，第 8 条“支持企业和战略科研平台组建创新联合体”，等等。

坚持市场化导向的创新发展，其要旨在于充分利用市场机制，构建一种从科技创新投入到科技创新产出的良性循环体系，使每阶段科技创新投入所形成的科技创新产出都能够在市场上转化为下一阶段科技创新投入所需的资金、技术和人才等资源。在这个过程中，既应尊重市场规律，又应要求地方政府为企业的发展提供良好的制度环境和适度超前的战略布局。对于深圳和厦门这样工业基础较好、地方政府财政收支状况较好的特区，其应当在科技创新布局上适当超前，特别是应当对外溢性较强的基础性研究以及人才培养进行投资，强化从基础研究到人才支撑的全过程创新生态链，为未来高质量发展打下坚实基础。而对于汕头和海南这样工业基础相对薄弱、地方政府财政收支偏紧的特区，其推动创新发展的重点应当放在符合本地比较优势的制造业产业发展上，特别是对创新人才的吸引应当以吸引企业研发人员为主。通过企业研发人员的集聚，推动高新技术企业在本地成长，带动相关产业链的发展，为加大财政科技投入力度提供充足的财政支持。

参考文献

《深圳市2020年国民经济和社会发展统计公报》，深圳市人民政府办公厅网站，2021年4月23日，http：//www. sz. gov. cn/cn/xxgk/zfxxgj/tjsj/tjgb/content/post_ 8718466. html。

《深圳市2019年国民经济和社会发展统计公报》，深圳市统计局网站，2020年4月15日，http：//tjj. sz. gov. cn/zwgk/zfxxgkml/tjsj/tjgb/content/post_ 7294577. html。

《2021年深圳市人民政府工作报告》，深圳市人民政府办公厅网站，2021年5月25日，http：//www. sz. gov. cn/gkmlpt/content/9/9112/post_ 9112756. html#733。

《关于深圳市2020年预算执行情况和与2021年预算草案的报告》，深圳市人民政府办公厅，2021年5月31日，http：//www. sz. gov. cn/cn/xxgk/zfxxgj/zjxx/szfczyjs/content/post_ 8814236. html。

《2020年珠海市国民经济和社会发展统计公报》，珠海市统计局网站，2021年3月26日，http：//tjj. zhuhai. gov. cn/attachment/0/255/255822/2746639. pdf。

《2019年珠海市国民经济和社会发展统计公报》，中国统计信息网，2020年4月14日，http：//www. tjcn. org/tjgb/19gd/36312. html。

《2021年珠海市人民政府工作报告》，珠海市人民政府办公室网站，2021年2月9日，http：//www. zhuhai. gov. cn/gkmlpt/content/2/2726/post_ 2726841. html#1640。

《珠海市2020年预算执行情况与2021年预算草案报告》，珠海市财政局网站，2021年2月22日，http：//caizheng. zhuhai. gov. cn/attachment/0/260/260552/2729959. pdf。

《珠海市2019年预算执行情况与2020年预算草案的报告》，珠海市财政局网站，2020年6月29日，http：//caizheng. zhuhai. gov. cn/gkmlpt/content/2/2901/post_ 2901549. html#6048。

《2020年厦门市国民经济和社会发展统计公报》，厦门市统计局网站，2021年3月16日，http：//tjj. xm. gov. cn/tjzl/ndgb/202103/t20210319_ 2525636. htm。

《2019年厦门市国民经济和社会发展统计公报》，厦门市统计局网站，2020年3月20日，http：//www. xm. gov. cn/zfxxgk/xxgkznml/gmzgan/tjgb/202003/t20200320_ 2433223. htm。

《2021年厦门市政府工作报告》，中国经济网，2021年2月18日，http：//district. ce. cn/newarea/roll/202102/18/t20210218_ 36318887. shtml。

《关于厦门市2020年预算执行情况和2021年预算草案的报告》，厦门市人民政府网站，2021年1月22日，http：//www. xm. gov. cn/zdxxgk/czzjxx/xmczyjspg/xmsczys/202103/t20210308_ 2522979. htm。

《2020年汕头市国民经济和社会发展统计公报》，汕头市统计局网站，2021年3月23日，https：//www. shantou. gov. cn/tjj/tjzl/tjgb/content/post_ 1888897. html。

《2019年汕头国民经济和社会发展统计公报》，汕头市统计局网站，2020年3月30日，https：//www. shantou. gov. cn/tjj/tjzl/tjgb/content/post_ 1733953. html。

《2021年汕头市政府工作报告》，汕头市人民政府网站，2021年1月29日，

https：//www. shantou. gov. cn/cnst/zwgk/zfgzbg/content/post_ 1869513. html。

《关于汕头市2020年预算执行情况和2021年预算草案的审查结果报告》，大华网，2021年1月31日，http：//news. dahuawang. com/shantou/content/202101/31/c79774. html。

《汕头市第十四届人民代表大会财政经济委员会关于汕头市2019年预算执行情况和2020年预算草案的审查结果报告》，大华网，2020年6月4日，http：//strb. dahuawang. com/content/202006/04/c76902. htm。

《2020年海南省国民经济和社会发展统计公报》，海南省人民政府网站，2021年2月10日，https：//www. hainan. gov. cn/hainan/tingju/202102/b8b6c0a3294b4502b08c08b3ba5e6822. shtml。

《2019年海南省国民经济和社会发展统计公报》，海南省统计局网站，2019年1月29日，http：//www. hainan. gov. cn/hainan/tjgb/201901/3508453efdb443f3a4310be618b1a2d5. shtml。

《2021年海南省人民政府工作报告》，海南省人民政府网站，2021年2月1日，https：//www. hainan. gov. cn/hainan/szfgzbg/202102/40b0485136d642a7b9c5454bffe85fdb. shtml。

《关于海南省2020年预算执行情况和2021年预算草案的报告》，海南省财政厅网站，2021年2月3日，http：//mof. hainan. gov. cn/sczt/0701/202102/85ecf1bb67194af1997bcbf74586ba0e. shtml。

《关于海南省2019年预算执行情况和2020年预算草案的报告》，财政部网站，2020年5月18日，http：//www. mof. gov. cn/zhuantihuigu/2020bghb/202005/t20200518_ 3515104. htm。

《2020年海口市国民经济和社会发展统计公报》，海口市统计局网站，2021年2月4日，http：//tjj. haikou. gov. cn/tjsj1/tjsjfb/tjgb/ndgb/202102/t20210204_ 1576612. html。

《2019年海口市国民经济和社会发展统计公报》，海口市统计局网站，2020年3月18日，http：//tjj. haikou. gov. cn/tjsj1/tjsjfb/tjgb/ndgb/202003/t20200318_ 1495642. html。

《2021年海口市政府工作报告》，海口市人民政府网站，2021年2月9日，http：//www. haikou. gov. cn/xxgk/szfbjxxgk/jhzj/zfgzbg/202102/t20210219_ 1578549. html。

陶一桃主编《经济特区蓝皮书：中国经济特区发展报告（2018）》，社会科学文献出版社，2019。

B.5
中国经济特区社会保障发展报告

高兴民　丘　枫　陈仕江*

摘　要：　首先，本报告立足国家经济社会工作基调和政策，分别从社会保险、社会福利、社会救助三个层面，总结和归纳了2020年五大经济特区社会保障的发展现状和实际成果；其次，结合经济特区承担的深化改革“排头兵”和“试验田”的职责，列举了特区社会保障体系发展和政策实施的局限与困境；最后，以习近平新时代中国特色社会主义思想为指导，深入贯彻“十四五”规划纲要的社会保障工作部署，提出了合理的政策措施建议，让改革发展成果更公平地惠及更多人民群众，力求充分发挥社会保障体系的兜底作用，统筹推进“五位一体”总体布局，为开启全面建设社会主义现代化国家新征程、实现第一个百年计划夯实基础。

关键词：　经济特区　社会保障　社会保险　社会救助

尽管由于新冠肺炎疫情肆虐、国际政治局势复杂多变，我国的社会保障体系受到了严峻的考验，但在“十三五”规划的收官之年，我国抓好“六

* 高兴民，深圳大学中国经济特区研究中心副主任、一带一路国际合作发展（深圳）研究院副院长，教授，博士生导师，主要研究方向为社会保障与实践、市场经济学理论；丘枫，深圳大学经济学院博士生，主要研究方向为社会保障、市场经济学；陈仕江，深圳大学经济学院博士生，主要研究方向为社会保障、产业经济学。

保”“六稳”，不仅提前完成了规划目标，全面建成小康社会，而且进一步完善了社会保障体系，基本民生保障力度不断加强，基本民生支出只增不减，强化对特殊群体的兜底保障，现行标准下农村贫困人口全部脱贫。但是，全球经济持续倒退，进出口贸易规模下滑，居民消费意愿低迷，财政收支矛盾加剧，民生保障存在短板，因此要深刻认识到我国社会主要矛盾的转变，把握新矛盾新挑战带来的机遇，增强风险意识，坚定推进落实“十四五”规划，争取到2035 年基本实现社会主义现代化，全体人民共同富裕，人民生活更加美好。

一　经济特区社会保障发展情况

（一）经济特区社会保险发展情况

1. 深圳

（1）社会保险参保情况

截至2020 年末，全市参加基本养老保险的人数达1269. 69 万人。参加城镇职工基本养老保险人数共计1268. 55 万人，同比增长4. 5%，其中在职职工1221. 78 万人（男性714. 15 万人、女性507. 63 万人）、离退休职工46. 77 万人（比2019 年末增加6. 06 万人）；参加城乡居民基本养老保险人数为1. 13 万人，同比增长10. 8%。失业保险方面，总参保人数为1222. 44 万人，同比增长4. 8%，其中男性719. 08 万人、女性503. 36 万人。工伤保险方面，总参保人数为1241. 74 万人，同比增长4. 7%，其中男性729. 12 万人、女性512. 62 万人。

城镇职工养老、失业、工伤参保（正常缴费）单位分别为87. 81 万户、88. 18 万户、88. 44 万户。全市各险种缴费人数中，参加基本养老保险的人数为1180. 71 万人，参加城镇职工和城镇居民基本养老保险的人数分别为1180. 32 万人和3878 人；失业保险参保人数为1222. 44 万人，工伤保险参保人数为1241. 74 万人。

医疗保险参保人数中，参加城镇职工基本医疗保险和城乡居民基本医疗保险的人数分别达 1302.93 万人和 305.63 万人，分别同比增长 5.1% 和 2.9%。生育险参保人数为 1304.79 万人，同比增长 4.7%。[①]

（2）社会保险缴费和待遇标准

2020 年全市城镇职工基本养老保险月缴费基数根据时间分别为：2020 年 1 ~6 月，上限为 2018 年度全省全口径城镇单位就业人员月平均工资的 3 倍，即 19014 元；2020 年 7 ~12 月，上限为 2019 年度全省全口径城镇单位就业人员月平均工资的 3 倍，即 20268 元。缴费下限统一为本市月最低工资（2200 元），实际月平均缴费工资为 3790 元。单位缴费比例为深户 14%、非深户 13%，个人缴费比例为 8%。

工伤保险费由用人单位承担，职工个人不缴纳。缴费基数为本单位职工工资总额，基准费率根据行业类别分为 0.14%、0.28%、0.49%、0.63%、0.66%、0.78%、0.96%、1.14% 八个档。2020 年 1 ~12 月，用人单位工伤保险费率阶段性下调 50%。

失业保险月缴费基数为本市月最低工资标准，即 2200 元。2018 年 12 月至 2020 年 12 月，用人单位与个人缴费费率分别为 0.7% 和 0.3%。

基本医疗保险月缴费基数方面，参加基本医疗保险一档的职工，按照本人月平均工资确定缴费基数，上限为 2018 年深圳市在岗职工月平均工资（9309 元）的 3 倍，即 27927 元，下限为 2018 年深圳市在岗职工月平均工资的 60%，即 5585 元；参加基本医疗保险二、三档的职工，基数为 2018 年深圳市在岗职工月平均工资的 100%，即 9309 元。单位与个人缴费比例分别为：一档 6.2%、2%，二档 0.6%、0.2%，三档 0.45%、0.1%。

参加生育保险的职工按照本人月平均工资确定月缴费基数，上限为 2018 年深圳市在岗职工月平均工资的 3 倍，即 27927 元，下限为深圳市企

---

① 根据公报和社会保险信息披露通告等政府文件，各省市全口径城镇单位就业人员平均工资均取整数，缴费基数上下限则按照未取整数之前的原数据乘以比例数后再取整数，因此两方数据有细微出入。本报告中数据均以政府报告为准，下文数据同此处理。

业职工月最低工资标准，即2200元。生育保险费由公司承担，按0.45%缴费，个人无须缴纳。

各险种享受待遇情况如下：2020年度全市企业退休人员人均基本养老金达3974元/月，城镇居民基本养老保险人员中符合领取长期待遇标准的数量为6687人，全年月人均基本养老金659元；全年享受工伤保险待遇的人数共30117人（1~4级伤残909人、5~10级伤残17104人、未达到伤残等级的5639人、因工死亡503人、供养亲属5962人），平均一次性伤残补助金、一次性工亡补助金分别为5.10万元/人和84.72万元/人，伤残津贴、生活护理费、供养亲属抚恤金分别为5054元/（人·月）、5052元/（人·月）、2176元/（人·月）；全年全市共计129466人领取失业保险金，失业金标准为最低工资标准2200元的90%，即每月1980元，失业保险基金全年代缴失业人员职工医疗保险费达59.69万人次，医疗保险费为人均106.46元/月。2020年基本养老保险各类账户计账利率如下：深圳市企业职工基本养老保险中，个人账户和单位缴费账户分别为6.04%和12.09%；而城镇居民基本养老保险个人账户利率则为1.5%。

（3）社会保险基金收支状况

2020年，深圳市基本养老、工伤和失业三项社保基金总收入为1125.407亿元，总支出为1195.484亿元，当期结余-70.077亿元，年末滚存结余累计5904.818亿元。

基本养老保险基金中，企业职工基本养老保险基金收入为904.084亿元，支出为840.132亿元，当期结余63.952亿元，年末社保基金滚存结余达5455.723亿元；城镇居民基本养老保险基金收入为0.537亿元，支出为0.521亿元，当期结余0.0160亿元，年末滚存结余0.396亿元；机关事业单位基本养老保险基金收入为114.365亿元，支出为210.588亿元，当期结余-96.223亿元，年末滚存结余129.083亿元。

工伤保险基金总收入为26.552亿元，总支出为36.308亿元，当期结余为-9.756亿元，年末滚存结余38.554亿元。

失业保险基金总收入为26.505亿元，总支出为82.255亿元，当期结余

为 -55.750 亿元，年末滚存结余共计 115.504 亿元。[①]

2. 珠海

（1）社会保险参保情况

截至 2020 年末，珠海市参加企业职工基本养老保险的人数（含离退休人数）达 140.24 万人，同比增长 3.85%；城乡居民参加基本养老保险的人数（含领取养老金的人数）为 9.72 万人，较 2019 年增长 2.1%；工伤保险参保人数为 119.12 万人，同比增长 7.9%，其中男性 66.23 万人、女性 52.89 万人；失业保险参保人数达 118.09 万人，同比增长 8.7%，其中男性 65.57 万人、女性 52.52 万人；基本医疗保险参保人数共计 213.31 万（男性 111.90 万人、女性 101.41 万人），同比增长 7.8%，其中一档 118.43 万人、二档 94.88 万人；生育保险参保人数共计 119.33 万人，同比增长 7.9%，其中男性 66.38 万人、女性 52.95 万人。

全市各险种缴费人数如下：基本养老保险共计 135.55 万人，其中企业职工和城乡居民基本养老保险缴费人数分别为 125.16 万人和 5.54 万人；失业保险 118.09 万人；工伤保险 119.12 万人；基本医疗保险 201.95 万人，包含基本医疗保险一档和二档，人数分别为 107.08 万人和 94.87 万人；生育保险 119.33 万人。

（2）社会保险缴费和待遇标准

2020 年，珠海市企业职工基本养老保险每月缴费基数按两个时期不同标准来确定：1～6 月，上限为 19014 元，下限为 3376 元；7～12 月，上限调整为 20268 元，下限为 3376 元。单位与个人缴费比例分别为 13%、8%，灵活就业人员缴费比例为 20%。

全年度企业养老离退休人员基本养老金调整幅度为 5.7%。城乡居民基本养老保险缴费标准分为三个档：60 元/（人·月）、100 元/（人·月）和 120 元/（人·月）。政府补贴标准为个人缴费额的 65%。

① 各特区社会保险基金收支金额数字，根据各市社会保险信息披露通告文件统计数据进行分列与计算，本报告中没有统一金额单位和约略小数点后数位，计算结果均取约数，具体数字以政府原始文件为准，下文基金数据均同此处理。

2020 年 1～6 月，失业保险月缴费基数上限为 16878 元，下限为 1720 元；7～12 月，上限为 17565 元，下限为 1720 元；单位与个人缴费比例分别为 0.8% 和 0.2%。失业金标准达 1548 元/（人·月），全年共有 1.81 万人领取失业保险金，同比增长 34.1%。

全年工伤保险月缴费基数下限为 1720 元，基准费率分为 0.1%、0.15%、0.2%、0.3%、0.4%、0.5%、0.55%、0.6% 八档，由用人单位缴纳，个人无须缴费。

基本医疗保险月缴费基数确定方法如下。一档（含生育保险），1～6 月上限为 16878 元，下限为 3376 元，7～12 月上限为 16878 元，下限为 3376 元；全年单位缴费比例为 5.5%（含 0.5% 的生育保险），个人缴费比例为 1.5%，灵活就业人员缴费比例为 6.5%。二档（含生育保险），1～6 月上限为 16878 元，下限为 3376 元，7～12 月上限为 16878 元，下限为 3376 元；全年单位缴费比例为 2.0%（含 0.5% 的生育保险），个人无须缴费，灵活就业人员按 1.5% 比例缴纳。城乡居民、学生和未成年人的基本医疗保险二档缴费标准分别为 410 元/（人·年）和 180 元/（人·年），各级财政补助为 590 元/（人·年）。各险种享受待遇情况如下。

全年全市参加企业职工基本养老保险的离退休人员共有 15.07 万人，抚养比为 8.31∶1；2020 年 1 月 1 日起，企业退休人员基本养老金增加 150.91 元/（人·月），调整后的养老金为 2886 元/（人·月）。享受城乡居民基本养老保险长期待遇的人数达 4.17 万人；除原新农保老年津贴人员外，其余人员基本养老金达 590 元/（人·月）。

全年珠海市共 1.35 万人领取了标准为 1548 元/（人·月）的失业保险金；共 1.04 万名农民合同制工人领取了 4753 元/人的一次性生活补助；失业保险金方面，代缴职工基本医疗保险的失业人员共计 8.23 万人次，代缴医疗保险费用为 366 元/（人·月）。

2020 年，珠海市全年享受工伤保险待遇人数为 7617 人，其中，1～4 级和 5～10 级伤残人数分别为 147 人和 4255 人，另有 2309 人未达伤残等级。全年共计 147 人领取伤残津贴，67 人领取生活护理费，67 人因工死亡，总计供养亲属839人。一次性伤残补助金为每人4万元、一次性工亡补助金为每人847180元，伤残津贴为每人每月4550元，生活护理费为每人每月4628元，供养亲属抚恤金为每人每月1919元，享受工伤保险基金先行支付待遇的共42人，费用共计194万元。

2020年，珠海市全年享受基本医疗保险待遇的共419.2万人次，其中在职人员得到普通门诊、门诊特殊病种和住院治疗人次分别为136万人次、62万人次和10.6万人次，次均医疗费用支出分别为119.07元、287.72元和14927.83元；退休人员得到普通门诊、门诊特殊病种和住院治疗人次分别为25.2万人次、55万人次和4万人次，次均医疗费用支出为203.42元、266.43元和18710.70元。城乡居民、学生和未成年人得到普通门诊、门诊特殊病种和住院治疗人次分别为90.7万人次、28.9万人次和6.8万人次，次均医疗费用支出分别为96.91元、240.44元和13406.98元。2020年，基本医疗保险基金划拨补充医疗保险8916.88万元，受理补充医疗保险待遇申请共计25124人次，支付补充医疗保险7417.17万元。

全年全市共计78905人次享受生育保险待遇，次均生育医疗费用为8040.98元，人均生育津贴为21866.56元，次均计划生育费用为1732元，次均计划生育津贴为1961.36元。

（3）社会保险基金收支状况

2020年珠海市社会保险基金总收入为196.82亿元，同比下降12.23%，总支出为224.09亿元，当期结余-27.27亿元，累计结余589.12亿元。其中各险种基金收支状况分列如下。

企业职工基本养老保险基金总收入和总支出分别为1373874万元和1427962万元，当期结余-54088万元，累计结余5237152万元；城乡居民基本养老保险基金收入和支出分别为36536万元和29704万元，当期结余6832万元，累计结余120786万元。

失业保险基金收入为27593万元，支出为127421万元，当期结余-99828万元，滚存结余136749万元。

工伤保险基金收入为45266万元，支出为57948万元，当期结余为-12682万元，滚存结余55259万元。

基本医疗保险基金总收入为484895万元，其中，一档和二档收入分别为389103万元和95792万元；总支出为597897万元，其中，一档和二档支出分别为493901万元和103996万元；当期结余-113002万元，滚存结余341233万元。

3. 厦门

（1）社会保险参保情况

至2020年末，基本养老保险参保总人数为344.95万人，同比增长7.73%；失业保险参保人数为258.37万人，同比增长7.36%；工伤保险参保人数（含高风险行业7802人）为259.33万人，同比增长7.18%；基本医疗、生育保险参保人数分别为445.21万人、258.29万人，分别同比增长5.5%、13.4%。在外来从业人员中，参加基本养老、失业、工伤、基本医疗、生育保险的累计人数分别为163.49万人、163.24万人、164.07万人、163.20万人和163.20万人，增长率分别为7.1%、7.2%、7.2%、7.9%和8.1%。

（2）社会保险缴费和待遇标准

2020年厦门市各社保缴费基数与2019年5月颁布方案中的计算方式一致，由于最低工资标准由1700元/月上调至1800元/月，缴费基数实际计算结果较2019年略有增加。

已有本市户籍的职工，其基本养老保险缴费基数上限为16167元/月（2018年全省全口径城镇单位就业人员平均工资5389元的3倍），下限为厦门市最低工资标准1800元/月；外来人员职工则按照厦门市最低工资标准1800元/月确定缴费基数。公司和个人的缴费比例分别为12%和8%。

失业保险方面，厦门市户籍职工按照本人上一年度月平均工资确定缴费基数，下限为厦门市最低工资标准1800元/月，公司和个人的缴费比例均为0.5%；外来人员职工则按照厦门市最低工资标准1800元/月确定缴费基数，公司缴费比例为0.5%，个人无须缴纳。

工伤保险方面，缴费基数按企业职工上年度个人月平均工资来确定，下限为厦门市最低工资标准1800元/月；公司缴费比例对照本单位工伤保险费率确定，个人无须缴纳。

基本医疗保险方面，本市户籍职工按照本人上一年度月平均工资确定缴费基数，上限为16167元/月（2018年福建省全口径城镇单位就业人员平均工资5389元的3倍），下限为3234元/月（2018年福建省全口径城镇单位就业人员平均工资5389元×60%），公司和个人的缴费比例分别为7%和2%；外来人员职工的基数为3234元/月（2018年福建省全口径城镇单位就业人员平均工资为5389元的60%），公司和个人的缴纳比例分别为3%和2%。

生育保险方面，缴费基数为职工上一年度月平均工资，上限为16167元/月（2018年福建省全口径城镇单位就业人员平均工资5389元的3倍），下限为3234元/月（2018年福建省全口径城镇单位就业人员平均工资5389元的60%），公司缴纳比例为0.7%，个人无须缴纳。

待遇情况：共计337532人领取了企业退休人员基本养老金，2775人领取了企业退休人员遗属抚恤金，39498人领取了城乡居民基本养老金；向38106名本市失业人员发放失业保险金，向85544名外来失业员工发放一次性生活补助金，向53名本市女性失业人员发放生育补助金，向23名本市失业人员发放丧葬补助金，向12名本市失业人员发放抚恤金，向29239人发放灵活就业补贴，向36677人发放物价上涨补贴，向103923家企业发放稳岗补贴，向34743名企业参保职工发放提升职业技能补贴；共计核定支付工伤保险待遇达21080人次，其中7047人为工伤职工，1240人按月发放定期待遇；受理赔付补充工伤保险共计2661件，劳动能力鉴定达6729人次。

（3）社会保险基金收支状况

截至2020年底，基本养老、失业、工伤三项社会保险基金总收入为179.07亿元，其中养老保险171.57亿元、失业保险5.25亿元、工伤保险2.25亿元；总支出为418.57亿元，其中养老保险391.02亿元、失业保险21.56亿元、工伤保险5.99亿元；三项社会保险基金年末累计结余481.89亿元。基本医疗、生育保险两项基金总收入为117.69亿元，总支出为94.46亿元，两项社会保险基金年末累计结余265.40亿元。

4. 汕头

（1）社会保险参保情况

截至2020年末，汕头市参加社会保险的人数为531.59万人，比2019年增长0.4%。参加基本养老保险的人数为286.58万人，同比增长2.0%，其中参加企业养老保险的人数为58.60万人、参加机关事业养老保险的人数为10.58万人，参加城乡居民养老保险的人数为217.39万人；失业保险参保人数为88.09万人，同比增长0.4%；工伤保险参保人数为76.45万人，同比增长12.6%；医疗保险参保人数共计501.77万人，同比增长0.2%。生育保险参保人数达57.84万人，同比增长14.1%。

（2）社会保险缴费和待遇标准

2020年1~6月，企业基本养老保险的月缴费基数按照2018年度职工月平均工资确定，上限为19014元（2018年全省全口径从业人员月平均工资6338元的3倍），下限为3126元（2018年汕头市全口径从业人员月平均工资5210元的60%）；2020年7~12月，企业基本养老保险的月缴费基数按照职工上年度月平均工资确定，上限为20268元（2019年全省全口径从业人员月平均工资6756元的3倍），下限为3126元。公司和个人的缴费比例分别为14%和8%。截至2020年12月31日，企业离退休人员养老金为2467元/（人·月），同比增加140元/（人·月）。

2020年1~6月，企业失业保险的月缴费基数按照2018年度职工月平均工资确定，上限为15630元（2018年汕头市全口径从业人员月平均工资5210元的3倍），下限为1550元（汕头市企业职工月最低工资标准）；2020年7~12月，企业失业保险的月缴费基数按照职工上年度月平均工资确定，上限为16200元（2019年汕头市全口径从业人员月平均工资5400元的3倍），下限为1550元。公司缴费比例根据用人单位失业保险的平均申领率实行0.48%、0.64%、0.80%的浮动费率，个人缴纳比例为0.2%。

工伤保险的缴费基数按参保单位申报个人缴费工资计征，公司缴费比例各行业有所不同，个人无须缴纳。

基本医疗保险和生育保险的缴费基数均按照职工上年度月平均工资确

定，上限为16200元，下限为3126元（2018年汕头市全口径从业人员月平均工资5210元的60%）。医疗保险公司和个人的缴费比例分别为6%和2%；生育保险由企业缴纳1%，个人无须缴纳。

（3）社会保险基金收支状况

2020年，各项养老保险基金收支情况如下。企业职工养老保险基金收入为80.51亿元，支出为77.81亿元，当期结余为2.70亿元；机关事业单位职工养老保险基金收入为67.20亿元，支出为56.15亿元，当期结余为11.05亿元；城乡居民养老保险基金收入为37.03亿元，支出为34.45亿元，当期结余为2.58亿元。失业保险基金收入为1.62亿元，支出为4.44亿元，当期结余为-2.82亿元。工伤保险基金收入为1.33亿元，支出为2.69亿元，当期结余为-1.36亿元。

5.海南

（1）社会保险参保情况

截至2020年末，海南省参加城镇职工基本养老保险的人数共计305.33万人（其中职工231.06万人、离退休人员74.27万人，离退休人数较2019年末增加1.61万人），同比增长8.7%；城乡居民基本养老保险参保人数达324.83万人，同比增加19.86万人；城镇职工基本医疗保险（含生育保险）参保人数达250.09万人，同比增长5.9%；城乡居民基本医疗保险参保人数为683.95万人，同比减少0.59万人；工伤保险参保人数为170.06万人（其中农民工3.05万人），同比增加10.44万人；失业保险参保人数为194.64万人。

（2）社会保险缴费和待遇标准

2020年海南省的每月缴费基数沿用2019年7月起施行的相关规定，按2018年海南省全口径城镇单位就业人员月平均工资5704元确定，上限为17112元（海南省全口径城镇单位就业人员平均工资5704元的3倍），下限为3422.4元（海南省全口径城镇单位就业人员月平均工资5704元的60%）。各险种缴费比例如下：养老保险，单位和个人分别按16%和8%的比例缴纳；医疗保险，单位和个人缴纳比例分别为8%和2%；工伤保险，单位按行业基准费率进行缴纳，个人无须缴纳；生育保险，单位缴纳比例为 0.5%，个人无须缴纳；失业保险单位和个人的缴纳比例均为 0.5%。

2020 年，海南省企业参保退休人员基本养老金增加至 2495 元 /（人 · 月）；城乡居民养老金为 217.39 元 /（人 · 月）[基础养老金达 192.1 元 /（人 · 月）]。全年，城镇职工基本医疗保险方面，29.81 万人次享受住院报销，85.39 万人次享受门诊特殊疾病报销，住院医疗费用中统筹基金次均支付 10768.25 元（同比增加 666.19 元），基金支付比例为 82.52%；城乡居民基本医疗保险方面，共有 66.02 万人次享受住院报销，78.50 万人次享受门诊特殊疾病报销待遇，住院费用中统筹基金次均支付 6102.78 元（同比减少 802.69 元），基金支付比例为 74.65%。工伤保险方面，海南省全年有 3871 人享受工伤保险待遇，伤残职工伤残津贴为 3951.30 元/人次；生活护理费为 2813.75 元/人次；供养亲属抚恤金为 2170.58 元/人次。

（3）社会保险基金收支状况

截至 2020 年末，海南省城镇职工基本养老、城乡居民基本养老、城镇职工基本医疗、工伤、生育、失业等社会保险基金资产总额为 616.18 亿元。其中，城镇职工基本养老保险基金收入为 266.28 亿元，支出为 300.30 亿元，年末累计结余 248.78 亿元，较 2019 年减少 32.67 亿元；城乡居民基本养老保险基金收入为 32.15 亿元，支出为 20.26 亿元，年末累计结余 113.52 亿元，比 2019 年末增加 11.89 亿元；城镇职工基本医疗保险（含生育保险）基金收入为 95.38 亿元，支出为 77.43 亿元，年末累计结余 177.70 亿元，比 2019 年增加 17.95 亿元；城乡居民基本医疗保险基金收入为 57.11 亿元，支出为 52.88 亿元，年末累计结余 44.39 亿元，比 2019 年增加 4.23 亿元；工伤保险基金收入为 1.73 亿元，支出为 2.01 亿元，年末累计结余 18.21 亿元，较 2019 年减少 0.28 亿元。

（二）经济特区社会福利和社会救助发展情况

1. 深圳

2020 年，深圳市社会服务事业费总支出为 263560.3 万元，社会福利支出、社会救助支出、城市低保支出金额尚未公布。全市全年发放最低生活保障金共计3648.60万元，累计3505人享受城市居民最低生活保障待遇，低保标准从1160元／（人·月）提高至1250元／（人·月），在全国低保水平中位居前列。低收入居民社会救助认定标准增加至1875元／（人·月），特困人员基本生活供养金标准提升至2000元／（人·月）。

2020年深圳市提供住宿的各类社会服务机构共有53个，较2019年同期增加6个，床位共计12147张，同比增长19%。全市共有3个编办登记生活无着人员救助管理站，共有床位484张，数目与2019年末持平。

截至2020年末，卫生医疗机构共有4686个，同比增加227个，其中医院145个；卫生机构拥有床位62904张，同比增长22.6%，其中医院病床57672张，较2019年增长21.8%；卫生技术人员106261人，比2019年增长3.4%。全年各级各类医疗机构完成诊疗量9001.8万人次，同比下降16.2%，入院人次累计150.75万人次，病床使用率为66.6%。

2. 珠海

2020年，珠海市共有6446名困难群众享受了低保救助，其中，有3106人领取了城镇低保、3340人领取了农村低保、957人领取了特困人员供养金。全市各类社会福利机构中，提供住宿的机构保有床位4161张，累计救助流浪乞讨人员1824人；提供综合社会服务的机构共计328家。全年全市共计发行销售了5.38亿元福利彩票，筹集了1.63亿元福彩公益金。

截至2020年末，珠海市共有医疗卫生机构966家，其中有医院42家、妇幼保健机构2家、专科疾病防治机构1家、疾病预防控制中心5家、社区卫生服务中心（站）114家、卫生院12家和村卫生室130家，总数相比2019年增加30家。全年共有537家定点医疗机构和1119家定点零售药店签订了医疗保险服务协议，37家医疗机构签订了工伤保险服务协议；此外另有7家康复机构和5家辅助器具配置机构。2020年末全市卫生机构拥有床位和卫生技术人员情况如下：实有床位11207张，同比增长9.5%；在岗职工人数为24816人（其中执业/助理医师、注册护士、专业公共卫生机构卫生技术人员和卫生院卫生技术人员分别为 8007 名、9415 名、2136 名和 879 名），总人数同比增长 4.8%。

3. 厦门

2020 年，厦门市发放低保金总额为 1.15 亿元。其中，城市低保金累计 7678.36 万元，领取人数为 8.59 万人；农村低保金共计 3784.31 万元，领取人数为 4.5 万人。全年全市发放临时救助资金总额为 1661.88 万元，救助总人数达 9012 人。累计救助流浪乞讨人员 1958 人，其中救助未成年人 107 人。

2020 年末，全市 42 家养老服务机构共拥有床位 10737 张，其中 7 家公办养老机构（含公建民营）的床位数量为 2528 张；35 家民办养老机构床位总数为 8209 张。各类医疗卫生机构共计 2171 家，实有床位总数为 19470 张，除去 463 个门诊部，床位分布如下：62 家医院实有床位 18238 张；26 家社区卫生服务中心和 13 家卫生院共有床位 338 张；1 家疗养院实有床位 140 张；妇幼保健机构、疾病预防控制中心、专科防治院等公共卫生机构共有床位 754 张。全市共有专业卫生技术人员 38540 人，其中执业医师 14955 人、执业助理医师 1166 人、注册护士 16866 人。另外，全市有 706 家定点医疗机构和 1265 家定点零售药店签订了医疗保险服务协议，29 家养老服务机构的医务室和 285 家村卫生室已被纳入医疗保险定点服务管理体系；31 家医疗机构、3 家辅助器具配置机构和 7 家康复机构签订了工伤保险服务协议。厦门市全年累计发放 3.54 亿元失业保险金，惠及失业人员 3.81 万人；累计发放医疗救助资金 1.77 亿元，救助多达 106.82 万人。

4. 汕头

2020 年，汕头市全年累计支出最低生活保障金 4.46 亿元，同比增长 18.6%；共 9.29 万人获取最低生活保障金，同比下降 0.2%；救助站累计救助总数达 736 人，同比减少 52.3%；全年，9 家社会福利院累计收寄养 546 人，30 家城镇及村办敬老院累计收寄养 110 人。

2020 年全市共有 1798 家卫生机构，比 2019 年增加 170 家，其中医院 56 家、卫生院 33 家；实有床位 20035 张，比 2019 年增加 440 张，其中医院和卫生院分别保有17416张和1712张。各类医疗机构（不含村卫生室、诊所、卫生所、医务室）诊疗达1359.74万人次，同比下降6.9%，其中患者治愈出院人数累计达53.46万人；病床使用率达71.21%，较2019年降低8.19个百分点，病床周转次数为27.63次。全市卫生技术人员总量为28252人，同比增加2000人，其中，执业医师和执业助理医师总量达11538人，同比增加558人，注册护士有12162人，同比增加1151人。

5. 海南

2020年，海南省民政事业费累计支出17.73亿元，同比增加1.44亿元。全年全省城市低保人数为3.61万人，同比减少0.07万人；城市低保户数为1.88万户，同比减少0.02万户；城市低保标准为563元/（人·月），与2019年持平。全年全省农村低保人数为15.30万人，同比增加0.60万人；农村低保户数为6.14万户，同比增加0.12万户；农村低保标准为5237元/（人·年），与2019年标准持平。2020年海南省临时救助高达49502人，累计救助流浪乞讨人员1956人，救助供养农村特困人员共计22066人。

2020年海南省提供住宿的民政机构数为60个，比2019年末增加32个；其中包含53个养老机构、1个儿童福利和救助机构，以及6个社会提供住宿机构。2020年，提供住宿的民政机构中，床位总数为8442张，同比增加3240张，其中包含7739张养老机构床位、40张儿童福利和救助机构床位、663张社会提供住宿机构床位。

二　经济特区社会保障发展取得的成就

（一）经济特区社会保险发展取得的成就

1. 深圳

2020年，面对严峻复杂的国际、国内形势特别是新冠肺炎疫情的冲击，深圳市政府坚持以习近平新时代中国特色社会主义思想为指导，深入贯彻《粤港澳大湾区发展规划纲要》和《关于支持深圳建设中国特色社会主义先行示范区的意见》，紧紧围绕统筹推进“五位一体”总体布局和协调推进“四个全面”战略布局，始终贯彻党的指导思想并落实责任，推进深化改革，力争实现幼有善育、学有优教、劳有厚得、病有良医、老有颐养、住有宜居、弱有众扶。

（1）坚守“两条工作底线”，社保“战疫”行动成效卓著

深圳市各级民政部门第一时间进入疫情防控应急状态，及时制定出台和转发一系列疫情防控工作指引、指导性文件，以高于社会面防控标准迅速落实民政服务机构系列防控措施，推出扩大保障范围、加大临时救助力度、简化申办流程、开设临时庇护点等救助困难群众的“非常举措”，牢牢守住了“民政服务机构不发生疫情、民政服务对象不因疫情影响而挨饿受困”两条工作底线。广泛动员和引导深圳市社会组织、社区工作者、专业社工、志愿者、爱心企业、爱心人士投身疫情防控和经济社会发展工作，构筑起多元参与、协同共治、人人尽责的社会防疫共同体。

（2）做好先行示范区工作，完善社会保障体系

2020 年，各项基本社会保险参保率均保持在 98% 以上，基本实现法定参保人员全覆盖。待遇水平稳步提高，低保标准提升至 1250 元／（人·月）；全市企业离退休人员养老金社会化发放率达 100%；及时足额发放各类救助资金，如低保金、特困人员供养金、困境儿童基本生活费、残疾人补贴等，确保困难群体、特殊人群的基本生活得到保障。另外，粤港澳大湾区社会保险衔接政策正在积极拟定和推动中，在深圳工作和生活的港澳居民将与深圳市民一样享有“市民待遇”。

（3）合理规划社保经办机构，推动落实社保工作

为贯彻实施国家《社会保险服务总则》《社会保障服务中心设施设备要求》《社会保险视觉识别系统》等政策文件，截至 2020 年末，深圳市共建设标准服务大厅 30 个，占全市服务大厅数量的 88%；共有社会保险经办机构 34 家，其中市级 1 家、区级 10 家；全市社会保险经办机构总编制人数为 778 人，

实有人数为743人。在根据市民需求合理规划和建设基层经办机构基础上，深圳市加大“放管服”改革力度，使社保审批服务管理标准化、事项清单化、指南规范化，同时深化“秒批”政务服务模式改革，实现社保业务“就近办、便捷办”，推动社保工作在一线得到确切落实和有效解决。

（4）加快构建“智慧人社”，提高社保服务水平

为深入实施“互联网+人社”工作计划，打造政府、社会、企业、市民四位一体的智慧移动服务平台，深圳市致力建设集实体大厅、网上大厅、移动终端、自助服务机、12333热线于一体的全方位服务网，并于2019年初发布统一政务服务App“i深圳”，为市民和企业提供全方位政务办事服务和生活服务。同时，通过加大“线上+线下”宣传力度引导市民积极申领电子社保卡。截至2020年末，全市金融社保卡累计发卡量达2090万张，社会保障卡合作银行服务点约1320个，社保卡在人社业务项目中的应用个数达71项，与计划的93项相比应用率达76.34%；全年开展养老金领取资格人脸识别在线认证业务共计75919笔；全年12333电话咨询中心接听处理市民来电总计542.35万个，同比下降15.35%，其中，转自助语音量达245.70万个，同比增加2.74%；转人工呼入量达296.65万个，同比下降26.13%；人工接听量达276.29万个，同比下降24.09%。

2. 珠海

（1）加强“放管服改革”，建立“服务型人社”

根据市、区、镇（街）、村居机构设置，在法律规定的范围内下放各类事项，向各区下放了行政许可4项，就业失业登记等20余项公共服务事项在市、区人社公共服务部门实行通办，居民、未成年人医疗保险参停保等事项可在村居办理，让群众少跑路、就近办。深入推进政务服务事项“全城通办”，高频服务事项85%实现全城通办；民生服务事项100%实现全城通办。2020年，全力推进“人社服务快办行动”，实现“打包办”“提速办”“简便办”，部分事项实现“四免”服务。

（2）设置多级社保经办机构，贯彻管理服务标准

为贯彻实施国家发布的《社会保险服务总则》《社会保障服务中心设施

设备要求》《社会保险视觉识别系统》等文件，截至2020年末，珠海共建设标准服务大厅2个，占该市服务大厅总量的33%。全市共有6个社会保险经办机构，市级和县（区）级数量分别为1个和5个，共有工作人员222人。全市15个乡镇均已投入建立基层人力资源和社会保障服务平台，10个街道均已建立人力资源和社会保障工作机构，覆盖率达100%。

（3）做好社会保障信息系统建设，丰富社保卡应用场景

截至2020年末，珠海市社会保障卡有效持卡人数共计259.4万人。根据计划，在人社业务项目中社会保障卡应用个数应达94项，实际为89项，应用率达94.68%。2020年全市社会保险业务管理系统服务高达213万人次，其中异地就医结算系统累计服务12735人次，结算金额总计16940万元。在其他各类服务渠道中，除及时在微信平台发布社保有关信息外，还通过12333热线咨询累计服务878073人次。

3. 厦门

（1）社会保障制度不断健全

有序推进工伤保险省级统筹，自2020年1月1日起，全市全面实施工伤保险基金省级统筹制度，工伤保险权责清单事项、经办流程，工伤认定、劳动能力鉴定办法，以及工伤待遇核定和调整标准均与省保持一致，办事时限为全省最低；出台《厦门市工伤康复管理办法》，确立“先康复、后鉴定”和“康复与治疗并重”原则；出台《厦门市工伤保险待遇管理办法》，规范待遇核定标准与流程；按时调整工伤保险长期待遇，待遇水平为全省最高；在全国率先建成专门化、规范化、标准化的劳动能力鉴定现场工作点，开展上门鉴定、远程视频鉴定等多项便民利民服务。

（2）响应“抗疫”，全力保障社保待遇认定与发放正常进行

疫情发生后，持续推进社保业务“不见面”办理，倡导群众通过网上办、自助办、掌上办、邮寄办、延迟办等多种“不见面办理”方式办理社保，2020年2～12月，全市社保经办机构“不见面办理”各项社保业务243.56万件；及时明确社保待遇申办手续可延迟办理，在疫情结束后的三个月内按规定申办并予以补发待遇，不暂停未按期办理资格认证的社保待遇

发放，已经暂停的，采取电话核实、视频认证等方式予以恢复；开辟工伤待遇办理绿色通道，为因履行工作职责感染新型冠状病毒肺炎的医护及相关工作人员、城乡社区工作者开辟绿色通道，精简证明材料，对已经认定为工伤的，待遇支付原则上在受理之日起两个工作日内完成。

（3）完善事中事后监管机制

根据国务院《关于加强和规范事中事后监管的指导意见》，厦门市人社局积极开展社保事中事后监管体系建设工作，做好系统信息化的顶层设计，将“双随机一公开”与事中事后监管相关联，建立健全社保基金监管检查机制，提升监管规范度和透明度。同时深入推进“互联网+监管”，依托市公共信用信息平台，建立人社系统信用信息数据库。

4. 汕头

（1）深入推进全民参保计划

为深入推进全民参保，发挥社会保障的兜底功能，全面推进机关事业单位养老保险制度改革落实，汕头市出台退休人员基本养老金调整方案。包括：做好城乡居民养老、医保征收职能转化的衔接工作；将公务员和参照公务员法管理单位工作人员纳入工伤保险制度统筹管理范围，持续深化企业职工养老保险和工伤保险省级统筹；根据政策阶段性下调失业保险和工伤保险费率，确保低保人员和困难人员等特殊人群得到保障；进一步扩大参保覆盖面，提高社会保障服务水平。

（2）深化社会保障领域改革

第一，简政放权，出台“放管服”实施方案，使行政审批“扁平化”。截至2020年末，汕头市人社局已累计下放26项职权至市社保局和各区县人社局，进驻行政服务中心的事项中，授权经办人员直接审批19项、网上全流程办理无须审批14项。第二，推进人社业务一门式办理，持续开展减证便民服务，取消54项由规范性文件设定的证明材料，进驻业务中有45项业务实现即来即办，53项业务可在5个工作日内办结，80%以上业务办事群众“最多跑一次”，每月办理业务约27000件。第三，推进人社服务标准化、信息化、便利化建设，全面推进“智慧人社”建设，上线运行“劳动监察指挥平台”“医保跨省异地联网结算接口改造”“社保综合柜员制服务大厅”等项目；积极扩大社保卡“一卡通”应用范围，累计制发社保卡545万张，基本实现了人社业务一卡通应用；人社业务上线微信“粤省事”小程序，市民可随时随地办理人才与就业、仲裁调解、社保等136项业务。

（3）构建法治人社体系

为全面贯彻落实党的十九大和十九届二中、三中、四中全会精神，汕头市人社局围绕加快建设社会主义法治国家基本方略，认真落实《汕头市人力资源和社会保障系统法治建设工作方案（2016—2020年）》《汕头市人力资源和社会保障系统贯彻〈广东省人力资源和社会保障系统法治宣传教育第七个五年规划（2016—2020年）〉实施方案》，通过健全“四项机制”，强化责任、管控源头，聚焦当前人社事业发展的短板，注重保障民生，加强队伍法治教育，健全监管制度，努力构建“职能科学、权责法定、执法严明、公开公正、廉洁高效、守法诚信”的法治人社体系。

5. 海南

（1）基本建立全省覆盖城乡的社会保障体系

海南省各级人社部门牢牢把握全面深化改革开放和自由贸易区建设这条工作主线，按照省委、省政府的决策和部署，不断改革创新、攻坚克难，全面实施全民参保计划，进一步扩大社会保险覆盖面，全面覆盖法定人员，稳步提高各类各级待遇水平。《海南省降低社会保险费率综合方案》经省政府同意后，省人力资源和社会保障厅、省财政厅、省税务局和省医保局正式出台相关措施：自2019年5月1日开始，养老保险单位缴费比例降为16%，这是一项普惠性强的长期性制度安排，事业机关和企业减负的效果明显；现行的失业保险和工伤保险阶段性降费率政策，到期后再延长至2020年4月30日，持续为企业缴纳失业保险和工伤保险减轻50%的负担。

（2）完善社保政务服务平台

对社会保障服务平台的建设，体现在以下三方面：一是拟定《海南省社会保障卡一卡通服务管理条例》，推动建立以社会保障卡为载体的一卡通服务管理模式，逐步开发和优化社会保障卡在政府公共服务、智慧城市服务、社会便民服务等民生领域的应用功能，目前已在海南人社、海口人社、海南农信手机银行、工行融 e 联、银联云闪付、支付宝等 App 上线签发电子社保卡功能；二是建成全省统一的社会保险基础数据库，形成每个人唯一的社保标志，并对包含农民工、灵活就业人员、农业产业化人员等在内的各类群体参加社保的情况进行记录、核查和规范管理；三是推进人社“政务一体化”服务平台建设，建立集失业登记、就业扶贫等业务经办流程于一体的“一网通办”机制。

（3）做好窗口服务工作标准化建设

为打造全省群众满意的人社服务，海南省人社系统大力推进标准化、信息化建设，简化办事流程，缩短经办时间，推出一系列惠民便民举措：一是省社保服务中心实施社保服务下沉及服务窗口作风建设，形成“办事不求人”的长效机制，有效解决企业群众办事的难点、堵点、痛点问题；二是省政务中心规范社保业务行政审批及公共服务事项业务流程，实现全省人社政务服务同一事项无差别受理、同标准办理，以清单化管理推进社保工作标准化建设；三是就业创业、社会保险等人社业务窗口贯彻落实“学政策、钻业务、练技能、强服务”精神，形成一支规范高效、服务优质、业务精通、作风优良的窗口服务队伍，使企业、群众对人社服务的满意度不断提升。

（二）经济特区社会救助和社会福利发展取得的成就

1. 深圳

2020 年，深圳市民政系统以习近平新时代中国特色社会主义思想为工作指导原则，坚持抓重点、补短板、强弱项、推改革、谋新局，推动社会服务事业发展取得新的显著成绩。

在养老服务方面，聚焦实现“老有颐养”，加快构建“1336”高水平养老服务体系。出台《深圳经济特区养老服务条例》《深圳市构建高水平“1336”养老服务体系实施方案（2020—2025 年）》，明确了未来 5 年养老工作的路线图、施工图、时间表。实施“907”幸福康养惠民工程，组建深圳市国有养老产业平台；建成 10 家街道示范性长者服务中心；推进

“0580”老年人家庭适老化改造，惠及1200余户老年人。首次发布养老服务工资薪酬指导价，深圳健康养老学院招收首届老年服务与管理专业全日制大专生。智慧颐年卡实现养老服务“一卡多用、全市通用”，惠及全市近67万老年人口；全市6家科技公司、11个街道入选国家智慧健康养老示范企业、示范街道，宝安区、龙华区获评国家智慧健康养老示范基地。

在民生保障方面，聚焦实现“弱有众扶”，不断织密扎牢基本民生兜底保障网。低保标准提升至1250元/（人·月），达到全国最高水平。在确保困难群体、特殊群体基本生活保障到位的基础上，积极探索加强基本民生保障新举措，着力提升社会救助精准化、精细化水平，逐步构建涵盖市、区、街道、社区的儿童关爱服务四级网络，同时出台《深圳市困境儿童分类保障工作指引（试行）》，开展首批“未成年人保护工作站”创建活动，开通“护童之声”困境儿童服务热线，困境儿童关爱服务体系进一步完善。扎实做好流浪乞讨人员救助管理工作，借助互联网寻亲、DNA比对、人脸识别等新技术、新手段，帮助500余名流浪乞讨人员成功寻亲并回归家庭。

在慈善事业方面，聚焦构建现代慈善体系，深入打造“慈善之城”。成功举办第八届中国公益慈善项目交流展示会，为“三区三州”等深度贫困地区的扶贫项目和消费扶贫产品对接社会扶贫资源逾135.2亿元，同比增长80%。围绕“聚焦脱贫攻坚，共创美好生活”主题，深入探索现代慈善运行模式，打造全球知名的“互联网+慈善”品牌项目“腾讯99公益日”，募集善款突破30亿元，同比增长17.5%，创历史新高；编制发布年度慈善捐赠榜，积极开展系列特色慈善活动，扩大慈善活动的影响力，形成“全民慈善、人人公益”的良好社会氛围。

2. 珠海

2020年，珠海市社会救助及民生保障工作实现了新提升，政策方面，起草了《珠海经济特区社会救助条例》立法调研报告，修订了《珠海市困难人员临时救助暂行办法（试行）》《珠海市最低生活保障实施办法》《珠海市困难群众探访制度》等条例，做好顶层制度设计，完善社会救助政策体系；开展低保专项治理活动，明确各项细分工作的工作内容和负责人，设立面向公众的多种反馈投诉渠道，确保符合条件的困难人群纳入低保兜底；不断推进社区养老设施和智慧养老平台建设，在10个社区试点内为老年人提供集中用午餐等配餐服务，探索推进长者饭堂建设；出台《珠海市〈中华人民共和国未成年保护法〉实施办法》，定期召开困境儿童保障工作会议，大力开展“合力监护、相伴成长”专项行动，建立困境儿童分类机制和帮扶档案，为全市1370名困境儿童建立监护责任体系，完善落实儿童福利保障政策，使困境儿童得以享受健康成长和入学读书的权利；落实流浪乞讨人员救助管理联席会议制度，提高滞留人员寻亲服务的有效性，帮助群众解决实际困难；推进市救助站职能改革，推动社会救助安置机构项目建设，鼓励社会力量的参与，提升救助管理能力和服务水平；加强福利彩票发行销售、公益金使用监管，加大福利彩票公益金对慈善事业发展的支持力度。

3. 厦门

2020年，厦门市不断推进养老服务工程，顺利开展“农村幸福院”和“社区老年人日间照料中心”等项目建设，加强公办保障性养老机构建设，完善社区居家养老服务，积极开展智慧养老服务，重点满足特困人员中的老年人、经济困难老年人、计划生育特殊家庭老年人和做出特殊贡献老年人的养老需求；出台《厦门市医疗救助办法》，将旧办法与《厦门市基本医疗保险参保人员自付医疗费困难补助办法》进行合并，进一步整合并扩大保障对象的范围，健全了多层次医疗保障体系，提高了保障标准，减轻了参保人员因自付医疗费过重而产生的经济负担；先后修订、出台《厦门市低收入家庭认定实施办法》《关于进一步做好困难群众基本生活保障工作的通知》《厦门市引导社会力量参与防灾减灾救灾工作的指导意见》等多部社会救助法规政策文件，使社会救助向经常性、制度化转变，救助对象范围扩大至城乡困难群众、受灾群众等群体，救助主体包括政府和社会力量，核定制度更加精确和完善，社会救助管理更加严格和规范。

为贯彻实施《关于打赢脱贫攻坚战三年行动实施方案（2018—2020年）》文件精神，厦门市根据实际情况，持续推进落实社会保障工作，修订低保实施意见，规范低保管理工作水平，扩大低保对象的覆盖范围。

4. 汕头

2020年，汕头市围绕三大攻坚战和城乡协调发展等最迫切、最现实的社会热点难点问题，持续加大民生投入，改善人民生活。脱贫工作方面，相对贫困人口脱贫率高达99.97%，原37个省定贫困村全部实现脱贫。公共服务设施建设方面，龙湖区福利院、濠江区残疾人康复中心均已建成并投入使用，进一步升级市救助安置中心和救助管理站。未成年人保障方面，在百家社会组织走近留守和困境儿童“牵手行动”的基础上，广泛动员社会力量，深入推进儿童保护工作，加快建成特色儿童福利服务保障体系。养老服务方面，多次组织志愿者开展“情暖空巢老人”活动，开展养老院服务质量提升建设专项行动。

5. 海南

2020年，为扎实推进脱贫攻坚工作，发挥民政系统兜底保障职能，海南省民政厅与省扶贫办开展联合行动，以海南省社会救助信息管理平台和扶贫系统平台为依托，交叉对比筛选数据，并指导市县结合名单进一步摸底排查，不仅确保精准定位“老、病、残”等急需兜底保障人员，同时增进社会保障措施的准确和适度应用，扎实推进农村低保制度与扶贫开发政策的有效衔接。截至2020年11月底，凡经核实符合条件的所有建档立卡贫户（共计2.75万户6.87万人）均成功纳入低保或特困进行兜底。同时，针对不同人群综合运用低保、特困、临时救助、低收入家庭专项救助和特殊群体专项救助等措施进行保障，全年实施临时救助累计9143户3.68万人次，临时救助金支出高达1711.6万元；向21.2万城乡低保对象和特困人员发放保障金累计8.7亿元；向城乡低保对象、特困人员、孤儿、事实无人抚养儿童发放临时价格补贴共计8788.65万元，惠及163.98万人；全年发放残疾人两项补贴共计2.1亿元，受惠人数达15.2万人。除此之外，海南省在优化社会救助服务、深化社会救助专项治理方面也开展实施了多项措施，实现低保异地办理，避免户籍限制；设立省、市、县多级农村低保专项治理投诉举报电话，加大宣传力度，确保农村低保群体的权利得到保障。

2020年，海南慈善总会积极推动慈善项目的开展和落实，不断提高慈善救助质量和服务水平。全年共计实施了医疗扶贫、慈心之旅、爱汝行动、微笑列车、中慈患者援助、助学活动、绚丽晚霞特困孤老照护等30个慈善救助项目，累计支出6941.05万元，惠及2万余人。疫情发生后，湖南省慈善总会新冠肺炎疫情防控项目驰援湖北省共计1484.8万元的款物，于2020年9月荣获中华慈善总会颁发的“中华慈善品牌项目”奖。

三　经济特区社会保障发展存在的现实困境

1. 社会保障事业发展质量有待提高

根据《中共中央关于制定国民经济和社会发展第十四个五年规划和二〇三五年远景目标的建议》，世界上规模最大的社会保障体系框架基本建成，基本养老保险受惠人数将近10亿人，基本医疗保险覆盖人数超过13亿人。但在疫情冲击和经济全球化逆流的夹击下，我国仍然存在区域发展不均衡、民生保障不全面的问题。经济特区作为改革开放的“试验田”和“窗口”，在建立多层次的社会保障体系和机制方面一直走在全国前沿，推进实施了多项社会治理创新举措。对特区经济社会保障事业取得的实质性发展应给予肯定，同时要注意到人民群众对社会保障事业高质量发展的迫切需求，这些需求主要表现在以下几个方面：一是社会保障的运行机制和管理体制效率有待提升；二是应对如新冠肺炎疫情此类突发公共卫生事件时，社保机制的应急预案尚需完善，响应处理不够及时灵活；三是参保人群和缴费水平呈现结构性不均衡；四是社保经办流程和服务存在标准化水平参差不齐的情况。

2. 社会保障主体权责尚需明确规范

高质量的社会保障体系需要所有参与主体的分工与协同。此前，国家政府一直是我国的社会保障提供主体，企业、社会团体及非营利组织的参与度有限。而在政府内部也存在不同层级政府间权责划分混乱的情况。随着多层次的社会保障体系框架逐步建成，以及信息时代下“智慧城市”

“互联网＋人社”服务模式的持续推进，社会保障主体权责不清的矛盾日益增多，主要体现在以下几个方面：一是社保机构权责与各级政府部门权责存在交叉，既存在不同级别政府之间未能实现垂直经办模式的社保管理体制这一情况，又存在同级社保机构与地方政府部门进行部门协同难度较高的问题；二是政府与市场分工不足，在当前多层次的社会保障体系中，由政府提供的基本保障发展相对强大，以至于对市场提供的非基本保障产生了挤出效应；三是参与到社会保障中的社会力量相对薄弱，长效机制尚未建立；四是个人作为社会保障系统中的一员，主要扮演的是享受权利的角色，个人责任和约束机制有待优化。

3. 社保基金监管体系急需加强优化

尽管对社保基金的监管机制研究和政策落实已有很长时间，但这一“世界性难题”的解决难度随着医疗保障制度改革而大大增加。长期以来，国家对欺诈骗保行为采取了非常严厉的打击举措，取得了一定的成效，目前仍面临以下挑战：一是在具体的监管执行层面缺乏相应的法律法规，社保机构执法主体地位不明确；二是社保政策改革和执行之间不同步、不配套，产生一定的机制性障碍，降低了社保基金监管的有效性；三是缺乏多元主体相互配合、共同发力的协同监管机制，相应的监管绩效评估体系也需要进一步优化；四是社保基金监管人员匮乏、能力参差不齐，专业水平的不足也制约了社保基金监管工作的开展和推进。

4. 社保对象认定机制尚未健全规范

社会保障对象的认定和甄别，直接关系到社保措施的实施效果，进而影响到公民享有福利的权利。社保对象的认定不仅涉及被保障群体的定义和分类，往往还与社保覆盖面和结构性有密切的关联。目前，要发挥社会保障制度的兜底作用，做到“应保尽保”，需要重视社保对象认定机制中的几个问题：一是对部分保障群体的划分方式不够合理，例如按照户籍划分的农村低保和城市低保，两者的保障待遇之间存在差距，导致在实际执行认定时，会出现非法获取受保障资格的现象；二是对认定对象的真实收入和动态变化无法准确识别，有极大可能出现“应保未保”的情况；三是面对疫情等突发公共卫生事件，需要出台保障新政策并灵活调整受保障群体，而现有的社保对象认定和甄别机制相对滞后。

四　推进经济特区社会保障发展的政策建议

1. 有序建成高质量的社会保障体系

目前社会保障体系覆盖面逐渐扩大、保障项目日益完善、保障水平大幅提升，经济特区在做好社会保障制度顶层设计、完善社会保障体系框架、全面覆盖法定人员的同时，应以打造“民生幸福标杆”为终极目标，按照“兜底线、织密网、建机制”的要求，逐步健全基本公共服务制度体系，促进社会公平。首先，推动运行机制和管理制度的深入改革和优化，横向加强社会保障项目的统筹推进，纵向细化社会保障各项职能；其次，做好公共卫生事件的社会保障应急预案，预防和减少人民群众的损失，切实保障人民的安全和社会的稳定；再次，聚集社会保障和社会救助的关键领域，解决结构性失衡问题；最后，从粗放式管理转向集约式管理，完善经办流程和窗口服务的标准化体系，构建科学合理的绩效评估方法，持续提升社会保障服务工作的专业化水平。

2. 逐步完善社保主体责任分担机制

社会保障体系中，只有每一个参与的主体各尽其职、各得其所、协同共进、共建共享，才能使这一体系真正发挥其应有的作用。党的十九大报告提出“要建成权责清晰的多层次社会保障体系”，这意味着无论是政府、市场，还是单位、个人，均要明晰各自的职责，在享受权利的同时履行和分担责任。首先，做好政府部门间的协同合作，既需要从纵向上明确不同级别政府在社会保障实施中的权责范围，同时在横向上构建社保机构与地方政府部门间的协调机制，避免交叉职能导致的权责混乱情况；其次，在政府做好顶层设计和基础保障的同时，尽量发挥市场机制的效率作用，寻求两者在社会保障制度中的均衡组合；再次，在发挥政府主导作用基础上，鼓励社会力量参与社会保障和社会救助，建立社会保障共同体的长效运行机制；最后，重视社保体系中个人责任缺失的问题，加强法治建设，提倡契约治理，建立高效的责任分担和利益共享机制。

3. 大力推进社保基金监管体系改革

高发频发欺诈骗保、挪用贪占社保基金等行为，侵占了百姓的切身利益，也为社会安定埋下了隐患。为了进一步优化社会保障公共服务，促进社保基金的合理使用，保障公民的合法权益，国家应当在接下来的社保基金监管工作中做到以下几点：一是制定出台相应的法律条例，有效规制有关部门的行政裁量权，加强监管执行中的法制化建设；二是加强系统化建设，统筹基金监管机制与待遇保障机制、社保支付机制建设，构建制度化、常态化、全方位综合治理的监管新格局；三是完善社保基金监管的绩效评估体系和机制，引入第三方独立评估机构，及时将评估结果向社会公布，督促基金监管部门审视政策的实际执行效果，提高监管成效；四是强化社保基金监管队伍的专业化建设，新时代社会保障事业发展对监管人才提出了新要求，不仅要丰富专业知识，更要提升知识结构，培养具备政治素养和监管能力的综合型人才。

4. 加强优化社保对象认定机制

社会保障的本质是为了维护社会公平，促进社会的稳定发展。为最大限度地发挥社会保障的功能，达到充分保障公民基本生活的基本目标，应当从以下几个方面对社保对象资格认定机制进行优化：首先，建立更加合理的社保对象分类模式，分别制定恰当的保障待遇水平，以消除不同区域、不同群体之间的不公平；其次，规范保障对象认定程序，设立家庭和个人收入的核查机制，利用互联网技术建立被保人及亲属信息档案，动态跟踪被保人及其家庭成员的经营活动与支出情况，使真正有需要的困难群体得到合理适度的保障；最后，在特殊时期或针对特殊行业制定适应的资格认定机制，提高社保制度的瞄准机制有效性，使受到冲击的困难群众能够及时获得相应的社会保障。

参考文献

《2020 年度深圳市社会保险信息披露通告》，深圳政府在线网站，2021 年 4 月 28 日，http：//www. sz. gov. cn/szzt2010/sjfb/sjkd/content/mpost_ 8731608. html。

《深圳市 2020 年国民经济和社会发展统计公报》，深圳市统计局网站，2021 年 4 月 23 日，http：//tjj. sz. gov. cn/zwgk/zfxxgkml/tjsj/tjgb/content/post_ 8717370. html。

《2020 年深圳民政工作总结》，深圳市民政局网站，2021 年 4 月 13 日，http：//mzj. sz. gov. cn/szsmzjwzgkml/szsmzjwzgkml/ghjh/ndgzjhjzj/content/post_ 8690060. html。

《2020 年 4 季度深圳民政统计季报》，深圳市民政局网站，2021 年 8 月 25 日，http：//mzj. sz. gov. cn/cn/xxgk_ mz/tjsj/tjjb/content/post_ 9086468. html。

《深圳市民政局、深圳市财政局关于发布 2020 年居民最低生活保障标准的通知》，深圳市民政局网站，2020 年 4 月 2 日，http：//www. sz. gov. cn/cn/xxgk/zfxxgj/tzgg/content/post_ 7120256. html。

《2020 年汕头国民经济和社会发展统计公报》，汕头市统计局网站，2021 年 3 月 27 日，https：//www. shantou. gov. cn/tjj/tjzl/tjgb/content/post_ 1888897. html。

《关于 2020 年度社会保险基金收支情况的公告》，汕头市社会保险基金管理局网站，2021 年 8 月 13 日，https：//www. shantou. gov. cn/stsrlsbj/gkmlpt/content/1/1953/post_ 1953657. html#3286。

《2020 年珠海市国民经济和社会发展统计公报》，珠海市统计局网站，2021 年 3 月 26 日，http：//www. zhuhai. gov. cn/attachment/0/255/255819/2746642. pdf。

《珠海市社会保险基金管理中心 2020 年部门决算》，珠海市社会保险基金管理中心网站，2021 年 8 月 31 日，http：//zhrsj. zhuhai. gov. cn/gkmlpt/content/2/2972/post_ 2972679. html#336。

《厦门市 2020 年国民经济和社会发展统计公报》，厦门市统计局网站，2021 年 3 月 17 日，http：//www. xm. gov. cn/zfxxgk/xxgkznml/gmzgan/tjgb/202103/t20210317_ 2525076. html。

《2020 年海南省国民经济和社会发展统计公报》，海南省统计局网站，2021 年 2 月 20 日，http：//stats. hainan. gov. cn/tjj/tjgb/fzgb/n_ 81550/202102/t20210220_ 2936215. html。

《2020 年海南省社会保险情况》，海南省人力资源和社会保障厅网站，2021 年 6 月 8 日，http：//hrss. hainan. gov. cn/hrss/0400/202106/bab7a4b0c72e410db190a72b74ef97fa. shtml。

《2015—2020 年海南省民政事业支出、民政机构数量、社会救助及儿童收养情况》，华经情报网，2021 年 3 月 31 日，https：//www. huaon. com/channel/distdata/700805. html。

《海南省大力开展社会救助兜底脱贫行动》，中国政府网，2020 年 12 月 25 日，http：//www. gov. cn/xinwen/2020 - 12/25/content_ 5573177. htm。

《海南省慈善总会 2020 年实施 30 个慈善救助项目　惠及 2 万多人次》，中新网，2021 年 1 月 20 日，http：//www. hi. chinanews. com/hnnew/2021 - 01 - 20/562788. html。

《中共中央、国务院关于支持深圳建设中国特色社会主义先行示范区的意见》，新华网，2019 年 8 月 18 日，http：//www. xinhuanet. com/politics/2019 -08/18/c_ 1124890303. htm。

《中共中央 国务院印发〈粤港澳大湾区发展规划纲要〉》，中国政府网，2019 年 2 月 18 日，http：//www. gov. cn/zhengce/2019 -02/18/content_ 5366593. htm#1。

《中共中央关于制定国民经济和社会发展第十四个五年规划和二〇三五年远景目标的建议》，中国政府网，2020 年 11 月 3 日，http：//www. gov. cn/zhengce/2020 -11/03/content_ 5556991. htm。

B.6
中国经济特区人才特区建设报告

张克听　鲜林纹　冯家威*

摘　要：　随着中国特色社会主义建设进入新时代，经济、社会、文化的高质量发展对人才的需求不断攀升，人才的地位和作用越发显著。加快推进人才建设是进行全面社会主义现代化强国建设的要求，对于建设现代产业体系、推动经济社会可持续发展和社会全面进步具有重要意义。本报告以深圳、珠海、汕头、厦门、海南等特区政府有关人才建设方面的规范性文件为基础，主要从高质量人才队伍建设、人才保障体系构建、人才发展环境优化等角度，对经济特区近年来在人才建设方面的实践经验进行分析和总结，并针对经济特区人才特区建设存在的不足提出若干政策建议。

关键词：　经济特区　人才特区建设　人才生态系统　人才政策

"人才特区"被称为人才管理改革试验区，关于其内涵，国内外并没有完全一致的表述。目前，国内对它的定义主要有三种。第一种是特殊区域说，指的是人才工作的特殊区域。在这一特定区域内，人才工作的内容、政策保障、资金投入等方面比区域之外具有更大的优先性和特殊性。① 第二种

* 张克听，深圳大学经济学院副教授，经济学系副主任，应用经济学专业硕士生导师，主要研究方向为宏观经济、区域经济和企业创新；鲜林纹，深圳大学经济学院硕士生，主要研究方向为宏观经济、区域经济和企业创新；冯家威，深圳大学经济学院硕士生，主要研究方向为宏观经济、区域经济和企业创新。

① 苗月霞：《我国地方政府"人才特区"建设研究》，《中国行政管理》2012 年第 10 期。

是窗口示范说，认为人才特区是实现人才优先发展的“试验区”，是地方推动人才管理体制机制创新的窗口。[①] 第三种是创新试验说，人才特区是以实现人才发展为目标，以人才及相关要素为主要对象，以开展特殊政策创新、突破、试验为主要任务的特定空间。[②] 本报告在第一种定义的基础上，综合吸收其他观点，把人才特区定义为：在特定区域内，实行特殊政策，构建特殊机制，搭建特殊平台，确立人才优先发展战略，从而推动该区域经济社会快速创新与可持续发展。

“千秋基业，人才为本。”强大的人力资本和人才资源，是实现经济社会可持续高质量发展、应对日趋激烈的国际竞争、推动五个文明建设不断迈向新台阶的强大支撑。人才特区建设的提出对中国以后的发展方向、发展速度和发展质量尤为重要。人才特区建设作为城市综合创新发展的主体，其重要性自不待言。作为中国改革开放先行示范者的经济特区，对人才建设极为重视。早在21世纪初，深圳为了尽可能减轻人才引进过程中行政领域相关规定的阻碍，根据当时的人才环境提出了人才特区的命题。之后全国各地也纷纷开展试点，例如，2004年广西的“人才小高地”、2006年江苏试点六大人才特区建设、2009年武汉东湖人才特区试点等，但试点区域只局限于部分地区。[③] 直至2010年之后，人才特区建设才从地方政府局部区域正式进入国家总体战略规划层面。2010年发布的《国家中长期人才发展规划纲要（2010—2020年）》明确提及中央支持地方根据实际情况建立人才管理改革试验区，并正式确立北京中关村、深圳前海、广州南沙、珠海横琴四地为国家级人才特区。2011年发布的《关于中关村国家自主创新示范区建设人才特区的若干意见》明确提出建立特殊人才管理体制机制，特事特办提高办事效率，构建与社会主义市场经济体制相适应、与国际接轨的人才发展布局。

---

① 汪怿：《建设人才特区应注意的几个问题》，《中国组织人事报》2012年2月24日。

② 赵永贤：《创建“人才特区”　构筑创新人才高地》，《群众》2006年第6期。

③ 赵全军、罗双平：《人才特区：内涵、动因及实践特点》，《学习与探索》2013年第4期。

一 经济特区人才特区建设情况

近年来，各经济特区在经济建设的过程中积极开展人才建设工作，不断优化人才发展环境和完善人才服务体系，切实推进人才特区建设，在激发人才活力、批量引进人才、完善人才服务体系等方面大胆实践，在人才建设方面取得显著的成绩和经验。

1. 深圳经济特区

经过几十年的建设，深圳经济特区凭借优良的创新创业环境和一系列引才、用才、育才政策，吸引了大批海内外人才来深创新创业，实现了人才指数型增长和经济翻倍增长①，人才建设为“深圳奇迹”提供了重要驱动力。

（1）推动人才结构多元化转型

为深入实施人才强国战略，满足经济特区大规模建设对人才的需求，加快建设一支职业道德素养优良、学术技能卓越、多元化、综合性的创新型人才队伍，深圳人才结构经历了三次转型升级，从单一结构演变为以高新技术为主体的多元化结构。在人才总量方面，据统计，截至2019年12月，深圳市技能人才总量达375万人，其中高技能人才达124.6万人，高技能人才占比达33.2%。② 在人才多元化方面，智联招聘《2017年深圳中高端人才报告》显示，IT/互联网/通信/电子人才占比为41.5%，房地产/建筑占比为11.4%，金融人才占比为10.5%，加工制造/仪表设备人才占比为8.4%（见图1）。据《深圳市国民经济和社会发展第十三个五年规划纲要》，深圳预计2020年大量引进国内外高层次创新团队、技能人才和高层次人才。未来深圳经济特区还会根据产业调整，聚集一批金融、医疗、教育和文化等领域的高素质和创新型的专业人才，满足深圳市战略新兴产业的发展需求，巩固高新技术产业的领头羊地位。

① 崔宏轶、潘梦启、吴帅：《我国经济特区科技人才政策变迁及对策建议——以深圳为例》，《江淮论坛》2020年第5期。

② 江喆祯：《深圳市高技能人才队伍建设策略——基于深圳市技能培训政策的分析》，《人才资源开发》2021年第7期。

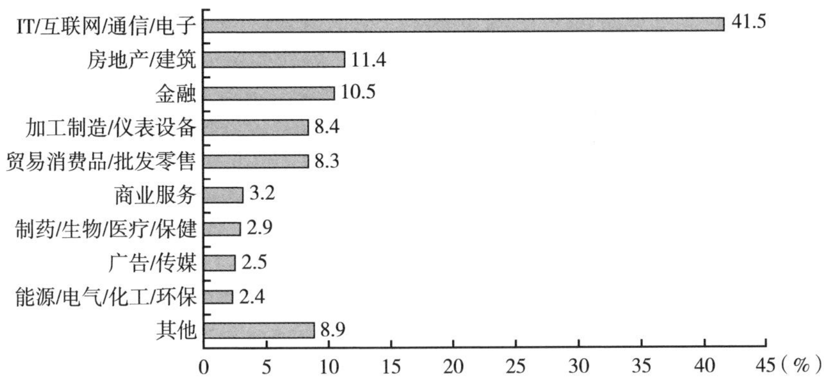

图 1　深圳中高端人才行业分布

资料来源：智联招聘：《2017 年深圳中高端人才报告》。

（2）优化人才发展环境

为了健全人才引进、使用、培养、评价激励机制，构建科学灵活、覆盖范围广泛的人才政策体系，近年来深圳经济特区出台了一系列人才政策，吸引了不同层次的海内外人才来深共建、共治、共享。在人才政策方面，1980～1992 年深圳市科技人才相关政策有 17 条，2011～2020 年深圳市科技人才相关政策共有 145 条，对人才的重视度日益提高。除了政策密集外，政策内容也不断细化和贴近实际需要。在高层次人才培养建设方面，截至 2019 年 12 月，深圳经济特区已经建设完成市级大师工作室 42 个、技师工作站 130 个、高水平技能人才培训基地 209 个。在人才评价制度方面，深圳经济特区重点改革人才认定、激励机制，构建了市场主导、政府引导、社会各界参与的多元化、全方位人才评价机制。未来，深圳将以更加开放的平台，更加科学的人才理念和人才政策，不断优化人才发展的生态环境，吸引更多优秀的人才到深圳发展。

（3）健全人才服务体系

为构建统一综合的人才服务平台，提高人才的服务效率和打造“保姆式”“一站式”人才服务体系。深圳经济特区不断地完善人才创新激励和评价机制，围绕人才的前瞻性方向、可持续发展诉求，不断完善人才评价制度，打造高效人才服务体系。近年来，为了更好地满足人才需求，深圳颁发了一系列人才认定标准文件，针对高层次人才、外籍“高精尖缺”人才制定了不同的认定办法。在高层次人才引进方面，深圳制订和实施了“人才孔雀计划”，极大地满足了特区发展中的高端人才需求。在人才保障方面，深圳不断加强人才培训和增加人才生活保障方面的补助。截至 2019 年 12 月，深圳经济特区累计发放省劳动力技能晋升培训补贴 3237. 66 万元，惠及 1. 43 万人；深圳市职业技能培训补贴 17972. 33 万元，惠及 51. 1 万人。为保证深圳的人才住房问题，深圳市规划和自然资源局发布《深圳市 2020 年度城市更新和土地整备计划》，明确指出针对国内外高层次人才以人才公租房等形式提供共 29456 套住房。另外，深圳经济特区专门为高层次人才开辟“绿色通道”，不断优化海内外高层次人才的服务和管理机制。

2. 珠海经济特区

改革开放以来，珠海经济特区始终将人才建设放在特区建设的重要位置，推出了一系列人才建设重大举措，如“重奖科技人员”“科技兴市战略”“珠海英才计划”等。近几年，珠海经济特区更是将人才放在战略性资源地位，有计划、分批次地吸引了大量高层次、优势互补的人才集聚。2018 年 4 月，珠海出台“英才计划”，新评定数十个院士工作站和新引进近 7 万人才，实现珠海经济特区人才总量累计超过 55 万人。未来，珠海经济特区还将实施一系列识才、用才、聚才的重要举措，力争打造面向全球的人才高地。

（1）提升引才育才水平

珠海经济特区积极打造人才集聚和产业发展两者互相促进的生态圈，吸引海内外人才扎根珠海特区，引领特区的产业转型升级和建设现代化城市。为优化人才结构，珠海发布了《珠海市人才引进核准办法》，多方位、多层次引进优秀人才，不断拓宽人才培育渠道。在育才方面，珠海发布了《关于加快发展现代职业教育的实施意见》，重点推进产学研重度融合，大力促进校企合作，通过不断完善现代化职业教育体系，提升珠海现代职业教育人才的综合素质。针对战略性新兴产业和现代化产业的发展需求，珠海充分依托当地的高等院校、国家级和省级科技研发实验室等平台，促进企业和高校联合进行人才培育，打造了一批具有国际视野的科技领先人才和高水平创新团队。

（2）激发人才创新活力

珠海经济特区不断加快建设人才创新创业平台，实施创新创业团队项目支持计划，推进建设国家级省级科研平台、技能人才培育平台和创新平台，不断加大对高技能人才公共实训基地的支持力度。截至2020年末，全市拥有省级以上创新平台293家、各级新型研发机构35家、科技企业孵化器35家、高新技术企业2203家、高成长创新型（独角兽）企业107家、高新技术产品产值2820.72亿元。全省领军人才15名，省、市级创新创业团队108个，市级院士工作站12家。[①] 在人才创新创业环境方面，2021年8月发布的《珠海经济特区科技创新促进条例》提出，以更开放的姿态引进各类顶尖人才，突破性的扫清人才创新过程中的障碍，优化了科技创新环境。未来，珠海经济特区建立更开放的平台、更灵活科学的人才引进和管理政策，建立以政府引导、市场为导向、校企深度合作的创新技术体系，不断地激发人才的创新活力。

（3）建设人才友好型城市

珠海经济特区不断提升人才服务水平，营造人才干事创业环境。珠海制定了珠海“英才卡”制度，提供“一站式”人才综合服务，优先解决人才子女就学问题、人才医疗保障问题。在住房方面，政府给予符合条件的人才用低于市场价的价格租赁人才公寓、相应的住房补贴和共有产权房配售等福利待遇，给予人才全方位的安居服务保障。在《珠海市高层次人才支持计划实施办法》中，珠海经济特区针对高层次人才提供了一系列的福利待遇和公共服务保障，例如住房公积金贷款优惠、相关医疗补助和人才补贴等。

---

① 康志平：《地方高层次人才引进政策效能研究——以广东省汕头市为例》，《山东纺织经济》2020年第6期。

3. 汕头经济特区

改革开放以来，汕头经济特区不断打造更加开放的海内外高层次人才引进模式，不断优化完善高层次人才引进举措，力争打造高层次人才汇聚高地。到 2019 年，汕头经济特区共有近 200 名外籍高级专业人才、近 100 名博士和博士后以及近 200 名国外专业人才。2015 年汕头市共设立了 9 个博士后科研工作站、5 个科研流动站、4 家省级博士后创新实践基地，到 2016 年博士后创新实践基地增加到 6 家，2018 年博士后科研工作站增加到 10 个。[①]

（1）建设创新型人才队伍

为吸引创新型人才队伍，汕头经济特区通过搭建引才的智慧平台，在不同国家的不同城市设立高层次人才工作联络点，精准地从国内外吸引优秀人才。截至 2019 年 10 月，汕头市共建立 10 个汕头海智基地工作站、3 个海外海智工作站（洛杉矶、香港、悉尼），与 20 个海外科技社团、86 位海智专家建立了紧密的合作关系，举办国际科技交流推介活动 27 场次、专家与企业对接会 30 场次，发布科技项目和人才需求近 230 项，落实签约项目 21 个，实现落地项目 12 个。[②] 未来，汕头经济特区将深入实施汕头市引进博（硕）士三年行动计划和高层次人才引进计划，加快集聚一批具有国际化视野、创新型专业人才。不断完善高技能人才培养机制，加强现代制造业和现代服务业的高技能人才“订单式”培养，为汕头经济特区的发展注入更多活力。

（2）完善人才服务体系

为不断完善人才服务管理体系，汕头经济特区通过为海内外人才开辟“绿色通道”，打造集人才落户、定居、医疗、子女教育等多方面于一体的“一站式”人才服务智能平台。在《关于汕头市加快人才发展的实施意见》（以下简称《意见》）中，汕头经济特区首次推出人才“金凤卡”，从各类

① 郭丹：《汕头市建立 10 个海智基地工作站》，《潮商》2019 年第 6 期。

② 黄怀：《让人才在厦门留得下、稳得住、有前途》，《厦门日报》2021 年 7 月 21 日。

人才入户、医疗、子女教育、配偶就业等方面提供实质性的帮助。此外，为实现“零跑腿”的人才服务模式，汕头经济特区利用信息化手段，打造人才公共服务智慧平台，真正实现“一站式”人才服务，为人才营造良好舒适的生活环境。在住房补贴方面，汕头经济特区按照级别给予不等标准的住房补贴，对于制造类企业引进的优秀硕士和博士将会有补贴翻番的政策。在人才补助方面，《意见》中提到，会对成功引进不同层级、不同类型人才的举荐人或用人单位给予不同标准的补助。

（3）推动人才体制机制创新

2014 年，汕头经济特区制定出台《中共汕头市委、汕头市人民政府关于进一步加强高层次人才引进培养使用的若干意见（试行）》及 10 个配套政策文件（以下简称“‘1 +10’人才政策体系”）。2014 ~2018 年，汕头共出台 16 项高层次人才引进和服务的相关政策，为引才、用才、育才、留才工作提供了全方位的支持。2019 年出台《汕头市高层次人才举荐制度实施办法》，从畅通“单位引才、以才引才、潮人引才”渠道的角度，制定了人才举荐制度。近几年，汕头经济特区不断完善相应的人才激励政策，推动产学研高度融合，大力推进科技成果转化、优化创新型人才税收激励政策等，健全以创新为导向，兼顾人才素养和质量的人才评价体系。

4. 厦门经济特区

厦门经济特区建设几十年来，不断进行人力资源管理改革，健全人力资源管理服务体系，广泛吸引各类人才，完善人力资源评价、流动、竞争、激励机制，构筑人力资源发展高地。截至 2020 年，厦门经济特区拥有近 4000 的国家级人才和省级人才，超过 60 万的专业技术人才，其中在专业技术人才中，获得高级职称殊荣的有 10 万人左右。目前，厦门已建设成为海内外优秀人才选择发展定居的十大城市之一。

（1）建设创新型人才队伍

改革开放以来，厦门经济特区不断地引导人才自我培养、自我创新和支持产业发展三者有机衔接。根据厦门重点产业的用人需求，厦门经济特区灵活运用政策引进和培养产业重点紧缺人才，相继推出“双百计划”“海纳百川”人才计划。通过提供良好的创新创业平台，积极地吸引海内外领军型创新团队到发展。在“海纳百川”人才计划中，厦门经济特区从多重点、战略性和新兴产业的人才需求出发，制定了包括“1个总纲、12个计划、7大政策体系”共20个政策。针对金融领域、国际航运中心、海洋经济产业、文化产业、软件与信息服务业的实际需求制定了人才计划，确保实现各类型、各行业的人才优势互补，满足厦门经济特区产业发展对人才的需求。

（2）优化人才培养发展环境

厦门经济特区建设以来，特区从人才培育模式和用人制度市场化改革两方面不断优化人才培养发展环境。在人才培育方面，特区不断创新多元主体联动的人才培育模式，深化产学研融合，建立学校、企业和机构的联动培养机制。通过实施知识、技能更新工程，采取职业教育和再教育等形式，厦门经济特区不断加强对复合型技能人才的培养，提高厦门高水平工程师和高技能人才队伍的综合素质。在《厦门市高技能人才集聚实施办法》中，厦门经济特区对高技能人才实施免费送出国接受培训工程，针对难点重点技术搭建技能培训实训平台。例如，建筑智能化控制技术、建设光电技术、电焊技术、厂内起重设备等技术。在用人制度市场化改革方面，厦门经济特区坚持以人为本，秉持科学的人才发展观，鼓励人才探索、自我发展，不断尝试挑战；不断提高人才服务管理水平，力争构建开放包容、良性竞争的人力资源市场，健全科学合理的人才评价机制和科技评审奖励制度。在“海纳百川”人才计划中，明确指出加快引才网络机制和区域性人才市场的建设。在人力资源市场，确立以企业为主体、市场为导向的用人模式，保障人才要素在人力资源市场的自由流动，实现金融、人才、科技三者高效配合。

（3）打造高质量人才服务体系

为打造高质量的人才服务体系，厦门经济特区参照国内外人才引进标准，结合人才需求实际，制定了灵活科学的人才引进政策。为了营造良好的留才环境，厦门经济特区从落户、出入境、安居、医疗等方面制定了全方位的支持政策。通过出台《厦门市“海纳百川”人才计划优惠政策实施办法》，厦门市重点推进人才公寓建设，完善周边相关配套设施。符合相应条件的人才可享受租金补助、申请人才公租房和人才相关住房优惠。在人才补贴方面，厦门市将对 2021 年 7 月 1 日起新引进的全日制毕业生按新的标准发放补贴，即博士（年龄不超过 40 周岁）每人 8 万元，硕士（年龄不超过 35 周岁）每人 5 万元，“双一流”建设高校（学科）及世界最新排名前 200 高校的本科毕业生（年龄不超过 30 周岁）每人 3 万元，其他高校应届本科毕业生每人 1 万元。① 对于获得不同殊荣的优秀技师，厦门市政府会给予其不同标准的生活补贴。例如，针对获得“厦门市有突出贡献的技师、高级技师”荣誉的人才，特区在 5 年内给予 1200 元 /（人 · 月）的政府生活补贴。未来，厦门经济特区通过开设人才“绿色服务通道”，提供人才“一站式”服务，不断完善高层次人才服务管理平台。

5. 海南经济特区

海南经济特区建设以来一直将人才作为特区的核心战略资源，“刚性”“柔性”并荐，以灵活多变引才方式不断优化海南人才结构；“引才”“育才”并举，不断激发海南人力资源的内生动力。通过开展“百万人才进海南”计划，打造了一批多元化、具有国际视野的人才团队。截至 2020 年 12 月，全省人才总数达 190.23 万人。② 到 2019 年底，海南全省技能人才总量约为 51.47 万人，其中具有高级工以上技能等级的人才有 7.10 万人，占全部技能人才的 13.8%。③

（1）实施人才引进培养工程

近几年，海南经济特区围绕海南省重点和新兴产业大力引进行业领军型人才，同时，支持高等院校与企业联合培养“高精尖缺”人才，大力推动科研成果转化。2018 年，海南发布《百万人才进海南行动计划（2018—2025 年）》，构建了人才引进的框架。④ 2020 年，海口市、三亚市、儋州市、

① 康霖：《推动海南技能人才队伍建设迈上新台阶》，《今日海南》2021 年第 5 期。

② 康志平：《地方高层次人才引进政策效能研究——以广东省汕头市为例》，《山东纺织经济》2020 年第 6 期。

③ 彭青林：《自贸引凤来　海纳八方才》，《海南日报》2021 年 1 月 13 日。

④ 陈雷：《推进人才制度集成创新　打造海南自由贸易港人才评价新标杆》，《今日海南》2020 年第 10 期。

陵水县、白沙等12个市县根据《海南省引进人才落户实施办法》《海南省人民政府关于进一步推进户籍制度改革的实施意见》《关于深化人才发展体制机制改革的实施意见》等方案，结合各地实际情况，分别制定了相关人才引进政策。在人才培育方面，海南经济特区初步建立了全方位、多元化、精准化的人才培育体系，打造了一批前沿型、创新型、高素质的领军型科技人才队伍。通过组织开展“特贴专家”“省优专家”“515人才工程”等一系列的评选活动，海南经济特区选育出一批职业素质优良、专业技术前沿的专家人才；通过实施“南海名家”“南海工匠”“南海英才”等计划，培养了一批优秀的前沿人才。

（2）优化人才发展政策和环境

海南经济特区不断完善人才引进、选拔任用、培养、激励机制。2020年，海南颁布了一系列重点人才政策，从针对海南人才资源库颁布的《海南省新型智库建设管理办法》，到《海南省人才团队建设实施办法（试行）》，再到针对评价机制颁布的《关于推进“1+N”人才评价机制改革的实施意见》和针对人才服务保障颁布的《海南省优化大师级人才服务保障实施办法》，全方位地加大了引才力度，建立了人才、社会、企业三者高效衔接的良性机制。另外，海南经济特区紧密围绕特区发展和产业转型的需要，对标国内外人才认定标准，积极改善人才评价激励新体系。海南着重突出重点领域的人才评价，将三大产业类型、十个重点领域、十二个重点产业人才都纳入评价范围。在人才服务方面，海南经济特区放开人才落户门槛，着实解决落户、子女教育、医疗、配偶就业、住房保障等方面存在的问题；通过不断提高人才管理服务水平，为人才提供了更好的保障和服务。

二　经济特区人才特区建设存在的问题和改进方向

1. 主要问题

（1）人才同质化竞争

人才特区建设的内容非常丰富，各经济特区之间的人才特区建设应该各具特色。但是纵观各大经济特区人才特区建设的政策和实践，可以发现各个特区人才建设主要针对的目标都是高层次人才，特别是以海内外高端人才为主。吸引人才所采取的方法也基本相同，即都是以特惠政策（如税收优惠、社会保障待遇、配偶子女安置等）的形式为主。深圳、汕头、厦门等经济特区都强调“政府部门要打造一流的人才服务体系、营造良好的人才发展环境”。各经济特区人才特区建设方面的同质化竞争，不仅不利于各特区核心竞争力建设，还可能导致各特区之间在人才特区建设中形成过度依赖资金投入的恶性竞争。

（2）对海外人才吸引力较低

根据欧洲工商管理学院、德科集团、塔塔通信公司联合发布的《2019年全球人才竞争力指数》，在全球人才竞争力指数排行榜中，中国全球排名第45位。而在全球城市人才竞争力指数排行榜中，五大经济特区只有深圳进入前100名，全球排名第94位。这表明，目前中国对于国外人才的吸引力较低。与排名前列的华盛顿、哥本哈根、维也纳、苏黎世等国际城市和台北、香港、北京、上海等国内城市相比，经济特区在吸引国际人才方面仍有巨大的提升空间。

（3）人才生态系统建设不完善

人才在进入一个环境后会与该环境内的所有要素产生联系，各要素之间互相影响，从而构成一个多元、复杂的动态整体，即人才生态系统。不同层次、不同专业的人才在人才生态系统中占据着不同的地位，共同形成了人才生态链。人才生态链中既有数量稀少的高层次人才，也有数量众多的非高级人才，彼此之间是共存相生的关系。只有构建良好的人才生态系统，人才群体才能各司其职，工作效率才能最大化。但是从目前各大经济特区有关人才引进的文件来看：一方面存在创新成果转化能力弱、人才生活环境保障体系不完善等问题；另一方面则存在经济特区过度追求“高精尖缺”的高层次、高水平人才，对非高级普通型人才缺乏重视。这种生态系统失衡不仅不利于区域产业的平稳转型升级，还可能加剧收入分配不公平的问题，影响区域协调发展。

2. 未来改进方向

（1）优化顶层设计

经济特区在人才特区建设方面的相关政策文件都是根据中央政府对国家未来发展规划的要求制定的，这就要求中央政府一方面在人才特区建设方面要把握好大方向，从国家长期发展战略的高度进行统筹规划，合理进行人才特区建设顶层设计，从宏观层面上促进经济特区之间协调发展；另一方面则要鼓励经济特区因地制宜，根据区域的产业结构、发展水平、社会现状等实际情况进行多元化和多层次的人才特区建设工作，重视突出特区建设的特色问题。

（2）强化区域协调

经济特区政府应根据本地经济社会发展实际情况，制定切合实际的人才需求政策和激励政策。要对人才政策进行灵活创新，及时解决人才特区建设中遇到的问题，创造一个相对宽松自由的环境。同时借鉴世界上先进城市在人才建设和人才服务方面的成功做法，重点搞好人才服务。引导地方根据自身核心竞争力和特色发展环境吸引人才，转变过度依赖高额补贴的引才模式。

（3）畅通人才流动机制

坚持市场在人才资源配置方面的基础作用，建设和管理好人才市场，积极为企业招人用人提供良好的保障。制定科学合理的人才流动政策，鼓励人才流动，减少不必要的行政内耗。人才特区建设不只是政府的工作，还需要社会各界组织的积极参与。要积极鼓励、科学规范相关专业机构和社会组织的发展，发挥其在建设人才交流平台、促进人才信息流动、减轻信息不对称方面的独特优势。

参考文献

廖明山：《党旗飘扬风帆劲　创新引领践初心》，《珠海特区报》2021 年 6 月 30 日。

B.7
中国经济特区金融产业发展报告

郭茂佳*

摘　要： 2020年，受新冠肺炎疫情影响，中国经济特区地区生产总值增速出现了历史上罕见的断崖式下挫，对经济特区金融产业的发展质量产生了显而易见的负面冲击。但值得欣慰的是，经济特区金融产业规模的增速并未与经济增速亦步亦趋。无论是从外源角度还是从内生角度分析，2021年对经济特区金融产业的发展来说，是机遇与挑战并存的一年。基于2020年经济特区金融产业发展的基本态势，并结合2021年经济特区金融产业可能面临的机遇和挑战，本报告提出，2021年中国经济特区金融产业的发展应该采取“保规模、补短板、复元气、练内功”的12字策略。

关键词： 增速陡降　内生性机遇　内生性挑战

一　2020年中国经济特区金融产业发展的基本态势

通过对比与分析2019年和2020年发展数据，本报告对2020年中国经济特区金融产业的发展态势有以下四个基本判断。

（一）规模增长的大势并未因经济增速陡降而呈现颓势

受新冠肺炎疫情的影响，2020年中国经济特区地区生产总值增速出现了急速下挫（见表1）。

* 郭茂佳，深圳大学中国经济特区研究中心教授，主要研究方向为金融理论与资本市场。

表 1　2019 年与 2020 年中国经济特区地区生产总值增速统计

单位：%

名称	2019 年地区生产总值增速	2020 年地区生产总值增速	2020 年较 2019 年增速放缓
深圳	6.7	3.1	-3.6
珠海	6.8	3.0	-3.8
汕头	6.1	2.0	-4.1
厦门	7.9	5.7	-2.2
海南	5.8	3.5	-2.3
上海浦东	17.9	4.0	-13.9
天津滨海	5.8	2.3	-3.5
平均增速	8.1	3.4	-4.7

资料来源：2019 年与 2020 年各特区的国民经济和社会发展统计公告。

表 1 的统计结果显示，2020 年，7 个特区的地区生产总值平均增速由 2019 年的 8.1% 急速下降至 3.4%，较 2019 年下滑了 4.7 个百分点。但值得肯定的是，在地区生产总值增速大幅下挫的外部环境下，特区金融业规模增长的原有趋势并未发生改变。

1. 银行业规模增长的原有趋势并未受到冲击

由表 2 可以看出，2020 年，7 个特区本外币存款规模平均增速达 11.49%，既远远超过了 3.4% 的地区生产总值平均增速，也明显高于 2019 年 8.80% 的本外币存款规模平均增速；2020 年本外币贷款规模平均增速为 9.81%，虽略低于 2019 年 1.12 个百分点，但远远高于地区生产总值平均增速，说明 2020 年特区银行业本外币存贷款规模的增长并未受到经济增速下挫的影响。

表 2　2019 年与 2020 年特区本外币存贷款规模及增速统计

单位：万亿元，%

名称	2019 年				2020 年			
	存款规模	增速	贷款规模	增速	存款规模	增速	贷款规模	增速
深圳	8.39	15.70	5.94	13.20	10.19	21.40	6.80	14.40
珠海	0.90	19.90	0.63	20.80	0.96	6.20	0.76	19.90
汕头	0.38	7.90	0.21	10.90	0.41	7.00	0.22	2.40
厦门	1.16	5.60	1.18	11.80	1.31	13.0	1.34	13.80

续表

名称	2019 年				2020 年			
	存款规模	增速	贷款规模	增速	存款规模	增速	贷款规模	增速
海南	0.97	1.30	0.95	7.10	1.03	5.90	1.00	4.80
上海浦东	7.87	9.70	4.54	9.00	9.04	14.80	4.91	8.00
天津滨海	0.59	1.50	1.19	3.70	0.66	12.10	1.25	5.40
平均增速	—	8.80	—	10.93	—	11.49	—	9.81

资料来源：2019 年与 2020 年各特区的国民经济和社会发展统计公告，其中海南 2020 年的数据来源于 2020 年 12 月的《海南统计月报》。

2020 年特区银行业规模增长的原有趋势并未受到经济增速下挫影响的结论，我们还可以用上市银行规模增速变动情况加以补充印证（见表 3）。

表 3　2019 年与 2020 年 6 家特区上市银行规模增速统计

单位：%

名称	2019 年			2020 年		
	资产规模增速	存款规模增速	贷款规模增速	资产规模增速	存款规模增速	贷款规模增速
交通银行	3.93	3.66	11.85	8.00	8.90	10.26
招商银行	9.95	10.08	14.2	12.89	16.18	11.99
浦发银行	11.39	12.42	11.91	13.61	12.37	12.62
平安银行	15.22	14.49	16.30	13.40	9.70	14.80
上海银行	10.32	13.77	14.32	10.06	9.37	12.92
厦门银行	6.22	13.16	20.64	15.52	13.78	30.02
平均增速	9.51	11.26	14.87	12.25	11.72	15.44

资料来源：根据 6 家特区上市银行 2019 年与 2020 年年报的相关数据整理而成。

由表 3 可以看出，2020 年，6 家特区上市银行资产规模、存款规模和贷款规模的平均增速分别达 12.25%、11.72% 和 15.44%，全部高于 2019 年，比 2019 年平均增速分别高 2.74 个、0.46 个和 0.57 个百分点，说明特区上市银行规模的扩张并未受到特区经济增速下滑的冲击。

2. 证券业规模增长的原有趋势并未受到冲击

由表 4 的统计结果可以发现，2020 年 9 家特区上市券商资产规模增速非但没有因特区经济增速下滑而出现放慢，反而出现了明显加速的势头，从 2019 年的 15.54%，大幅提升至 23.94%，增长了 8.4 个百分点。

表4　2019年与2020年9家特区上市券商资产规模及增速统计

单位：亿元，%

名称	2019年		2020年	
	资产规模	增速	资产规模	增速
中信证券	7917.22	21.22	10529.62	33.00
招商证券	5593.14	28.07	4997.27	30.90
国信证券	3817.72	25.20	3027.56	34.77
国泰君安	2246.44	6.06	7028.99	25.67
第一创业	355.74	5.99	406.36	14.23
中银证券	483.12	2.45	539.60	11.69
长城证券	590.96	22.05	722.13	22.20
国投资本	1781.09	14.57	2187.43	22.81
华鑫股份	226.83	14.25	272.67	20.21
合计	23012.26	—	29711.63	—
平均增速	—	15.54	—	23.94

资料来源：根据9家特区上市证券公司2019年与2020年年报的相关数据整理而成。

3.保险业规模增长的原有趋势并未受到冲击

表5的统计结果表明，2020年，2家特区上市保险公司资产规模扩张的步伐非但没有因特区经济增速下滑而下降，反而有所加速，从2019年的14.76%提升到了15.82%，增长了1.06个百分点。

表5　2019年与2020年2家特区上市保险公司资产规模及增速统计

单位：万亿，%

名称	2019年		2020年	
	资产规模	增速	资产规模	增速
中国平安	8.22	15.12	9.53	15.94
中国太保	1.53	14.40	1.77	15.69
合计	9.75	—	11.30	—
平均增速	—	14.76	—	15.82

资料来源：根据2家特区上市保险公司2019年与2020年年报的相关数据整理而成。

4.基金业规模增长的原有趋势并未受到冲击

表6的数据显示，截至2020年底，管理资产规模过1500亿元的8家特区

大型公募基金的资产规模由 2019 年底的不到 2.1 万亿元扩大到了 3.1 万多亿元，平均增速高达 53.31%，较 2019 年同期大幅增加了 16.33 个百分点。

表 6　2019 年与 2020 年管理资产规模过 1500 亿元的 8 家特区大型公募基金资产规模及增速统计

单位：亿元，%

序号	名称	注册地	2019 年底		2020 年底	
			管理资产规模	增速	管理资产规模	增速
1	中银基金	上海浦东	2528.50	15.97	2880.19	13.91
2	博时基金	深圳	3333.51	32.67	4007.20	20.20
3	汇添富基金	上海浦东	2727.62	28.30	5573.64	104.34
4	嘉实基金	上海浦东	2869.36	27.27	4032.75	40.55
5	南方基金	深圳	2979.89	36.58	4520.31	51.69
6	招商基金	深圳	2216.18	24.95	3396.26	53.25
7	富国基金	上海浦东	2341.58	87.96	4116.03	75.78
8	华安基金	上海浦东	1656.89	42.17	2762.40	66.72
合计	—	—	20653.53	—	31288.78	—
平均增速	—	—	—	36.98	—	53.31

注：管理资产规模不包括货币基金规模。

资料来源：根据 Wind 数据库中 2019 年与 2020 年管理资产规模过 1500 亿元的 8 家特区大型公募基金的相关数据整理而成。

5. 金融租赁业规模增长的原有趋势并未受到冲击

从表 7 可以看出，2020 年进入全国前 10 名的 6 家特区金融租赁公司的资产规模增速并没有因经济增速大幅回落而放缓增长的速度，反而资产规模增速出现了加快的现象，资产规模平均增速由 2019 年的 5.04% 提升到了 9.36%，增长了 4.32 个百分点。

表 7　2019 年与 2020 年进入全国前 10 名的 6 家特区金融租赁公司资产规模及增速统计

单位：亿元，%

全国排名	名称	注册地	2019 年		2020 年	
			资产规模	增速	资产规模	增速
1	交银金融租赁	上海浦东	2531.19	9.22	3092.72	22.18
2	国银金融租赁	深圳	2613.01	9.76	3033.30	16.08
3	工银金融租赁	浦东	2709.81	-0.19	2842.99	4.83

续表

全国排名	名称	注册地	2019 年		2020 年	
			资产规模	增速	资产规模	增速
4	民生金融租赁	天津滨海	1877.38	8.10	1963.52	4.61
5	招银金融租赁	深圳	1887.18	10.17	1922.01	1.85
6	兴业金融租赁	天津滨海	1206.83	-6.81	1274.60	6.62
合计	—	—	12825.40	—	14129.14	—
平均增速	—	—	—	5.04	—	9.36

资料来源：根据进入全国金融租赁企业资产规模前 10 名的 6 家特区金融租赁公司 2019 年与 2020 年年报的相关数据整理而成。

（二）经济增速陡降对发展质量的影响两极分化

1. 经济增速陡降对银行、保险和信托等行业发展质量产生了较大影响

（1）经济增速陡降对银行业发展质量产生了较大影响

从表 8 的统计结果来看，6 家特区 A 股上市银行营收和净利润规模虽然分别从 2019 年的 8851.30 亿元和 2792.71 亿元，扩大到了 2020 年的 9429.09 亿元和 2855.77 亿元，但平均增速分别由 2019 年的 11.47% 和 12.41% 大幅下滑到了 2020 年的 8.83% 和 2.86%，分别放慢了 2.64 个和 9.55 个百分点，这其中固然受到了降息、降费、缓收贷款等外部政策性让利因素和不良认定趋严、加大不良资产核销处置以及主动提升拨备覆盖率等内部因素的影响，但它受特区经济增长大幅减速的影响更大。

表 8　2019 年与 2020 年 6 家特区 A 股上市银行营收和净利润规模及增速统计

单位：亿元，%

名称	2019 年				2020 年			
	营收规模	增速	净利润规模	增速	营收规模	增速	净利润规模	增速
交通银行	2324.72	9.32	772.80	4.96	2462.00	5.91	782.74	1.28
浦发银行	1906.88	11.60	589.10	5.36	1963.84	2.99	583.25	-0.99
招商银行	2697.03	8.51	928.70	15.28	2904.82	7.70	973.42	4.82

续表

名称	2019 年				2020 年			
	营收规模	增速	净利润规模	增速	营收规模	增速	净利润规模	增速
平安银行	1379.58	18.20	282.00	13.61	1535.42	11.30	289.28	2.60
上海银行	498.00	13.47	203.00	12.55	507.46	1.90	208.85	2.89
厦门银行	45.09	7.73	17.11	22.69	55.55	23.20	18.23	6.56
合计	8851.30	—	2792.71	—	9429.09	—	2855.77	—
平均增速	—	11.47	—	12.41	—	8.83	—	2.86

资料来源：根据 6 家特区 A 股上市银行 2019 年与 2020 年年报的相关数据整理而成。

（2）经济增速陡降对保险业发展质量产生了较大影响

从表 9 的数据来看，因受经济增速大幅下挫的影响，无论是保费收入还是理赔支出都出现了增长乏力的现象，保费收入增速由 2019 年的 13.77% 下降到了 2020 年的 5.37%，理赔支出甚至由上年的正增长变为了负增长。经济增速陡降对特区保险业发展质量的冲击十分明显的结论还可以用上市保险公司的数据加以补充印证（见表 10）。

表 9　2019 年与 2020 年特区保费收入与理赔支出及增速统计

单位：亿元，%

2019 年				2020 年			
保费收入	增速	理赔支出	增速	保费收入	增速	理赔支出	增速
2056.57	13.77	572.64	0.57	2166.80	5.37	571.90	-0.13

注：因上海浦东新区和天津滨海新区缺少独立的保险收入与理赔支出统计数据，故不包括在表内。

资料来源：2019 年与 2020 年各特区的国民经济和社会发展统计公报。

表 10 的统计结果表明，在经济增长失速的冲击下，即使是保险业的两大巨头也出现了增收不增利的现象，营收规模虽然继续扩大，但净利润规模并未出现同步增长，平均增速低至 -7.8%。

表 10　2019 年与 2020 年 2 家特区上市保险公司营收和净利润规模及增速统计

单位：亿元，%

名称	2019 年				2020 年			
	营收规模	增速	净利润规模	增速	营收规模	增速	净利润规模	增速
中国平安	11688. 67	19. 66	1494. 07	39. 11	12183. 15	4. 23	1430. 99	-4. 22
中国太保	3854. 89	8. 78	277. 41	53. 95	4221. 82	9. 52	245. 84	-11. 38
合计	15543. 56	—	1771. 48	—	16404. 97	—	1676. 83	—
平均增速	—	14. 22	—	46. 53	—	6. 88	—	-7. 80

资料来源：根据 2 家特区上市保险公司 2019 年与 2020 年年报的相关数据整理而成。

（3）经济增速陡降对信托业发展质量产生了较大影响

表 11 的数据显示，与 2019 年相比，2020 年 4 家特区信托公司的营收规模和净利润规模虽然仍略有扩大，但平均增速出现了负值，为 -2. 99%。

表 11　2019 年与 2020 年 4 家特区信托公司营收和净利润规模及增速统计

单位：亿元，%

名称	注册地	2019 年				2020 年			
		营收规模	增速	净利润规模	增速	营收规模	增速	净利润规模	增速
平安信托	深圳	46. 79	-6. 00	26. 52	-16. 50	54. 61	16. 71	30. 85	16. 33
华润信托	深圳	30. 46	28. 70	28. 05	34. 80	38. 13	25. 18	27. 24	-2. 89
厦门信托	厦门	11. 41	21. 80	5. 57	13. 90	13. 94	22. 17	5. 90	5. 92
华宝信托	上海浦东	25. 99	-10. 40	11. 30	-19. 30	14. 47	-44. 32	7. 76	-31. 33
合计	—	114. 65	—	71. 44	—	121. 15	—	71. 75	—
平均增速	—	—	8. 53	—	3. 23	—	4. 94	—	-2. 99

资料来源：根据 4 家特区信托公司 2019 年与 2020 年年报的相关数据整理而成。

2. 经济增速陡降对证券业和基金业的发展质量没有产生不良影响

（1）经济增速陡降对证券业的发展质量没有产生不良影响

从表 12 中可以看出，2020 年，无论是反映特区上市证券公司发展质量的营收规模及增速指标还是净利润规模及增速指标，均未受到任何不良影响，净利润规模的平均增速更是由 2019 年的 92. 55% 提高到了 142. 47%，提高了 49. 92 个百分点。

表 12　2019 年与 2020 年 9 家特区上市证券公司营收和净利润规模及增速统计

单位：亿元，%

名称	2019 年				2020 年			
	营收规模	增速	净利润规模	增速	营收规模	增速	净利润规模	增速
中信证券	431.40	15.90	122.29	30.23	543.83	26.06	149.02	21.86
招商证券	187.08	65.24	72.82	64.57	242.78	29.77	94.92	30.35
国信证券	140.93	40.49	49.10	43.43	187.84	33.29	66.16	34.75
国泰君安	299.49	31.83	86.40	28.76	352.00	17.53	111.22	28.73
第一创业	25.83	45.96	5.13	312.58	31.20	20.79	8.13	58.48
中银证券	29.08	5.54	7.98	13.23	32.44	11.55	8.83	10.65
长城证券	38.99	41.62	9.92	69.40	68.69	76.17	15.02	51.41
国投资本	112.67	7.17	29.68	76.69	141.37	25.47	41.48	39.76
华鑫股份	12.80	28.07	0.64	194.04	17.92	40.00	7.08	1006.25
合计	1278.27	—	383.96	—	1586.87	—	501.86	—
平均增速	—	31.31	—	92.55	—	31.18	—	142.47

资料来源：根据 9 家特区上市证券公司 2019 年与 2020 年年报的相关数据整理而成。

（2）经济增速陡降对基金业的发展质量没有产生不良影响

表 13 的数据表明，与 2019 年相比，2020 年管理资产规模过 1500 亿的

表 13　2019 年与 2020 年管理资产规模过 1500 亿的 8 家特区大型公募基金营收和净利润规模及增速统计

单位：亿元，%

名称	2019 年				2020 年			
	营收规模	增速	净利润规模	增速	营收规模	增速	净利润规模	增速
中银基金	—	—	8.68	-10.79	—	—	10.54	21.43
博时基金	34.86	10.13	9.12	1.05	42.26	21.23	12.47	36.60
汇添富	40.78	14.59	12.48	21.34	66.43	67.47	25.66	105.53
嘉实基金	—	—	—	—	—	—	—	—
南方基金	38.73	8.88	8.97	6.85	56.29	45.36	14.84	65.47
招商基金	25.87	0.01	8.02	-10.21	32.35	25.00	9.04	12.58
富国基金	28.55	19.88	7.91	12.41	53.17	86.25	16.51	108.71
华安基金	18.52	10.50	4.50	6.89	26.71	44.00	7.10	58.00
合计	187.31	—	59.68	—	277.21	—	96.16	—
平均增速	—	10.67	—	3.93	—	48.22	—	58.33

注：嘉实基金没有公开披露营收和净利润数据，中银基金虽披露了净利润数据，但没有披露营收数据。

资料来源：根据 Wind 数据库中 2019 年与 2020 年管理资产规模过 1500 亿元的 8 家特区大型公募基金的相关数据整理而成。

8家特区大型公募基金营收和净利润规模的平均增速非但没有因为经济增长减速而下降，反而出现了大幅上升，分别由2019年的10.67%和3.93%大幅提升到了48.22%和58.33%。

（三）经济增速陡降对金融产业发展的冲击虽然不可小觑，但风险可控

1. 经济增速陡降对银行业发展的冲击虽大，但资产质量并未出现明显恶化

（1）不良贷款余额增速和不良贷款比率并未出现上升

由表14可以看出，2020年，6家特区A股上市银行不良贷款余额虽然比2019年有所扩大，但平均增速则明显放缓，由2019年的10.89%降到了5.56%。同时，6家特区A股上市银行不良贷款比率总体下降，平均增速由2019年的1.45%下降到1.31%，下降了0.14个百分点。其中，平安银行降幅最大，由2019年的1.65%降至1.18%，下降了0.47个百分点；之后为浦发银行，由2019年的2.05%降至1.73%，下降了0.32个百分点。

表14　2019年与2020年6家特区A股上市银行不良贷款余额、不良贷款比率及增速统计

单位：亿元，%

名称	2019年				2020年			
	不良贷款余额	增速	不良贷款比率	变动	不良贷款余额	增速	不良贷款比率	变动
交通银行	780.40	7.60	1.47	-0.02	976.78	25.16	1.67	0.20
浦发银行	813.50	19.40	2.05	0.13	784.61	-3.55	1.73	-0.32
招商银行	522.70	-2.50	1.16	-0.20	536.15	2.50	1.07	-0.09
平安银行	382.30	9.50	1.65	-0.10	314.62	-17.70	1.18	-0.47
上海银行	112.80	16.30	1.16	0.02	134.01	18.80	1.22	0.06
厦门银行	12.76	15.06	1.18	-0.15	13.81	8.15	0.98	-0.20
总计	2624.46	—	—	—	2759.98	—	—	
平均增速	—	10.89	1.45	-0.05	—	5.56	1.31	-0.14

资料来源：根据6家特区A股上市银行2019年与2020年年报的相关数据整理而成。

（2）资本充足率和拨备覆盖率并未出现下降

由表15可以看出，2020年，6家特区A股上市银行资本充足率和拨备覆盖率两项指标虽有升有降，但整体呈上升的趋势。其中，平均资本充足率由2019年的14%上升到了14.46%，提升了0.46个百分点，正因为如此，进入2021年英国《银行家》杂志“世界100强”的5家特区银行排名中，除交通银行排名第11位，与2019年持平以外，其他4家特区银行的排名都有上升。其中，招商银行排名第14位，较2019年上升3位；浦发银行排名第18位，较2019年上升2位；平安银行排名第40位，较2019年上升6位；上海银行排名第67位，较2019年上升6位。同时，平均拨备覆盖率由2019年的254.52%上升到了2020年的267.69%，提升了13.17个百分点。由此可以说明，特区银行业的抗风险能力仍然稳健。

表15　2019年与2020年6家特区A股上市银行资本充足率和拨备覆盖率变动情况

单位：%

名称	2019年				2020年			
	资本充足率	变动	拨备覆盖率	变动	资本充足率	变动	拨备覆盖率	变动
交通银行	14.83	0.46	171.77	-1.36	15.25	0.42	143.87	-27.90
浦发银行	13.86	0.19	133.73	-21.15	14.35	0.49	151.00	17.27
招商银行	13.02	-2.66	426.78	68.60	16.54	3.52	438.00	11.22
平安银行	13.22	1.72	183.12	27.88	13.29	0.07	201.40	18.28
上海银行	13.84	0.84	337.15	4.20	12.86	-0.98	321.38	-15.77
厦门银行	15.21	0.18	274.58	61.75	14.49	-0.72	350.50	75.92
平均比率	14.00	0.12	254.52	23.32	14.46	0.47	267.69	13.17

资料来源：根据6家特区A股上市银行2019年与2020年年报的相关数据整理而成。

2. 经济增速陡降对保险业的冲击虽大，但资产质量并未出现明显的恶化

以中国平安和中国太保两家特区上市保险公司为例，2020年，其净利润规模双双出现负增长，虽与经济增速下挫不无关系，但本报告认为更重要的原因有以下两点：一是2019年所得税新规抬高基数，导致中国平安净利润规模增速下降约4.2%；二是准备金增提导致中国太保净利润规模增速下

降约 11.4%。如果排除这两项非经常性因素，2020 年这两家上市保险公司净利润规模增速分别应为 4.22% 和 11.38%。

3. 经济增速陡降对信托业的冲击虽大，但资产质量并未出现明显恶化

2020 年，特区信托业营收规模增速放缓，净利润规模平均增速出现负增长，虽然与经济增长速度放缓不无关系，但与信托业主动转型的关系更为密切。以平安信托为例，为实现信托业回归信托业务的本源，2020 年仅其一家就主动地压降了通道性业务、融资类业务和房地产业务规模分别达 505 亿元、317 亿元和 315 亿元，如果排除这一非经常性因素，2020 年平安信托的净利润增长速度应超过 20%。

（四）基础建设并未因经济增速陡降而出现懈怠

1. 科技投入并未因经济增速陡降而出现懈怠

为满足大数据、云计算和移动互联网等新兴技术的需要，2020 年，特区金融业普遍加大了金融科技投入的力度，不仅普遍将金融科技提升到了发展战略的高度，纷纷设立科技子公司，搭建数据、分析和风控等基础设施平台，通过 App、场景和生态体系向数字化、智能化和生态化转型，而且在科技人才投入上不遗余力。

由表 16 可以看出，2020 年，6 家特区 A 股上市银行中，科技人员占全员职工的比例最高的为浦发银行，达 9.92%；而金融科技岗位人数最多和同比增加人数最多的均是招商银行，分别达 8882 人和 5629 人，增幅高达 173.04%，科技人员占全员职工的比例达 9.77%。

表 16　2019 年与 2020 年 6 家特区 A 股上市银行金融科技岗位设立情况

单位：人，%

名称	2019 年金融科技岗位人数	2020 年金融科技岗位人数	同比增加人数	同比增长	科技人员占全员职工的比例
交通银行	3460	3976	516	14.91	4.38
浦发银行	3898	5859	1961	50.31	9.92
招商银行	3253	8882	5629	173.04	9.77

续表

名称	2019年金融科技岗位人数	2020年金融科技岗位人数	同比增加人数	同比增长	科技人员占全员职工的比例
平安银行	2124	2407	283	13.32	6.32
上海银行	706	842	136	19.26	6.51
厦门银行	—	—	—	—	—

注：厦门银行因没有披露具体的数据，故无法显示。

资料来源：根据5家特区A股上市银行2019年与2020年年报的相关数据整理而成。

2. 去不良工作并未因经济增速陡降而出现懈怠

（1）银行业去不良工作并未因经济增速陡降而出现懈怠。如交通银行2020年共处置不良贷款规模达829亿元，较2019年多处置不良资产规模达196亿元，其中，核销不良资产规模达538亿元，较2019年多核销不良资产规模达119亿元。又如招商银行2020年共处置不良资产规模达549亿元。其中，通过常规核销处置不良资产规模达304亿元，通过不良资产证券化方式处置不良资产规模达121亿元，通过清收减少不良资产规模达108亿元，通过抵债、转让、重组上迁、减免等其他方式处置不良资产规模达15亿元。再如平安银行2020年仅通过清收处置不良资产总额就达260亿元，较2019年增长22%。

（2）证券业去不良工作并未因经济增速陡降而出现懈怠。2020年，特区证券业积极主动计提信用减值损失，有2家特区上市券商计提信用减值超过10亿元，其中，中信证券为65.81亿元、国泰君安为13.12亿元，股票质押式回购业务“踩雷”风险呈现出清的迹象。

（3）信托业去不良工作并未因经济增速陡降而出现懈怠。如平安信托依靠其母公司中国平安的科技研发实力，2020年，建立起了全周期管理的智能风控平台，既实现了风险资产的零新增，又有效化解了40%以上的存量风险资产。

（4）P2P行业去不良工作并未因经济增速陡降而出现懈怠。截至2020年11月，特区内实际运营的P2P网贷机构全部清零，意味着P2P时代正式谢幕。

3. 压降融资类和通道业务规模工作并未因经济增速陡降而出现懈怠

2020年，特区信托业在压降违法违规严重、投向不合规的融资类信托业务的同时，大力整治影子银行和交叉金融业务，使融资类和通道业务规模较2019年下降了20%。

二 2021年中国经济特区金融产业继续前行面临的新机遇

（一）外源性机遇

从行业外部环境分析，2021年，特区金融产业的发展至少面临两大机遇。

1. 因经济率先复苏有可能带来良好的发展机遇

因疫情防控措施得力，加之境内拥有雄厚的物质基础、完整的产业体系、广阔的市场空间、强大的科技实力和丰富的人力资源等有利因素，我们有理由相信，2021年特区内复工复产的工作将平稳推进，投资、消费和出口的共同发力将会给特区经济增长注入不竭的动力，从而为特区金融业经营环境的改善和金融风险的化解奠定重要的前提和基础。

2. 因经济增长亮点频现有可能带来良好的发展机遇

2021年是“十四五”规划的开局之年，而“十四五”规划提出的“加快构建以国内大循环为主体、国内国际双循环相互促进的新发展格局”，将会涌现产业布局、科技创新、乡村振兴和绿色发展等方面的经济增长新亮点，从而会为与此相关的金融业务带来较大的发展机遇和发展空间。

（二）内生性机遇

从行业的内部环境分析，2021年，特区金融业的发展至少面临三大机遇。

1. 发展的着力点仍然颇多

（1）与制造业相关的金融业务会稳步增长。在管理层大力呵护下，预计2021年特区制造业的产能利用率和盈利状况将回归到疫情发生前的常态，从而会增强特区金融业对制造业，尤其是高端制造业支持的信心和力度。

（2）与消费需求复苏相关的金融业务会稳步增长。因疫情防控卓有成效，加之特区人口疫苗注射覆盖面有望超过50%，预计2021年接触性和线下消费需求会大幅回升，并会在改善就业和增加居民可支配收入的同时，带动特区金融业消费金融业务的增长。

（3）与基础设施投资相关的金融业务会稳步增长。为促使经济早日复归到疫情发生前的状态，管理层会将基础设施投资作为抓手，特别是既受政策支持也受投资者欢迎的不动产投资信托基金（REITs）业务会稳步增长。

（4）与乡村振兴相关的金融业务会稳步增长。在管理层倡导将金融资源更多地投向“三农”领域的背景下，向新型农业经营主体、粮食安全和种业发展等领域提供的特区金融服务业务将会相应增加。

（5）与低碳环保相关的金融业务会稳步增长。2021 年，正处在逐步走向碳达峰和碳中和的“双碳”目标进程中，特区金融产业都可以围绕碳融资、碳交易和碳支持这三大主攻方向，并根据各自的专业优势分别或综合提供绿色信贷、绿色投资、绿色债券、绿色保险保障、绿色基金、绿色低碳运营以及碳交易市场等绿色金融服务。

2. 科技渗透的潜力仍然颇大

迄今为止，特区金融产业的科技渗透仍停留在互联网思维上，虽在数字端进行了一些创新，但对整个特区金融产业并没有产生颠覆性作用，且不能适应新的监管需要。金融科技渗透力和渗透度不足的根源就在于：一是技术的先进性比较稚嫩；二是对流量过于依赖。也就是说，迄今特区金融科技仍然停留在互联网金融的思维方式上，其结果是金融科技的作用主要放在营销方式或只是对金融产业的固定流程和环节进行重整和再造上，而不是放在改造产业方式或改变产业形态上，故而对于特区金融产业的改变仍然十分有限。

3. 财富管理的拓展的空间仍然广阔

特区财富管理市场的拓展之所以十分广阔，主要有以下三方面原因。

（1）特区财富管理市场的吸引力与日俱进。就国际比较而言，随着中国经济规模的扩大，中国资本市场在国际资本市场的比重会不断上升；有不少国家不仅实际利率，而且名义利率也已经出现负数，投资中国市场的回报会相对较高；我国股票市场估值水平的世界排名靠后，投资中国股市的风险相对较小。因此，基于中国，尤其是基于中国经济特区庞大的市场吸引力和投资潜力，2021 年特区财富管理市场不仅是吸引境外直接投资的重要目的地，也是吸引境外间接投资的重要目的地。

（2）特区居民财富管理意识不断增强。在利率水平不断下降的趋势下，特区居民急需借助专业的财富管理机构实现保本增值。同时，随着特区老龄化趋势不断加深，需要通过财富管理夯实第三根养老支柱。

（3）特区资本市场地位不断上升。其逻辑是，通过资本市场直接融资有助于鼓励科技创新和调整产业与经济结构，因此，提高深沪资本市场地位，进而做大做强资本市场，已成为高层的共识。

其结果是，第一，世界财富管理中心“中移”“特移”。预计北京、上海两市资金全年净流入深圳、上海两市资金将超过 3000 亿元。第二，社会闲置资金逐渐向资本市场转移。居民储蓄存款向资本市场搬家将会是一个难以阻挡的趋势；证券类的资产在居民家庭结构中的比重会不断上升。根据天风证券的测算，2021 ~2030 年中国财富管理市场将以年化复合 10% 以上的速度增长，考虑到特区居民的金融意识更高，增长只会更快。第三，资本市场融资规模、交易金额、两融余额、开户人数、新基金发行都会快速增加。估计 2021 年特区居民通过购买股票直接入市的增量资金规模可达 1000 亿元；借助基金间接进入股市的增量资金规模可达 3000 亿元。从而既可以为特区金融产业带来可观的直营金融产品业务，尤其是可观的直营权益类产品业务，也可以为特区金融产业带来可观的中介业务。并且，由于财富管理业务不需要占用太多的资本金，因此它还有助于特区金融产业向“轻型化”方向转型。

三 2021 年中国经济特区金融产业继续前行面临的主要挑战

（一）外源性挑战

从行业外部环境分析，2021 年，特区金融产业发展面临的挑战主要有以下两点。

1. 因疫情对全球影响的不确定性有可能带来严峻的挑战

（1）疫情对全球经济的影响具有较大的不确定性。2021 年，全球疫情会不会消退，在多大程度上消退，难以预料，从而对全球出口、投资和消费的增长带来不确定性。

（2）疫情对财政和货币政策的影响具有较大的不确定性。2021 年，以美国为代表的发达国家的财政和货币政策是继续宽松还是逐步收紧，难以推测，从而对全球金融市场的稳定，尤其是对利率、汇率和信贷供求变动带来不确定性。

2. 因特区经济增长的不稳定性有可能带来严峻的挑战

（1）特区经济增长能否回归常态具有较大的不确定性。虽然受益于疫情防控科学有序和刺激政策这两大有利因素，2021 年特区经济增速快于2020 年将是大概率的事情，但受对比基数和刺激政策逐步回收两大因素的影响，2021 年特区全年经济很有可能呈现前高后低的发展趋势，从而使经济增速回归疫情发生之前的常态存在一定的变数。

（2）特区金融服务需求能否回归常态具有较大的不确定性。受经济复苏和疫情不确定性影响：一方面特区企业的投资和贷款信心或将不足，从而会限制融资需求的扩大；另一方面特区居民的消费者收入预期或将难以提振，从而会限制居民储蓄存款和保费收入的增长。

（二）内生性挑战

从行业内部环境分析，2021 年，特区金融产业发展面临的挑战主要有以下三点。

1. 提质增效的难度仍然不小

2021 年，特区金融产业提质增效的最大难点将体现在负债端成本可能不断提高而资产端的收益有可能不断下降。

（1）从银行业来考察，导致其负债端成本上升的因素至少有三：一是存款利率定价改革全面推行，加大了实际存款利率上升的压力；二是靠档计息方式改革和不断规范、整治结构性存款，将会导致可转让大额定期存款和结构性存款规模出现下降，揽存相同规模的存款必须付出更高的实际存款利率；三是同业存款新政的实施以及存款理财化，均有可能造成组织存款成本不断提高。导致其资产端收益不断下降的原因在于：高收益的贷款占比越来越低，而低收益的贷款占比越来越高。2021 年，特区银行业的贷款规模也许不会下降，甚至会有所扩大，因为通过小微贷款规模增长可以弥补一部分涉房贷款规模的下降，但增加的是收益较低的小微贷款，而下降的是收益较高的涉房贷款，其结果将是净息差和贷款资产端的收益下降。并且，在管理层加大金融对实体经济支持，促进综合融资成本稳中有降的政策基调下，特区银行业可能需要进一步让渡利润。

（2）从保险业来分析，导致其负债端成本上升的主要因素是保单销售费用上升。2021 年保单销售费用之所以存在上升的压力，首先是新冠肺炎疫情使保险经纪中介与投保人的关系更加牢固，从而提升了经纪中介向保险公司的议价能力。其次是不断变化和不断上升的消费者期望迫使保险公司不得不做出让步，以讨好投保人。导致其资产端收益不断下降的主要原因是保费投资收益下降。受疫情全球蔓延、经济增速整体放缓、全球低利率环境等多重因素影响，2021 年特区整体利率水平下行将是较为确定的大趋势，若利率下行或长期处于低位，保险资金的投资收益压力就会加大，如果投资收益不能覆盖负债成本，就会出现利差损。加之，特区内保险公司资产配置以固定收益类资产为主，资产端收益水平受利率波动的影响更大。

2. 满足合规经营要求的难题仍然有很多

由于监管层对行业经营活动中产生的违法违规行为采取的是“零容忍”的监管理念，我们预计，2021 年将对特区金融产业经营活动的合规性提出更高要求。

（1）从整体上分析，满足合规经营的难点主要有二：一是同业扩张难以全面满足“穿透式管理”的要求；二是银行业房地产贷款同比增长、房地产贷款占各项贷款的比重以及投向房地产的理财产品、房地产信托、房地产保险和房地产基金等产品难以全面满足“房贷集中度”管理的要求。

（2）分行业来分析，满足合规经营的难点并不完全相同。首先，对于银行业来说，满足合规经营的难点主要有两方面。一是可能来自房地产贷款集中度管理制度，如根据房地产贷款集中度新规，中资中型银行房地产贷款占比上限为27.5%；个人住房贷款占比上限为20%，而作为中资中型银行的招商银行，2020年房地产贷款占比为33.12%，个人住房贷款占比为25.35%，明显超过27.5%和20%的上限。二是将个人经营性贷款、消费贷款等资金挪用于购房，将流动资金贷款、并购贷款、经营性物业贷款等资金挪用于房地产开发。其次，对于证券业来说，满足合规经营的最大难点可能来自注册制下从事投行业务如何归位尽责。因有些券商尤其是中小型券商，在治理结构、经营理念、组织能力和内控机制等方面均存在与注册制要求不相匹配的情形，故在项目保荐中很容易出现遴选不审慎，核查把关不严格，甚至出现"带病申报""一查就撤"等问题。再次，对于保险业来说，满足合规经营的最大难点可能来自公司治理严重缺陷而偏离主业的问题。此外，对于信托业来说，满足合规经营的难点主要有两方面。一是来自"两压一降"，即压降信托通道业务规模，压缩违规融资类业务规模，加大对表内外风险资产的处置，其中，仅实现将通道和融资类业务规模压降20%的目标一项就面临较大的达标压力。二是来自压减"非标"业务和产品。要改变信托业根深蒂固的直接融资间接化、投资业务融资化、表外风险表内化等模式，就必须让信托公司的业务和产品实现标准化，而实现这一转型的难题就在于：按非标业务形成的内部管理体系，尚难满足标品业务投资的需要；只熟悉非标业务程序的人才团队，难以满足标品业务的人才需求；以非标为主的传统业务经验，难以平移嫁接到标品信托业务。

3. 数字化转型的障碍仍然有很多

（1）从外部分析，数字化转型的障碍主要有两方面。一是监管环境变化一时难以适应。根据《反垄断法（修正草案）》，一些场景和数据垄断将为监管规则所不容，故特区金融产业必须与时俱进地进行相应调整。二是行业间相互封锁仍然比较严重。行业之间技术的开放性严重不足；行业内部产品、渠道和销售团队之间相互割裂、单独作战。

（2）从内部考察，数字化转型的障碍主要有四方面。一是数据基础仍然比较薄弱。因数据质量较差，数据分析和应用不足，限制了多维度、高质量、具备合规性的内外部数据的引入、治理和应用。二是人才严重短缺。2020年，特区金融产业虽普遍加大了科技人才的引进力度，但兼具科技能力和金融业务理解能力的数字化复合人才则十分匮乏。三是资金投入严重不足。由于数字化投入成本高，见效慢，大大抑制了特区金融产业尤其是中小金融机构资金投入的积极性。四是组织体系不适应数字化转型的敏捷要求。数字化转型是一个需要在业务、数据、技术层面紧密配合的系统性复合型工程，而现有金融机构内部的组织架构则是强调条线分工，致使各条线、各部门之间的员工壁垒森严，难以跨条线协同作业。

4. 守住不发生系统性金融风险的底线依然不易

（1）不良风险有可能滞后集中释放。为减少疫情的冲击，2020年出台并实施了一系列缓释的政策措施，如减费让利、延期还本付息等。虽将部分风险推后，但累积的风险并没有消除，如果处置不当，中小企业信用违约风险、互联网平台相关金融业务（如消费金融、联合贷款）风险可能在2021年集中释放。

（2）更加激进的经营策略可能带来更大的风险隐患。为减轻利差、息差和费差等盈利来源的压力，2021年，特区金融产业会普遍降低固收类资产和提高权益类资产的比例，但随之而来的问题是：首先，因缺少高素质的投资人才储备，故而投资踩雷的概率更高；其次，权益类资产价格波动较大，很容易给特区金融产业利润带来较大的短期冲击。

（3）房地产市场风险外溢可能性明显加大。房地产市场普遍存在的高价格、高库存、高杠杆和高度金融化现象，有可能随时将房地产企业债务违约风险外溢到特区金融产业，尤其是特区银行业。

（4）特区政府平台债务违约风险的可能性显著上升。特区政府大多与城商行联手，通过城投平台上的城投债、城投贷款、政府引导基金，以及政府购买服务等多种形式加杠杆，将债务规模迅速做大。根据Wind城投债融资平台有息债务口径的统计，2020年，包括地方政府隐性债务的地方政府负债率接近80%，已高于国际警戒线。

（5）特区杠杆率再攀高峰的潜在可能性再度回升。一方面因特区政府、特区企业乃至特区家庭负债规模有增无减，另一方面因特区经济增速大幅放缓，使特区负债率（负债/GDP）再度回到历史的高峰，给特区经济和特区金融的安全运行带来了巨大隐患。

四　2021年中国经济特区金融产业继续前行应该采取基本策略

（一）力保规模增长速度

1.为何要力保规模增长速度的惯性

（1）由金融产业的特殊属性所决定。金融产业既是资金密集型行业，也是资本密集型行业，在资金、资产和资本收益率既定或下降的背景下，要想保住经营业绩不下降，只有靠一定规模的增长才能实现。

（2）由金融产业所处的特殊时期所决定。2021年，疫情对实体经济的影响究竟有多大，尚存在很大的不确定性，金融产业向实体经营让利仍然是管理层政策思路，在降低贷款利率、减少收费、贷款延期还本付息等措施的压制下，唯有力保规模增长速度才能阻止盈利增速下滑的趋势。

2.力保规模增长速度的着力点

（1）要聚焦财富市场。面对财富管理市场的蓝海，对于银行来说，有三点需要着力。一是要着力固收市场，即要增加固定收益类净值型理财产品的种类和规模。二是要着力权益市场，即要增加权益类净值型理财产品的种类和规模。三是要着力“固收+”市场，即要增加固定收益与权益、利率、外汇、期货挂钩的净值型理财产品的种类和规模。

（2）要强化行业内部合作。要清除银行、证券、保险、信托和基金等行业间产品销售渠道之间的障碍，形成交叉销售的立体网络，尤其是银行业要大力推介基金和保险等代销理财产品以带动相关中间收入的增长。同时，要提升资产配置的能力，提供满足客户需求的直销理财产品，如搭建开放的产品销售平台；针对不同的客户精准定制专门的产品营销方案；运用金融科技手段使财富管理实现“线上化”和“智能化”等。

（二）尽快补齐行业和业务短板

1. 要尽快补齐保险业和信托业发展质量下降的短板

（1）要尽快补齐保险业发展质量下降的短板。保险业发展质量的提升，既可以从“负债驱动型”和“资产驱动型”的商业模式入手，从规模扩张到价值挖掘，从同质化竞争向差异化、专业化转变；也可以从死差、费差和利差三大利源入手。在资产配置上发挥长期性、稳定性优势，致力于解决养老问题、服务实体经济。提升 REITs 等另类资产重要性，发展分红险、投连险等财富管理型保险产品。

（2）要尽快补齐信托业发展质量下降的短板。一是要尽快实现业务转型。在监管部门持续压降通道规模、融资类信托规模以及房地产信托规模的背景下，要向家族信托、资产证券化、慈善信托、服务信托、保险金信托等业务方向转型。二是要将金融服务的重点从间接融资向直接融资转变，增加股权投资信托产品的设计与开发。三是要从追求规模增长向追求结构优化转变，重视业务，创新性地推出绿色信托、涉众资金管理信托、数字资产信托、永续债信托、绿色资产证券化、绿色产业基金、绿色股权投资、碳资产交易信托、碳资产托管服务信托、绿色公益慈善信托等业务品种。四是要从重视非标资管产品开发向重视标资管产品开发转变，在发力标品信托方面，信托公司可以选择与私募基金等资管机构合作，开展 FOF 和 TOF 业务。

2. 要尽快补齐金融业务偏离实体经济的短板

（1）在资金投向和投量上，要在紧跟实体经济增长需要节奏的同时，将资金更多地投向高科技和“卡脖子”领域。

（2）在支持力度上，要进一步强化对中小微企业和制造业等薄弱环节的支持，尤其是要在助力支持乡村经济和巩固脱贫攻坚成果上力争为全国做出表率。农村金融业务虽不是所有经济特区金融产业深耕的重点，但对于海南经济特区而言，是不可或缺的重要一环，可在金融资源投入，银行、保险、证券、基金、信托等金融体系和市场完善，小额农户信用贷款、产业带动贷款、创业担保贷款、新型农业经营主体贷款、民生领域贷款、农村资产抵押质押贷款、农业农村基础设施建设贷款、农业保险产品、农村低收入人口养老保险、健康保险、防止返贫保险、乡村振兴票据及期货金融产品设计，运用大数据、云计算等技术对农村金融业务进行科技赋能等方面，为全国探索出有益的推广经验。

3. 要尽快补齐金融科技渗透力和渗透度不足的短板

（1）要改变将金融与互联网或者新技术简单相加的思维，将金融数字化与科技数字化深度嵌入到零售、私人银行、财富管理、信用卡、个人贷款等诸业务之中，提高内部管理和风控水平，助力行业转型发展。

（2）要运用金融科技手段，拓展特区金融业的功能和属性，将 AI 金融、远程金融和线下金融相互衔接、相互赋能，助力业务创新和全面提升运营能力，实现精准营销，特别是要将大数据和人工智能等新技术尽可能渗透到与客户联系密切的制造、社交、健康、消费等诸多领域和环节之中，简化服务流程，提升用户体验。

4. 要尽快补齐人才结构失配的短板

特区金融产业的从业人员基数虽然不小，但适应金融科技发展需要的数字化、技术型人才却严重不足，即使是技术人才储备相对充足的招商银行和浦发银行，其科技人才占比也不到 10%，难以满足金融科技转型和产品创新的需要。要改变这种局面，应做到以下几点。一是要引才。即要广开门路，从互联网平台和金融科技公司中招聘既懂科技，又懂金融的复合型人才。二是要优才。即要将一些重复性强、标准化程度高岗位的人员培养成集金融业务知识、市场营销技能、金融科技运用等多种知识技能于一身的金融科技复合型人才。三是要造才。首先，要大力打造具有数字能力的销售人才，使销售人员既擅长建立人际关系，拥有强大的社交技能，又精通数字营销和通信工具。其次，要大力培养使用大数据快速获取目标客户的技术人才，使销售人员不仅带着精致的宣传册拜访客户，还使用大数据来向客户展示未来的发展方向。

（三）固本培元

1. 要适时多渠道补充自有资本

2021 年，特区金融业要想实现做大规模、提升抗风险能力、满足监管标准提高的要求和加快不良资产处置速度等目标都离不开一个共同的前提，即有充足的资本率。为此，特区金融业要根据自身业务规模发展需要，通过IPO、定向增发、优先股、可转债、永续债、二级资本债等多渠道补充自有资本。

2. 加速出清不良资产

不良资产是附着在特区金融业躯体上的毒瘤，特区金融业要想行稳致远，就必须刮骨去毒。为此，特区金融业要通过清收、抵债、转让、重组、常规核销和不良资产证券化等多种举措，加大处置不良资产的力度。

（四）苦练内功

1. 苦练合规经营的内功

考虑到财富管理是未来特区增量金融业务的重心，因此，必须苦练财富管理合规经营的内功。如要严格遵守行业监管要求，担负起“受人之托，代客理财”之责；要守住产品管理净值化、资产配置标准化和运作市场化的底线，不参与虚拟货币、P2P 网贷平台、金融违法违规活动，不投资股票、债券等收益虚高的非标准化资产；要加强研发体系建设和人才引进工作，多发力研究和推出标品金融产品，以大幅减少非标金融产品的数量，以适应金融产品合规性要求；要准确登记、如实报告和披露底层资产相关信息，以防止事后发生纠纷；要加强内部经营管理，堵上经营风险漏洞，有效防范金融风险。

2. 苦练零售经营的内功

（1）要在综合化上着力。即要在分门别类地构建私行客户、财富客户、基础客户、零售信贷客户和信用卡客户零售体系或经营中心的同时，打造不同层次的生态圈，提供精准的分层精细服务，并以财富管理业务为核心，推动零售业务与对公、金融市场业交叉融合，相互配合，协同获客。

（2）要在新手段上着力。力争把特区银行业打造成为智能化的 AI 银行、虚拟化的远程银行和开放的无边界银行。

3. 苦练财富管理的内功

本报告认为，财富管理要紧扣四大主题。

（1）客户。它是财富管理业务的立身之本，而客户的数量和质量取决于接触和数据，取决于应用场景和服务体验，因此，要想赢得客户，必须借助金融科技的引擎，通过布局数字化及远程渠道获取客户偏好和行为数据，通过深度分析，对客户加以标签管理，分层营销客户，提升业务韧性，升级客户体验。

（2）产品。它是财富管理业务之源，应通过完善的产品研发、设计和管理等环节、流程和体系，打造出涵盖货币类、权益类、固定收益类和另类投资类的产品体系及资产配置方案，以满足不同层次、不同投资回报、不同风险偏好以及不同流动性需求客户的财富管理需求，尤其是要大力发展具有投资门槛较低、投资标的多元、产品线全面、监管严格、信息透明等优点的公募基金这种普惠型投资产品。

（3）渠道。一方面要做大银行、券商和互联网平台这三大资产管理产品代销渠道，尤其是要尽快促使银行物理网点渠道向智能化、轻型化和社区化渠道转型；另一方面要借助数字化力量打造线上渠道，尤其是要加快手机银行、直销银行和互联网银行等线上渠道的创新与建设，以平台化和生态场景实现规模获客和活客，不断增强客户黏性，实现货畅其流。

（4）特色。对于银行业来说，监管政策已经解决了能不能投资权益类产品的问题，2021 年，需要着力解决的是如何投资权益类产品的问题，即如何改变理财产品资产投向中债券类资产比例过高，权益、另类等资产配置比例过低的问题。对于证券业来说，要借助基金投顾试点落地的有利时机，加速财富管理业务转型，提升服务于市场投资理财需求的能力；对于信托和保险来说，要将融资类信托和保险资金逐步向地产股权类信托和保险产品转移。

参考文献

陶一桃主编《经济特区蓝皮书：中国经济特区发展报告（2020）》，社会科学文献出版社，2021。

B.8

中国经济特区文化产业发展报告*

钟雅琴　杨清童**

摘　要： 受新冠肺炎疫情影响，2020 年经济特区文化产业发展呈现显著的行业分化趋向。以“互联网 + 文化”为代表的新兴、数字文化产业业态快速增长，而文化娱乐休闲服务、文化传播渠道、文化辅助生产和中介服务等产业则遭遇困难。疫情倒逼传统文化产业数字化转型，政府在引导文化产业发展中的作用越发重要。本报告认为，围绕“十四五”我国文化产业高质量发展的战略定位，经济特区文化产业应加快培育新的产业增长点，加快促进文化产业数字化，进一步推动文化和旅游融合发展，健全高质量现代文化产业体系。

关键词： 文化产业数字化　文化产业新业态　现代文化产业体系

2020 年是“十三五”规划的收官之年，是实现第一个百年奋斗目标的关键一年。随着统筹推进疫情防控和经济社会发展工作取得显著成效，我国文化产业复苏态势显著，企业生产经营明显改善，全国规模以上文化及相关

---

* 本报告系 2018 年国家社科基金青年项目“‘比较文本媒介’理论视域下的文学跨媒介生产研究”（项目编号：18CZW005）阶段性成果。

** 钟雅琴，深圳大学文化产业研究院副教授，硕士生导师，主要研究方向为文化产业、城市文化、艺术理论；杨清童，深圳大学文化产业研究院硕士生，主要研究方向为文化产业、城市文化、艺术理论。

产业企业实现营业收入98514亿元，比2019年增长2.2%，收入增速由负转正。[①] 2020年，文化产业九大行业中，新闻信息服务、创意设计服务营业收入增速超过两位数；文化娱乐休闲服务、文化传播渠道、文化辅助生产和中介服务三个行业受到一定影响；“互联网+文化”保持快速增长，文化新业态发展态势向好。从文化及相关产业细分行业看，文化新业态特征较为明显的16个行业小类实现营业收入31425亿元，比2019年增长22.1%。[②]

2020年，国家对乡村文化扶贫、市民文化建设、数字文化产业等方面予以高度重视，提出“改善乡村公共文化服务，发展富民乡村产业”，并先后发布《关于促进全民阅读工作的意见》《关于促进科幻电影发展的若干意见》《基于5G数字音乐超高清音质技术要求》《广播电视和网络视听大数据标准化白皮书（2020版）》。受疫情影响，2020年影院暂停营业178天，旅游业全年暂停出境游，相关文化产业受到较大打击。随着疫情防控常态化，我国文化产业逐渐呈现复苏与发展势头，这与2020年国家及各地出台的各项扶持政策密切相关，包括《关于电影等行业税费支持政策的公告》《关于开展文化和旅游消费试点示范工作的通知》《关于加强网络秀场直播和电商直播管理的通知》《剧院等演出场所恢复开放疫情防控措施指南（第四版）》《关于推动数字文化产业高质量发展的意见》《关于以新业态新模式引领新型消费加快发展的意见》《关于促进消费扩容提质加快形成强大国内市场的实施意见》等。

一　经济特区文化产业进展

（一）深圳经济特区

2020年是深圳经济特区建立40周年，也是粤港澳大湾区和深圳先行示范区建设全面铺开、纵深推进的关键之年。这一年，深圳地区生产总值为

① 《2020年全国规模以上文化及相关产业企业营业收入增长2.2%》，中华人民共和国国家统计局网站，2021年1月29日，http://www.stats.gov.cn/tjsj/zxfb/202101/t20210129_1812934.html。

② 《2020年全国规模以上文化及相关产业企业营业收入增长2.2%》，中华人民共和国国家统计局网站，2021年1月29日，http://www.stats.gov.cn/tjsj/zxfb/202101/t20210129_1812934.html。

27670.24 亿元，较 2019 年增长 3.1%。[①] 全年文化及相关产业增加值为 1775.98 亿元，比 2019 年增长 1.3%。[②] 2020 年，深圳深入落实《深圳文化创新发展 2020（实施方案）》，加快完善公共文化服务体系，努力提升文体旅游产业的综合实力，各项工作取得较显著的成绩，为加快建设中国特色社会主义先行示范区做出了积极贡献。

文化产业政策保障体系不断完善。为进一步巩固和强化深圳文化产业的核心引擎和示范引领的作用，《深圳关于加快文化产业创新发展的实施意见》和《深圳市文化产业发展专项资金资助办法》于 2020 年 1 月正式印发实施。这两个文件的发布实施，有助于进一步规范文化产业发展专项资金管理使用，提高扶持精准度和资助力度。同时，深圳聚焦提升城市文化软实力，通过政策文件和资金引导支持产业集聚发展、融合发展、创新发展。深圳相继印发《深圳市实施全民健身设施智能化提升工作方案（2020—2025 年）》《关于加快体育产业创新发展的若干措施》《深圳市促进邮轮经济及粤港澳大湾区海上旅游发展三年行动方案（2020—2022 年）》《深圳市扩大文化旅游和体育消费实施方案》《深圳市文物保护补助经费使用管理办法》《深圳市非国有博物馆扶持办法》《深圳市非物质文化遗产保护补助经费管理办法》等文件。深圳全年资助文化产业项目 455 项，投入资助经费 1.6 亿元。[③]

文化强市建设在深圳持续推进。深圳稳步推进重大公共文化设施建设，加快推进深圳歌剧院、改革开放展览馆、自然博物馆、海洋博物馆等“新时代十大文化设施”建设。深圳“十大特色文化街区”改造提升取得阶段性进展，大鹏所城、南头古城等 7 个特色文化街区通过验收认定，完成深圳大剧院、深圳博物馆等的维修提升任务。与此同时，深圳成为国家体育消费

---

① 《2020 年深圳市人民政府工作报告》，深圳市人民政府办公厅网站，2020 年 1 月 8 日，http://www.sz.gov.cn/gkmlpt/content/7/7981/post_7981484.html#733。

② 《深圳市 2020 年国民经济和社会发展统计公报》，深圳市统计局网站，2021 年 4 月 23 日，http://tjj.sz.gov.cn/zwgk/zfxxgkml/tjsj/tjgb/content/post_8717370.html。

③ 《深圳市文化广电旅游体育局 2020 年工作总结》，深圳市文化广电旅游体育局网站，2021 年 2 月 7 日，http://wtl.sz.gov.cn/xxgk/ghjh/ndgzjhjzj/content/post_8543973.html。

试点城市，WTA 年终总决赛、中国杯帆船赛、深圳国际马拉松等重大体育活动的影响力不断扩大。“深圳大鹏所城游径”“深圳南头古城游径”“深圳赤湾炮台游径”等入选《广东省粤港澳大湾区文化遗产游径名单（第一批）》。

基础设施体系更加完善，公共服务水平进一步提升。2020 年，深圳加快图书馆、文化馆总分馆制建设，初步建成“1 + 11 + 111 + N”的文化馆总分馆体系，将优质文化资源配置到基层。2020 年，全市拥有各类公共图书馆 710 座，总藏书量 4922.67 万册，比 2019 年增长 7.6%。全市美术馆 12 座，博物馆、纪念馆 55 座。[①] 同时，深圳进一步加快建设“十分钟文化圈”，3 个区级文化馆、10 个街道综合性文化服务中心陆续投入使用。深圳市 6 家文化旅游场所被列入全省首批“粤书吧”试点，新增 91 个便民利民体育场地，评选出“深圳十佳健身步道”，“十分钟健身圈”更加完善。[②]

面对疫情冲击，精准助力复工复产。深圳市针对公共文体场馆、赛事活动、旅游景区、旅行社、娱乐场所等制定了系列指引。深圳市文化广电旅游体育局联合市委宣传部印发《关于支持深圳文化企业应对疫情影响促进平稳发展的若干措施》，提出 7 个方面 22 条具体措施，助力文化企业恢复元气。同时，深圳通过文体形式宣传抗疫主题文艺作品。深圳举办了全国第一个线下抗疫主题展览，推出了“艺术战疫圳在行动”疫情防控主题文艺作品集系列宣传栏目，全市创作抗疫主题相关艺术作品 5000 余部。此外，深圳积极探索疫情发生后的公共文体服务新形式，例如，举办“空中音乐会”“歌剧时光”等网络公益演出，推出数个高质量线上美术展览；开展“线上运动月”“全市动起来”“企业员工运动月”等系列活动，先后举办 300 余项内容丰富、线上线下相结合的健身活动，掀起全民健身新热潮。[③]

重大平台积极转变发展方式。在疫情影响的大背景下，2020 年深圳市

---

① 《深圳市 2020 年国民经济和社会发展统计公报》，深圳市统计局网站，2021 年 4 月 23 日，http://tjj.sz.gov.cn/zwgk/zfxxgkml/tjsj/tjgb/content/post_8717370.html。

② 《深圳市文化广电旅游体育局 2020 年工作总结》，深圳市文化广电旅游体育局网站，2021 年 2 月 7 日，http://wtl.sz.gov.cn/xxgk/ghjh/ndgzjhjzj/content/post_8543973.html。

③ 《深圳市文化广电旅游体育局 2020 年工作总结》，深圳市文化广电旅游体育局网站，2021 年 2 月 7 日，http://wtl.sz.gov.cn/xxgk/ghjh/ndgzjhjzj/content/post_8543973.html。

首次采用线上形式成功举办第十六届文博会，云招商、云展厅、云开幕、云签约、云大数据等五大板块突破时空限制，全方位、数字化地展示我国文化产业发展最新成果。3243 家企业和机构的 21572 件展品参展 2020 年线上文博会，展品数同比增长 40.3%，线上访问量达 1448 万人次。[①] 作为中国（深圳）国际文化产业博览交易会首个"1 + N"专业系列展，深圳工艺美术博览会亦为观众带来全新的艺术品质体验，助力工艺美术企业平稳应对疫情冲击。

（二）珠海经济特区

2020 年，珠海市实现生产总值 3481.94 亿元，较 2019 年增长 3.0%，其中第三产业增加值为 1911.06 亿元，较 2019 年增长 4.1%，现代服务业增加值为 1285.83 亿元，较 2019 年增长 8.3%，占地区生产总值的 36.9%。[②] 同时，珠海市主动融入粤港澳大湾区建设和横琴粤澳深度合作区建设，在文艺、体育、旅游等领域发力，打造国家全域旅游示范区和滨海国际休闲旅游目的地。[③]

2020 年，珠海市出台《珠海市积极应对新冠肺炎疫情影响支持文化旅游体育行业发展政策措施》，从帮助纾困减负、推动复工复产、振兴文旅产业三大方面改善疫情给文旅体企业带来的影响，逐步提升市场信心。该政策还提出补贴全市超 270 家文化旅游体育企业共计 840 万元，分配 330 万元补贴文旅消费资金至珠海保利城建大剧院管理有限公司以及广东省拱北口岸中国旅行社等 11 家重点文旅企事业单位。

珠海市全力推进文化强市建设。一方面，珠海"大力实施基层公共文化设施攻坚做强工程，珠海博物馆新馆对外开放，珠海市美术馆改扩建工

① 《深圳市文化广电旅游体育局 2020 年工作总结》，深圳市文化广电旅游体育局网站，2021 年 2 月 7 日，http://wtl.sz.gov.cn/xxgk/ghjh/ndgzjhjzj/content/post_8543973.html。

② 《2020 年珠海市国民经济和社会发展统计公报》，珠海市统计局网站，2021 年 3 月 26 日，http://tjj.zhuhai.gov.cn/attachment/0/255/255822/2746639.pdf。

③ 《珠海市文化广电旅游体育局 2020 年工作总结》，珠海市文化广电旅游体育局网站，2021 年 1 月 21 日，http://wgltj.zhuhai.gov.cn/zwgk/xwdt/content/post_2714860.html。

程、香洲区图书馆正式动工，推进基层文化馆站改造升级，公共文化馆图书馆中心馆总分馆服务体系加快建设”。[①] 另一方面，珠海重点扶持文艺精品创作，积极创作和申报国家级、省级文艺精品工程，提升本土原创作品影响力。涌现出古元美术馆“百幅精品百年回顾致敬古元暨古元先生生平与艺术精品展”、粤剧《家访》等优秀文艺作品。原创性是2020年珠海群众文艺精品的一大特点，举办2020年市民艺术节、珠海市第三十八届滨海之声音乐会、“同饮一江水”2020广东省劳动者歌唱大赛（珠江赛区）等文艺活动。[②]

珠海市加速发展体育事业和产业。在市体育中心、全民健身综合训练馆、全民健身广场等体育设施上，珠海通过改造提升或加速项目建设，构建更便捷的全民健身公共服务体系。2020年，全市新建6个社区体育公园，举办2020年珠海市民健身运动会等130多项覆盖线上线下的赛事活动，助力珠海体育产业向更高层次发展。[③]

珠海市坚持文旅融合，努力推进全域旅游创建。2020年，珠海市文化旅游体育和传媒支出30.53亿元，增长幅度高达192.2%。[④] 文旅融合方面，珠海市完成了4个“粤书吧”试点建设[⑤]，并对现有镇街、村居综合性文化服务中心及旅游服务中心进行改造完善、融合提升。珠海市推动香洲区、金湾区、斗门区成功创建为广东省全域旅游示范区。珠海市在引进和开发多元化的旅游休闲产品、开展区域旅游合作和旅游宣介活动、打造“红色旅游”经典旅游线路等维度上推进“文化+旅游”的深度融合。此外，珠海市还

---

① 《珠海市文化广电旅游体育局2020年工作总结》，珠海市文化广电旅游体育局网站，2021年1月21日，http://wgltj.zhuhai.gov.cn/zwgk/xwdt/content/post_2714860.html。

② 《珠海市文化广电旅游体育局2020年工作总结》，珠海市文化广电旅游体育局网站，2021年1月21日，http://wgltj.zhuhai.gov.cn/zwgk/xwdt/content/post_2714860.html。

③ 《珠海市文化广电旅游体育局2020年工作总结》，珠海市文化广电旅游体育局网站，2021年1月21日，http://wgltj.zhuhai.gov.cn/zwgk/xwdt/content/post_2714860.html。

④ 《2020年珠海市国民经济和社会发展统计公报》，珠海市统计局网站，2021年3月26日，http://tjj.zhuhai.gov.cn/attachment/0/255/255822/2746639.pdf。

⑤ 《珠海市文化广电旅游体育局2020年工作总结》，珠海市文化广电旅游体育局网站，2021年1月21日，http://wgltj.zhuhai.gov.cn/zwgk/xwdt/content/post_2714860.html。

举办了“浪漫珠海·一起旅游”系列活动，实行“引客入珠”激励活动，全力推动文化旅游体育市场复苏发展。①

（三）厦门经济特区

厦门市2020年第三产业增加值达3835.29亿元，较2019年增长5.5%，其投资增长8.1%。② 然而，厦门文化、体育和娱乐业等相关产业受疫情影响较大，全年营业收入下降24.2%。③

2020年，厦门市不断加强顶层设计融合。厦门市相继发布一系列产业发展行动计划，其中《厦门市文化产业高质量发展三年行动计划（2020—2022年）》以影视产业为引领、以文化科技融合为路径、以网络视听产业为核心，形成新的城市文化生态，抢占5G时代文化产业发展制高点，推进文化产业转型升级，实现高质量发展目标。《厦门市旅游业高质量发展三年行动计划（2020—2022年）》致力通过实施旅游项目带动、旅游产品升级、文旅融合发展、旅游推广创新以及旅游环境优化等五大行动，全面提升厦门市旅游业现代化、集约化、品质化和国际化水平，推动建设成为国际滨海花园旅游名城。《厦门市会展产业高质量发展三年行动计划（2020—2022年）》旨在提升会展业国际化、品牌化、专业化和市场化水平，将厦门市建设成为“中国会展典范城市”和“国际会展名城”。

数据显示，厦门市旅游业和会展业的各项指标受疫情影响较大。2020年，厦门市全年接待国内外游客6994.13万人次，较2019年下降30.2%；旅游总收入为1045.80亿元，同比下降36.8%；全年接待国内游客数同比下降

① 《“浪漫珠海·一起旅游”与公众见面》，《珠海特区报》2020年8月17日，http://zhuhaidaily.hizh.cn/html/2020-08/17/content_1217_3144809.htm。

② 《厦门市2020年国民经济和社会发展统计公报》，厦门市统计局网站，2021年3月16日，http://tjj.xm.gov.cn/tjzl/ndgb/202103/t20210319_2525636.htm。

③ 《2020年厦门服务业发展情况分析》，厦门市统计局网站，2021年2月5日，http://tjj.xm.gov.cn/zfxxgk/zfxxgkml/tjsjzl/tjfx/202102/t20210205_2518228.htm。

27.9%，接待入境游客数同比下降78.6%。[①] 面对疫情的巨大冲击，厦门市积极推进全域旅游发展，持续强化《厦门市全域旅游专项规划（2019—2035）》落地实施工作，指导推动集美区、思明区等创建国家全域旅游示范区。2020年，第十三届厦门国际动漫节和第十三届海峡两岸文博会顺利召开。厦门国际动漫节“金海豚奖”作品大赛经多年沉淀，已发展为国内外动漫类专业赛事，2020年大赛共收到来自全球43个国家和地区的2916部参赛作品。此外，参加厦门国际动漫节动漫游戏商务大会的500多家动漫游戏企业代表和动漫画创作者线下洽谈，100多家境内外企业线上对接，实现“线上+线下”同步联动。[②] 中国动漫产业年会在国际动漫节期间举办。

厦门市文艺事业进一步提质增效。2020年，厦门市举办了庆祝文学艺术界联合会成立70周年活动，以座谈会和第六届厦门文学艺术奖作品展示的形式回顾了厦门市文联的70载流金岁月。第33届中国电影金鸡奖颁奖盛典系列活动如期举办，在疫情影响下更具人文关怀，本届盛典不仅展映了来自20多个国家和地区的30余部电影新作，还新设立了“新动力·青年电影”单元。[③] 此外，厦门市2020年各类文艺活动丰富多样，文艺事业硕果盈枝。中国、马来西亚联合申报的“送王船”项目被联合国教科文组织成功列入《人类非物质文化遗产代表作名录》。2020年厦门市专业文艺院团获田汉戏剧奖等各级文艺比赛各类奖项79个，开展文化惠民演出553场，创作新冠肺炎疫情防控小节目99个，并在各大社交平台上推介宣传。歌仔戏《侨批》入选国家艺术基金2020年度大型舞台剧和作品滚动资助项目，并作为2020年戏曲百戏（昆山）盛典的开幕大戏。[④]

① 《厦门市2020年国民经济和社会发展统计公报》，厦门市统计局网站，2021年3月16日，http://tjj.xm.gov.cn/tjzl/ndgb/202103/t20210319_2525636.htm。

② 《厦门市2020年国民经济和社会发展统计公报》，厦门市统计局网站，2021年3月16日，http://tjj.xm.gov.cn/tjzl/ndgb/202103/t20210319_2525636.htm。

③ 《第33届中国电影金鸡奖颁奖盛典系列活动在厦举行》，“潇湘晨报”百家号，2020年11月25日，https://baijiahao.baidu.com/s?id=1684327305208039671&wfr=spider&for=pc。

④ 《厦门市2020年国民经济和社会发展统计公报》，厦门市统计局网站，2021年3月16日，http://tjj.xm.gov.cn/tjzl/ndgb/202103/t20210319_2525636.htm。

（四）汕头经济特区

汕头经济特区有“百载商埠”的美誉，汕头市商贸业历来较发达。2020 年，汕头经济运行稳中求进、不断向好，活跃度明显提升，地区生产总值为 2730.58 亿元，同比增长 2.0%，第三产业增加值为 1303.99 亿元，同比增长 1.7%，教育业和文化体育娱乐业的投资分别同比增长 61.2% 和 26.9%。[①]

汕头市出台一系列战略性产业集群行动计划为汕头“十四五”规划开好局。汕头市发展和改革局等部门贯彻落实《汕头市人民政府关于培育发展战略性支柱产业集群和战略性新兴产业集群的实施意见》，分别牵头起草十大战略性支柱产业、十大战略性新兴产业行动计划。汕头市发展和改革局分析了汕头市各产业相关数据，形成《汕头市 8 大重点发展制造业体系分析研究报告》。报告指出，2020 年汕头市纺织服装、化工塑料、工艺玩具、印刷包装、智能装备制造、新一代信息技术、新材料、生物医药等 8 大重点发展制造业规上企业数、规上工业总产值、工业税收总额分别占全市的 87%、82%、69%，纺织服装、化工塑料、工艺玩具、印刷包装等传统优势产业所占经济比重在 60% 以上，是全市产业发展的重要支柱，是汕头具有区域特色和国际竞争力的产业集群，智能装备制造、新一代信息技术、新材料、生物医药等战略新兴产业占汕头市经济比重的 15% 左右，有潜力培育成为汕头市新的支柱产业。[②] 此外，汕头市谋划“3+8+N”产业空间布局，作为后续汕头加快推进创新驱动发展、大力推动转型升级的主战场，包括 3 大功能区平台、8 大重点产业片区、“N”个现有或处于谋划阶段的特色产业集聚区。

作为沿海城市，汕头市具有发展文化旅游产业的优势条件。2020 年，汕头市发布《汕头市加快推进文化和旅游融合发展三年行动计划（2020—2022

① 《2020 年全市经济运行情况分析》，汕头市统计局网站，2021 年 3 月 10 日，https://www.shantou.gov.cn/tjj/tjzl/content/post_1882111.html。

② 《构建“4+4”8 大重点发展制造业体系　推动产业高质量发展》，汕头市发展和改革局网站，2021 年 3 月 24 日，https://www.shantou.gov.cn/stsfgj/gkmlpt/content/1/1887/post_1887320.html#3302。

年)》，提出通过“一核一带四区”优化文旅资源空间布局，把文旅产业建设成全市战略性支柱产业。同时，汕头市发布《汕头市人民政府关于加快发展旅游业的若干意见》，从发展全域旅游服务体系、培育壮大旅游产业、引导“旅游+”产业融合发展和强化政策扶持、保障等方面着力，推进汕头市全域旅游示范区创建工作深入开展，打造“粤东旅游中心”。此外，汕头市还开展丰富多彩的文旅活动。“‘走进大南山，美荔新农村’2020 汕头潮南·雷岭荔枝文化旅游节”“2020 汕头·澄海薄壳美食文化旅游节”“‘魅力汕头·精彩一夏’——2020 年汕头市全民文化旅游季”等活动为提振汕头市文化旅游行业信心、促进文化旅游市场全面复苏夯实了基础。而以薄壳米美食文化为代表的“美食+旅游+文化”发展模式也让汕头文化旅游拥有了独树一帜的特色标签。①

“世界玩具看中国，中国玩具看广东，广东玩具看澄海。”玩具产业是汕头市文化产业的重要支柱。2020 年，汕头的玩具产业稳健发展，全市工艺玩具规模以上工业企业 192 家，规模以上工业增加值较 2019 年增加了 0.2%，达 44.92 亿元，占全市的 6.5%。② 在政府扶持和产业集聚效应的合力下，汕头市玩具产业在文化产业中的核心作用更趋增强。

（五）海南经济特区

2020 年，海南省自贸港建设顺利开局，有效地推动了海南省经济结构优化、增长动能转换。海南经济发展的质量效益不断提升。2020 年，海南

① 《2020 年全民文化旅游季启动》，汕头市人民政府网站，2020 年 8 月 22 日，https://www.shantou.gov.cn/cnst/ywdt/styw/content/post_1807637.html；《薄壳正当时！澄海美食文化旅游节将持续至国庆》，汕头市文化广电旅游体育局（文物局）网站，2020 年 8 月 1 日，https://www.shantou.gov.cn/stswgltj/gkmlpt/content/1/1796/post_1796425.html#3631；《2020 汕头潮南·雷岭荔枝文化旅游节火热登场》，汕头市文化广电旅游体育局（文物局）网站，2020 年 6 月 24 日，https://www.shantou.gov.cn/stswgltj/gkmlpt/content/1/1773/post_1773262.html#3631。

② 《2020 年汕头市产业发展情况》，汕头市发展和改革局网站，2021 年 2 月 9 日，https://www.shantou.gov.cn/stsfgj/gkmlpt/content/1/1872/post_1872958.html#3302。

省地区生产总值为5532.39亿元，比2019年增长了3.5%，[①] 其中第三产业增加值的增长率为5.7%，达3341.15亿元，占地区生产总值的比重超过60%，较2019年提高0.9个百分点，结构持续优化。[②]

海南省抢抓自由贸易港建设重大机遇，积极谋划产业发展布局。2020年6月，中共中央、国务院印发了《海南自由贸易港建设总体方案》，旨在推进海南建设高水平的开放型经济新体制。海南积极响应国家号召，推出《中共海南省委关于贯彻落实〈海南自由贸易港建设总体方案〉的决定》，聚焦发展旅游业、现代服务业和高新技术产业，重点培育壮大旅游、互联网、油气、热带特色高效农业等千亿级产业，加快发展科技含量高、生态环保、有海南特色的产业。[③]

海南省集聚文旅融合优势，推动旅游业转型升级。一方面，海南围绕国际旅游消费中心建设，促进旅游和文化体育、医疗健康、购物消费等深度融合；同时，海南大力发展邮轮游艇、夜间经济、海岛经济、"首店经济"等消费新业态。国家发展改革委发布《海南省建设国际旅游消费中心的实施方案》，致力将海南打造为业态丰富、品牌集聚、环境舒适、特色鲜明、生态良好的国际旅游消费胜地。海南省人民政府出台《海南省旅游业疫后重振计划——振兴旅游业三十条行动措施（2020—2021年）》，重点从财税金融扶持力度、旅游项目落地、旅游消费、旅游产业融旅游国际化水平、旅游服务质量六大方面助力，促进旅游经济全面复苏和高质量发展。另一方面，海南的优质旅游品牌创建上新台阶，长影环球100奇幻乐园、桂林洋国家热带农业公园分别获评国家4A级、3A级旅游景区，观澜湖旅游度假区获评省级旅游度假区。据统计，2020年海南省全年接待游客数为6455.09万人次，比2019年

---

① 《2020年海南省国民经济和社会发展统计公报》，海南省统计局网站，2021年2月20日，http：//stats. hainan. gov. cn/tjj/tjgb/fzgb/n_ 81550/202102/t20210220_ 2936215. html。

② 《2020年海南省国民经济和社会发展统计公报》，海南省统计局网站，2021年2月20日，http：//stats. hainan. gov. cn/tjj/tjgb/fzgb/n_ 81550/202102/t20210220_ 2936215. html。

③ 《中共海南省委关于贯彻落实〈海南自由贸易港建设总体方案〉的决定》，人民网，2020年6月15日，http：//hi. people. com. cn/n2/2020/0615/c231190 - 34086661. html。

下降22.3%，旅游总收入为872.86亿元，比2019年下降17.5%。①

各类艺术活动、节庆活动和文化赛事在海南持续开展。艺术活动以琼剧为主，包括在国庆期间首演的《白马泉涌》、巡演50场的禁毒琼剧《重生》、参加全国基层戏曲院团网络展演的现代琼剧《椰乡儿女》。统计资料显示，2020年疫情发生后，文化和旅游部与海南省人民政府共同举办第21届国际旅游岛欢乐节，推出包括开幕式在内的17项主要活动，其中艺术演艺周共举行演出16场、优秀剧目网络展播19部、送戏下乡活动407场、“戏曲进校园”活动92场。截至2020年末，海南省共有各类艺术表演团体111个，与2019年末持平。② 此外，海南省还成功举办第二届王者荣耀全国大赛华南大区海南省城市赛、TGC腾讯数字文创节，拓展数字文化市集IP，积极打造动漫游戏品牌。

二 经济特区文化产业发展分析

相较于2019年经济特区的文化产业发展，2020年的特区文化产业发展呈现新态势，主要有以下特征。

（一）疫情倒逼传统文化产业数字化转型

近年来，文化产业数字化趋势日渐显著，产业结构不断优化，供给质量不断提升。2020年，在新冠肺炎疫情的巨大冲击下，传统文化产业的数字化转型和数字文化产业显示出巨大的增长韧性和发展动能，成为促进文化产业高质量发展的新引擎。2020年11月，文化和旅游部出台《关于推动数字文化产业高质量发展的意见》，提出数字文化产业高质量发展的指导思想、基本原则和发展目标，包括夯实数字文化产业发展基础、培育数字文化产业

① 《2020年海南省国民经济和社会发展统计公报》，海南省统计局网站，2021年2月20日，http：//stats. hainan. gov. cn/tjj/tjgb/fzgb/n_ 81550/202102/t20210220_ 2936215. html。

② 《2020年海南省国民经济和社会发展统计公报》，海南省统计局网站，2021年2月20日，http：//stats. hainan. gov. cn/tjj/tjgb/fzgb/n_ 81550/202102/t20210220_ 2936215. html。

新型业态、构建数字文化产业生态、保障措施四大方面。与2017年出台的《文化部关于推动数字文化产业创新发展的指导意见》相比，进一步凸显了“十四五”期间数字文化产业的重要性。

疫情对以线下场景为主的传统文化产业产生较大冲击，同时也促使产业加速数字化转型，催生出“云看展”“云旅游”等形式，带来强劲增长动能，比如深圳第十六届文博会就是线上形式的展览。国家发展改革委、中央网信办2020年启动“上云用数赋智”行动，提出通过提供普惠性金融支持、创新数字化转型公共服务体系、搭建虚拟产业网络化协同平台，重点助力中小文化企业应对疫情冲击。

（二）文化产业新场景新业态不断涌现

当前，数字内容、媒体融合、人工智能等备受关注。传统的文化遗产、场馆教育、演艺娱乐在此背景下寻找新突破口，多元化的云端互动方式为传统文化产业转型、满足大众足不出户的文化需求的方式之一。2020年国家发展改革委等13部门联合印发《关于支持新业态新模式健康发展激活消费市场带动扩大就业的意见》，提出推动15种数字经济新业态发展，其中重点涵盖个体经济、共享经济、产业数字化和线上服务模式等领域，为新兴文化产业的培育提供丰厚土壤。

随着数字技术在文化产业多方面的应用，云娱乐、云直播、云展览、网络音乐、网络直播、网络游戏、线上阅读等成为大众文化消费的主要形式，极大地激发了疫情发生后多元市场主体的积极性，增强了文化产业新活力。此外，海南特区的邮轮旅游、夜间经济、海岛经济、“首店经济”等新业态的兴起也为大众消费提供了新场景。各经济特区文化产业通过优化区域内有限资源配置，形成开放性、创新性和集约性的新型文化生产和消费模式，激发了产业发展新动能。

（三）政府在文化产业发展中的引导作用越发增强

疫情发生后，随着国际循环链条的断裂，经济特区为了支持和尽快恢复文化产业发展，密集出台了各类刺激消费的政策，帮助相关企业渡过难关，如海南省《海南省旅游业疫后重振计划——振兴旅游业三十条行动措施（2020—2021年)》、深圳市《关于应对新冠肺炎疫情影响支持文化企业健康平稳发展的若干措施》等。同时，各地公共文化服务单位、场馆积极顺应5G、互联网、大数据等技术进步趋势，紧跟公众实际文化需求的发展变化，工作重心迅速转移至线上，优化公共文化服务的安全性、便捷性和针对性，推进公共文化服务平台提质增效。疫情发生后，各经济特区政府坚持发展文艺事业，推出系列文艺精品。实施文艺作品质量提升工程，并结合疫情推出相关文艺作品，如深圳经济特区“艺术战疫 圳在行动”疫情防控主题文艺作品集系列宣传栏目。

三 经济特区文化产业发展建议

围绕“十四五”文化产业高质量发展的战略定位，各经济特区应紧跟国家的宏观布局，在微观、中观层面针对各特区的具体情况规划相应的发展策略，推动区域文化产业进一步繁荣。

（一）加快培育新的产业增长点

疫情发生后，传统文化产业发展受限、弊端凸显，数字文化产业成为文化产业新增长点。数字技术催生出新的文化产业业态，数字文化产业逐渐赶超传统文化产业成为最大的经济社会效益增长点。[①] 结合疫情催生的新经济模式，各经济特区应加快培育新企业，改变传统经营模式和服务理念，形成新的消费热点和经济增长点，同时积极引导新企业入库入统，及时扭转疫情之下存量企业负增长的局面。精准帮扶企业纾解疫情影响，加强行业监测和基层调研，根据时势变化不断细化完善援企稳岗政策，加强对相关政策的解读，保障政策有效落地，及时帮助企业化解堵点、难点。

---

① 范建华、秦会朵:《“十四五”我国文化产业高质量发展的战略定位与路径选择》,《云南师范大学学报》(哲学社会科学版) 2021年第5期。

（二）促进文化产业数字化转型

国内各主要地区均高度重视文化产业发展，依托传统文化积淀和科技产业优势，推动文化产业向数字化转型发展。“十四五”规划提出，实施文化产业数字化战略，加快发展新型文化企业、文化业态、文化消费模式，提高质量效益和核心竞争力。因此，各经济特区不仅应加强文化共性关键技术研究，比如大数据、云计算、人工智能、物联网和 5G、4K/8K 等先进技术研发和在文化产业中的应用，还应同时加快发展文化产业数字化，推动现代科技对文化装备制造、传统工艺品等传统文化产业领域改造升级，把握产业发展机遇，将高新技术最新成果转化到文化领域。

（三）健全高质量现代文化产业体系

通过积极统筹国际和国内两个市场，健全现代文化产业体系和市场体系。各经济特区应用市场统筹文化产业体系的各要素，以内容为王、技术为翼、创新为核赋能文化市场，壮大数字创意、网络视听、数字出版、数字娱乐、线上演播等文化产业。进一步夯实文化品牌战略，为特区打造一批有影响力和具代表性的文化品牌。进一步培育龙头文化企业，规范文化产业园区发展，推动区域文化产业带建设。积极发展对外文化贸易，开拓海外文化市场，鼓励优秀传统文化产品和影视剧、游戏等数字文化产品“走出去”，加强国家文化出口基地建设。完善文化市场机制和监管机制，着力打造税收体系、金融政策体系、投融资体系，做好各项政策的有机衔接，形成促进文化企业做大做强的体制机制。①

（四）推动文化和旅游融合发展

文化和旅游的融合发展对于推动新阶段高质量发展、提高国家软实力、

---

① 范建华、秦会朵：《“十四五”我国文化产业高质量发展的战略定位与路径选择》，《云南师范大学学报》（哲学社会科学版）2021 年第 5 期。

建设社会主义文化强国具有重要意义。2020 年，全国旅游业受到疫情影响，但基于特区内丰富的文化旅游资源和各项政策对文化旅游的支持，五大经济特区文化和旅游产业的融合发展在未来发展仍有先发优势。借此，各经济特区应坚持以文塑旅、以旅彰文，提升旅游的文化内涵，以旅游推进文化产业和旅游产业的高质量发展，促进文化传播。同时，深入发展智慧旅游，创新旅游产品体系，优化旅游消费体验。加强区域旅游品牌和服务的整合，建设一批富有文化底蕴的世界级旅游景区和度假区，打造一批文化特色鲜明的国家级旅游休闲城市和街区。此外，进一步探索文旅融合新业态，持续深化文化和旅游产业在业态、产品、市场、政策等全链条的融合发展。

特区发展分述报告

Reports on the Special Economic Zones

B.9
深圳经济特区发展报告

伍凤兰　张凯越*

摘　要： 深圳在粤港澳大湾区与先行示范区“双区”政策驱动下，积极防范应对疫情，组织复工复产，使得经济生产总值逆势增长、货物出口额全国第一。但与中国其他“一线城市”相比，深圳也存在产业结构服务化程度较低、消费不振、公共服务供需不匹配、土地空间不足、关键核心技术受制于人、原特区内外区域发展不平衡等问题。针对这些问题，本报告从加快生产性服务业的发展、畅通经济内循环、扩大公共服务有效供给、加强与周边城市政府合作、增强原始创新能力、推进特区一体化建设等方面提出针对性建议。

关键词： “双区”政策　经济内循环　原始创新能力

* 伍凤兰，深圳大学经济学院教授，主要研究方向为制度经济学、特区台港澳经济学；张凯越，深圳大学经济学院中国经济特区研究中心硕士生，主要研究方向为制度经济学、国际贸易。

一 2020年深圳经济特区社会经济发展概况

（一）特区经济韧性增长，产业结构日益优化

增长总值逆势提升，经济总体持续向好。从经济增长总量来看，2020 年深圳地区生产总值达 27670.24 亿元（见图 1），城市整体经济总量在粤港澳大湾区、全国和全亚洲城市中分居第一、第三和第五位。根据第七次全国人口普查数据，深圳市 2020 年人均地区生产总值为 15.76 万元，分别高于全国和广东省人均地区生产总值水平 7.04 万元和 8.79 万元。从地区生产总值增速来看，深圳市 2020 年第一季度的地区生产总值增长速度降低了 6.6 个百分点，但依然高于粤港澳大湾区其他城市，且高于全国 2.3% 和广东省 2.3% 的平均增长速度。从图 2 可以看出，粤港澳大湾区各市地区生产总值增速均不高，香港和澳门出现了增速为负的情况，特别是澳门由于本身经济结构更易受疫情冲击，GDP 增速下降了 56.3 个百分点。这一方面说明相比于大湾区其他城市，深圳经济结构更加具有韧性；另一方面表明，未来深圳须在各个方面加强与香港和澳门的合作，发挥三地各自的优势，寻求三地经济增长新动力。

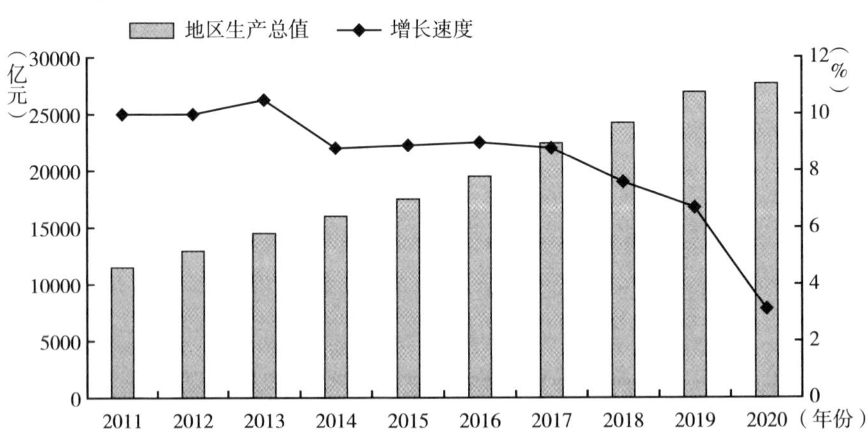

图 1 2011～2020 年深圳市地区生产总值及增长速度

资料来源：深圳市统计局网站。

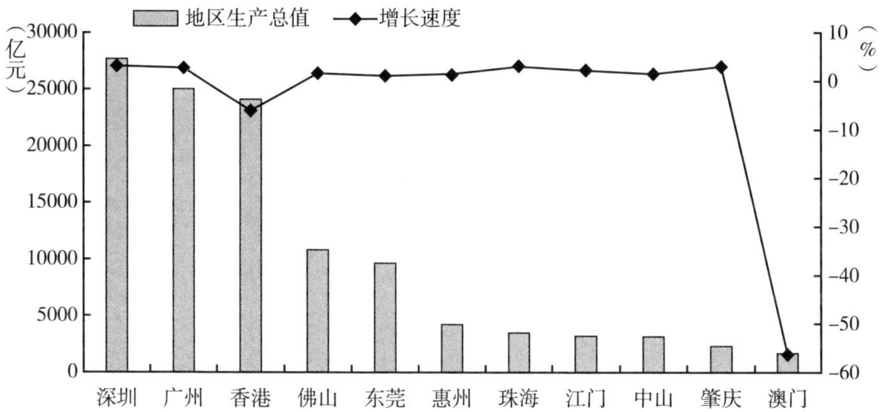

图 2　2020 年粤港澳大湾区各市地区生产总值及增长速度

资料来源：粤港澳大湾区各市统计部门网站。

产业结构持续优化，产业体系韧性发展。从三大产业结构来看，2020 年深圳市三大产业增加值依次为 25.79 亿元、10454.01 亿元和 17190.44 亿元，分别比 2019 年下降 3.1%、增长 1.9% 和增长 3.9%。第一产业（农业）、第二产业（制造业）和第三产业（服务业）增加值的比重为 0.1∶37.8∶62.1。与 2019 年相比，第三产业（服务业）增加值的比重提升了 0.7 个百分点，由 61.4% 增至 62.1%（见图 3），逐步趋近发达国家服务业占比标准（70%），这也代表着深圳市整体产业结构的不断转型优化。

从产业发展体系来看，2020 年深圳四大支柱性产业占地区生产总值的比重达 67%（见图 4），整体比 2019 年上升了 2.0 个百分点。其中，高新技术产业增加值整体较 2019 年增加了 2.4 个百分点，达 9747 亿元，以华为、腾讯、比亚迪、中兴通讯等公司为代表的高新技术企业总数达 18650 家，仅低于北京。现代物流业增加值较 2019 年增加了 1.3 个百分点，达 2766.67 亿元，以顺丰、怡亚通、腾邦等公司为代表的上市物流企业总市值占全国的比重达 30%，且全国超过 80% 的物流企业总部聚集在深圳。金融业增加值较 2019 年增加了 9.1 个百分点，达 4189.6 亿元，深圳市上市金融公司数量位居全国第三，目前共有 333 家，包括招商银行、平安保险、深圳投控、正威国际等公

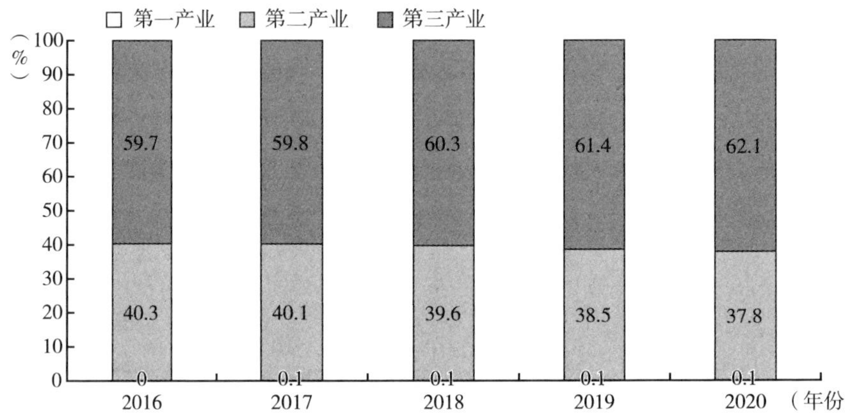

图3　2016～2020年深圳市三大产业增加值占地区生产总值的比重

资料来源：深圳市统计局网站。

司，总市值位居全国第二名。文化创意产业增加值较2019年增加了1.3个百分点，达1775.98亿元，以腾讯、百度、康佳、创维等公司为代表的文化创意企业在深圳有近50000家，规模以上企业达3155家。

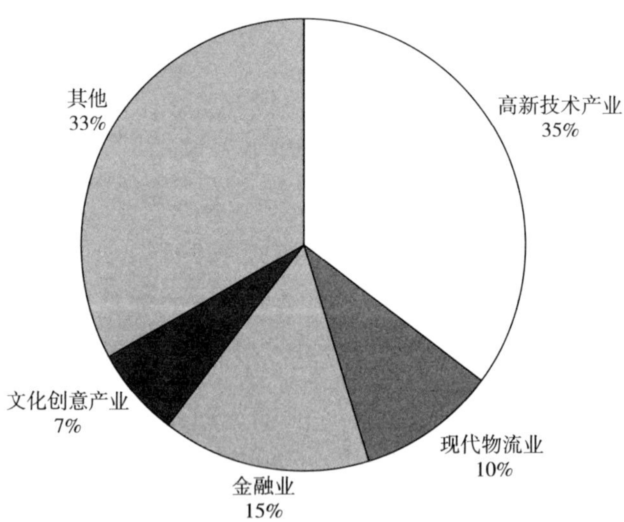

图4　2020年深圳市产业结构分布

资料来源：深圳市统计局网站。

从七大战略性新兴产业来看，2020 年深圳生物医药产业增加值较 2019 年增加了 24.4 个百分点，达 408.25 亿元。高端装备制造产业和绿色低碳产业增速较 2019 年分别上升了 0.2 个和 0.9 个百分点，达 1.8% 和 6.2%，增加值分别为 1380.69 亿元和 1227.04 亿元。新一代信息技术产业和海洋经济产业增速与 2019 年相比均有所下降，分别为 2.6% 和 2.4%。数字经济产业和新材料产业增速分别比 2019 年下降 18.2 个和 27.8 个百分点。总体来看，战略性新兴产业发展势头保持良好（见图 5）。

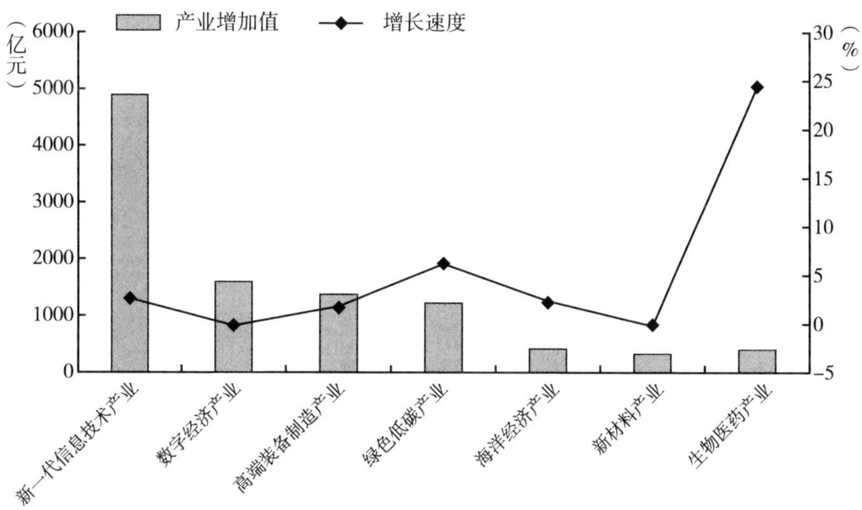

图 5　2020 年深圳七大战略性新兴产业增加值及增长速度

资料来源：《深圳市 2020 年国民经济和社会发展统计公报》。

（二）对外贸易强势复苏，国内贸易有所收缩

新冠肺炎疫情在全世界的蔓延严重影响到国家间的贸易往来，根据世界贸易组织（WTO）数据，2020 年全球货物贸易总额比 2019 年下降了 5.6 个百分点，服务贸易总额比 2019 年下降了 15.4 个百分点。深圳虽然对外贸易体量极其庞大，但其对外贸易依然呈增长态势。2020 年深圳进出口总额较 2019 年增加了 2.4 个百分点，达 30502.53 亿元。其中，进口总额较 2019 年

增加了 3.6 个百分点，达 13529.86 亿元；出口总额较 2019 年增加了 1.5 个百分点，达 16972.66 亿元（见图 6）。

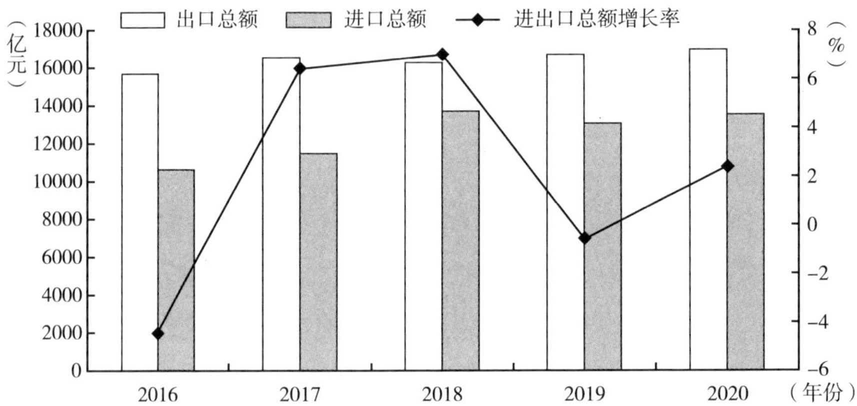

图 6　2016～2020 年深圳进出口总额及增长率

资料来源：深圳市统计局网站。

在 2020 年深圳进出口对外贸易中，贸易主体依然是民营企业，民营企业货物出口总额达 9402.05 亿元，占出口总额的比例为 55.39%，比重比 2019 年增加了 0.88 个百分点；民营企业货物进口总额达 8759.45 亿元，占进口总额的比例为 64.74%，比重比 2019 年增加了 2.68 个百分点。贸易方式上依然以一般贸易为主，一般贸易在货物出口总额中的比重较 2019 年上升了 2.51 个百分点，达 47.92%；一般贸易在货物进口总额中的比重较 2019 年上升了 0.32 个百分点，达 50.56%。贸易伙伴主要为中国香港、美国、中国台湾、韩国、日本、东盟和欧盟。在货物出口贸易中，超过 2000 亿元的贸易伙伴为中国香港、美国和欧盟。其中，对中国香港的出口额为 6031.17 亿元，占全市出口额的 35.53%。在货物进口贸易中，与之贸易数额超过 2000 亿元的贸易伙伴有中国台湾和东盟。其中，对东盟的进口额为 3204.51 亿元，占全市进口总额的 23.68%（见图 7）。

从实际使用外商直接投资额的数据来看（见图 8），深圳市 2020 年比 2019 年增加了 11.2 个百分点，达 86.83 亿元，占全国的比重达 6%。从新签外商直接投资合同项目数量来看，深圳市 2020 年比 2019 年下降了 24.4 个百分点，下降速度小于 2019 年，总数量达 4434 个。

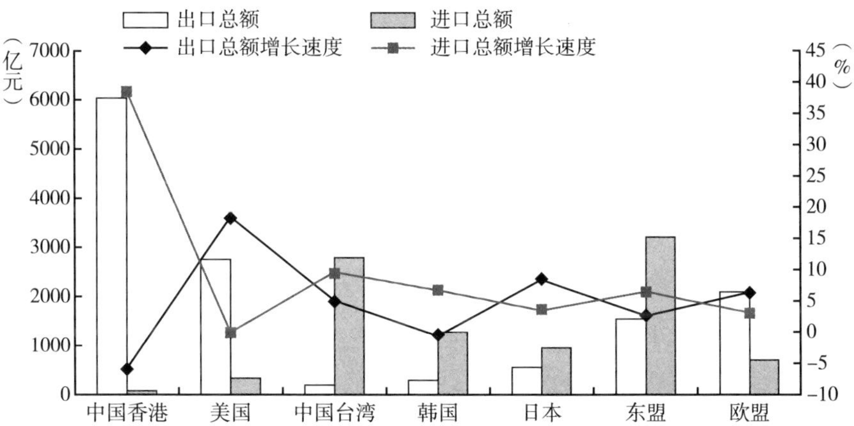

图 7　2020 年深圳对主要国家和地区货物进出口总额及增长速度

资料来源：《深圳市 2020 年国民经济和社会发展统计公报》。

从社会消费品零售总额的增长速度来看（见图 8），深圳市 2020 年比 2019 年下降了 5.2%，其中，商品零售额和餐饮收入额分别比 2019 年下降了 4.2 个和 12.6 个百分点。在商品零售额的分类中，粮油食品、金银珠宝、饮料、中西药品和文化办公用品几类商品的销售总额较 2019 年有所增长，分别增长了 8.6%、5.4%、7.7%、14.6% 和 16.7%。较 2019 年有所下降的类别有烟酒、服装鞋帽针织品、化妆品、日用品、家用电器和音像器材、家具、通信器材、建筑及装潢材料、石油及制品、汽车，分别比上一年下降 6.0%、19.3%、5.4%、2.4%、11.6%、22.4%、14.4%、31.7%、31.2%、1.6%。从各类消费品的全年零售总额变化中可以看出，除隔离在家依然需要的食品、办公用品、药品外，其他行业受疫情影响较大。

（三）人口总量连年上升，人口质量持续优化

如表 1、表 2 所示，深圳市 2020 年的常住人口总数为 1756.01 万人（根据 2020 年第七次全国人口普查数据），较 2010 年第六次全国人口普查

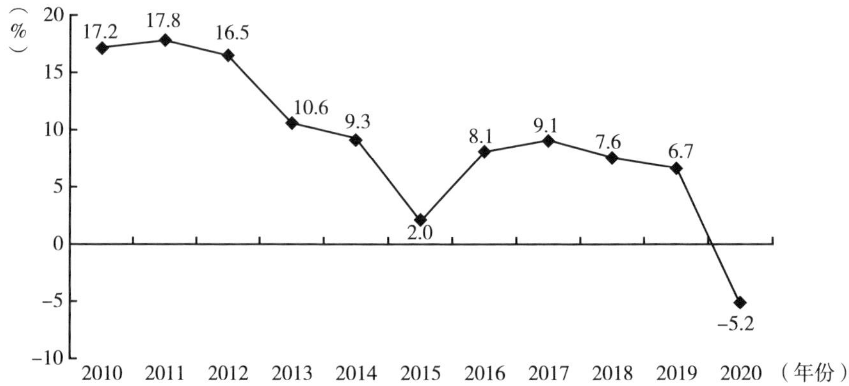

图8　2010～2020年深圳市社会消费品零售总额增长速度

资料来源：深圳市统计局网站。

数据增长了68.46个百分点，比中国整体平均水平的8.21%高出60.25个百分点，平均每年增长5.35个百分点，比中国整体平均水平的0.79%高出4.56个百分点。这说明深圳十年来的人才政策与创新创业氛围对全国人口具有较大的吸引力。从人口年龄结构来看，深圳市处在15～59岁的人口数在2020年占总人口数的比重达79.53%，虽然比重比2010年下降了7.50个百分点，但仍然比中国整体平均水平的63.35%高出16.18个百分点。60岁以上的老龄人口数占比为5.36%，比中国整体平均水平的18.70%低13.34个百分点，比世界人口老龄化标准的10%低4.64个百分点，这说明深圳人口年龄结构相对年轻化。从人口受教育程度来看，深圳市在2020年有近三成的人拥有大学学历，每十万人中有28849人，数量上比2010年第六次全国人口普查数据多11304人，高于中国整体平均水平（15467人）13382人，虽然仍低于北京（41980人）、上海（33872人）和杭州（29317人），但相较于2010年平均文化水平已经超过广州（27277人）。这说明近十年来深圳全市人口文化水平有了较大提升，人才政策对于高水平人才具有集聚作用。

表 1　全国主要城市人口数与人口结构变化

地区	2020 年第七次全国人口普查			2010 年第六次全国人口普查		
	人口数（万人）	每十万人拥有大学学历人口数（人）	15 ~59 岁人口数占比（%）	人口数（万人）	每十万人拥有大学学历人口数（人）	15 ~59 岁人口数占比（%）
全国	144349. 74	15467	63. 35	133397. 25	8930	70. 14
深圳市	1756. 01	28849	79. 53	1042. 40	17545	87. 03
北京市	2189. 31	41980	68. 50	1961. 24	31499	78. 90
上海市	2487. 09	33872	66. 80	2301. 92	21893	76. 30
广州市	1867. 66	27277	74. 72	1270. 08	19228	78. 79
重庆市	3205. 42	15412	62. 22	2884. 62	8478	65. 58
苏州市	1274. 83	22514	69. 49	1045. 99	13987	78. 03
成都市	2093. 78	25582	68. 74	1511. 88	15710	73. 60
杭州市	1193. 60	29317	70. 12	870. 04	18881	75. 21

资料来源：《第七次全国人口普查公报》。

表 2　全国主要城市 2020 年相对于 2010 年人口结构变化

单位：人，%

地区	人口数增长率	人口数年增长率	每十万人拥有大学学历人口数变化	15 ~59 岁人口数占比变化
全国	8. 21	0. 79	6537	-6. 79
深圳市	68. 46	5. 35	11304	-7. 50
北京市	11. 63	1. 10	10481	-10. 40
上海市	8. 04	0. 77	11979	-9. 50
广州市	47. 05	3. 93	8049	-4. 07
重庆市	11. 12	1. 06	6934	-3. 36
苏州市	21. 88	1. 99	8527	-8. 54
成都市	38. 49	3. 31	9872	-4. 86
杭州市	37. 19	3. 21	10436	-5. 09

资料来源：根据《第六次全国人口普查公报》《第七次全国人口普查公报》数据计算得出。

从人口数量来看，深圳市各区域的常住人口分布较不均匀，人口数量较多且近十年来人口增量较多的区域是原特区之外的宝安区、龙岗区和龙华区，其常住人口数在 2020 年分别达到 447. 66 万人、397. 90 万人和 252. 89 万人，三区域新增总人口占深圳近十年新增人口（713. 61 万人）的 71. 21%（见表

3、图9）。原特区内的罗湖区、福田区、盐田区和南山区十年来的人口增量为116.84万人，占近十年人口增量的16.37%，这说明深圳近十年来新增人口主要流入了原特区外区域。从人口质量来看，高水平人才在各个区域的分布

表3　深圳市各区域人口数与人口结构变化

区域	2020年第七次全国人口普查			2010年第六次全国人口普查		
	人口数（万人）	每十万人拥有大学学历人口数（人）	15~59岁人口数占比（%）	人口数（万人）	每十万人拥有大学学历人口数（人）	15~59岁人口数占比（%）
全市	1756.01	28849	79.53	1042.40	17545	87.03
福田区	155.32	40507	75.63	131.75	35132	82.82
罗湖区	114.38	32153	74.47	92.34	22993	83.31
盐田区	21.42	29595	76.09	20.94	15744	85.59
南山区	179.58	46175	78.00	108.83	39324	84.75
宝安区	447.66	24203	82.45	263.89	9173	90.13
龙岗区	397.90	25849	78.07	188.44	11440	85.24
龙华区	252.89	29380	81.60	137.95	12882	91.86
坪山区	55.13	19663	79.39	30.95	7063	88.56
光明区	109.53	16106	83.48	48.09	3715	89.94
大鹏新区	15.62	20142	77.69	12.66	9790	85.22

资料来源：《深圳市第七次全国人口普查公报》。

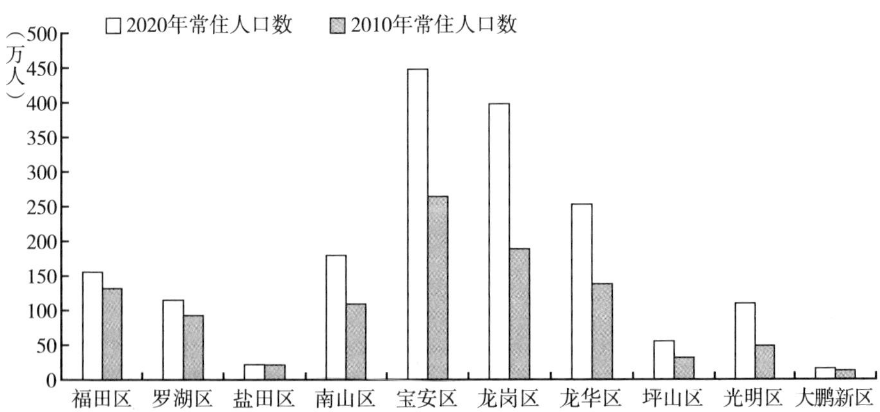

图9　深圳市各区域常住人口数

资料来源：《深圳市第六次全国人口普查公报》《深圳市第七次全国人口普查公报》。

依然不均衡，人口平均受教育程度较高的区域仍然是原特区内的福田区、罗湖区、盐田区和南山区，每十万人中分别有 40507 人、32153 人、29595 人和 46175 人拥有大学学历（见图 10），这说明原特区内区域对于受教育程度较高的人才吸引力依然较大，深圳近十年来新增高水平人才主要流入了原特区内区域。

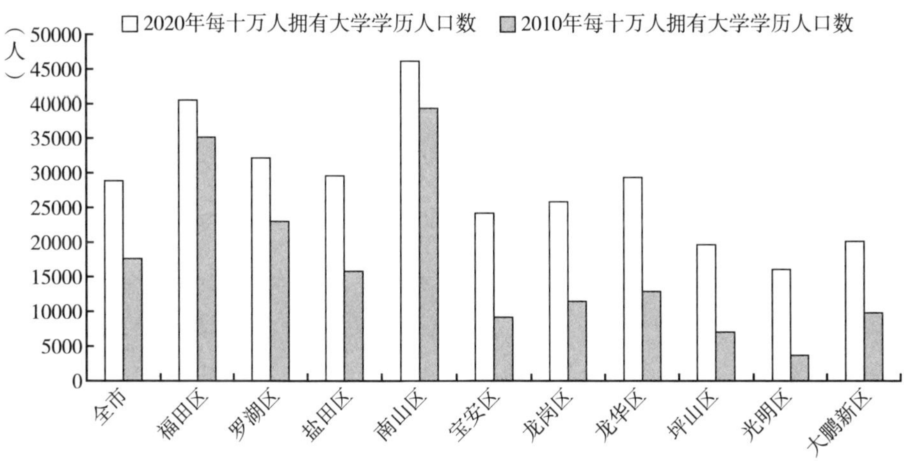

图 10　深圳市各区域每十万人拥有大学学历人口数

资料来源：《深圳市第六次全国人口普查公报》《深圳市第七次全国人口普查公报》。

（四）“大国重器”落户深圳，创新体系重构

根据科技部公布的《国家创新型城市创新能力监测报告 2020》，深圳市 2019 年、2020 年创新能力均居全国领先地位。在创新载体方面，继北京、上海与合肥之后，全国第 4 个综合性国家科学中心于 2020 年落户深圳，鹏城国家实验室于同年挂牌成立。截至 2020 年，深圳市已经建成 3 个大科学装置（未来网络基础设施、国家超级计算深圳中心和深圳国家基因库），数量上少于广州已建成的 7 个。除此之外，2020 年深圳新增了 12 家基础研究机构及数学与化学方面的研究中心。在企业方面，2020 年深圳国家高新技术企业数量是“十二五”末期的 2.4 倍，达 18650 家（见图 11）；共有商事主体超过 358.5 万家，比 2019 年增加了 9.4%。全市国家级、省级和市级创新载体数量分别为 124 个、957 个和 1600 个，创新载体总量达 2681 个。

在创新人才方面，2020 年深圳全市新引入人才数量达 120 万人，其中全职院士人数总量达 61 人。首次设立了外国人来华工作许可工作站，成功举办了“第十八届中国国际人才交流大会”，聚焦基础学科领域首批立项 101 个博士启动项目、40 个优青项目、20 个杰青项目。全市各类专业技术人员数量较 2019 年增加了 9.4%，达 198 万人，其中，中级技术职称以上的技术人员数量较 2019 年增加了 7.7%，达 57.6 万人。在科技研发方面，深圳 2020 年全社会研发经费支出较 2019 年增加了 29.53%，达 1360 亿元，研发投入强度达 4.93%（见图 12），基础研究与应用基础研究投入不断增加，

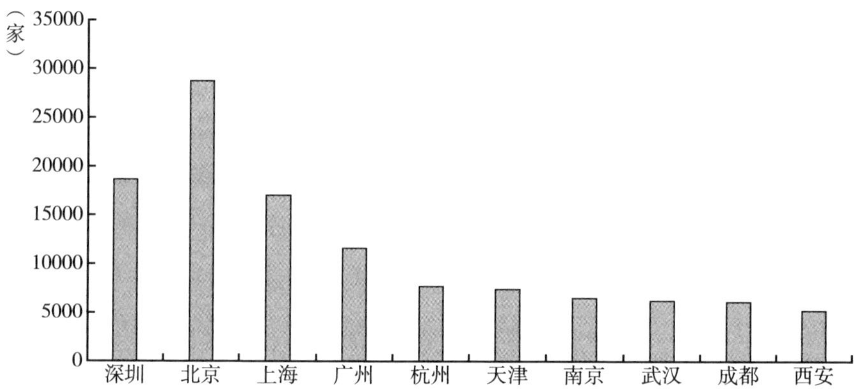

图 11　2020 年全国主要城市高新技术企业数量

资料来源：各市 2020 年国民经济和社会发展统计公报。

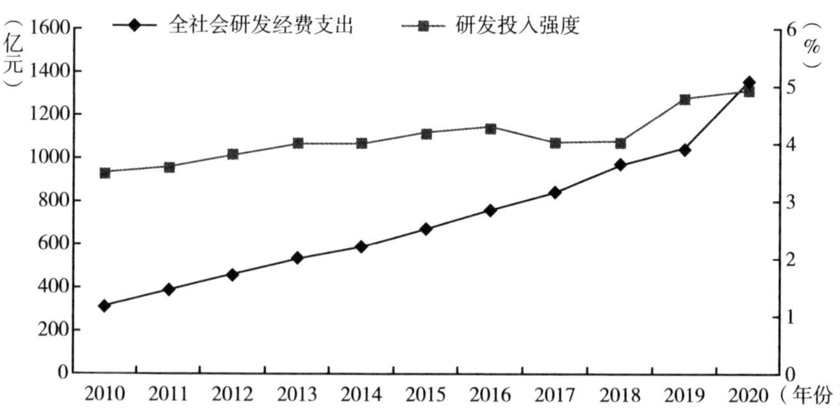

图 12　2010～2020 年深圳市全社会研发经费支出与研发投入强度

资料来源：深圳市统计局网站。

在市级科研资金投入的占比已经超过 30%。高新技术产业实现产值较 2019 年增加了 2.7%，达 27849 亿元。国内专利方面，2020 年深圳市申请量和授权量分别比 2019 年增加了 18.62% 和 33.49%，分别达 310206 件和 222412 件（见图 13）。在 PCT 国际专利申请方面，深圳市申请数量达 20209 件（见图 14），第 17 次全国领先。在商标方面，深圳市申请量较 2019 年增加了 16.72%，达 584659 件；注册量较 2019 年增加了 23.88%，达 1730268 件，二者均居全国首位。

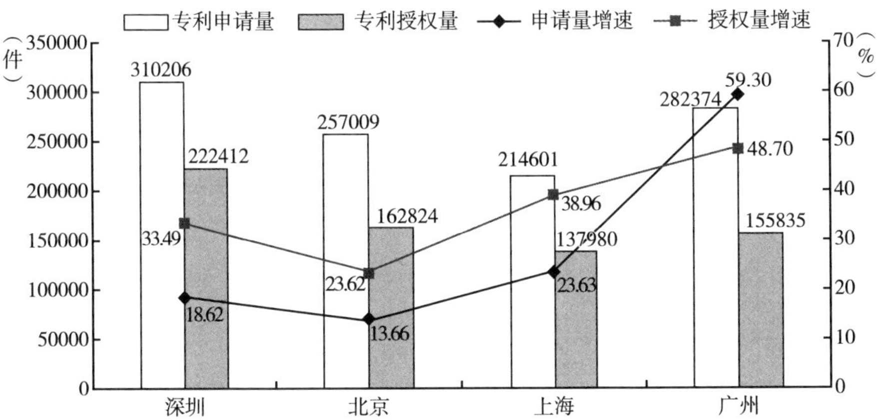

图 13　2020 年一线城市专利申请量与专利授权量及增速

资料来源：深圳市统计局网站。

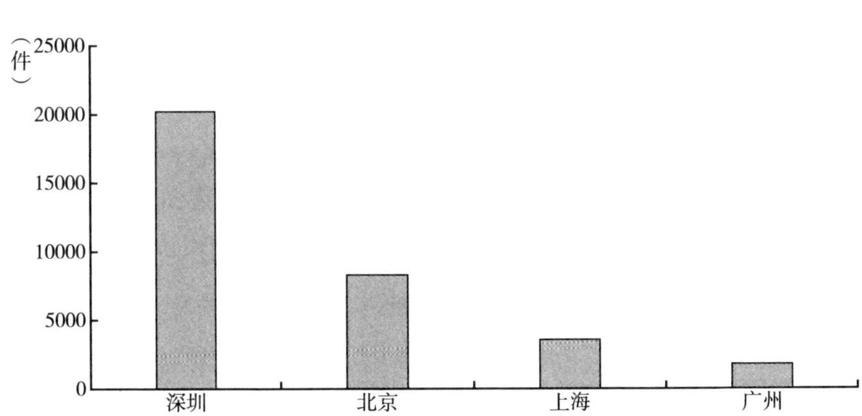

图 14　2020 年一线城市 PCT 国际专利申请量

资料来源：各市 2020 年国民经济和社会发展统计公报。

（五）人民生活日益改善，城市品质逐渐提升

在人民生活方面，受新冠肺炎疫情影响，深圳市2020年人均可支配收入增长较慢，相比于2019年只增长了3.8%，增速下滑4.9个百分点，但由于疫情控制得较为迅速，人均可支配收入数依然增长，较2019年增加了2355.6元，为64878元。而消费方面整体受疫情影响较大，人均消费支出较2019年下降了5.9%，为40581元（见图15）。

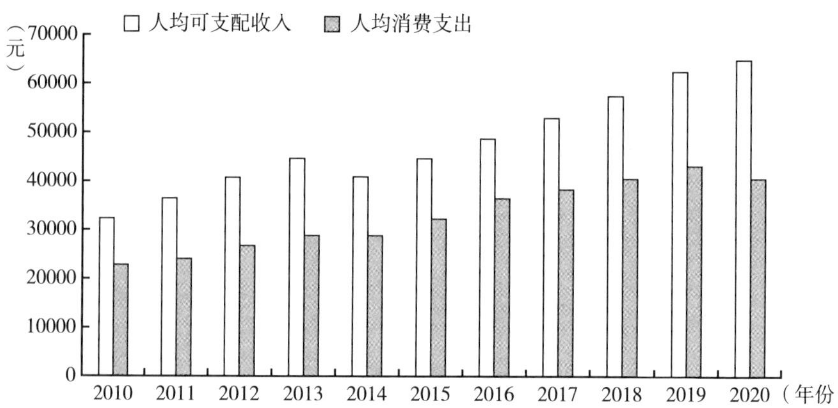

图15　2010～2020年深圳市居民人均可支配收入与人均消费支出

资料来源：深圳市统计局网站。

在社会民生方面，2020年深圳市政府在保障民生与帮助复工复产方面投入扩大，一般公共预算中68%的比例用于九大民生支出。就业上来看，新增就业17.3万人，就业人口总规模达1222.44万人，比2019年增加了4.8%。2020年，由于深圳市政府通过“减免缓返补”为企业减负、通过“一对一”帮扶帮助就业困难人员就业、通过拓宽就业渠道帮助应届毕业生就业，城镇登记失业率在疫情影响下仅比2019年上升0.29个百分点，为2.49%。从教育上来看，深圳市基础教育学位在2020年全年增加了11.1万个，增量达到了历史最高水平。公办学校数量由2019年的637所增加至2020年的1375所，增加了738所，同比增长了115.86%，增长率比2019年增加了105.84个百分点。从医疗上来看，疫情刺激了医疗产业的发展，

2020年全市新增11000多张床位、9家医院和2177名执业医师，引入高层次医学团队22个。社康机构数量增加了59家，同比增长8.6%；全科医生数量增加了1354名，同比增长33.6%。在城市品质方面，从城市文明上来看，2020年深圳入选“中国十大美好生活城市”之一，并第6年获得“全国文明城市”，第7次荣获“全国双拥模范城市”称号，城市文化及相关产业增加值达1775.98亿元，位居全国前列。根据美国AEA咨询公司发布的《2020全球文化设施建设报告》，全球2020年新建大型文化设施项目有近一半在深圳，占比约为54%。从城市治理上来看，深圳市政府不断推进政府的智能化与数字化进程，力图减少政治性程序，提高政府办事效率。根据《中国智慧城市发展水平评估报告》，深圳市智慧城市建设效果卓越，2018~2020年均排在中国地级市第一位。根据《省级政府和重点城市一体化政务服务能力调查评估报告》，在政府政务网络化方面，2019~2020年深圳市在中国地级市中位居首位。从生态环境上来看，深圳市2020年空气质量指数（AQI）达优良天数占比较高，达97%，同比增长6%，$PM_{2.5}$平均浓度也有所下降，为19微克/米^3，比2019年降低5微克/米^3，空气质量已对标国际先进水平（见图16）。在水污染方面，黑臭水体已经在全市范围内被消除，目前全市每天可以处理280万吨污水。

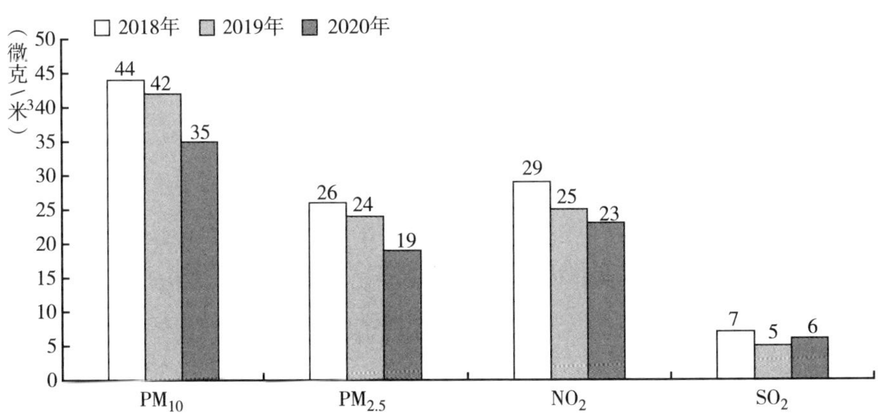

图16　2018~2020年深圳市空气主要污染物平均浓度

资料来源：2018~2020年深圳市生态环境状况公报。

（六）营商环境持续优化，市场活力不断增强

深圳经济特区建立40年来的迅速发展得益于政府的敢闯敢试与市场的发展活力。政府方面，2020年深圳市政府重点进行了营商环境的优化工作，把其列为“一号改革工程”，并推出《深圳市2020年优化营商环境改革重点任务清单》，对14个重点领域进行改革，并提出了210项具体措施，力图进一步释放市场活力。同年8月出台《深圳经济特区个人破产条例》，对标国际一流营商环境标准，成为中国首个在制度层面探索个人破产方式的城市，进一步完善了市场机制。全面推进数字政府建设，推广掌上政府、刷脸办事、秒批、秒报等服务，推进数字政府改革。截至2020年末，“i深圳”App实名注册用户数量已经超过1400万人。市场方面，2020年深圳市累计商事主体达359万户，比2019年增长9.3%，新增上市企业41家，创业密度居全国首位，创业板和中小板上市企业数量连续13年领跑全国。2021年8家总部坐落于深圳的企业入围《财富》世界500强排行榜，且排名相较于2020年均有所上升（见表4）。

表4　深圳市世界500强企业2021年相较于2020年的排名变化

企业名称	2021年排名	2020年排名	企业名称	2021年排名	2020年排名
中国平安	16	21	腾讯	132	197
华为	44	49	万科	160	208
正威国际	68	91	招商银行	162	189
中国恒大	122	152	深投控	396	442

资料来源：2020年、2021年《财富》世界500强排行榜。

二　深圳在“一线城市”中的可持续发展能力评估比较

本报告参照杨晓兰等①对城市可持续发展的定义，构建了经济、社会、

① 杨晓兰、倪鹏飞：《城市可持续竞争力的起源与发展评述》，《经济学动态》2017年第9期。

创新、生态四个维度的城市可持续竞争力评估指标体系，运用熵值法对“北上广深”四大一线城市的可持续竞争力进行评估与比较。

（一）评估指标体系构建

本报告参考张卫民、马艳梅等和王雨飞等对城市可持续发展能力评估体系的构建，借鉴杨晓兰等对城市可持续发展的定义，结合数据可得性，构建了城市可持续发展能力评估指标体系，包括经济发展、社会进步、科技创新、生态环境4个二级指标，之后又分别在每个二级指标下设了不同的三级指标，包括地区生产总值增长率、人均用电量、每十万人拥有大学学历人口数、空气质量指数（AQI）达优良天数等共16个三级指标。本报告所构建的城市可持续发展能力评估指标体系见表5。

表5　城市可持续发展能力评估指标体系

一级指标	二级指标	三级指标	指标单位	指标类型	指标符号
城市可持续发展能力评估指标	经济发展	人均地区生产总值	元	正向	X_1
		地区生产总值增长率	%	正向	X_2
		第三产业占地区生产总值比重	%	正向	X_3
		固定资产投资增速	%	正向	X_4
		货物进出口总额	亿元	正向	X_5
		社会消费品零售总额	亿元	正向	X_6
	社会进步	每万人拥有医生数	人	正向	X_7
		人均用电量	千瓦时	正向	X_8
		15～59岁劳动人口数占比	%	正向	X_9
	科技创新	每十万人拥有大学学历人口数	人	正向	X_{10}
		专利申请量	件	正向	X_{11}
		高新技术企业数	个	正向	X_{12}
	生态环境	空气质量指数(AQI)达优良天数	天	正向	X_{13}
		$PM_{2.5}$平均浓度	微克/米^3	负向	X_{14}
		人均公园绿地面积	平方米	正向	X_{15}
		建成区绿化覆盖率	%	正向	X_{16}

（二）熵值法评估过程

熵值法是一种根据各指标数据间不同的差异程度，来为不同指标分配不同权重的赋权方法。该方法衡量指标中不同个体间数据的差异程度，某指标的数据间相差的程度越大，该指标对整个指标体系所得出结果的影响就越大，因此应赋予其更大的权重。“熵”是用来衡量不确定性的一个指标，数据间的离散与差异性越大，可以提供的信息就越多，因而降低了不确定性，使熵值变小。换句话说，熵值法对不同个体间数值较相似的指标赋予较小的权重，对可以体现差异性的指标赋予较大的权重。本报告使用 2020 年“北上广深”4 座一线城市的数据，运用熵值法来评估一线城市的城市可持续发展能力，具体评估过程如下所示。

1. 构建原指标数据矩阵

把 2020 年“北上广深”4 座一线城市的 16 项评估指标，构建成原始指标数据矩阵 $X=\{x_{ij}\}_{m\times n}$（$i=1, 2, \cdots, m$；$j=1, 2, \cdots, n$），其中，x_{ij} 表示第 i 个城市第 j 项指标的数值，m 为城市个数，n 为指标个数。

2. 数据标准化处理

由于 16 项三级指标单位并不统一，不具有可比性，因此对原始数据进行标准化处理，使指标之间可以相比较。对原指标数据矩阵标准化之后得到标准化数据矩阵 $R=\{r_{ij}\}_{4\times 16}$，其中，正向指标是指数值越大越好，负向指标指数值越小越好，其标准化公式分别为：

$$r_{ij}=\frac{x_{ij}-\min\{x_{ij}\}}{\max\{x_{ij}\}-\min\{x_{ij}\}}\text{（其中，}r_{ij}\text{ 为正向指标）；}$$

$$r_{ij}=\frac{\max\{x_{ij}\}-x_{ij}}{\max\{x_{ij}\}-\min\{x_{ij}\}}\text{（其中，}r_{ij}\text{ 为负向指标）。}$$

3. 计算熵值

各三级指标的熵值计算公式为：$e_j=-\frac{1}{\ln m}\sum_{i=1}^{n}p_{ij}\ln p_{ij}$，其中，$0\leqslant e_j\leqslant 1$，$p_{ij}=r_{ij}/\sum_{i=1}^{m}r_{ij}$ 为第 i 个城市第 j 个指标占所有城市该指标之和的比重。

4. 计算指标权重

首先，计算出第 j 项指标的信息效用值 $d_j = 1 - e_j$，熵值越大，不确定性越大，信息的效用值就越小。然后，计算各个指标的权重 $w_j = \frac{d_j}{\sum_{j=1}^{n} d_j}$，其中，$n$ 为评估指标的个数。本报告所构建的2020年一线城市可持续发展能力评估指标体系中各三级指标的熵值、信息效用值和权重如表6所示。

表6　2020年一线城市可持续发展能力评估指标体系中各三级指标熵值、信息效用值和权重

三级指标	指标符号	熵值 e_j	信息效用值 d_j	权重 w_j(%)
人均地区生产总值	X_1	0.78376	0.21624	4.510
地区生产总值增长率	X_2	0.76096	0.23904	4.985
第三产业占地区生产总值比重	X_3	0.74817	0.25183	5.252
固定资产投资增速	X_4	0.78647	0.21353	4.453
货物进出口总额	X_5	0.59429	0.40571	8.462
社会消费品零售总额	X_6	0.59525	0.40475	8.442
每万人拥有医生数	X_7	0.66323	0.33677	7.024
人均用电量	X_8	0.57792	0.42208	8.803
15~59岁劳动人口数占比	X_9	0.63780	0.36220	7.554
每十万人拥有大学学历人口数	X_{10}	0.59630	0.40370	8.420
专利申请量	X_{11}	0.75557	0.24443	5.098
高新技术企业数	X_{12}	0.69852	0.30148	6.288
空气质量指数(AQI)达优良天数	X_{13}	0.76967	0.23033	4.804
$PM_{2.5}$平均浓度	X_{14}	0.72567	0.27433	5.722
人均公园绿地面积	X_{15}	0.73870	0.26130	5.450
建成区绿化覆盖率	X_{16}	0.77306	0.22694	4.733
累计			4.79466	100.000

5. 计算综合得分

第 i 个城市第 j 项三级指标的得分为：$f_{ij} = w_j r_{ij}$（$i = 1, 2, 3, 4$；$j = 1, 2, \cdots, 16$），其中，w_j 为 j 指标的权重，r_{ij} 为标准化后第 i 个城市第 j 项三级指标的数值。2020年一线城市可持续发展能力评估指标体系中各三级指标得分如表7所示。

表 7　2020 年一线城市可持续发展能力评估指标体系中各三级指标得分

三级指标	北京	上海	广州	深圳
人均地区生产总值	0. 04510	0. 03155	0. 00000	0. 03442
地区生产总值增长率	0. 00000	0. 02493	0. 04985	0. 04985
第三产业占地区生产总值比重	0. 05252	0. 02663	0. 02520	0. 00000
固定资产投资增速	0. 00000	0. 04453	0. 04288	0. 03299
货物进出口总额	0. 01486	0. 08462	0. 00000	0. 02277
社会消费品零售总额	0. 05868	0. 08442	0. 00643	0. 00000
每万人拥有医生数	0. 07024	0. 02061	0. 02123	0. 00000
人均用电量	0. 00000	0. 08803	0. 01010	0. 03061
15～59 岁劳动人口数占比	0. 01009	0. 00000	0. 04700	0. 07554
每十万人拥有大学学历人口数	0. 08420	0. 03777	0. 00000	0. 00900
专利申请量	0. 02261	0. 00000	0. 03614	0. 05098
高新技术企业数	0. 06288	0. 01982	0. 00000	0. 02583
空气质量指数(AQI)达优良天数	0. 00000	0. 02615	0. 03344	0. 04804
$PM_{2.5}$平均浓度	0. 00000	0. 01807	0. 04517	0. 05722
人均公园绿地面积	0. 02789	0. 00000	0. 05450	0. 02280
建成区绿化覆盖率	0. 04733	0. 00000	0. 03534	0. 02669

由于熵值法所测算出来的指标评估指数具有可叠加性，二级指标得分可由其下各三级指标得分求和得到，一级指标综合得分则由其下各二级指标得分求和得到。因此，第 i 个城市第 s 个二级指标综合得分为 $F_{is} = \sum_{j=1}^{k} f_{ij}$ （$s = 1, 2, 3, 4$），其中，k 为该二级指标所包含的三级指标个数，f_{ij} 为第 i 个城市第 j 项三级指标得分；第 i 个城市一级指标综合得分为 $F_i = \sum_{j=1}^{n} f_{ij}$。2020 年一线城市可持续发展能力评估综合得分如表 8 所示。

表 8　2020 年一线城市可持续发展能力评估综合得分

	综合得分	北京	上海	广州	深圳
二级指标	经济发展	0. 17116	0. 29667	0. 12437	0. 14003
	社会进步	0. 08033	0. 10864	0. 07833	0. 10615
	科技创新	0. 16969	0. 05758	0. 03614	0. 08581
	生态环境	0. 07522	0. 04422	0. 16845	0. 15474
一级指标	可持续发展能力	0. 49639	0. 50711	0. 40729	0. 48673

（三）一线城市可持续发展能力评估结果比较分析

从评估结果可以看出，2020 年一线城市可持续发展能力最强的是上海市，上海市在经济发展与社会进步两个指标上领先于其他一线城市；综合得分排在第二位的是北京市，北京市在科技创新方面优于其他一线城市；深圳市排在第三位，综合得分仅比排在第一位的上海市低 0.020 分，比排在第四位的广州高 0.079 分，但深圳市并没有排在第一位的二级指标；广州市在科技创新方面得分较低，综合得分排在第四位，但其生态环境指标领先于其他一线城市。

从二级指标综合得分来看，深圳市经济发展指标排在第三位，低于上海市和北京市，高于广州市。从经济发展二级指标下的 6 个三级指标来看（见表 9），深圳市的主要短板在于产业结构与内需问题，第三产业占地区生产总值的比重相比于其他一线城市较低，仅为 62.10%，比北京市低 21.7 个百分点，比发达国家 70% 的标准低 7.9 个百分点；社会消费品零售总额也低于其他 3 座一线城市，比上海市低 7267.67 亿元，数值几乎只是上海市的一半，社会消费品零售总额反映了一个地区内居民的消费需求，深圳市居民消费需求一直低于上海市与北京市。6 个三级指标中，深圳市的地区生产总值增长率较高，在疫情的冲击下，深圳市地区生产总值增长率依然保持正向增长，且高于其他一线城市，说明深圳市的经济发展具有较强的韧性。上海市经济发展二级指标综合得分远高于其他一线城市，主要归因于其货物进出口总额远高于其他一线城市。

表 9　2020 年一线城市可持续发展能力评估指标体系中三级指标对比

三级指标	北京	上海	广州	深圳
人均地区生产总值	164904.01	155605.87	133959.66	157574.50
地区生产总值增长率	1.20	1.70	2.70	3.10
第三产业占地区生产总值比重	83.80	73.10	72.51	62.10
固定资产投资增速	2.20	10.30	10.00	8.20
货物进出口总额	23215.90	87463.10	9530.06	30502.53

续表

三级指标	北京	上海	广州	深圳
社会消费品零售总额	13716.40	15932.50	9218.66	8664.83
每万人拥有医生数	54.36	33.09	33.36	24.26
人均用电量	5207.12	6336.56	5336.73	5599.85
15~59岁人口数占比	68.50	66.80	74.70	79.53
每十万人大学学历人口数	41980.00	33872.00	27277.00	28849.00
专利申请量	257009.00	214601.00	282374.00	310206.00
高新技术企业数	28750.00	17012.00	11610.00	18650.00
空气质量指数(AQI)达优良天数	276.00	319.00	331.00	355.00
$PM_{2.5}$平均浓度	38.00	32.00	23.00	19.00
人均公园绿地面积	16.40	8.73	23.72	15.00
建成区绿化覆盖率	48.44	36.84	45.50	43.38

深圳市的社会进步指标排在第二位，仅比上海市低0.0025分。从社会进步二级指标下的3个三级指标来看，深圳市的劳动人口占比较高，整体年龄结构较为年轻，处于“人口红利”时期；居民人均用电量可以间接反映居民的生活水平，深圳人均用电量在四大一线城市中仅低于上海市，说明深圳市居民生活水平在一线城市中也较高；而每万人拥有医生数这一指标反映了城市公共服务供给水平，深圳这一指标的数值远低于其他一线城市，说明深圳市应增加基础公共服务供给数量。

深圳市的科技创新指标排在第二位，低于北京市，高于上海市和广州市。从科技创新二级指标下的3个三级指标来看，北京科技创新综合得分远高于其他城市，其原因是每十万人拥有大学学历人口数和高新技术企业数这两个指标远高于其他一线城市。而深圳市在创新方面发挥主要作用的是企业，这可以从专利申请量这一指标中看出，深圳市的专利申请量在一线城市中排名第一。

深圳市的生态环境指标排在第二位，比排在第一位的广州市仅低0.0137分。从生态环境二级指标下的4个三级指标来看，深圳市的空气质量好于其他一线城市，与北京市和广州市相比，建成区整体绿化覆盖率略低，而在人均值方面，人均公园绿地面积比其他一线城市低很多，这可能是因为深圳市的辖区面积小于其他一线城市。而作为一线城市之一的深圳市同样对其他城市的人口具有较大的“虹吸效应”，因此在整体绿化覆盖率不算低的情况下，人均值比邻近的广州市低 8.72 平方米。

总之，深圳市的可持续发展能力与其他一线城市相比，主要优势表现为经济发展速度较快、人口年龄结构较为年轻、企业更具有活力（体现在专利申请量与高新技术企业数上）、空气质量较好等；主要短板表现为第三产业特别是服务业发展存在障碍、经济发展主要依靠外贸，内需不振、城市公共服务供给不足、人口质量不够高等。

三　深圳在中国各地级市中的发展优势与问题

本部分列举出由各政府部门或社会机构从不同方面对中国地级市发展状况的横向测算与比较结果，明确深圳在其中所处的位置，对深圳在 2020 年度中存在的优势与不足进行进一步的补充与说明。

（一）深圳发展中的优势

第一，经济竞争力全国排名第一。由前文的实证分析可知深圳经济发展较为快速，地区生产总值增速在一线城市中排名第一，人均地区生产总值仅低于北京，排在全国第二位。根据《中国城市竞争力报告 No. 18》（中国社会科学院财经战略研究院等），从经济竞争力角度看，深圳排在全国第一。该报告多维度综合评估了 2020 年包括香港、澳门、台湾在内的共 291 个中国地级市，公布了城市经济竞争力等方面共 11 项排行榜。另外，根据《全球城市竞争力报告（2020—2021）》（联合国人居署、中国社会科学院），从经济竞争力角度看，深圳在全球城市中排第九位，在中国国内排第一位，位次高于香港、上海和北京。

第二，人才净流入速度逐年增加。由前文的实证分析发现深圳市的人口年龄结构较为年轻，但人口质量结构弱于北京和上海。《中国城市人才吸引力排名：2021》（恒大研究院、智联招聘）显示，在城市对人才的吸引力方面，深圳排在中国地级市第四位，北京、杭州、上海居前三位。深圳虽然每十万人拥有大学学历人口数这一数据低于北京和上海，但由于经济发展状况和政府对人才的政策都具有吸引力，且拥有华为、腾讯、中兴等知名企业，人才净流入速度每年都在上升，深圳市的人才净流入比重在 2017 年、2018 年、2019 年和 2020 年分别为 0.1%、0.4%、0.2% 和 1.3%。高端人力资本的引进有利于缓解“人口红利”逐渐减少带来的问题。

第三，营商环境排在全国前列。根据《2020 年中国 296 个地级及以上城市营商环境报告》（21 世纪经济研究院等），深圳市 2020 年营商环境超过中国其他地级市，排在全国首位。该报告主要评估了软环境、基础设施建设、生态环境、商务成本、社会服务水平等几个方面的综合得分。而在《后疫情时代中国城市营商环境指数评价报告（2020）》（第一财经研究院等）中，深圳市营商环境低于上海和北京，排在全国第三位。该报告对上万家企业进行深入调研，结果主要反映民营及外资企业对城市营商环境的满意度。

第四，地级市政府效率居全国首位。在数字政府建设方面，根据《2020 数字政府发展指数报告》（清华大学数据治理研究中心），深圳市 2020 年的数字政府建设程度在中国地级市中排在首位。该报告运用德尔菲法、大数据分析法等方法从政府组织机构、内外部制度环境、整体治理能力与效果几个维度进行分析。在法治政府方面，根据《中国法治发展报告 No. 19（2021）》（中国社科院法学研究所），深圳市在 2020 年政府透明度方面排在全国第二位，前五位分别是广州、深圳、青岛、宁波和成都。政府的透明度越高，越有利于规范政府行为，提升其治理效率。在防贫效率方面，根据《中国地方政府效率研究报告（2020）》（江西师范大学管理决策评价研究中心等），深圳市 2020 年在地方政府效率建设方面排在全国第一位。该报告在市级层面研究了 333 个地级市政府，主要揭示了地方政府在摆脱贫困与抗击疫情等方面的效率。

第五，城市创新能力领跑全国。根据《国家创新型城市创新能力评价报告 2020》（中国科学技术信息研究所），深圳市 2020 年在创新型城市建设方面排在全国地级市第一位。排名前五位的城市分别是深圳、广州、杭州、南京和武汉。该报告从创新能力与成果转化能力角度分五个维度评估了中国地级市的创新能力。深圳市被评为 15 个创新策源地城市之一，这类城市可以会聚高端人才，且科研投入经费较多，原始性创新能力相对较强。根据《2020 中国城市创新竞争力排行榜》（界面新闻），在专利申请量与授权量、PCT 等创新成果方面，深圳市排在中国地级市第一位；在 R&D 经费投入强度等创新投入方面，深圳市排在第三位，低于北京和西安；在高新企业、独角兽和科创板公司数量等创新主体方面，深圳市排在第三位，低于北京和上海。《2020 年全球创新指数报告》［世界知识产权组织（WIPO）］显示，在创新方面，深圳—香港—广州集群的排名仅低于东京—横滨集群，位列全球第二。

第六，空气质量超越其他一线城市。根据《2020 中国生态环境状况公报》（生态环境部），深圳市 2020 年在空气质量方面的排名位于中国地级市第六位，排在前五位的城市分别是海口、拉萨、舟山、厦门、黄山，这些城市都在一定程度上以旅游作为主要产业。在城市空气质量排行榜的前 20 位中，除深圳外并没有其他一线城市上榜。这归因于政府的规划与治理，相比于其他一线城市，深圳较为年轻，政府在对城市进行规划和治理的时候会参考其他城市的经验，考虑到绿化覆盖率与环境治理标准。

（二）深圳发展中存在的问题

第一，第三产业比重低于其他一线城市。《2020 中国城市产业发展力评价报告》（中科财金产业研究院等）显示，深圳在中国地级市中产业发展力排名第四，低于同为一线城市的北京、上海、广州。该报告从城市基本经济指标、产业现状与产业发展潜力三个方面，分为 45 个指标，共研究了中国 600 多个城市的产业发展情况。虽然深圳与北京、上海、广州都被认定划分为引领型城市，但深圳的第三产业占比明显低于其他一线城市。

第二，与其他一线城市相比，消费存在短板。北大汇丰智库所发布的《深圳市 2021 年产业结构现状及未来展望》中指出，深圳市第三产业占比低的原因主要是深圳市是外向型经济，经济发展主要依靠投资和出口，内循环并不畅通。而外向型经济城市的产业结构，在很大程度上受到其在全球价值链中所处地位的影响，深圳目前的对外贸易中，制造业占据比例较高，因此深圳出现内需不振且对外贸易体量较大导致产业结构服务化程度较低的问题。商务部在 2021 年宣布在上海、北京、广州、天津、重庆 5 座城市建设国际消费中心，可以看出，除深圳外，其他 3 座一线城市均入选，这也反映出深圳市存在内需不振的问题。

第三，公共服务质量评价排名靠后。根据《2020 年全国公共服务质量监测情况通报》（国家市场监督管理总局），深圳市 2020 年在公共服务质量方面排在中国地级市第十六位，低于同为一线城市的北京和上海。深圳市目前在教育、医疗、文化等方面的资源在数量与质量上皆不能满足现有需求。在教育方面，基础教育学位数量不足，且优质教育资源分布不均，比如深圳十大高中中有 9 所分布在原特区内区域。在医疗方面，深圳市的三甲医院数、病床数、执业医师数等远低于北京、上海和广州。在文化方面，深圳是一个较新的城市，其历史文化积累少于其他一线城市，且居民社区内文体活动设施等较为短缺。

第四，城市面积相对较小，土地资源供给紧张。由前文的实证分析发现，深圳的建成区绿化覆盖率为 43.38%，人口总数达 1756.01 万人，这两项指标皆与广州的 45.5% 和 1867.66 万人相差不大，但在人均公园绿地面积这一指标上，两座城市相差较大，分别为 15 平方米和 23.72 平方米，相差 8.72 平方米，这主要是因为深圳的城市面积较小。在一线城市中，北京、上海和广州的城市辖区面积分别为 16410 平方公里、16410 平方公里和 7434.4 平方公里，而深圳市仅拥有 1997.47 平方公里的土地，远小于北京、上海和广州。

第五，基础研发投入不足且关键核心技术受制于人。在专利方面，深圳市 2020 年 PCT 国际专利申请量、国内专利申请量与授权量均排在中国地级市第一位；在企业方面，深圳市高新技术企业数仅低于北京，“专精特新”小巨人企业上市数量仅低于上海。在 R&D 研发投入结构上，深圳的基础研发经费投入和应用研究投入占研发投入的比重分别为 3.13% 和不足 10%，低于全国平均水平的6% 和11.3%，也低于先进国家的15% ~25% 和20% ~40% 的水平。在更加复杂多变的国际环境下，深圳更需要增强原始创新能力。

第六，原经济特区内外区域发展不平衡。深圳经济特区最初建立时，在深圳市内划分出南山、福田、罗湖和盐田共 4 个区域作为深圳经济特区，而并没有把全市包含进来。在特区边界处设有二线海关，来划分经济特区与非经济特区，这导致关内与关外的发展水平产生了较大的差距。直到 2010 年 7 月深圳特区向外拓展，将特区范围拓展至整个深圳市区，包括原二线关之外的宝安区和龙岗区。2009 年和 2011 年从龙岗区中分别划出坪山区和大鹏新区，2007 年和 2011 年从宝安区中分别划出光明区和龙华区。直到现在，虽然宝安、龙岗、坪山、大鹏、光明与龙华 6 个区域被划入了深圳经济特区，深圳市政府也出台了《深圳经济特区一体化建设攻坚计划》来缓解原特区内外区域的发展差距，但由于原有经济发展水平、基础设施状况等均不同，目前原特区内外区域之间仍然存在发展不均衡的问题。

四　深圳经济特区发展建议

（一）加快第三产业发展，提升现有产业附加值

从 2020 年的数据看，在中国一线城市中，北京、上海、广州的第三产业增加值占比全部超过了 70%，服务业占比接近发达国家，而同为一线城市的深圳 2020 年服务业占比为 62.1%，与中国其他一线城市相比仍有一定差距。深圳一方面应提升目前占比较高的制造业的产业附加值，推进制造业的信息化、智能化与数字化转型；另一方面应进一步加快现代服务业特别是生产性服务业的发展。

（二）畅通经济内循环，打造本土大型电商平台

2020年深圳社会消费品零售总额在全国各个城市中仅排在第五位，低于其他3座一线城市，而社会消费品零售总额占地区生产总值的比重这一指标更是低于很多二线城市，全国排名第十位。深圳内需不振的主要原因：一方面在于深圳比邻香港，而香港吸收了很多深圳市民的消费；另一方面在于深圳的房价太高，居民买房之后剩下能用于消费的钱较少。根据《2020年316个城市房价排行榜》（证券时报·数据宝），深圳市二手房以87957元的平均单价蝉联全国榜首，这使深圳家庭具有较高的资产负债率，对消费形成了挤出效应。深圳应加快深圳国家消费中心建设，打造代表性本土大型电商平台，进一步推进供给侧结构性改革，营造更加优质的商贸环境。

（三）扩大公共服务有效供给，进一步缓解供需矛盾

深圳市教育、医疗、养老等公共服务相关设施数量相对于其他3座一线城市较为短缺，且存在公共服务资源分布不均衡、户籍人口与非户籍人口公共服务供给差异大等问题。深圳应加大医疗基础设施投入力度，新建医院与社康中心，进一步引进与培养优秀医疗人才和专业团队，与国内外一流高校合作，共同建设医学院或附属医院，扩大民生供给并增强城市韧性。增加基础教育学位与公办中小学数量，进一步引进优秀师资力量。通过互联网大数据平台预测人口结构的动态变化，并运用问卷调查等方式收集居民对公共服务的具体需求，以需求为导向来调配公共服务资源的分布，以户籍改革的方式加快推动公共服务均等化进程。

（四）加强地方政府合作，推动深莞惠都市圈形成

深圳辖区面积小于全国大多数一、二线城市，特别是随着经济的快速发展，土地供给紧张的问题越来越突出。2018年，深圳与汕尾两座城市通过合作的方式共同打造了“深汕特别合作区”，大胆探索“飞地”模式，以产业转移的方式在扩大深圳辖区面积的同时，促进区域协调发展，在一定程度

上缓解了深圳土地资源紧张的问题。但由于距离较远，“飞地”作用有限。因此，想要缓解深圳土地空间不足的问题，更加有效的方式是加强深圳市与周边的东莞市和惠州市的合作，推动形成“深莞惠都市圈”，促进区域协调与一体化发展。统筹三个区域的发展规划，明确分工与定位，缓解深圳土地资源紧缺的问题并带动东莞和惠州的发展。

（五）增强原始创新能力，大力探索“制度创新”

虽然深圳的科技创新水平排在全国前列，但原始性创新能力仍需提高。应加大 R&D 研发经费中基础研究投入的占比，并加快国家实验室等科研平台的建设。拓宽基础研发投入的资金来源，政府除需加大基础研发投入力度外，也应指引和鼓励社会资本进行投资。赋予从事基础研发的科研人员更多的财务分配自主权。在加大人才引进力度的同时，采取相应举措留住人才。

（六）推进特区一体化建设，构建智慧化城市治理体系

由于历史因素，深圳原特区内与原特区外区域在经济发展状况、基础设施建设、公共服务供给、城市治理水平等方面存在较大差异。未来应进一步缩小原特区内外的差距，增强原特区外区域的发展动能。加大对原特区外区域的政策倾斜与投资力度，大力推动原特区内外区域交通一体化建设，完善原特区外区域的基础设施及公共服务供给体系。在特区一体化原则上对不同区域进行分工与定位，据此进行城市更新，并提高原特区内外政府各部门之间的统筹协调能力，加强政府之间的合作。提高城市治理的智慧化水平，运用大数据、物联网提升整个城市治理体系的数字化水平，整合完善原特区内外政府相关管理平台，进一步推进“一网统管”，逐步统一管理标准，对原特区内外区域进行一体化管理。

参考文献

习近平：《在深圳经济特区建立40周年庆祝大会上的讲话》，《人民日报》2020年10月15日。

《深圳市2020年国民经济和社会发展统计公报》，深圳市统计局网站，2021年4月23日，http：//tjj.sz.gov.cn/zwgk/zfxxgkml/tjsj/tjgb/content/post_8717370.html。

《2020年深圳政府工作报告》，深圳市人民政府办公厅网站，2021年6月7日，http：//www.sz.gov.cn/zfgb/2021/gb1121/content/post_8852606.html。

《深圳市国民经济和社会发展第十四个五年规划和二〇三五年远景目标纲要》，深圳市人民政府办公厅网站，2021年6月9日，http：//www.sz.gov.cn/cn/xxgk/zfxxgj/ghjh/content/post_8854038.html。

《深圳市第七次全国人口普查公报》，深圳市统计局网站，http：//tjj.sz.gov.cn/ztzl/zt/szsdqcqgrkpc/。

《深圳市2020年度本级预算执行和其他财政收支审计工作报告》，深圳市审计局网站，2021年8月29日，http：//audit.sz.gov.cn/gkmlpt/content/9/9090/post_9090512.html#387。

《深圳市科技创新委2020年度工作情况暨2021年工作安排》，深圳市人民政府网站，2021年5月27日，http：//www.sz.gov.cn/szzt2010/wgkzl/jggk/lsqkgk/content/post_8808796.html。

《2020年度深圳市生态环境状况公报》，深圳市人民政府办公厅网站，2021年6月1日，http：//www.sz.gov.cn/zfgb/2021/gb1200/content/post_8818680.html。

《2020年深圳市卫生健康统计提要》，深圳市人民政府办公厅网站，2021年8月6日，http：//www.sz.gov.cn/szzt2010/sjfb/sjkd/content/mpost_9046608.html。

B.10
珠海经济特区发展报告

陈红泉*

摘　要： 2020年，突如其来的新冠肺炎疫情对珠海经济造成严重冲击，珠海工业、外贸等主要经济指标出现较大回落。尽管如此，珠海经济在疫情防控中实现逐步恢复，经济增长前低后高，全年经济增速实现由负转正，凸显了珠海经济的发展韧性。面对新的国际国内形势，本报告认为，疫情防控常态化时期，珠海经济特区将受益于全球经济、国际贸易复苏以及中国经济持续向好的基本趋势，在疫情防控中坚定发展信心，促进经济社会全面发展，加快珠澳合作开发横琴步伐，扩大港珠澳大桥通车量，优化信贷资金的支持结构，加强对珠海制造业尤其是高科技支柱产业的支持。

关键词： 珠海经济特区　双循环　横琴开发区

一　珠海2020年经济社会发展情况

（一）受疫情严重冲击，经济发展凸显韧性

2020年，突如其来的新冠肺炎疫情对珠海经济造成严重冲击，珠海主要经济指标出现较大回落。尽管如此，珠海经济在疫情防控中实现逐步恢

* 陈红泉，深圳大学中国经济特区研究中心讲师，主要研究方向为经济特区、货币理论与实践。

复，经济增长前低后高，全年经济增速实现由负转正，凸显了珠海经济的发展韧性。

2020 年，珠海经济特区实现地区生产总值 3481.94 亿元，同比增长 3.0%①，增速比 2019 年下滑 3.8 个百分点（见图 1），但仍然比广东省和全国 GDP 增速均高出 0.7 个百分点。珠海地区生产总值增速在连续数年位居全省前列之后下滑到第六位。

图 1　2008～2020 年珠海经济特区地区生产总值及其增速

注：本图及本报告其他图表的地区生产总值、各产业增加值等指标的绝对数按现价计算，增长速度则按可比价计算。

资料来源：《2020 年珠海市国民经济和社会发展统计公报》《珠海统计年鉴 2019》。

从全年发展趋势看，珠海经济回暖势头不断增强，珠海第一季度、上半年、前三季度和全年的地区生产总值增速分别为 -9.2%、-2.5%、0.6% 和 3.0%，最终实现全年经济增速由负转正，凸显珠海经济的发展韧性，为夺取疫情防控和经济社会发展双胜利打下坚实基础。

分产业看，2020 年珠海第三产业仍然是对珠海经济增长贡献最大的产

① 在地区或国家的统计数据中，包括统计年鉴、统计公报等地区（国家）生产总值、各产业增加值、人均地区（国家）生产总值的绝对数按现价计算，而增长速度按不变价格计算。可参见国家统计公报注释 2 和统计年鉴表 1-2 注，珠海等地方类的统计数据也一样。

业，占地区生产总值的比重继续扩大，达到54.9%。2020年珠海第一产业增加值为60.02亿元，比2019年增长1.6%，对地区生产总值增长的贡献率为0.9%；第二产业增加值为1510.86亿元，比2019年增长1.8%，对地区生产总值增长的贡献率为29.4%；第三产业增加值为1911.06亿元，比2019年增长4.1%，对地区生产总值增长的贡献率为69.74%。当年珠海三次产业占地区生产总值的比重之比为1.7∶43.4∶54.9。

2020年，根据各地第七次全国人口普查数据，珠海经济特区人均地区生产总值达14.27万元，是广东省人均地区生产总值和全国人均地区生产总值的1.62倍和1.98倍，连续三年居广东省第二位，超过广州市，仅次于深圳市（见图2）。

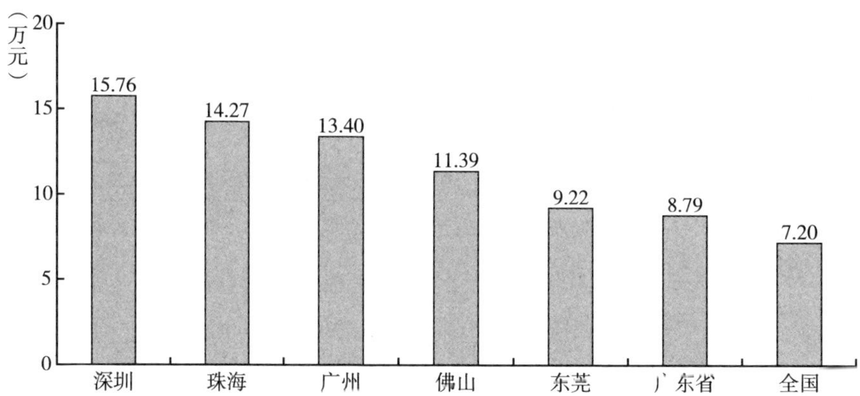

图2　广东省人均地区生产总值前五位城市的人均地区生产总值、广东省人均地区生产总值和全国人均地区生产总值

资料来源：各地2020年国民经济和社会发展统计公报和第七次全国人口普查数据。

（二）一般公共预算收入增速逆势回升

2020年，珠海经济特区一般公共预算收入为379.13亿元，比2019年增长10.1%，增速继续回落，增速比2019年上升6.2个百分点。2020年，珠海一般公共预算收入中的税收收入为296.72亿元，比2019年增长4.5%，增速比2019年回落4.6个百分点。新冠肺炎疫情对珠海税收收入产生一定影响，但包括非税收收入在内的一般公共预算收入逆势增长，为珠海政府在疫情防控中推出各项复工复产、稳增长、保民生等政策提供了有力的财政支撑。

另外，从一般公共预算收入占地区生产总值比重这一衡量企业整体税负水平的重要参考指标来看，珠海近几年该指标总体保持稳步下降趋势，虽然2020年该指标小幅回升0.86个百分点，但仍然明显低于广东省和全国平均水平（见表1）。较低的整体税负水平，使企业充分获益，对促进珠海实体经济发展、保持经济活力具有积极作用。

表1　2013～2020年珠海一般公共预算收入占地区生产总值的比重及其与广东省和全国的比较

单位：%

	2013年	2014年	2015年	2016年	2017年	2018年	2019年	2020年
珠海	11.57	12.01	13.33	13.13	11.75	11.37	10.03	10.89
广东省	11.39	11.90	12.86	13.07	12.62	12.44	11.75	11.67
全国	21.97	22.07	22.10	21.45	20.87	20.37	19.21	18.00

资料来源：2013～2019年数据来源于国家统计年鉴和各地统计年鉴，2020年数据来源于国家统计公报和各地统计公报。

（三）工业经济增速继续下滑，工业生产在疫情防控中持续恢复

在疫情的严重冲击下，珠海工业经济延续2019年的增速下滑态势，不过，在疫情得到有效防控的基础上，珠海采取多项政策促进工业“复工复产”，工业生产持续恢复，规模以上工业增加值最终实现正增长。

2020年，规模以上工业增加值为1200.56亿元，同比增长1.4%，增速比2019年大幅下降2.6个百分点（见图3）。从工业用电指标来看，珠海工业用电同比增长1.2%，增速比2019年下降1.5个百分点。珠海规模以上企业实现工业总产值4530.52亿元，同比下降1.5%，增速比2019年下降4.5个百分点。

分季度看，珠海规模以上工业增加值第一季度、上半年、前三季度和全年的增速分别为－20.7%、－6.9%、－2.6%和1.4%。可见，珠海工业经

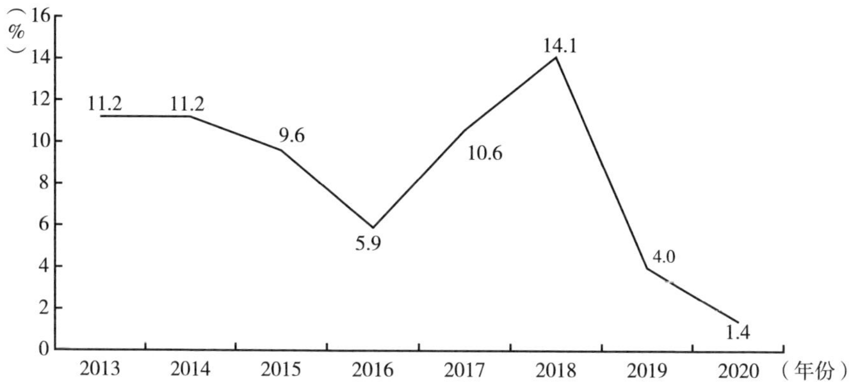

图3　2013～2020年珠海规模以上工业增加值增速

资料来源：《2020年珠海市国民经济和社会发展统计公报》。

济一季度受疫情影响较大，但随着疫情防控取得有效成效，同时得益于珠海政府推出的有关复工复产、稳增长、纾困措施等有效政策，全市工业生产持续恢复，最终实现全年经济增速由负转正。

从主要工业行业看，七大支柱产业工业增加值增速也出现较大幅度的下滑，但全年总体上实现正增长。2020年，珠海七大支柱产业工业增加值合计950.58亿元，比2019年增长1.7%（见表2），增速比2019年下降3.4个百分点。其中，2020年第一大支柱产业即家电电气业工业增加值为341.83亿元，比2019年下降1.2%，历史上首次出现负增长，增速比2019年大幅下降16.4个百分点；电子信息业工业增加值为208.88亿元，比2019年增长2.9%，由2019年的负增长逆势转为正增长；石油化工业工业增加值为101.46亿元，比2019年下降6.9%；表现最为突出的是第四大支柱产业即精密机械制造业，工业增加值为82.28亿元，比2019年增长19.9%，是各大支柱产业中增速最快的产业；生物医药业工业增加值为73.61亿元，比2019年增长12.5%，继续保持高速增长态势；电力能源业工业增加值为69.10亿元，比2019年下降12.7%；天然气开采业作为珠海新增的支柱产业，2020年也逆势大幅增长，完成工业增加值73.41亿元，同比增长15.2%，增速居七大支柱产业第二位。

表2　2010～2020年珠海七大支柱产业工业增加值同比增速及平均增速

单位：%

年份	平均增速	家电电气业	电子信息业	石油化工业	精密机械制造业	生物医药业	电力能源业	天然气开采业
2010	18.6	16.0	29.8	20.0	13.2	23.0	10.6	NA
2011	11.5	20.3	-4.0	11.4	14.2	25.0	10.6	NA
2012	7.8	15.6	1.1	10.0	14.7	18.5	-7.6	NA
2013	9.2	7.4	14.8	11.2	8.6	11.0	0.8	NA
2014	5.0	5.6	6.5	-2.3	4.2	16.2	7.2	NA
2015	9.6	0.7	20.5	2.8	14.9	15.7	12.9	NA
2016	8.1	11.9	-1.6	16.6	22.5	2.9	9.1	NA
2017	10.9	9.9	11.9	6.5	27.5	19.4	-0.5	NA
2018	13.1	24.8	7.2	8.9	8.9	23.5	7.0	NA
2019	5.1	15.2	-2.1	4.0	-13.8	23.6	2.0	NA
2020	1.7	-1.2	2.9	-6.9	19.9	12.5	-12.7	15.2

注：2020年珠海将天然气开采业确定为第七大支柱产业，之前未单独统计，不适用（NA，not applicable）。

资料来源：2010～2020年珠海市国民经济和社会发展统计公报、珠海市统计局网站。

（四）固定资产投资快速扩大，有效对冲疫情的经济影响

2020年珠海经济特区完成固定资产投资2230.41亿元，比2019年增长258.53亿元，增速比2019年大幅上升7.0个百分点（见图4）。固定资产投资在疫情中逆势扩大，有效对冲了疫情对珠海经济的影响，也为珠海经济持续发展建立了良好的基础。

从投资主体看，2020年，珠海非国有经济尤其是民营经济在投资总量方面继续保持固定资产投资的主力军地位，但国有经济对投资增速方面的贡献更大，是推动2020年珠海固定资产投资高速增长的主要力量。可见，国有经济在扩大投资需求、应对疫情对经济的冲击方面发挥了重要作用。2020年珠海国有经济投资512.04亿元，比2019年增长34.7%，增速比2019年大幅提升37.4个百分点。2020年珠海非国有经济投资占固定资产投资的比重为77.0%，达1718.37亿元，比2019年增长8.0%，增速比2019年下滑0.4个百分点；其中民营经济投资1049.61亿元，比2019年增长15.4%，

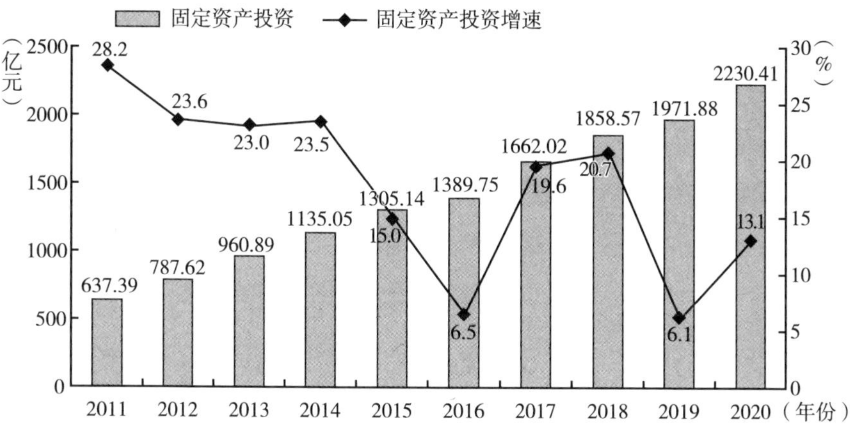

图 4　2011～2020 年珠海固定资产投资及其增速

资料来源：《2020 年珠海市国民经济和社会发展统计公报》《珠海统计年鉴 2019》。

增速比 2019 年提高 10.2 个百分点。港澳台及外商经济投资在珠海固定资产投资中的地位不断下降，2020 年所占比重为 10.39%，为 231.71 亿元，仅比 2019 年增长 2.4%。

分产业看，2020 年第二产业投资 343.43 亿元，同比增长 18.1%；第三产业投资 1883.29 亿元，同比增长 12.1%。工业投资 345.22 亿元，同比增长 18.4%；工业投资中的制造业投资 233.41 亿元，同比增长 16.8%。全年亿元以上在建项目 781 个，同比增长 20.2%；新开工项目 211 个，同比下降 24.9%。高技术制造业投资 134.78 亿元，同比增长 32.5%，占固定资产投资的比重为 6.0%。先进制造业投资 181.32 亿元，同比增长 4.8%，占固定资产投资的比重为 8.1%。

2020 年珠海第二产业和第三产业投资均保持高速增长。2020 年珠海第二产业投资 343.4 亿元，比 2019 年增长 18.1%，增速比 2019 年提高 2.9 个百分点；其中工业投资 345.2 亿元，比 2019 年增长 18.4%，增速比 2019 年提高 2.9 个百分点。第三产业投资 1883.3 亿元，比 2019 年增长 12.1%，增速比 2019 年提高 7.5 个百分点；其中房地产业投资 1075.78 亿元，比 2019 年增长 20.4%，增速比 2019 年提高 6.8 个百分点。

（五）外贸经济继续低迷，但尚未进一步恶化

受过去几年全球贸易摩擦、国际经济增长放缓等外部环境变化的持续影响，叠加疫情的冲击，2020 年珠海外贸经济继续呈相对低迷态势，但下跌幅度相对 2019 年有所收窄，尚未出现进一步恶化的态势，甚至有望恢复增长。

总体来看，2020 年珠海经济特区完成外贸进出口总额 2730.57 亿元，与 2019 年一样呈负增长，同比下降 6.1%（见图 5），跌幅收窄 4.3 个百分点。其中，出口总额为 1608.79 亿元，同比下降 2.8%，跌幅收窄 9.5 个百分点；进口总额为 1121.78 亿元，同比下降 10.5%，跌幅扩大 2.7 个百分点。

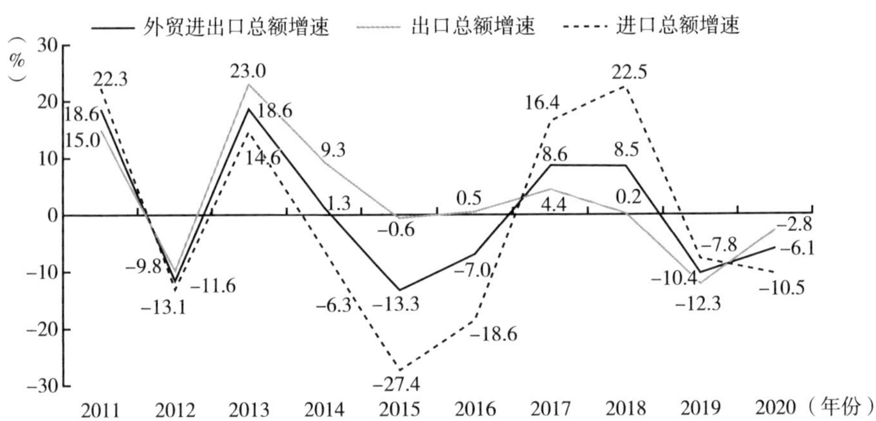

图 5　2011～2020 年珠海外贸进出口总额、出口总额及进口总额增速

资料来源：2011～2020 年珠海市国民经济和社会发展统计公报。

从结构和发展趋势来看，珠海外贸经济的变化主要有以下几点。

第一，对美出口额继续呈负增长，但跌幅有所收窄，预计在保持稳定后恢复增长；对美出口占比较低，对美出口对珠海外贸经济的直接影响有限。2020 年珠海对美出口额为 199.7 亿元，同比下降 1.6%（见表 3），跌幅收窄 14.5 个百分点。中美贸易摩擦加剧导致珠海对美出口连续大幅下降，2016 年、2017 年、2018 年和 2019 年珠海对美出口分别下降 26.8%、

21.0%、5.3%和26.1%。珠海对美出口占全市总出口的比重已由2013年的21.5%下降至2020年的7.1%。

第二，对欧盟、东盟、日本等国家和地区的出口恢复增长，全部由2019年的负增长转为正增长；对印度等发展中国家的出口继续下降。2020年珠海对上述三大经济体出口分别增长7.1%、2.6%和10.1%，增速分别比2019年提高13.8个、9.3个和15.2个百分点，凸显珠海外贸经济的韧性。2020年珠海对印度的出口连续两年出现较大幅度的下降，出口额为133.6亿元，增速比2019年下降11.7个百分点；2020年珠海对印度的出口额为2018年249.6亿元的53.5%。珠海对印度出口的下降，与印度受新冠肺炎疫情影响遭受经济衰退相关，未来珠海对印度的出口有望随着全球疫情缓解而恢复增长。

表3　2020年珠海经济特区对主要国家和地区进出口额及其增速

单位：亿元，%

国家和地区	出口额	增速	进口额	增速
美国	199.7	-1.6	77.9	-12.9
中国香港[①]	278.5	-3.9	NA	NA
欧盟	243.4	7.1	85.2	-15.3
东盟	190.2	2.6	193.9	12.2
日本	124.6	10.1	82.5	-10.9
印度[②]	133.6	-11.7	NA	NA

注：①珠海从香港进口的数据金额较小，2016~2020年均未公布，2014年和2015年珠海从香港进口额仅为1.81亿美元和7.65亿元；②珠海从印度进口数据近几年均未公布。

第三，从贸易方式看，一般贸易与加工贸易总体仍然呈低迷状态。2020年，珠海一般贸易出口与2019年基本持平；一般贸易进口则继续负增长，较2019年下跌5.8%，跌幅收窄1.8个百分点。2020年，珠海加工贸易出口继续负增长，较2019年下跌5.5%，跌幅收窄10.8个百分点；加工贸易进口实现在2019年下跌28.9%的基础上实现正增长，同比增长2.7%（见表4）。

表4 2020年珠海经济特区进出口额及其增速[①]

单位：亿元，%

指标	绝对数	增速
进出口总额	2730.6	-6.1
出口额[①]	1608.8	-2.8
其中：一般贸易	961.2	-0.1
加工贸易	591.5	-5.5
进口额	1121.8	-10.5
其中：一般贸易	625.6	-5.8
加工贸易	274.1	2.7

注：①进出口贸易方式除了一般贸易和加工贸易这两种最主要贸易方式外，还有其他若干种贸易方式，所以这两种主要贸易方式进出口总额加总之后与进出口总额并不完全相等。

资料来源：《2020年珠海市国民经济和社会发展统计公报》。

（六）交通运输物流行业受疫情直接冲击下滑严重

突如其来的疫情直接冲击珠海“海陆空铁”整个交通运输物流行业，多项交通运输指标几乎全面大幅度下降。不过，随着未来国内国际疫情有效缓解，珠海交通运输物流行业将逐步实现常态化发展。

2020年，珠海机场全年旅客吞吐量为733.56万人次，同比下降40.8%，货邮吞吐量为3.84万吨，同比下降24.77%，运输飞行起降数为6.13万架次，同比下降29.38%。

2020年，珠海全年规模以上港口完成货物吞吐量1.34亿吨，同比下降3.4%，港口共完成集装箱吞吐量184万标准箱，同比下降28.1%。

2020年，珠海铁路货物周转量为13.01亿吨公里，同比下降19.03%；铁路客运量为1122.19万人次，同比下降55.06%。公路货物周转量为40.29亿吨公里，同比增长1.21%；公路全年客运量为1168.25万人次，同比下降54.39%。

（七）疫情防控工作取得了阶段性成果，民生各项指标稳健增长

疫情发生后，珠海迅速采取各项有效措施，联防联控、群防群控，坚持

“外防输入、内防反弹”，做好口岸疫情防控，快速遏制疫情蔓延，常态化疫情防控成效显著。2020 年 2 月 18 日至年末，珠海全市无新增本地确诊病例，3 月 10 日实现了新冠肺炎确诊病例清零。珠海疫情防控工作取得了阶段性成果，是全国较早快速遏制疫情蔓延的地区之一。

2020 年，珠海经济特区继续加大对民生和社会建设领域建设的财政投入。公共财政预算用于教育、科学技术、社会保障和就业、医疗卫生、节能环保、农林水事务、住房保障等九项民生支出全年合计 462.04 亿元，同比增长 5.9%，增速快于地区生产总值 2.9 个百分点，占全市一般公共预算支出的 68.2%，比 2019 年提升 2.6 个百分点。

2020 年，珠海经济特区就业形势受经济增速下滑影响出现了小幅波动。2020 年珠海城镇新增就业人数为 40856 人，比 2019 年新增少 2816 人，新增就业人数连续第二年下降。2020 年末城镇登记失业率为 2.39%，比 2019 年上升了 0.1 个百分点，连续第二年略有上升。

2020 年珠海经济特区全体居民人均可支配收入为 55936 元，同比增长 6.6%，增速高于广东省 1.4 个百分点，也高于珠海地区生产总值增速 3.6 个百分点。其中，城镇居民人均可支配收入为 58475 元，同比增长 5.9%，增速高于广东省 8.7 个百分点；农村常住居民人均可支配收入为 31119 元，比 2019 年增长 7.0%，增速高于广东省 5.9 个百分点。

2020 年珠海居民人均住房建筑面积为 32.6 平方米，比 2019 年增加 0.6 平方米；其中城镇居民人均增加 0.6 平方米，为 31.6 平方米，农村居民人均与 2019 年持平，为 40.3 平方米。

（八）生态环境继续向好，践行“绿水青山就是金山银山”理念

珠海经济特区历来非常重视生态环境保护，深入贯彻落实习近平生态文明思想，切实践行“绿水青山就是金山银山”理念，在碧水保卫战、蓝天保卫战、净土保卫战、污染防治攻坚战、污染物总量减排等生态文明治理建设中，成效显著，在全省乃至全国位于领先地位，并获得广泛肯定和赞誉，多次荣获“国家生态园林城市”“生态文明建设示范市”“国际花园城市”

“国家级生态示范区”“国家森林城市”“国家生态市”“全国最宜居城市”等国家有关部委、学术机构甚至联合国等颁发的荣誉称号。其中，2020 年 11 月 18 日，珠海第五次获评为“中国最具幸福感城市”。

2020 年，珠海经济特区大气、水环境等生态环境各项指标继续保持优良水平。2020 年，珠海环境空气中可吸入颗粒物（PM_{10}）和细微颗粒物（$PM_{2.5}$）年均浓度分别为 34 微克/米^{3}和 19 微克/米^3，为过去五年来最低水平，分别比 2019 年大幅下降 17.1% 和 24.0%，优于国内和国际环境空气质量标准，符合世界卫生组织二级标准。全年有 342 天空气质量为优良，比 2019 年增加了 26 天，空气质量达标率高达 93.4%。在生态环境部公布的 2020 年全国 168 个重点城市空气质量排名中，珠海居第 11 位，比 2019 年提升 3 位。2020 年珠海经济特区水环境质量继续处于良好水平，集中式饮用水源水质达标率继续保持为 100%，土壤环境安全状况总体稳定，城市污水日处理能力继续与 2019 年持平，为 93.5 万吨。城镇生活垃圾无害处理率保持在 100%。

2020 年，珠海城市人均公园绿地面积约为 22.04 平方米，远超全国平均水平的 14.8 平方米，也比 2019 年进一步增加了 0.81 平方米。

二　珠海经济特区面对的新形势

（一）国际经济在严重衰退中复苏

2020 年，受新冠肺炎疫情冲击，全球经济经历了二战以来最严重衰退。根据国际货币基金组织（IMF）发布的 2021 年 4 月《世界经济展望》，2020 年全球经济增长 -3.3%，增速比 2019 年大幅下降 6.2 个百分点。其中发达经济体增长 -4.7%，增速比 2019 年大幅下降 6.4 个百分点；新兴市场和发展中经济体增长 -2.2%，增速比 2019 年大幅下降 5.9 个百分点；中国是全球唯一实现正增长的主要经济体，增长 2.3%。

为了应对严重的经济衰退，主要发达经济体采取了比 2008 年全球金融危机时期更为激进的政策，实施了极度宽松的货币政策和大规模财政刺激计划，加上有关防疫政策的推行以及新冠疫苗的持续推广，国际经济自2020年下半年以来有所恢复。尽管疫情未来仍然存在变异等不确定性，但全球经济基本进入疫情防控常态化时期，将不断持续复苏。IMF预计，2021年和2022年全球经济增长将分别达到5.9%和4.9%。

在疫情防控常态化时期，全球经济以复苏为主线，但过去几年逆全球化的贸易保护主义、单边主义在西方大国仍然盛行，疫情及其造成的经济衰退和影响则进一步强化了部分国家内顾倾向，也进一步加剧全球产业供应链的不稳定性，全球经济仍然面临较大风险。

（二）国内经济在疫情中稳定恢复

2020年，面对复杂严峻的国内外环境，特别是新冠肺炎疫情的严重冲击，我国经济运行在稳定中恢复，工业生产、消费需求、外贸经济稳步回升，成为全球唯一实现经济正增长的主要经济体，在统筹疫情防控和促进经济社会发展两方面取得了重大成果。从长期来看，随着中国不断深化改革、扩大开放，内生增长动力不断增强，“双循环”新发展格局正在不断完善，中国经济基本面持续向好。

一是疫情影响下的宏观经济呈现较强的韧性，中国成为全球唯一实现经济正增长的主要经济体。2020年中国国内生产总值为101.6万亿元，同比增长2.3%，增速比2019年下降3.8个百分点。分季度看，第一、二、三、四季度分别同比增长-6.8%、3.2%、4.9%、6.5%。可见，中国经济在一季度遭受疫情冲击后，逐步恢复正常增长。

二是工业增长稳步回升，中国工业在突袭而至的疫情面前彰显强大实力。2020年，全国规模以上工业增加值同比增长2.8%，增速比2019年回落2.9个百分点，低于地区生产总值回落幅度，其中2020年第四季度同比增长7.1%。

三是居民收入继续保持稳定增长，但受疫情影响，消费有所下降。2020年，全国居民人均可支配收入为32189元，同比增长4.7%，高于经济增长率2.4个百分点。2020年全国居民人均消费支出为21210元，比2019年下降 1.6%，显示消费在一定程度上受到疫情的影响。但随着中国疫情得到有效防控，消费恢复增长。2020 年第四季度，社会消费品零售总额同比增长 4.6%，增速比第三季度加快 3.7 个百分点。

四是固定资产投资继续回落，投资结构进一步优化。2020 年，全国固定资产投资 52.73 万亿元，同比增长 2.9%，增速比 2019 年回落 2.2 个百分点；高技术产业投资增长 10.6%，增速快于全部投资 7.7 个百分点；社会领域投资增长 11.9%，增速快于全部投资 9.0 个百分点。值得注意的是，作为财政政策重要刺激手段的基础设施投资，连续第三年增长乏力，2020 年只增长 0.9%，增速比 2019 年回落 2.9 个百分点，也低于全部投资 2.0 个百分点。可见，我国并未像其他主要经济体实施超常规的财政刺激计划，说明我国政策的回旋余地较大。

五是对外贸易增速有所回落，但好于预期，吸引外资逆势增长。2020 年全国进出口总额为 32.2 万亿元，同比增长 1.9%，增速比 2019 年回落 1.5 个百分点。其中出口额和进口额分别增长 4.0% 和 -0.7%，增速分别回落 1.0 个和 2.3 个百分点。2020 年中国使用外资规模逆势增长，全国实际使用外资 9999.8 亿元，同比增长 6.2%。根据世界贸易组织（WTO）2021 年 3 月发布的《全球贸易数据与展望》，受疫情影响，2020 年全球货物贸易量下滑 5.3%，中国是全球唯一实现货物贸易正增长的主要经济体。WTO 也预计 2021 年、2022 年全球贸易将持续反弹，预计分别增长 8.0%、4.0%。由此，中国对外经济预计也将持续受益于全球贸易的反弹，外贸环境在经历 2018 年中美贸易摩擦之后有望持续好转。

（三）珠海经济面临的机遇与挑战

如前所述，疫情防控常态化时期，全球经济以复苏为主，中国经济也将恢复常态增长，珠海经济在“双循环”新发展格局中迎来了新的发展机遇和挑战，珠海在接下来的改革开放尤其是粤港澳大湾区发展中具有三大独特优势。

第一个优势是横琴开发区，与澳门一水一桥之隔，具有在粤港澳大湾区合作的先天自然优势。2009 年横琴开发区设立以来，横琴经济社会发展取得显著成绩，但澳门一体化发展还有待加强，在粤港澳大湾区合作中具有巨大的发展潜力。

第二个优势是港珠澳大桥，港珠澳大桥直接形成了珠海—香港—澳门的半小时时空圈，它对于推动珠港澳深度合作、城市功能互补融合发展、深化珠港澳产业与创新合作等方面具有重要作用。不过，港珠澳大桥自 2018 年 10 月通车以来，由于“通车牌照”等各种特殊条件的制约，特别是疫情的影响，车流量相对较少，与港珠澳三大城市经济发展水平不相匹配。这需要进一步解放思想，加大改革开放力度，充分挖掘港珠澳大桥在粤港澳大湾区发展中的潜力。

第三个优势是根据国家有关规划，珠海市是珠江口西岸核心城市。珠海虽然经济总规模和工业规模相对偏小，但人均水平较高，接近发达国家水平，生态环境优，市民幸福指数高，随着过去多年的高铁、港口等大型基础设施建设，珠海的华南地区交通枢纽地位不断加强，人流、物流、信息流等不断向珠海集聚。随着未来深中通道、黄茅海跨海通道、深珠合作示范区等有关规划建设的落地建成，珠海作为珠江口西岸核心城市将迎来更大的发展。

三　促进珠海经济特区进一步发展的主要建议

（一）在疫情防控中坚定发展信心，促进经济社会全面发展

当前国内疫情已得到有效控制，取得了阶段性胜利，但国外疫情仍处于扩散蔓延状态，外防输入压力依然较大。为此，须扎实做好疫情防控，在常态化疫情防控下促进珠海经济社会全面发展。

珠海在“双循环”新发展格局的背景下，须坚持改革开放，一方面要优化提升对外开放合作水平，促进外贸经济复苏；另一方面要大力发展服务经济，充分释放消费潜力，积极扩大有效投资，坚持创新驱动发展，出台科

技新兴产业集群发展扶持政策，加快发展先进制造业和战略性新兴产业，进一步优化产业结构。

（二）加快珠澳合作开发横琴步伐，扩大港珠澳大桥通车量

加快珠澳合作开发横琴步伐和扩大港珠澳大桥通车量是珠海在粤港澳大湾区发展建设中的两大抓手，须从政策机制、产业、市场、人员往来、商贸物流等方面进行统筹考虑，重点突破，推动港珠澳经济社会文化科技等方面合作不断深入，提升珠海在粤港澳湾区发展中的地位。

（三）优化信贷资金的支持结构，扩大对珠海制造业尤其是高科技支柱产业的支持

2020 年珠海住户各项存款余额为 2243.02 亿元，占本外币各项存款余额 9604.51 亿元的 23.35%；非金融企业各项存款余额为 5376.71 亿元，占各项存款余额的 55.98%。[①] 2020 年，珠海本外币各项贷款余额为 7626.26 亿元，其中住户各项贷款余额为 3071.14 亿元，是住户各项存款余额的 1.37 倍；企（事）业单位贷款余额为 4314.28 亿元，远低于对应经济主体的各项存款余额。

这些数据表明，银行信贷资金进入住户部门高于企业部门，目前珠海住户债务率水平相对较高，银行支持企业的信贷资金相对偏弱。金融是现代经济的核心。银行业是一般城市金融的主体部分，珠海须进一步加快金融供给侧结构性改革，优化信贷资金的支持结构，提高制造业尤其是科技新兴产业的资金总量和占比，确保科技新兴产业贷款增速高于各项贷款的平均增速。

① 关于存贷款的经济主体分类，除了住户、非金融企业之外，还有机关团体和非银行业金融机构类。

参考文献

陶一桃主编《经济特区蓝皮书：中国经济特区发展报告（2020）》，社会科学文献出版社，2021 年。

《2020 年珠海市国民经济和社会发展统计公报》，珠海市统计局网站，2021 年 3 月 26 日，http：//tjj. zhuhai. gov. cn/attachment/0/255/255822/2746639. pdf。

《2020 年广东省国民经济和社会发展统计公报》，广东省统计局网站，2021 年 3 月 1 日，http：//stats. gd. gov. cn/tjgb/content/post_ 3232254. html。

《2021 年 1 月 24 日广东省省长马兴瑞在广东省第十三届人民代表大会第四次会议上作政府工作报告》，广东省人民政府网站，2021 年 1 月 28 日，http：//www. gd. gov. cn/gkmlpt/content/3/3185/post_ 3185688. html#45。

《2021 年珠海市人民政府工作报告》，珠海市人民政府办公室网站，2021 年 2 月 9 日，http：//www. zhuhai. gov. cn/gkmlpt/content/2/2726/post_ 2726841. html#1640。

B.11
汕头经济特区发展报告

马丽梅　孟　霏*

摘　要： 2020年，汕头经济特区发展概况如下：经济发展平稳增长；产业结构趋于优化；固定资产投资额增速有所回落；进出口保持增势向好局面；科技创新实力不断增强；生态与环境治理成效显著。本报告分别采用克劳森区域类型划分法、区位熵法、数据包络分析法（DEA）以及熵值法对汕头经济特区社会经济发展情况进行综合评价。研究发现：汕头经济发展水平在广东省内位于"发展潜力区"；第二产业专业化程度相对较高；创新效率居广东省中等偏下水平，创新资源投入产出结果不够理想，距效率前沿面仍存在33.1%提升空间；城市综合能力指数在广东省排名中上游，分职能来看，指数值由大至小排序依次为绿色发展、人口集聚、信息共享、宜居宜业、经济发展、科技创新和对外开放。基于此，本报告提出几点针对性的优化建议。

关键词： 创新效率　数据包络分析法　城市综合能力　汕头

一　2020年汕头经济特区社会经济发展概况

（一）经济规模平稳增长，增长势头有所放缓

2020年，汕头经济特区经济发展秉持"稳中求进"原则，地区生产总

* 马丽梅，管理学博士，深圳大学中国经济特区研究中心助理教授，主要研究方向为产业经济学；孟霏，深圳大学中国经济特区研究中心博士生，主要研究方向为产业经济学。

值为2730.58亿元，较上年增长2.0%（见图1），列省内第11位，低于广东省平均值（5274.3亿元），距离深圳（27670.24亿元）、广州（25019.11亿元）等城市仍有一定差距。2015～2020年，汕头地区生产总值持续攀升，由1869.53亿元升至2730.58亿元，但增速由8.4%降至2.0%。总体来看，近年来汕头经济规模持续平稳增长，但增长势头却有所放缓，增速基本维系在6.85%左右。

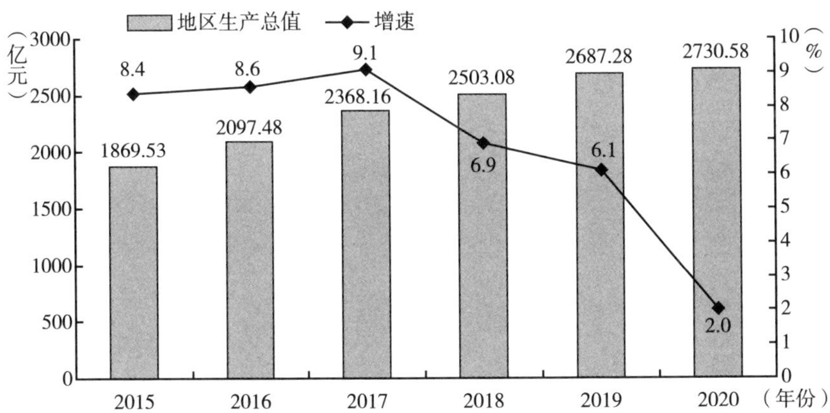

图1　2015～2020年汕头地区生产总值及其增速

资料来源：2015～2020年汕头市国民经济和社会发展统计公报。

2020年，汕头各区县经济发展整体保持良好势头（见图2）。其中，龙湖区和金平区携手迈进500亿元大关，地区生产总值分别为559.57亿元（增速为3.64%）和553.48亿元（增速为3.04%）。而潮阳区列第3位，地区生产总值为491.31亿元，增速为1.84%。濠江区和南澳县地区生产总值相对不高，仅为165.36亿元（增速为3.84%）和32.57亿元（增速为1.84%）。从地区生产总值增速来看，濠江区地区生产总值增速列全市第1位，较列第2位的龙湖区高出0.2个百分点。

2020年，广东省地区生产总值创历史新高，达110760.86亿元。对比2020年广东省内所有城市的地区生产总值发现，深圳（27670.24亿元）和广州（25019.11亿元）位居前列，均冲破两万亿元大关，佛山（10816.47

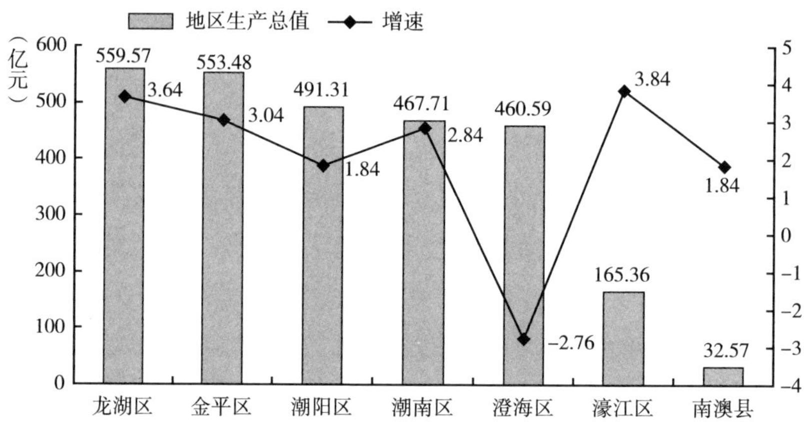

图2　2020 年汕头各区县地区生产总值及其增速

资料来源：2020 年汕头市各区县人民政府网站统计数据。

亿元）和东莞（9650.19 亿元）紧随其后。汕头地区生产总值为 2730.58 亿元，低于全省均值（5274.33 亿元），列省内第 11 位，表明汕头地区生产总值处于省内中游，仍须不断努力提升自身经济发展水平（见表 1）。

表1　2020 年广东省各城市地区生产总值及其排名

单位：亿元

排名	城市	地区生产总值	排名	城市	地区生产总值	排名	城市	地区生产总值
1	深圳	27670.24	8	江门	3200.95	15	韶关	1353.49
2	广州	25019.11	9	中山	3151.59	16	阳江	1360.44
3	佛山	10816.47	10	湛江	3100.22	17	梅州	1207.89
4	东莞	9650.19	11	汕头	2730.58	18	汕尾	1123.81
5	惠州	4221.79	12	肇庆	2311.65	19	河源	1102.74
6	珠海	3481.94	13	揭阳	2102.14	20	潮州	1096.98
7	茂名	3279.31	14	清远	1777.15	21	云浮	1002.18
—	合计	110760.86	—	均值	5274.33	—	—	—

资料来源：2020 年广东省各城市国民经济和社会发展统计公报。

（二）产业结构趋于优化，重点产业发展势头良好

2015～2020 年，汕头三次产业结构由 5.3∶51.7∶43.0 演变为 4.5∶47.7∶

47.8，第一产业、第二产业占比呈波动下降态势，第三产业占比呈波动上升态势（见图3）。第一产业增加值由91.31亿元涨至123.03亿元，第二产业增加值由956.69亿元涨至1303.56亿元，第三产业增加值由796.01亿元涨至1303.99亿元。不难看出，汕头产业结构趋于优化，逐渐迈向高层次、高水平。纵览近6年汕头产业结构，第二产业仍是推动城市经济发展的砥柱，约占50%，但2019年后，第三产业与第二产业增加值大致持平，表明汕头现代产业体系初步形成。

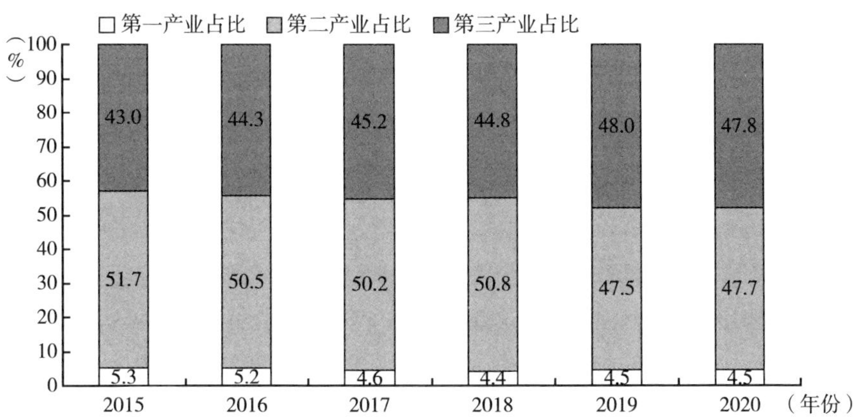

图3　2015~2020年汕头三次产业结构

资料来源：2015~2020年汕头市国民经济和社会发展统计公报。

2020年，汕头八大重点产业发展良好，尤其是四大战略性新兴产业表现亮眼，增加值上涨8.4%，高于传统产业2.3个百分点（见图4）。其中，智能装备制造、新一代信息技术、新材料和生物医药产业增加值分别为41.27亿元（增速为2.6%）、37.44亿元（增速为8.6%）、23.58亿元（增速为10.6%）与20.65亿元（增速为14.6%）。

（三）固定资产投资增速回落，国有投资涨幅明显

2015~2020年，汕头固定资产投资增速呈波动回落态势，由2015年的27.1%降至2020年的-6.4%（见图5）。其中，基础设施投资增速较快，达

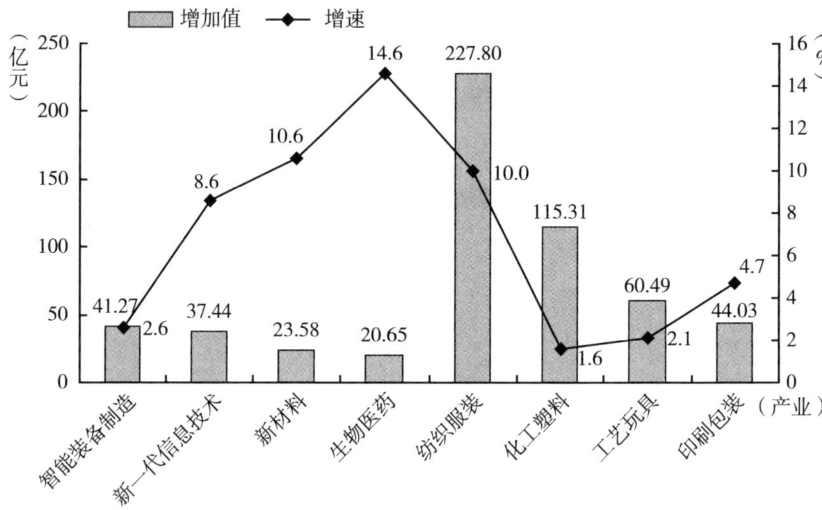

图4　2020年汕头八大重点产业增加值及其增速

资料来源：《2020年汕头市国民经济和社会发展统计公报》。

16.0%。分投资主体看，国有投资增速为35.3%，民间投资增速为-30.6%。分产业结构看，第一产业投资增速为-56.3%，第二产业投资增速为-35.7%，第三产业投资增速为14.5%。从细分工业来看，制造业投资增速为-46.8%，先进制造业投资增速为-30.2%，高技术制造业投资增速为-7.0%。

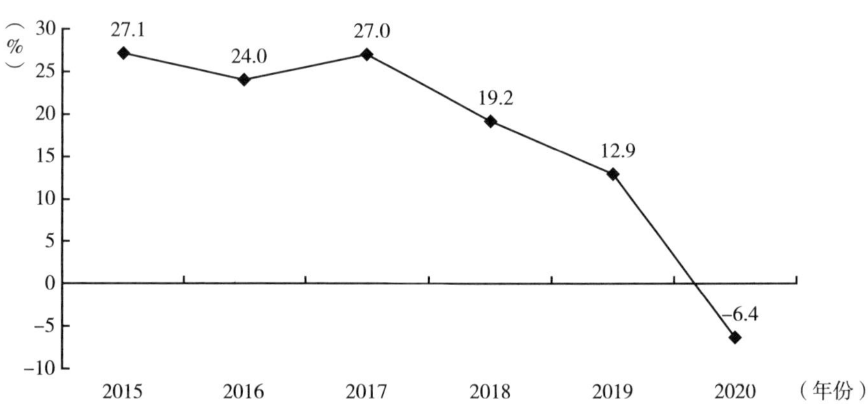

图5　2015～2020年汕头固定资产投资增速

资料来源：2015～2020年汕头市国民经济和社会发展统计公报。

（四）进出口保持向好局面，对外贸易发展潜力较大

2020 年，汕头货物进出口总额为 681.63 亿元，保持增势向好局面，较上年增长 13.5%（见图 6），表明汕头“促进外贸、稳定增长”政策成效卓著。其中，货物进口总额增长 16.9%，出口总额增长 1.9%。2015～2020 年，货物出口总额基本维系在 450 亿元左右，于 2020 年首次突破 500 亿元大关，而货物进口总额基本在 140 亿元左右徘徊。从增速来看，货物进出口总额增速呈明显波动态势，仅在 2017 年（6.0%）、2019 年（8.1%）和 2020 年（13.5%）保持正增长，而在 2015 年（－1.9%）、2016 年（－2.4%）和 2018 年（－6.8%）呈负增长。

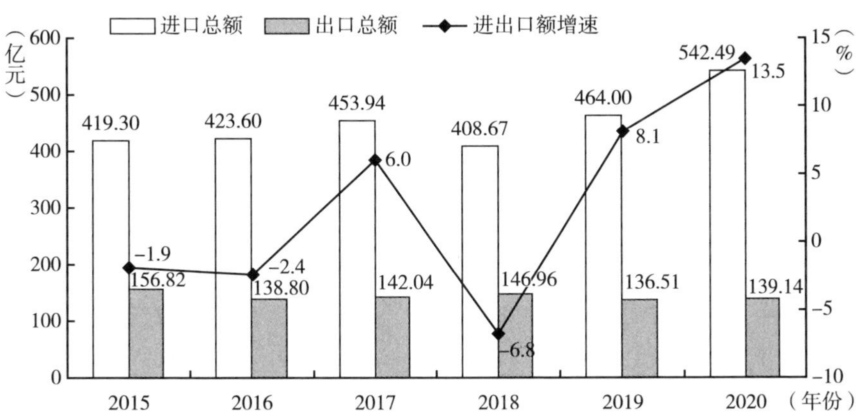

图 6　2015～2020 年汕头货物进出口总额

资料来源：2015～2020 年汕头市国民经济和社会发展统计公报。

（五）围绕创新驱动发展战略，科创实力不断增强

2020 年，汕头紧紧围绕创新驱动发展战略，坚持走产学研发展道路，培育创新发展新动能，在科技创新发展方面取得新的成效。全年专利授权数量为 21959 件，较上年增长 48.3%。其中，发明、实用新型和外观设计专利授权数量分别 365 件（同比增长 10.3%）、4028 件（同比增长 37.1%）、17566 件（同比增长 52.2%）（见表 2）。进一步来说，全年发明专利授权数量占比约为 1.7%，实用新型专利授权数量占比约为 18.3%，外观设计专利

授权数量占比约为 80.0%，表明汕头未来需要在发明专利领域“多下苦功”。整体来看，2015～2020 年汕头专利申请与授权数量皆呈稳步上升态势，尤其是实用新型、外观设计专利申请和授权数量涨幅明显，但发明专利申请与授权数量涨幅不大，甚至在某些年份有所回落。

表 2　2015～2020 年汕头专利申请与授权数量

单位：件

年份	申请数量				授权数量			
	发明	实用新型	外观设计	合计	发明	实用新型	外观设计	合计
2015	1043	2359	6425	9827	328	1619	5704	7651
2016	1296	2881	8600	12777	355	1777	5792	7924
2017	1427	3100	9936	14463	384	2010	7199	9593
2018	1341	4102	12506	17949	408	2863	9380	12651
2019	1056	3947	15021	20024	331	2939	11539	14809
2020	—	—	—	—	365	4028	17566	21959

资料来源：2015～2020 年广东省市场监督管理局网站统计数据。

创新是未来城市发展的第一动力，对比 2020 年广东省各城市专利授权数量，汕头列省内第 7 位，成果斐然，但仍与深圳（222412 件）、广东（155835 件）、东莞（74303 件）和佛山（73870 件）存在较大差距，城市创新发展潜力巨大（见表 3）。

表 3　2020 年广东省各城市专利授权数量及排名

单位：件

	发明	实用新型	外观设计	合计	排名
深圳	31138	121613	69661	222412	1
广州	15077	83462	57296	155835	2
东莞	8718	45639	19946	74303	3
佛山	5652	41989	26229	73870	4
中山	1032	18217	20449	39698	5
珠海	4362	16569	3503	24434	6
汕头	365	4028	17566	21959	7
惠州	1706	12943	4410	19059	8
江门	624	8702	7565	16891	9
潮州	123	1313	8246	9682	10

续表

	发明	实用新型	外观设计	合计	排名
揭阳	100	2153	6873	9682	11
肇庆	385	4315	1626	6326	12
湛江	287	2740	2432	5459	13
阳江	65	1300	3695	5060	14
清远	256	3029	1356	4641	15
韶关	173	3580	821	4574	16
河源	101	2964	1033	4098	17
梅州	152	2633	1289	4074	18
茂名	113	1614	1848	3575	19
汕尾	192	1103	1377	2672	20
云浮	72	962	881	1915	21
全省	70693	380868	258102	710219	—

资料来源：2020 年广东省市场监督管理局网站统计数据。

（六）落实绿色发展理念，生态环境治理成效显著

汕头坚决落实绿色发展理念，生态与环境治理成效显著（见图 7），2015 年以来，$PM_{2.5}$年均浓度呈回落态势，至 2020 年达 19 微克/米^3，较上

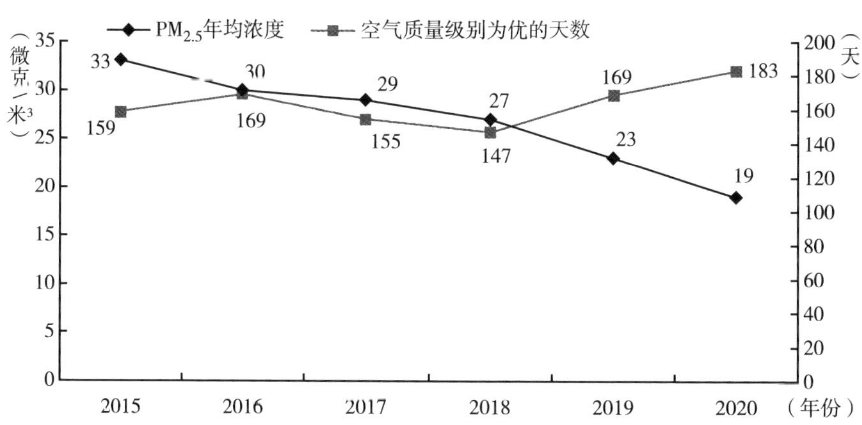

图 7　2015～2020 年汕头 $PM_{2.5}$年均浓度与空气质量级别为优的天数

资料来源：2015～2020 年汕头市国民经济和社会发展统计公报。

年下降17.4%，空气质量级别为优的天数显著增加，由2015年的159天涨至2020年的183天，空气质量得到明显改善。

二　汕头经济特区社会经济发展评价

（一）经济发展水平对比分析

在“双循环”时代背景下，对比汕头与广东省内其余20个城市经济发展水平，可科学诊断汕头经济发展是否健康，因此具有十分重要的现实意义。参照克劳森区域类型划分法，基于数据可获得性，拟选取GDP及其增长率两大指标，公式如下：

$$M = \text{城市 GDP} / \text{省域 GDP 均值}$$
$$N = \text{城市 GDP 增长率} / \text{省域 GDP 增长率均值} \tag{1}$$

依照指标分布不同组合，可将区域经济发展水平划分为4大类型，如表4所示。

表4　克劳森区域类型划分法诊断标准

	$M>1$	$M<1$
$N>1$	繁荣区	发展中区
$N<1$	较繁荣区	发展潜力区

繁荣区：经济发展水平较为健康，且不太容易滑落。

较繁荣区：经济发展水平表象健康，实则暗藏隐患，若未来尚不能够有效化解，可能沦为发展潜力区。

发展中区：经济发展水平偏低，增速较快，发展前景较好。

发展潜力区：经济发展水平偏低，增速较缓，亟须优化。

根据公式（1），测算广东省各城市克劳森区域类型划分法中两大指标比值，结果如表5所示。

表 5　2020 年广东省各城市克劳森区域类型划分法两大指标比值

城市	深圳	广州	佛山	东莞	惠州	珠海	茂名
M	5.25	4.74	2.05	1.83	0.80	0.66	0.62
N	1.32	1.15	0.68	0.47	0.64	1.28	0.64
城市	江门	中山	湛江	汕头	肇庆	揭阳	清远
M	0.61	0.60	0.59	0.52	0.44	0.40	0.34
N	0.94	0.64	0.81	0.85	1.28	0.09	1.62
城市	韶关	阳江	梅州	潮州	汕尾	河源	云浮
M	0.26	0.26	0.23	0.21	0.21	0.21	0.19
N	1.28	1.87	0.64	0.55	1.96	0.55	1.75

资料来源：根据 2020 年广东省各城市国民经济和社会发展统计公报数据计算所得。

通过对 2020 年广东省各城市经济发展水平类型进行划分，进一步诊断汕头经济发展水平在广东省内所处的层次，结果整理如表 6 所示。

表 6　2020 年广东省各城市经济发展水平类型

指标特征	经济发展水平类型	城市
$M>1,N>1$	繁荣区	深圳、广州
$M>1,N<1$	较繁荣区	佛山、东莞
$M<1,N>1$	发展中区	珠海、肇庆、清远、韶关、阳江、汕尾、云浮
$M<1,N<1$	发展潜力区	惠州、茂名、江门、中山、湛江、汕头、揭阳、梅州、潮州、河源

由表 6 可知，2020 年汕头经济发展水平在广东省内位于发展潜力区（$M=0.52$，$N=0.85$），表明汕头经济发展水平与深圳（$M=5.25$，$N=1.32$）、广州（$M=4.74$，$N=1.15$）等经济发达城市差距较大，且经济增速不如珠海（$M=0.66$，$N=1.28$）、肇庆（$M=0.44$，$N=1.28$）等城市，未来亟须凝心聚力啃下经济发展过程中的“硬骨头”，进一步提升经济增长率。

（二）产业发展专业化程度分析

区位熵可以用于揭示产业发展专业化程度，公式如下：

$$\beta_{ij} = \frac{\theta_{ij} / \sum_{i=1}^{n} \theta_{ij}}{\sum_{j=1}^{m} \theta_{ij} \sum_{i} \sum_{j} \theta_{ij}} \tag{2}$$

公式（2）中，θ_{ij}为区域j行业i产值，$\sum_{i=1}^{n} \theta_{ij}$为区域$j$总产值，$\sum_{j=1}^{m} \theta_{ij}$为行业$i$全国总产值，$\sum_{i} \sum_{j} \theta_{ij}$为全国总产值。

$\beta_{ij} > 1$为区域产业专业化水平高于全国标准；$\beta_{ij} < 1$为区域产业专业化水平低于全国标准。

由表7可知，2015～2020年汕头第一产业区位熵值大致保持稳定，基本维系在0.58至0.63之间，表明汕头第一产业专业化程度不高，处于较为弱势的地位，相关产品需由外引入，无法做到自给自足，农业集约化、规模化水平亟待提高。第二产业区位熵值年均大于1，发展趋势平稳，基本维系在1.22至1.27之间，表明汕头第二产业专业化程度较高，产品富有规模优势，除满足本地日常需求外，还可向外输出，在汕头经济发展中发挥着中流砥柱作用。第三产业区位熵值基本维系在0.86至0.89之间，处于较为弱势的地位，呈波动上升趋势，反映汕头第三产业专业化程度也不高，相关产品须由外引入，但相对弱势程度有所纾解，凸显出一定的发展潜力。

表7　2015～2020年汕头产业区位熵值

年份	第一产业	第二产业	第三产业
2015	0.58	1.26	0.86
2016	0.59	1.27	0.86
2017	0.58	1.24	0.87
2018	0.61	1.25	0.86
2019	0.63	1.22	0.89
2020	0.58	1.26	0.88

资料来源：根据2015～2020年汕头市国民经济和社会发展统计公报及国家统计局数据库数据计算所得。

（三）创新效率分析

数据包络分析法（DEA）适用于测算创新效率，对比汕头与广东省内其余 20 个城市的创新效率，深入剖析其发展规律，有助于找准城市创新发展定位，优化创新资源配置。投入导向的 DEA - BCC 模型如下：

$$\min\left[\theta-\varepsilon\left(\sum_{j=1}^{m}s^{-}+\sum_{j=1}^{r}s^{+}\right)\right]$$

$$s.t.\begin{cases}\sum_{j=1}^{n}x_j\lambda_j+s^{-}=\theta x_0\\ \sum_{j=1}^{n}y_j\lambda_j-s^{-}=y_0\\ \lambda_j\geqslant 0\\ s^{+}\geqslant 0,s^{-}\geqslant 0\\ \sum_{i=1}^{n}\lambda_i=1\end{cases}\tag{3}$$

式中，j 为决策单元数目，记为 DMU_j；m 为输入指标数目；r 为输出指标数目；x 为输入要素；y 为输出要素；ε 为阿基米德无穷小量；s^{-} 为投入松弛变量；s^{+} 为产出松弛变量；λ 为投入与产出变量的权数；θ 为 DMU 的综合效率值，满足$0\leqslant\theta\leqslant1$，当 $\theta=1$ 时，称 DMU 为有效，当 $\theta<1$ 时，称 DMU 为非有效。

根据“投入—产出”理论，设计城市创新效率评价指标体系，指标体系如表 8 所示。

表 8　城市创新效率评价指标体系

指标类型	指标构成	含义	编码
投入变量	从业人员/万人	劳动投入	lab
	固定资产投资总额/万元	资本投入	cap
	“教育事业 + 科学技术支出”/万元	技术投入	tech
产出变量	地区生产总值/万元	经济产出	econ
	专利申请数量/件	创新产出	inn

将原始数据代入 DEA - BCC 模型，利用 DEAP 2.1 软件，计算可得广东省各城市创新效率值，如表 9 所示。

2015～2019 年汕头创新效率值基本维系在 0.623 至 0.707 之间，呈波动下降趋势。从创新效率均值来看，汕头创新效率值居广东省第 16 位，处于中等偏下水平，效率均值为 0.669，表明汕头城市创新资源投入产出结果不够理想，整体水平还不够高，距效率前沿面仍存在 0.331 的提升空间。

表 9　2015～2019 年广东省各城市创新效率值及排名

城市	2015 年	2016 年	2017 年	2018 年	2019 年	城市均值	排名
广州	1.000	1.000	1.000	1.000	1.000	1.000	1
深圳	1.000	1.000	1.000	1.000	1.000	1.000	1
佛山	1.000	1.000	1.000	1.000	1.000	1.000	1
东莞	1.000	1.000	1.000	1.000	1.000	1.000	1
中山	1.000	0.781	1.000	1.000	1.000	0.956	5
茂名	0.948	1.000	0.901	0.988	0.627	0.893	6
阳江	0.936	0.872	0.894	1.000	0.743	0.889	7
潮州	0.837	0.880	0.842	0.900	0.613	0.814	8
揭阳	0.800	0.808	0.804	1.000	0.609	0.804	9
肇庆	0.815	0.819	0.842	0.859	0.660	0.799	10
湛江	0.825	0.822	0.845	0.838	0.590	0.784	11
珠海	0.642	0.767	0.787	0.682	1.000	0.776	12
惠州	0.799	0.827	0.689	0.704	0.721	0.748	13
江门	0.730	0.717	0.780	0.718	0.727	0.734	14
清远	0.718	0.709	0.845	0.670	0.555	0.699	15
汕头	0.707	0.689	0.650	0.676	0.623	0.669	16
汕尾	0.562	0.580	0.639	0.679	0.501	0.592	17
云浮	0.568	0.594	0.633	0.677	0.476	0.590	18
韶关	0.599	0.605	0.542	0.647	0.533	0.585	19
梅州	0.579	0.602	0.565	0.551	0.391	0.538	20
河源	0.530	0.536	0.515	0.519	0.418	0.504	21
年均值	0.790	0.791	0.799	0.815	0.704	—	—

资料来源：根据 2016～2020 年广东省统计年鉴数据计算所得。

三　汕头城市建设特色、潜力与存在的主要问题

（一）城市建设特色与潜力分析

城市的发展根基是城市内涵和功能的具体体现，主要涵盖经济发展、人口

集聚和对外开放等方面；城市的成长反映其竞争力与潜力，主要涵盖科技创新与信息共享等方面；城市的发展目标预示其未来发展方向，主要涵盖宜居宜业、人文社会和绿色发展等方面。通过构建城市综合能力评价指标体系，采用熵值法，客观研判汕头城市建设的特色、潜力与存在的主要问题，囿于数据的可获得性，设计2020年广东省各城市综合能力评价指标体系，如表10所示。

表10　2020年广东省城市综合能力评价指标体系

决策层	目标层	中间层	指标层
城市综合能力	基础	经济发展	地区生产总值(亿元)
			第三产业产值占比(%)
			财政收入(亿元)
			地区生产总值增长率(%)
		人口集聚	户籍人口(万人)
			城镇新增就业人口(万人)
		对外开放	实际利用外资(亿美元)
			进出口总额(亿美元)
	成长	科技创新	普通高等教育在校生人数(人)
			教育经费支出(亿元)
			专利授权数量(件)
		信息共享	宽带用户数量(万户)
			移动电话用户数量(万户)
	目标	宜居宜业	城镇登记失业率(%)
			人均可支配收入(元)
			医疗床位数量(张)
			公共图书馆藏书量(万册)
		绿色发展	空气质量等级为优的天数(天)
			$PM_{2.5}$浓度(微克/米^3)

首先，消除量纲不同引致的偏误，需无量纲化处理各指标数据。公式（4）对正向指标进行处理，包含地区生产总值等17个因子，公式（5）对负向指标进行处理，包含城镇登记失业率、$PM_{2.5}$浓度2个因子。

$$X_{ij} = \frac{x_{ij} - \min x_{ij}}{\max x_{ij} - \min x_{ij}} \tag{4}$$

$$X_{ij} = \frac{\max x_{ij} - x_{ij}}{\max x_{ij} - \min x_{ij}} \tag{5}$$

公式（4）与公式（5）式中，$\max x_{ij}$与$\min x_{ij}$分别为最大值和最小值，处理后数据取值范畴为［0，1］，为防止出现零值，采用0.0001替代零值。

其次，构建评价矩阵，即m行乘以n列原始数据矩阵$X=(x_{ij})_{mn}$，其中，m为城市个数，n为指标个数，采用公式（6）将标准化后的数值进行信息熵计算，令$k=(\ln m)^{-1}$，使$0\leq H_j\leq 1$，再采用公式（7）计算指标权重。

$$H_j = -k\sum_{i=1}^{m}\frac{X_{ij}}{\sum_{i=1}^{m}X_{ij}}\ln\frac{X_{ij}}{\sum_{i=1}^{m}X_{ij}} \tag{6}$$

$$W_j = \frac{1 - H_j}{\sum_{j=1}^{n}(1 - H_j)} \tag{7}$$

最后，根据标准化后指标矩阵与权重，计算得出2020年广东省各城市综合能力评价指数及排名，如表11所示。

表11　2020年广东省各城市综合能力评价指数及排名

城市	经济发展	人口集聚	对外开放	科技创新	信息共享	宜居宜业	绿色发展	综合能力	排名
广州	0.6969	0.9900	0.9445	0.8238	0.9865	0.8616	0.3270	0.8043	1
深圳	0.9324	0.4858	0.7228	0.9738	0.7764	0.8634	0.3532	0.7297	2
佛山	0.2378	0.2916	0.0799	0.4479	0.3469	0.2595	0.3466	0.2872	3
茂名	0.0909	0.3085	0.0031	0.1724	0.3566	0.1483	0.9214	0.2859	4
东莞	0.2244	0.0443	0.1803	0.4475	0.4488	0.2239	0.3137	0.2690	5
湛江	0.0816	0.3760	0.0212	0.2808	0.1578	0.1663	0.7646	0.2641	6
惠州	0.1148	0.2278	0.0650	0.1185	0.2170	0.1018	0.8888	0.2477	7
汕头	0.0864	0.2282	0.0056	0.0816	0.1485	0.1198	0.9738	0.2348	8
肇庆	0.0676	0.1599	0.0063	0.1816	0.0068	0.1503	0.8756	0.2069	9
揭阳	0.0686	0.2210	0.0010	0.0424	0.1730	0.0930	0.7842	0.1976	10
梅州	0.0582	0.1428	0.0001	0.0603	0.0797	0.1150	0.9018	0.1940	11
河源	0.0750	0.1291	0.0058	0.0401	0.0065	0.0915	0.9216	0.1814	12
汕尾	0.0990	0.1657	0.0008	0.0111	0.0180	0.0721	0.8626	0.1756	13
潮州	0.0215	0.0432	0.0008	0.0307	0.0354	0.2025	0.8430	0.1681	14
珠海	0.1691	0.0597	0.1559	0.3013	0.0665	0.1232	0.2161	0.1560	15
中山	0.1035	0.1153	0.0503	0.1760	0.1838	0.1660	0.2944	0.1556	16

续表

城市	经济发展	人口集聚	对外开放	科技创新	信息共享	宜居宜业	绿色发展	综合情况	排名
云浮	0.0915	0.0627	0.0003	0.0101	0.0104	0.0717	0.8364	0.1547	17
江门	0.1182	0.1633	0.0563	0.1787	0.1880	0.1615	0.1835	0.1499	18
清远	0.1403	0.1474	0.0076	0.0430	0.0594	0.1095	0.3987	0.1294	19
阳江	0.0806	0.0779	0.0021	0.0133	0.0054	0.0897	0.3728	0.0917	20
韶关	0.0912	0.0888	0.0102	0.0706	0.0394	0.1275	0.0980	0.0751	21
均值	0.1738	0.2157	0.1106	0.2145	0.2053	0.2056	0.5942	0.2456	—

资料来源：根据2020年广东省各城市国民经济和社会发展统计公报数据计算所得。

通过对比2020年广东省各城市综合能力评价指数可知，广州综合能力评价指数居榜首（0.8043），深圳紧随其后（0.7297），排名第3至第9位分别为佛山（0.2872）、茂名（0.2859）、东莞（0.2690）、湛江（0.2641）、惠州（0.2477）、汕头（0.2348）和肇庆（0.2069），其余城市的综合能力评价指数未超过0.2。广东省各城市综合能力指数均值为0.2456，低于均值的有汕头等14个城市，高于均值的仅有广州等7个城市，表明城市综合发展水平不均衡的问题依然明显。从分项综合能力评价指数均值来看，绿色发展（0.5942）>人口集聚（0.2157）>科技创新（0.2145）>宜居宜业（0.2056）>信息共享（0.2053）>经济发展（0.1738）>对外开放（0.1106），表明广东省城市发展越发注重绿色环保等方面，这也得益于各城市近年来实施的一系列绿色发展新政策。

从各城市综合能力评价指数来看，2020年汕头综合能力评价指数为0.2348，在广东省排名第8位，位于省内中上游水平，但略低于省域综合能力评价指数均值（0.2456）。从分项评价指数来看，汕头经济发展（0.0864）、对外开放（0.0056）、科技创新（0.0816）、信息共享（0.1485）和宜居宜业（0.1198）共5项指标低于省域综合能力评价指数均值，人口集聚（0.2282）和绿色发展（0.9738）2项指标高于省域综合能力评价指数均值，表明汕头在城市发展过程中优势与劣势同存，汕头应充分发挥自身优势，努力弥补短板，明晰发展职能定位。

（二）汕头发展值得关注的问题

通过客观评价广东省各城市综合能力，得出汕头在城市发展过程中虽然部分领域有所突出，但短板依然明显，存在的主要问题有以下三个方面。

第一，经济规模有限制约产业发展。长久以来，汕头经济发展水平与深圳、广州等经济发达城市存在较大差距，以地区生产总值来看，2020 年汕头地区生产总值为 2730.58 亿元，低于广东省地区生产总值均值 5274.3 亿元，而深圳、广州地区生产总值分别为 27670.24 亿元、25019.11 亿元，这种发展不平衡和不充分的问题依然存在。长期来看，受限于城市规模和经济基础，汕头就业市场始终无法扩大，对人才的吸引能力较弱，技术孵化能力提高存在瓶颈，产业链不够健全，进而影响城市辐射力、带动力。同时，与珠三角核心城市相比，汕头的明显软肋是产业发展薄弱，当前“二产不大、三产不强”的格局反映出汕头实现产业发展高级化仍有较长一段路程要走。虽然《2020 年汕头市政府工作报告》强调“要打造东翼沿海经济带产业发展主战场”，但汕头产业集群数量与质量均落后于广佛、深莞惠等城市，仍以服装、塑料、玩具和机械等传统加工产业为主，粗放型的经济增长方式并未实现本质扭转。此外，在《2020 年广东企业竞争力 500 强榜单》中，汕头只有 11 家公司上榜，且排名均位于中游（见表 12），不难看出，汕头“头部企业”要赶上珠三角核心城市还有很长的路要走。

表 12　2020 年广东企业竞争力 500 强汕头入选企业名单

省内排名	公司名称
191	天融信科技集团股份有限公司
204	众业达电气股份有限公司
254	广东汕头超声电子股份有限公司
279	宜华生活科技股份有限公司
287	汕头万顺新材集团股份有限公司
305	广东太安堂药业股份有限公司
320	汕头东风印刷股份有限公司
343	广东潮宏基实业股份有限公司
361	星辉互动娱乐股份有限公司
371	奥飞娱乐股份有限公司
374	西陇科学股份有限公司

资料来源：《2020 年广东企业竞争力 500 强榜单》。

第二，对外开放水平须进一步优化。汕头位于经济强省广东省东部，素有“岭东门户、华南要冲”美称，地理位置优越，但较之深圳、广州等城市，仍处于相对封闭状态，对国际创新资源的吸引力不足，对外开放水平有待提高。加之潮汕人虽具开拓进取的精神，但也存在对外来文化不够包容的心态，城市包容性不及深圳等大城市，对人才的吸引程度不高，甚至许多潮汕籍大学生毕业后不愿“回乡”，人才外流现象严重。由此可见，汕头对外开放水平亟待提高，应主动融入粤港澳大湾区建设，对于国内外资金以及是否为潮汕本地人，均应一视同仁，打开“天窗”求发展。

第三，科技创新能力有待提升。与具有较强科研能力的珠三角核心城市相比，汕头科技创新能力还有待提升。2020 年汕头专利授权数量为 21959 件，尚未达到广东省专利授权数量平均水平（33820 件）。产生这一现象的原因主要有以下两个方面。一方面是汕头科技创新投入不足。以 2019 年为例，汕头 R&D 经费内部支出仅约占地区生产总值的 1. 05%，而深圳 R&D 经费内部支出约占地区生产总值的 4. 93%，广州 R&D 经费内部支出约占地区生产总值的 2. 87%。另一方面是汕头科研队伍实力相对较弱。R&D 人员数量仅为 1. 55 万人，而深圳 R&D 人员数量为 37. 79 万人，广州 R&D 人员数量为 22. 90 万人。因此，若要加快建成省域副中心城市，汕头就必须加大研发资金投入力度，紧抓人才资源，促进科技产业发展。

四　促进汕头经济特区社会经济发展的对策建议

（一）加大研发资金投入力度，鼓励企业自主研发创新

科技是第一生产力。汕头新经济与高新技术产业是带动城市经济发展的动力源，其健康、全面发展需要大量研发资金投入。当前汕头科技资金投入力度偏小，与珠三角核心城市差距较大，针对这一现状，汕头应围绕经济发展现实需要，坚持创新驱动战略，以市场为导向，可适当对研发企业进行补

贴，也可带动社会资本参与企业研发，分摊企业研发投入风险，鼓励企业自主研发创新，进行科技攻关，引导企业焕发创新活力，不断扩大高新技术企业规模，促进高新技术企业集聚，提升城市产业核心竞争力。与此同时，未来可考虑将科技资金倾斜至高校或科研机构，尝试探索走自主创新的产学研结合发展道路，大力引进国内外优质高等教育资源，让创新成为城市发展源源不竭的动力。

（二）以创新和技术突破为核心，促进产业结构转型升级

长期以来，汕头产业结构以“二三一”结构为主，即便其产业结构正处于不断优化阶段，但距离稳定的“三二一”结构尚有一大截路要走。近年来，以传统制造业为核心的发展模式对经济规模已经达到一定程度的城市不再适用，汕头第二产业占比较高，且以服装等技术含量较低的轻工业为主，打破制造业产业链低端的长期依赖路径，推进产业结构“高端化”，如何实现跨越式发展已成为汕头时下亟待解决的问题之一。因此，汕头要加速产业结构演变的时间进程，集中资源优势，增加对高技术制造业、技术创新型企业的扶持力度，形成产业竞争优势，发挥产业集群效应，迅速抢占产业竞争新高地。同时，汕头可充分利用国家政策优势，促进与周边地区交流合作，将技术引进与自主创新相结合，以创新发展和技术突破为核心环节，促进区域产业结构升级，构建高端产业链。

（三）完善科技人才保障机制，打造创新人才高地

科技人才是科技资源中最具主观能动性的部分，也是科技创新的根基。目前，汕头科技人才总体数量不足，不仅难以吸引外地人才流入，而且本地培养的人才存在着外流现象。因此，可通过科研补助等政策引进更多人才，为人才提供充足的科研资金，使科技人员的收入与其研发能力、业绩挂钩，激活科技人员创新主动性，开发更多的专利产品，让技术进步为汕头的经济增长做出更大的贡献，吸引更多年轻人来汕就业，形成人才扎堆效应。与此同时，可适当控制房价，发挥汕头宜居宜业、生活成本低的优势，在城市治

理、建设方面下功夫，着力提升城市价值，克服毗邻广深面临的“人才虹吸”效应，努力营造良好创新环境，打造“创新人才高地”。

参考文献

《2021 年汕头市政府工作报告》，汕头市人民政府网站，2021 年 1 月 29 日，https：//www. shantou. gov. cn/cnst/zwgk/zfgzbg/content/post_ 1869513. html。

《广东统计年鉴 2020 年》，广东省统计局网站，http：//stats. gd. gov. cn/gdtjnj/content/post_ 3098041. html。

《中华人民共和国 2020 年国民经济和社会发展统计公报》，国家统计局网站，2021 年 2 月 28 日，http：//www. stats. gov. cn/tjsj/zxfb/202102/t20210227_ 1814154. html。

《汕头市统计年鉴》（2016 ~ 2020），汕头市统计局网站，https：//www. tongjinianjian. com/tag/% E6% B1% 95% E5% A4% B4% E7% BB% 9F% E8% AE% A1% E5% B9% B4% E9% 89% B4/。

纪倩、黄楠希：《基于区位熵的汕头地区产业结构分析》，《特区经济》2019 年第 2 期。

肖滢、邓宏兵：《长江经济带城市创新效率差异及空间演化特征研究》，《江苏社会科学》2017 年第 6 期。

《汕头的发展亟需人才》，《汕头日报》2017 年 9 月 6 日。

陈松洲：《汕头传统优势产业转型升级的路径选择》，《南方职业教育学刊》2012 年第 6 期。

郑梦婕：《粤港澳大湾区背景下打造大汕头湾区城市格局的机遇、挑战及对策研究》，《特区经济》2018 年第 1 期。

B.12
厦门经济特区发展报告

周铁昆　张培喜　唐　辉*

摘　要： 面对新冠肺炎疫情带来的严峻考验和复杂多变的国内外环境，厦门统筹推进疫情防控，及时出台各项政策措施，有序推进企业复工复产。经济社会复苏动力强劲，重点行业持续好转，经济运行总体呈现平稳增长态势，经济发展好于预期。2020年厦门地区生产总值增速在福建省的排名由第1季度第4位跃升至全年第2位，增速连续两年领跑全国副省级城市。总体来看，厦门工业发展质量进一步提升，经济增长韧性明显增强，战略性新兴产业稳定增长，发展新动能持续增强，民生保障更加坚实。虽然积极因素不断积聚，但不确定因素仍然存在。厦门还须坚持疫情防控和经济发展两手抓，从供需两端发力，积极融入国内国际双循环新发展格局，抓创新、补短板，提升化危为机的能力，为实现经济特区高质量发展提前布局。

关键词： 经济复苏　双循环发展新格局　高质量发展

一　厦门经济特区发展概况

（一）经济结构持续优化，经济效率稳步提高

受新冠肺炎疫情影响，2020年我国地区生产总值（GDP）仅同比增长

* 周铁昆，经济学博士，深圳大学中国经济特区研究中心讲师，主要研究方向为区域经济、产业经济；张培喜，深圳大学理论经济学硕士生，主要研究方向为区域经济、产业经济；唐辉，深圳大学理论经济学硕士生，主要研究方向为区域经济、产业经济。

2.3%，而厦门 GDP 同比增长 5.7%，厦门 GDP 为 6384.02 亿元，凸显了厦门经济的韧性和强大的生命力。其中，厦门第一产业增加值为 28.89 亿元，同比增长 2.5%；第二产业增加值为 2519.84 亿元，同比增长 6.1%；第三产业增加值为 3835.29 亿元，同比增长 5.5%。依赖于第二产业和第三产业的稳定增长，厦门不仅在疫情防控上有卓越的表现，而且经济社会发展方面也取得了长足的进步，三次产业结构进一步优化，经济高质量发展成效明显。2020 年厦门第三产业产值占比首次超越 60%，经济稳定发展的趋势并没有因为疫情的冲击而受到重大的影响。图 1 显示了 2010～2020 年厦门市第三产业产值及其占比，可以看出 2020 年即便受到疫情冲击，厦门经济结构持续优化发展的态势并没有发生明显的改变。

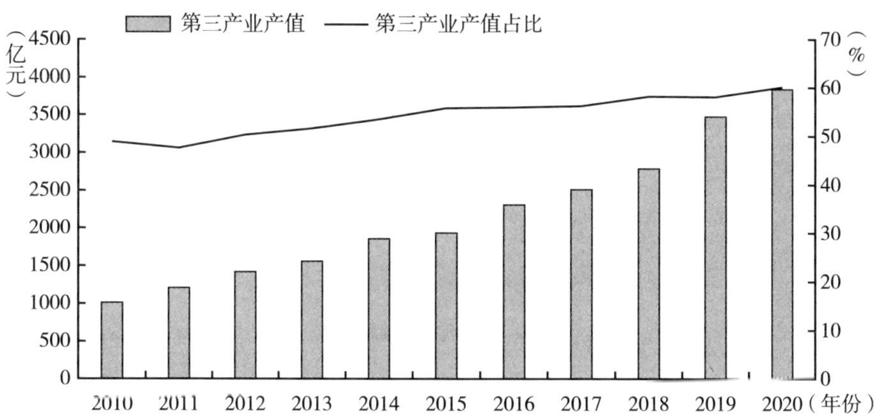

图 1　2010～2020 年厦门市第三产业产值及其占比

资料来源：2010～2020 年厦门市国民经济和社会发展统计公报。

在取得稳定增长的同时，厦门经济发展的质量、经济效率也在稳步提升。2020 年，厦门每万元 GDP 耗电 456.19 千瓦时，同比减少 3.35%；每万元 GDP 耗水 6.85 吨，同比减少 6.16%。图 2 显示了 2010～2020 年厦门每万元 GDP 耗电量和耗水量。可以看出，近年来厦门在能耗控制和经济效率提升方面取得了较大的进步，每万元 GDP 的产出所需要消耗的能源的数量稳定下降。根据《福建省“十三五”节能减排综合工作方案》，厦门的节能减排目标为2020年单位GDP能耗比2015年下降12%，年均下降2.52%。经过初步测算，2020年，厦门全社会能源消费量为1532.01万吨标准煤，比上年下降0.32%，“十三五”期间厦门单位GDP能耗降低率实际完成15.1%，超过福建省下达的节能减排目标，实际完成预期下降目标的127.7%。

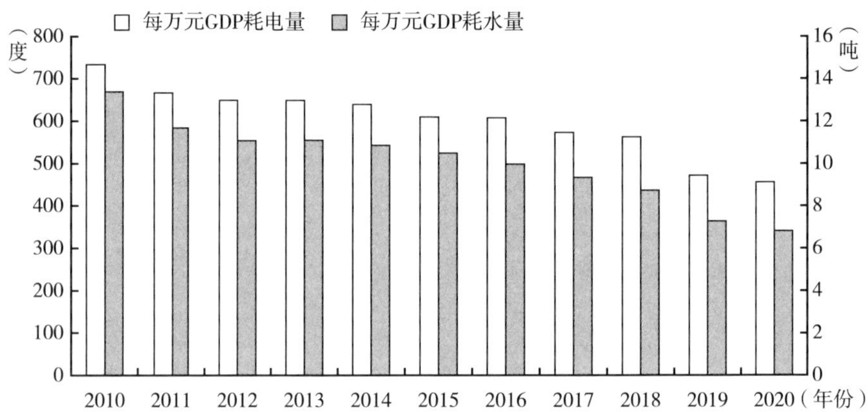

图2　2010~2020年厦门市每万元GDP耗电量和耗水量

资料来源：2010~2020年厦门市国民经济和社会发展统计公报。

2020年，厦门能源使用效益进一步提高，工业能耗控制成效明显。2020年，厦门规模以上工业增加值增加6.0%，而厦门规模以上工业能源消费总量比2019年增长2.3%，规模以上工业增加值增速比能源消费增速高3.7个百分点。单位工业增加值能耗同比下降3.5%，单位GDP电耗同比下降2.6%。然而由于使用价格便宜，热值较低的煤炭能源加工转换效率出现了较大幅度的下降，厦门9家从事能源加工转换的规上企业能源加工转换效率为39.3%，比上年下降了7.8个百分点。

从用水量的角度来看，2020年全年规模以上工业水能源消费量达到5.95亿立方米，与2019年基本持平，用水量增速比规模以上工业增加值增速低5.9个百分点。

不论是从能耗的角度还是从用水量的角度，2020年厦门的经济生产效率均维持了稳步的增长。厦门经济结构的持续优化，特别是第三产业的稳步增长也促使了能耗强度的稳步下降。

（二）减费降税效果明显，居民消费能力增强

2020 年厦门实现公共财政预算总收入 1351.29 亿元，同比增长 1.7%，增长率与 2019 年持平，其中地方级财政收入 783.94 亿元，增长了 2.0%。而在这 783.94 亿元的收入中税收收入为 592.74 亿元，下降 1.1%，其中增值税 194.54 亿元，增长 4.8%；企业所得税 98.01 亿元，下降 7.7%；个人所得税 85.76 亿元，增长 1.9%；土地增值税 77.88 亿元，下降 19.4%。从历年的财政收入增长率来看，从 2019 年开始，厦门的财政收入增长率便出现了大幅度的下降，由 2018 年 10% 的增长率下降到了 2019 年的 1.7%。财政收入的增长幅度远低于经济的增长速度，说明厦门减费降税效果明显，企业居民的获得感进一步增强。

快速增长的经济和显著的减费降税增加了居民的可支配收入，对于稳定居民的消费支出起到了重要的作用，为 2020 年因疫情而疲软的经济注入活力。2020 年，厦门全体居民人均可支配收入 58140 元，同比增长 4.1%。人均工资性收入 41495 元，增长 5.1%；由于疫情防控的影响，企业或个体户经营活动受限，人均经营净收入 5007 元，下降 3.6%；人均财产净收入 7089 元，增长 5.6%；人均转移净收入 4549 元，增长 1.3%。受疫情防控的影响，居民活动减少，全体居民人均生活消费支出 36491 元，下降 0.9%，较 2019 年略微下降，说明厦门居民生活整体平稳。从图 3 可以看出，厦门历年的城镇居民可支配收入保持平稳增长，即便在 2020 年也维持着较快的增长速度。

在维持居民可支配收入稳定增长的同时，2020 年，厦门推动消费品市场健康发展，实现社会消费品零售总额 2293.87 亿元，同比增长 1.6%，居福建省首位，与排名第二的福州同为省内仅有的 2 个实现正增长的城市，增长速度高出福州 1.0 个百分点。2020 年疫情给零售业带来一定冲击，但消费品市场发展韧性和内生动力经住了考验，对“十四五”开好局、不断促

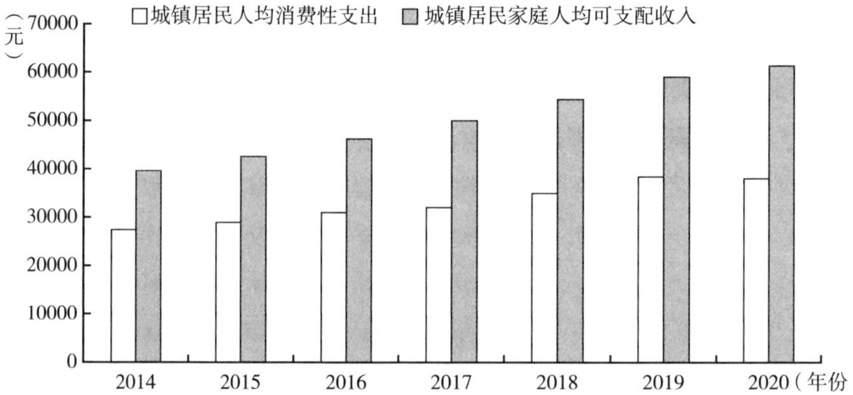

图 3　2014～2020 年厦门市城镇居民人均可支配收入和人均消费性支出

资料来源：2014～2020 年厦门市国民经济和社会发展统计公报。

进民生福祉达到新水平意义重大。电商业务发展在这次疫情对消费品市场的冲击中迎来了新机遇。2020 年，厦门限额以上企业通过互联网实现零售额 483.32 亿元，同比增长 22.5%，高出福建省平均水平 8.3 个百分点，拉动厦门社会消费品零售总额增长 3.9 个百分点，亿元以上网络零售企业 51 家，较上年增加 14 家。2020 年，厦门社会消费品零售总额增速逐月攀升，利用市场的有效性和政府的有为性驱动消费品市场的回暖节奏持续昂扬，企业有序复工复产复市，厦门 6 个行政区相辅相成，促进消费回补和潜力释放。

表 1 显示了 2020 年厦门主要社会消费品零售总额及其增长率。可以看出，2020 年，除石油及制品出现较大幅度的下降外，大部分主要消费品的零售总额均出现不同程度的上升。在汽车消费市场上，借助 2020 厦门国际车展、年末购车冲量、机动车号牌“一证通办”等利好，全年汽车消费稳住大盘增长，实现汽车零售总额 359.49 亿元，增长 2.6%，高出福建省平均水平 5.0 个百分点，拉动厦门社会消费品零售总额增长 0.4%。其中新能源汽车增长强劲，实现零售总额 23.30 亿元，增长 40.7%，拉动汽车零售总额增长 1.9%。粮油食品烟酒及日用品类的零售总额均出现了大幅度的提升，涨幅超过 20%。

表 1　2020 年厦门主要社会消费品零售总额及其增长率

单位：亿元，%

	2020 年	增长率
汽车类	359.49	2.6
服装等针织品类	290.21	7.6
粮油食品烟酒类	171.53	20.8
石油及制品类	65.70	-21.8
通信器材类	93.39	2.6
日用品类	84.11	24.5

资料来源：《2020 年厦门市国民经济和社会发展统计公报》。

在区域消费比较上来看，厦门岛内外社会消费品零售总额增长差距有所缩小，且消费对象有显著差异，岛内消费领头特点显著。2020 年，厦门岛内实现零售总额 1296.62 亿元，同比增长 0.5%，高出福建省平均水平 1.9 个百分点。岛外实现零售总额 997.25 亿元，同比增长 3.0%，高出福建省平均水平 4.4 个百分点。岛外消费市场“行业集群”效应明显，主攻汽车和数码设备等供给，汽车零售总额和通信器材类零售总额占厦门同行业比重分别为 62.8% 和 88.3%。

（三）工业生产提速，工业发展稳步推进

2020 年，厦门规模以上工业增加值增速表现突出，规模以上工业企业实现工业增加值 1925.86 亿元，比上年增长 6.0%。而全国规模以上工业增加值同比增长 2.8%，福建省则为 2%。厦门的规模以上工业增加值增速远高于全国和福建省平均水平，显示了厦门较为强大的工业基础和工业生产能力。

截至 2020 年末，厦门共有规模以上工业企业 2343 家，产值超亿元企业有 814 家，合计产值占规模以上工业总产值的 91.1%。电子、机械两大支柱行业共有规模以上工业企业 1204 家，占规模以上工业企业数量的 51.4%，合计工业产值占规模以上工业总产值的 67.7%，其中电子行业产值占规模以上工业总产值的 37.0%，机械行业产值占 30.7%。

规模以上工业经济效益综合指数为281.47，比上年提高19.75个百分点。其中，总资产贡献率9.70%，提高1.27个百分点；资本保值增值率111.73%，提高8.22个百分点；资产负债率48.57%，下降1.49个百分点；流动资产周转率1.51次，减少0.20次；成本费用利润率7.88%，提高2.32个百分点；规模以上工业全员劳动生产率为29.55万元/人，净增1.57万元/人。实现工业利润总额445.53亿元，增长28.9%。

外商及港澳台投资对厦门规模以上工业增加值贡献最大，2020年外商及港澳台投资增加值占比过半。外商及港澳台投资企业在厦门稳定运行，实现工业增加值1018.63亿元，占厦门规模以上工业增加值的52.9%，增长2.5%。

2020年，在35个工业大类行业中，厦门有15个行业增加值实现正增长，增长面为42.9%。其中医药制造业增幅最大，增长1.1倍，而计算机通信业和其他电子设备制造业、电气机械和器材制造业、橡胶和塑料制品业增加值居所有工业行业前三位，分别实现工业增加值653.21亿元、162.56亿元和125.19亿元，分别增长0.6%、3.1%和1.6%。

厦门支柱行业有效发挥了工业“压舱石”的作用。电子、机械两大支柱行业实现工业总产值4967.35亿元，占厦门规模以上工业总产值的近七成，增长3.4%，比上半年提高5.1个百分点。其中电子行业实现工业总产值2715.85亿元，下降0.1%，降幅比上半年收窄4.4个百分点；机械行业实现工业总产值2251.51亿元，增长7.9%，比上半年提高5.7个百分点。

2020年，受国内外需求回暖影响，厦门供需循环体系逐步改善。立足于“双循环”新发展格局，2020年厦门规模以上工业销售产值增长2.4%，比上半年提高4.8个百分点。“新基建”“宅经济”等需求带动内销产值稳步提升，国内销售产值增长2.1%，比上半年提高2.9个百分点。

（四）科创水平持续提升，产业布局持续优化

2020年，厦门共有国家高新技术企业2282家，比2019年增加354家。国家技术先进型服务企业46家，比2019年增加8家。科技小巨人企业1025

家，比 2019 年增加 173 家。市级科技小巨人领军企业 567 家、省级科技小巨人领军企业 732 家。科技企业孵化器 43 家，其中国家级 7 家。国家、省、市级重点实验室 138 家，工程技术研究中心 128 家，企业技术中心 214 家，企业博士后工作站 34 家，新型研发机构 40 家。市级以上众创空间 229 家，其中省级 86 家、国家备案 43 家、国家专业化示范 3 家，市级专业化示范 34 家。国内专利授权量 29598 件，比 2019 年增加 6585 件，其中发明专利授权量 3066 件。PCT 国际专利申请量 534 件。每万人有效发明专利拥有量达到 37. 93 件，比 2019 年增加 6. 13 件。新登记科技成果 314 项，60 项科技成果获省科技奖。2015 ~2020 年，厦门的高新技术企业数量不断增加，国内专利授权量也在快速提升（见图 4）。

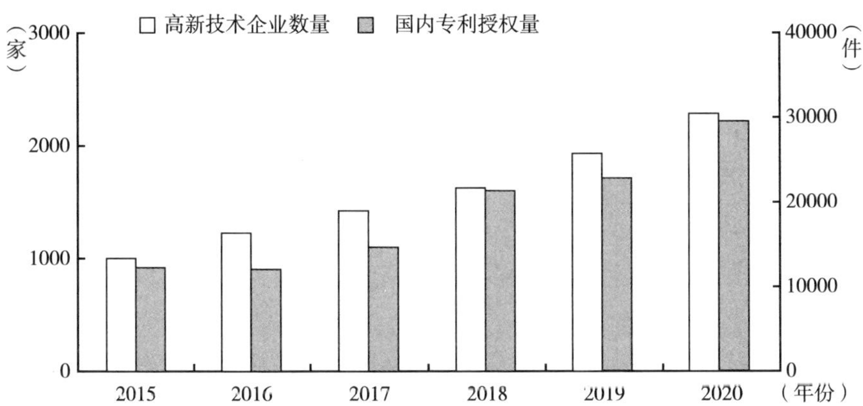

图 4　2015 ~2020 年厦门高新技术企业数量和国内专利授权量

资料来源：2015 ~2020 年厦门市国民经济和社会发展统计公报。

（五）社会民生持续改善，人民生活便捷有保障

在“六稳”和“六保”思想指导下，为抗击新冠肺炎疫情，厦门全力保障居民就业。2020 年，厦门城镇新增就业人数 35. 6 万人，较 2019 年增长 36%。截至 2020 年末，城镇登记失业人数 9. 66 万人，城镇登记失业率仅为 3. 84%。

在保障居民就业的同时，厦门大力推进社会基本保障体系建设。表 2 显示了 2020 年厦门基本社会保险的参保人数及其增长率和参保率（参保率 = 参保人数/常住人口数）。从表 2 可以看出，厦门的整体社会保障体系建设相对完善，基本医疗保险覆盖率高，参保率超过 86%，但是其他险种的参保率相对较低。特别是工伤险、生育险和失业险，说明厦门在鼓励企业为职工投保工伤险、生育险和失业险上需要付出更多精力。同时，各大社会保险险种参保人数较快的增长率也说明厦门居民越来越重视对自身的保障。其中，生育险参保人数的增长率最高，达 13.4%，说明居民除重视基本医疗险和基本养老险外，逐渐开始重视其他方面的保障。2020 年厦门基本养老、工伤、失业社会保险基金收入 179.06 亿元、支出 418.57 亿元，三项社会保险基金历年累计结余 481.88 亿元。基本医疗、生育保险合计基金收入 117.69 亿元、支出 94.46 亿元，两项社会保险基金历年累计结余 265.40 亿元。

表 2　2020 年厦门基本社会保险参保人数及其增长率、参保率

单位：万人，%

基本社会保险	参保人数	增长率	参保率
基本养老	344.95	7.7	66.8
工伤	259.33	7.2	50.22
失业	258.37	7.4	50.03
基本医疗	445.21	5.5	86.21
生育	258.29	13.4	50

资料来源：《2020 年厦门市国民经济和社会发展统计公报》《厦门第七次全国人口普查公报》。

厦门基本社会保障体系继续完善，厦门共有工伤保险协议医疗机构 31 家，工伤保险协议辅助器具配置机构 3 家，工伤保险协议康复机构 7 家。2020 年共向本市 3.81 万失业人员发放失业保险金 3.54 亿元。38.88 万名退休人员移交社会化管理服务，厦门社会化管理率为 99.99%，社区管理率达到 100%。

厦门共有医疗保险定点医疗机构 706 家，医疗保险定点零售药店 1265 家，纳入医疗保险定点服务管理的养老服务机构医务室 29 家、村卫生室

285 家。发放医疗救助资金 1.77 亿元，救助 106.82 万人次。

有力的医疗保障体系离不开基本医疗设施的建设和专业卫生技术人员的培养。厦门 2020 年共有各级各类医疗卫生机构 2171 家，其中医院 62 家，较 2019 年减少 1 家；专业公共卫生机构 24 家，社区卫生服务中心 26 家，乡镇卫生院 13 家，村卫生室 280 家，门诊部 463 家，诊所、卫生室、医务室 1282 家，其他卫生机构 21 家。专业卫生技术人员 38540 人，比 2019 年增加 1583 人，其中执业（助理）医师 16121 人，注册护士 16866 人，药师（士）2092 人，技师（士）2075 人，其他 1386 人。医疗机构实有床位 19470 张，比 2019 年增加约 700 张，其中医院 18238 张，疗养院 140 张，社区卫生服务中心、卫生院 338 张，公共卫生机构床位数 754 张。

在城市信息化便民服务上，截至 2020 年底，“i 厦门”平台共整合 50 多个政府公共服务系统，集成 348 项应用及服务，在线可预约办理事项超 3000 项，覆盖 14 大类便民服务领域，以小程序形式入驻“闽政通”后，已整合的应用服务超 60 个，为市民和企业提供政务、生活、健康、教育、文化等全方位在线服务。至 2020 年末，市民卡 App 已对接 16 个部门，提供 32 类事项、60 种功能，实现 12 种卡的虚拟化接入，不断深化“一码多用”“多卡合一”“虚卡实用”的服务模式。“厦门市口罩预约登记服务系统”入选工信部“支撑疫情防控和复工复产复课优秀大数据产品和解决方案名单”。城市信息化程度进一步提升，市民足不出户便可以便捷办理众多业务。

（六）深化改革开放，推进两岸融合

持续坚持创新驱动发展战略。继续推动福州厦门泉州国家自主创新示范区中厦门片区的建设，加快建立以企业为主体、市场为导向、产学研深度融合的技术创新体系，推动数字经济等新经济形态的发展。

深化财政投融资体制改革。通过印发《厦门市人民政府关于全面实施零基预算改革的意见》，全面实施零基预算管理；简政放权，改革、优化调整市、区财政事权和投资事权，适度有序推动市级审批权和决策权的下放。

推动资本市场的繁荣发展，促进国有企业和民营企业共同发展。加快国企国资改革工作，推进国企混合所有制改革。通过混合所有制改革，健全国有企业董事会、监事会管理，为国有企业的高效管理注入活力。通过支持国有企业向产业链上下游延伸进行重组并购，把国有资本做大做强。同时继续优化营商环境，简政放权，为民营资本营造良好的市场氛围，积极为民营资本降低政策成本，优化招商机制、方式、手段，完善招商惠企政策。围绕12条千亿产业链及金融、健康、“三高”企业、总部经济等重点领域，出台137项支持产业发展和招商鼓励政策。

坚持对外开放取得成效。2020年，厦门实际使用外资166.05亿元，同比增长23.8%，增幅高于全省13.5个百分点，实际使用外资规模占全省的47.7%，全年实际使用外资规模、增速均居福建省首位，再创历史新高。其中大项目吸引外资带动作用明显。全年新增千万美元以上合同外资项目90个，合同外资50.29亿美元，增长3.5%，新引进的金圆统一证券、涂鸦科技、蓝地球旅游发展等项目促进服务业质量稳步提升。新增千万美元以上实际使用外资项目35个，实际使用外资22.22亿美元，增长23.4%。

厦门积极推动两岸关系发展融合。2020年，全市新批台资项目577个；合同使用台资12.8亿美元，增长88.1%；实际使用台资3.3亿美元。加快打造“厦金共同生活圈”，论证、制订厦门金门通桥方案；加快厦金电力联网大陆侧工程建设，编制《金门供气初步方案》《关于厦金通气管道项目的初步方案》，启动大嶝岛LNG气源站建设。厦台直接往来更加便捷。五通码头三期增设22条自助服务通道，成为大陆第一个全程无纸化自动通关的对台客运码头。在大陆率先推出台胞证自助发证便民举措。应疫情防控需要，赴台审批业务实施“不见面审批”预约和“专网+快递”报送审批。

厦台经济贸易往来进一步加强。通过加快发展对台海运快件业务，设立对台海运快件快速通关通道。2020年，厦台海运快件共123.8万件、货值5.1亿元，分别增长17.0%、63.6%。自贸区对台先行先试成效显著。自贸区累计注册台企1124家，厦门两岸集成电路自贸区产业基地注册企业239

家。“源头管理、口岸验放”对台贸易便利模式实施范围扩大至178种台湾输大陆产品。扩大台湾进口商品第三方检测结果采信范围，把台湾输入的4类消费品及部分进口汽车零部件纳入第三方检测结果采信范围。

二　厦门经济特区发展面临的主要问题

（一）制造业下行压力较大

受疫情影响，厦门部分工业行业面临较大的下行压力。2020年，厦门规模以上工业增加值同比下降了40%。其中，非金属矿物制品业增加值同比下降了37.9%，金属制品机械和设备修理业同比下降了37.4%，纺织服装服饰业同比下降了14.6%。此外，由于国际航班大面积停运，航空工业增加值下降了35.7%。就企业而言，2020年，厦门13家企业减产量超过10亿元，比2019年增加了3家；106家企业减产量超过1亿元，比2019年增加了19家。此外，2020年厦门全年工业生产者出厂价格指数为97.1，较2019年下降了1.2%。

（二）服务业复苏缓慢

2020年疫情对厦门服务业的冲击较大。由于国内疫情呈多点散发态势，不利于聚集性服务业的复苏，服务业复苏缓慢且不均衡，以聚集性、接触性为特点的生活性服务业复苏更为缓慢。其中，交通运输、仓储和邮政业增加值同比下降了7.4%。全年航空旅客吞吐量同比下降了39.0%，货邮吞吐量同比下降了15.9%。住宿业营业额同比下降了30.8%。其他服务业增加值的增长速度也低于福建省平均水平。软件业增加值同比增长了3.0%，比福建省平均水平低了4.6个百分点。科研和技术服务业增加值同比增长了12.4%，比福建省平均水平低了11.6个百分点。此外，服务行业企业盈利水平下降，厦门规模以上服务业营业利润降低了7.8%，比福建省平均水平低12.8个百分点。规模以上服务业营业收入利润率仅有9.6%，比2019年同期降低1.2个百分点。近四成的企业处于亏损状态，亏损面提高8.7%。

（三）消费品市场持续低迷

2020年疫情导致厦门线下零售行业低迷，消费需求疲软。2020年厦门零售业务在线下渠道开展的限额以上企业仅有454家，零售额下降0.5%。一半以上的受调查企业表示对未来信心不足。从批零住餐企业第4季度经营景气抽样调查结果看，对下季度本企业和本行业经营状况分别预判，持“乐观”态度的批零企业占39.0%、住餐企业占34.3%，均为1/3强。多数企业信心不足，将影响消费品市场供给结构的稳健优化和可持续发展。

（四）市场投资情绪普遍悲观

从厦门市固定资产投资增长的内部结构看，投资高速增长仍主要依赖于土地费用拉动，而体现实物施工量的建筑安装工程投资还未恢复至2019年同期水平。2020年建安工程投资占厦门市投资比重的近50%，比2019年低了8.6个百分点，降低了固定资产投资4.3个百分点。从投资类别来看，民间投资连续10个月均处于负增长区间，全年下降0.9个百分点，比2019年同期降低12.7个百分点，比厦门固定资产投资低9.7个百分点，仍处观望阶段。

（五）外贸发展面临复杂多变环境

受世界经济增长放缓、各国尚未有效控制疫情、全球金融风险持续上升、贸易摩擦持续紧张等诸多因素影响，全球化贸易的推进举步维艰。外部环境不确定性因素与出口形势不确定性风险的迅速增加，同样对厦门的进出口产生了严重的影响，厦门工业出口整体发展放缓。现阶段境外防疫类、生活类产品需求旺盛，但诸多国家和地区采取了更严格的防疫限制措施，传统出口业务受到影响。2020年，厦门只有接近30%的规模以上工业企业有出口业务，出口量减少的企业达到了664家，占比57.2%，比2019年上升了4.7个百分点。

三　政策建议

（一）加强政策引导，培育经济新增长点

结合疫情催生的新经济模式，大力扶植新企业，加快培育经济增长点，改变传统经营模式和服务理念，形成新的消费热点和经济增长点，及时扭转疫情之下存量企业负增长的局面。同时，厦门市政府应精准帮扶企业缓解疫情影响，加强行业监测和基层调研，根据时势变化不断细化完善援企稳岗政策，加强对相关政策的解读，保障政策有效落地，及时帮助企业化解堵点、难点。发挥政府在统筹规划、政策导向、市场规范和协调推进等方面的作用，进一步完善产业政策，优化发展环境。继续加强信息基础、物流配套等设施建设，完善发展软硬件条件，帮助企业降低运营成本，提高区域资源配置效率，助推电商发展。此外，应抓住疫情影响下群众线上消费快速发展并催生了各类新业态的契机，加快推进传统企业转型发展及经营模式创新升级，大力扶植新兴企业、培育经济新增长点。

（二）紧抓发展机遇，拓展发展渠道

紧紧抓住共建“一带一路”机遇，进一步发挥“21 世纪海上丝绸之路”核心区作用，推进“丝路电商”国际合作机制，推动与“海丝”沿线国家和地区海空运输联结，开拓金砖国家和共建“一带一路”国家等新兴市场。全力开展厦门跨境电商综试区建设，创新跨境经营模式，从“引进来”和“走出去”两个方面实现跨境电商规模化发展。一方面，引进、聚集、培育一批有竞争力的企业，依托知名跨境电商巨头成熟的运作与管理，带动上下游跨境电商企业集聚发展，逐步形成完整的跨境电子商务产业链和生态圈；另一方面，鼓励有实力的企业通过自建、收购、合营或租赁等方式，合理布局公共海外仓，以“跨境电商 + 海外仓”形式积极开拓国际市场。此外，还须创新监管模式，对标国际国内先进规则，进一步降低金融及

物流成本，提高通关效率，全方位推进贸易便利化，让企业充分享受政策红利。厦门企业应积极应对贸易格局变化，加强与欧盟、东盟的产业贸易合作，拓展企业在共建“一带一路”国家的新兴市场，同时要适应当前“以国内大循环为主体、国内国际双循环相互促进的新发展格局”，以弥补国际经济环境对产品出口造成的影响，国际市场、国内市场齐头并进，确保产品市场的可持续性。

（三）推行技术创新，推进信息化与产业相融

厦门市政府应积极探索建立有助于技术创新和科技成果产业化的体制与机制，让企业真正成为技术创新的主体。通过产学研服务和项目支持，培育和引进一批前沿高科技企业，推动前沿高科技产业的发展壮大。激励企业运用先进技术提高整体技术水平，实现高科技产品的高附加值，提高企业的创利水平，提升高科技企业的核心竞争力。厦门高科技企业要充分做好应对困难挑战的准备，积极推动优化资本结构，提高企业自主创新能力，推动产业提质升级，开拓高科技制造业发展的新局面。利用倒逼机制，推动产业提质升级，充分挖掘新动能发展潜力。加大对企业研发、技术升级改造的支持力度，充分利用信息技术对传统领域的提质增效作用，引导制造业向高端化、智能化发展，为第二产业和第三产业相互促进、融合发展提供帮助。信息技术与产业发展的渗透融合日益加深，信息化建设和网络化应用水平已成为新经济动能转换的关键因素和传统产业优化升级的重要动力。

（四）紧靠发展战略，加大招商投资力度

加强招商引资，结合厦门经济基础、产业政策和区位优势，大力引进国内百强企业和优质项目，带动行业创新发展，提升产业发展新动能。全力紧靠“中国制造 2025 战略”，把握技术升级改造和产业转移的机遇，进一步完善高科技企业的布局，以新一代信息技术、人工智能、生物医药等国家战略性新兴产业建设为契机，打造地区高科技行业发展制高点。通过推进实施

千亿产业链培育工程，发展和引进“高技术、高成长、高附加值”企业，升级现有成熟的电子信息产业，夯实关键配套、集聚基地、人才队伍、政策环境等发展基础，推动高科技行业的高质量发展。推动产业均衡发展，发挥火炬高新区“一区多园”的园区特色，发挥其优良的招商能级作用和规模效应作用，不断提升火炬园区的产业结构层次和技术水平，为高科技行业提供发展大平台，带动各区协调发展。以5G新基建、人工智能、网络空间科学与技术、生命信息与生物医药实验室等领域的重大创新为载体，积极开拓航空航天、医疗设备、信息化学品产品市场应用，补齐高科技发展短板，实现高科技行业在各领域遍地开花。

（五）落实惠企政策，优化营商环境

完善降低制造业企业成本的政策措施，进一步降低企业制度性交易、融资、用地、物流以及电力等生产要素成本，切实减轻高科技企业经营负担，提高企业经营收益，增强企业发展后劲和动力。积极利用金融手段，简化企业在各级市场上市融资、股权转让等程序，大力改善高技术企业资产结构，提高权益资本比重，降低企业经营风险。增强政府部门服务意识，切实为企业解决发展过程中的困难和问题，推进“一企一策”服务，努力营造健康有序、公平合理的竞争环境。提高对项目用工、用地、用能、资金等要素的保障，推进项目施工、入统进度；加快推进新一代信息网络、5G、新能源、数字经济等新兴产业项目落地；进一步优化民间投资环境，鼓励和引导民间资本参与高科技产业、现代服务业等项目。提升营商环境，让企业安心发展。深化“放管服”改革，以市场化原则为利器，着力破除制约经济高质量发展的体制弊端、机制障碍和束缚创新发展活力的桎梏，让更强大的市场活力激发创新驱动发展动力。不断完善法治保障体系，以法治化原则为尺度，优化法律制度体系内部之间的协调和衔接，将法律对营商环境优化的保障作用落到实处。

参考文献

厦门市统计局编《厦门经济特区年鉴 2021》，中国统计出版社，2021。

《2020 年厦门经济稳步向好》，厦门统计局网站，2021 年 2 月 4 日，http：//tjj. xm. gov. cn/zfxxgk/zfxxgkml/tjsjzl/tjfx/202102/t20210204_ 2517847. htm。

《从四个经济特区视角探究厦门科创水平——基于“四经普”的科创比较分析》，厦门统计局网站，2021 年 3 月 17 日，http：//tjj. xm. gov. cn/zfxxgk/zfxxgkml/tjsjzl/tjfx/202103/t20210317_ 2525431. htm。

《厦门高技术制造业发展现状研究》，“潇湘晨报”百家号，2020 年 12 月 7 日，https：//baijiahao. baidu. com/s? id = 1686317508048304514&wfr = spider&for = pc。

《2020 年厦门规模以上工业生产持续提速》，厦门统计局网站，2021 年 2 月 2 日，http：//tjj. xm. gov. cn/zfxxgk/zfxxgkml/tjsjzl/tjfx/202102/t20210202_ 2517056. htm。

《“十三五”单位 GDP 能耗下降目标超额完成，节能减排任重道远》，厦门统计局网站，2021 年 3 月 12 日，http：//tjj. xm. gov. cn/zfxxgk/zfxxgkml/tjsjzl/tjfx/202103/t20210317_ 2525430. htm。

《社零增速居全省首位　消费品市场强势收官——2020 年厦门市消费品市场分析》，厦门统计局网站，2021 年 1 月 22 日，http：//tjj. xm. gov. cn/zfxxgk/zfxxgkml/tjsjzl/tjfx/202101/t20210122_ 2517069. htm。

《厦门旅游服务业发展现状调查分析》，厦门统计局网站，2021 年 9 月 26 日，http：//tjj. xm. gov. cn/zfxxgk/zfxxgkml/tjsjzl/tjfx/202109/t20210926_ 2587388. htm。

《消费市场保持较快增长　商贸经济延续良好态势——上半年厦门市商贸经济运行情况》，厦门统计局网站，2021 年 8 月 9 日，http：//tjj. xm. gov. cn/zfxxgk/zfxxgkml/tjsjzl/tjfx/202108/t20210811_ 2574152. htm。

《2020 年厦门服务业发展情况分析》，厦门统计局网站，2021 年 2 月 5 日，http：//tjj. xm. gov. cn/zfxxgk/zfxxgkml/tjsjzl/tjfx/202102/t20210205_ 2518228. htm。

《经济复苏动力强劲，发展新动能持续增强——2020 年厦门 GDP 分析》，厦门统计局网站，2021 年 2 月 4 日，http：//tjj. xm. gov. cn/tjzl/tjfx/202102/t20210204_ 2517855. htm。

B.13

海南经济特区发展报告*

刘伟丽　陈腾鹏**

摘　要： 建设自由贸易试验区和中国特色自由贸易港的重大机遇，为海南推动经济高质量发展、融入新发展格局、贯彻新发展理念带来更多机会。海南经济特区总体经济发展状况良好，三次产业结构占比逐渐改善并得到突破，经济统筹发展协调完善，脱贫攻坚以及全面建成小康社会工作取得重大成就。海南经济特区在未来发展中，实现数字经济高质量发展和完善现代产业体系是重要战略目标，落实好自由贸易港政策、加快创新驱动发展战略、扩大开放水平是有效的战略措施。

关键词： 自由贸易区　自由贸易港　高质量发展　产业结构　数字经济

一　海南经济运行基本特征

（一）经济总体发展状况良好

2020 年是“十三五”规划的收官之年，海南省总体经济发展取得显著

---

* 本报告系教育部人文社会科学重点研究基地重大项目“中外经济特区比较研究”（项目编号：16JJD790042）成果。

** 刘伟丽，深圳大学中国经济特区研究中心教授，深圳大学中国质量经济发展研究院院长，博士生导师，主要研究方向为世界经济、质量经济与管理、数字经济与数字贸易；陈腾鹏，深圳大学中国经济特区研究中心博士生，主要研究方向为数字经济、数字贸易、世界经济。

成就。年均地区生产总值超5000亿元，年均增长率超8.4%（见图1）。社会消费品零售总额年均增长8.5%；地方一般公共预算收入年均增长6.7%；城镇居民人均可支配收入年均增长8.1%，农村居民人均可支配收入年均增长8.6%。海南的各项经济增长指标均高于全国平均水平，达到预期目标。

2020年，海南地区生产总值为5532.39亿元，受疫情影响，经济增速有所回落，由上年的5.8%回落至3.5%。第一产业增加值为1135.98亿元，同比增长2%。第二产业增加值为1055.26亿元，同比下降12.%。第三产业增加值为3341.15亿元，同比增长5.7%。三次产业结构比为20.5∶19.1∶60.4。产业结构持续优化，第三产业占比首次突破60%。

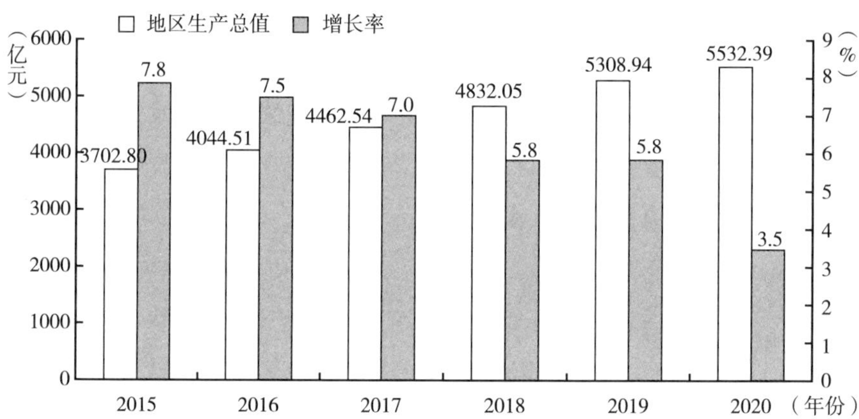

图1　2015～2020年海南省地区生产总值及其增长率

资料来源：海南省统计局网站。

海南省居民可支配收入方面呈现持续上升的态势，且城乡收入进一步缩小。2020年，城乡居民人均可支配收入27904元，城镇居民人均可支配收入年均增长达到7.1%，农村居民人均可支配收入年均增长达到8.4%。城乡居民收入比值从2015年的2.43下降至2020年的2.28，缩小0.15。收入来源方面，2020年，海南城乡居民人均工资性收入16175元，是城乡居民收入的重要来源，占可支配收入的比重为58.0%；人均转移净收入4944元，贡献率排在第2位，占可支配收入的比重为17.7%；人均经营净收入和财产净收入分别为4688元和2098元，占可支配收入的比重分别为16.8%和7.5%。

居民消费价格指数（CPI）方面，与2019年相比，总体上涨2.3%。其中增幅最大的是食品烟酒，其次是衣着，表明居民的生活水平得到改善（见图2）。降幅最大的是交通通信，表明海南省交通运输条件的改善降低了居民的交通费用，特别是城市公共交通完善、海南环岛高铁运行以及高速公路网络的建设，大大降低了居民的交通费用。随着5G技术的推广以及三大通信运营商的良性竞争，通信费用也随之降低。此外，居住费用降幅明显，表明海南省房价调控起到一定作用，房地产市场逐渐往正常水平靠拢。

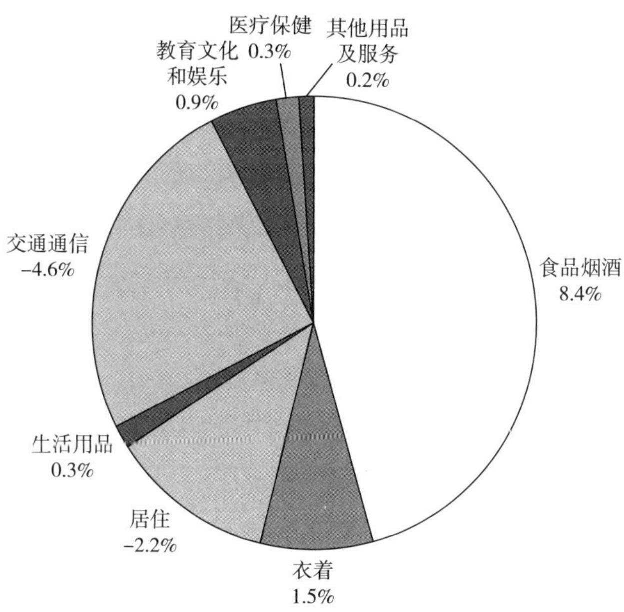

图2　2020年海南省CPI与2019年相比增降幅度

资料来源：《2020年海南省国民经济和社会发展统计公报》。

一般公共预算收入方面（见图3），2020年海南省一般公共预算收入为1350.58亿元，同比下降3.5%。一般公共预算支出为1973.9亿元，同比增长6.2%。在海南省财政预算收入中，旅游收入占比较大。国内旅游市场相对冷清，一般公共预算收入增速较往年有所下降。在一般公共预算支出方面，海南省委、省政府加大公共基础设施建设力度，“丰”字形高速公路、“气代柴薪”等“五网”基础设施以及国际教育创新岛等重点项目推动预算支出增加。为完成脱贫攻坚任务，不断加大的民生支出也是一般公共预算支出增加的重要原因。“十三五”期间，海南省一般公共预算收入从2015年的1009.99亿元提升到2020年的1350.58亿元，一般公共预算支出从2015年的1241.49亿元提升到2020年的1973.89亿元。总体来看，海南省属于需要中央财政转移支付发展的省份。历年的财政支出均在财政收入之上。2018年4月14日，中共中央、国务院发布《关于支持海南全面深化改革开放的指导意见》，宣布支持海南建设自由贸易区。海南省获得的中央财政支持力度逐年加大，一般公共预算支出呈逐年上升趋势。逐年增加的财政支出带动了海南省经济持续健康发展，完善了海南省相应的基础设施建设。

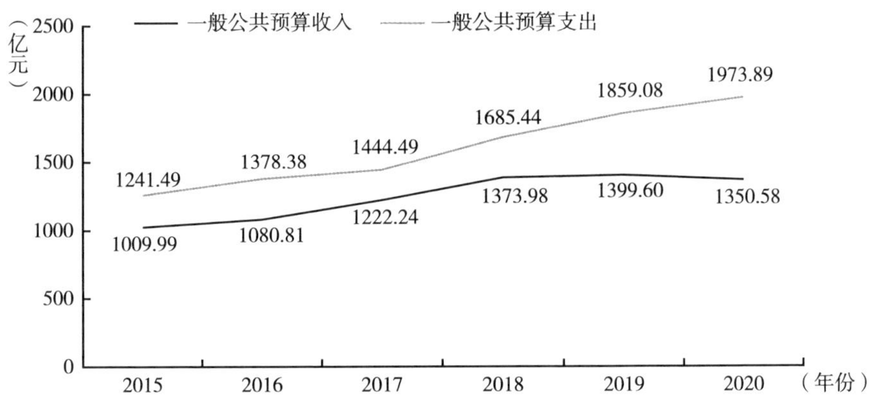

图3　2015～2020年海南省一般公共预算收支情况

资料来源：海南省财政厅网站。

（二）三次产业发展状况分析

2020年三次产业结构比为20.5∶19.1∶60.4。第三产业生产总值占地区生产总值的比重首次突破60%（见图4），对经济增长贡献率首次达到95.8%，同比增长31.5%。意味着海南经济特区转型取得阶段性成就，以服务业为主体的第三产业开始在海南经济特区的发展中发挥引擎驱动作用。

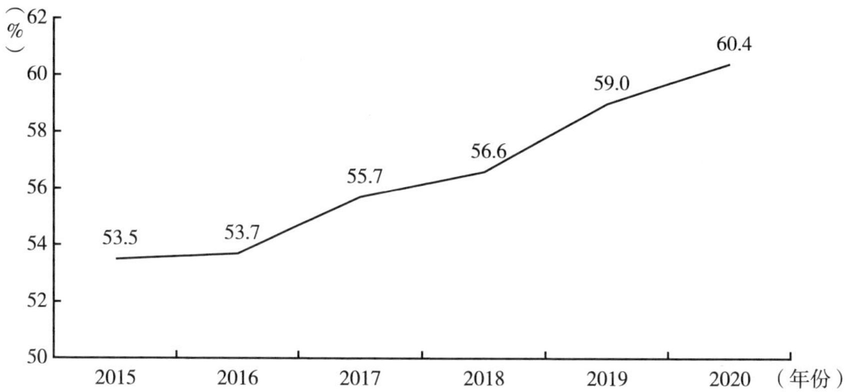

图 4　2015～2020 年海南省第三产业生产总值占地区生产总值的比重

资料来源：海南省统计局网站。

1. 第一产业发展状况

由于海南省地处热带地区，拥有优秀的热带农业发展优势，同时数字经济和电子商务发展迅速，其市场渠道拓宽，消费群体逐渐扩大。因此第一产业占比仍较重，达 20.5%。2020 年全省固定资产投资中，第一产业投资同比增长 115.5%。2020 年 10 月 23 日，农业农村部提出要把海南打造成世界一流的热带农业科学中心。海南省全年拨付财政农业专项资金 41.7 亿元，用于农田水利项目、农业保险项目，以及发放耕地地力保护、农机购置等惠农补贴。政府鼓励支持恢复生猪生产，防控动植物疾病和自然灾害。发展特色农业，打造农民收入新增长点。拨付 8.2 亿元资金支持农村"厕所革命"、美丽乡村建设、"百镇千村"建设、农村饮水安全巩固提升工程。发放农民小额贷款贴息和奖补资金共 2.8 亿元，撬动 50 万元以下农民小额贷款 138.7 亿元，惠及农户 16.3 万户。完善天然橡胶价格（收入）保险七条措施，将胶农自缴的保费比例从 40% 降至不超过 30%。

农业机械化是近年来海南省第一产业发展的新趋势。2020 年，海南省农业机械总动力达到 574 万千瓦，动力农业机械化程度超过 80%，植保机械化程度超过 85%。大力推广水稻生产机械化、果园生产机械化、水肥一体化灌溉、胡椒加工机械化、番薯生产机械化、毛豆生产机械化等技术。强调科技成果转化，实现农业机械化推广应用项目达180多个。农业果园方面的机械化水平大幅提高，果园轨道运输、植保、除草、修剪、灌溉、水肥一体化灌溉、果枝粉碎等机械化技术得到快速发展和应用。农业水利灌溉方面的智能光电控水系统，通过太阳能、电力、机械动力、水利和自动控制集成等技术逐渐广泛运用。

2. 第二产业发展状况

第二产业方面，海南省工业起步较晚，主要以生产商业混凝土、铁矿石和合成纤维单体为主，重工业占比较高。2020年全省工业增加值为536.29亿元，同比下降5.4%。规模以上工业增加值同比下降4.5%。全省工业上缴税收218.3亿元，占全省的比重为20.8%。工业投资同比增长25.0%。在八大工业支柱行业增加值中，农副食品加工业增长20.5%，造纸及纸制品业下降1.1%，石油加工业下降16.1%，化学原料和化学制品制造业增长1.3%，医药制造业下降5.0%，非金属矿物制品业下降5.8%，汽车制造业增长118.4%，电力、热力的生产和供应业增长0.1%。第二产业生产总值下降主要是因为新冠疫情影响了生产产品出口，导致国际订单减少。

从表1中可以看出，2020年海南省成品糖、罐头和人造板是产量增速最低的工业产品。表明海南省工业转型升级取得了初步成效，逐渐减少传统初级工业产品、自然资源和食品工业的生产。增速最高的工业产品是铁矿石（原矿）、合成纤维聚合物（PET）和商品混凝土。表明海南省工业逐渐往石化工业和资源型工业转型。值得注意的是，2020年商品混凝土的增速为6.5%，相反水泥增速为-8.9%。这意味着海南省水泥产业进行相应的产品品牌升级，提高了工业利润率。

表1　2020年海南省主要工业产品产量及增速

产品名称	绝对数	增速(%)
铁矿石(原矿)(万吨)	612.98	41.1
饲料(万吨)	271.33	1.7
成品糖(万吨)	11.43	-27.8
罐头(万吨)	16.46	-14.3
软饮料(万吨)	76.19	-8.8

续表

产品名称	绝对数	增速(%)
卷烟(亿支)	115.00	-2.5
人造板(万立方米)	55.15	-10.4
纸浆(万吨)	188.07	1.8
机制纸及纸板(万吨)	174.95	-2.1
精甲醇(万吨)	145.25	2.6
氮肥(折合N100%)(万吨)	65.25	-0.5
合成纤维单体(PTA)(万吨)	237.30	4.6
合成纤维聚合物(PET)(万吨)	178.77	12.8
硅酸盐水泥(万吨)	1385.56	-4.7
水泥(万吨)	1838.85	-8.9
商品混凝土(万吨)	1590.90	6.5

资料来源：海南省统计局网站。

根据海南省工信厅统计报告，2020年海南的主要工业产业出现同比下降趋势。受国际油价下跌以及全球原油市场波动影响，油气加工业方面，全年总产值718.2亿元，同比下降23.2%。与此相关联的化学原料和化学制品制造业产品价格下跌20.3%。受国家医保体制改革影响，医药产品价格增长受到限制，全年产值246.9亿元，同比下降6.1%。电力、热力生产和供应业受一般工商业执行95折电价政策影响，全年实现产值283.1亿元，同比下降0.6%。

3.第三产业发展状况

“十三五”期间，海南省第三产业生产总值占地区生产总值的比重持续上升，服务业在海南省经济发展中起到越来越重要的引擎作用。旅游业方面，海南省是我国旅游资源最丰富的省份之一，拥有热带滨海资源、热带雨林资源和黎苗少数民族文化资源。同时兼具生态环境、经济特区、国际旅游岛和自由贸易港四大优势，是我国名副其实的旅游大省。2015～2019年，海南省旅游收入均处于上升态势。2020年受疫情影响，海南省旅游收入以及旅客人数较往年有所减少，在第三产业中的占比有所下降。

从图5和图6可知，2020年海南省旅游总收入为872.86亿元，同比下降17.5%；2020年旅客周转量为447.91亿人公里，同比下降54.9%。综上可以看出，疫情对海南省旅游收入产生的负面影响巨大。

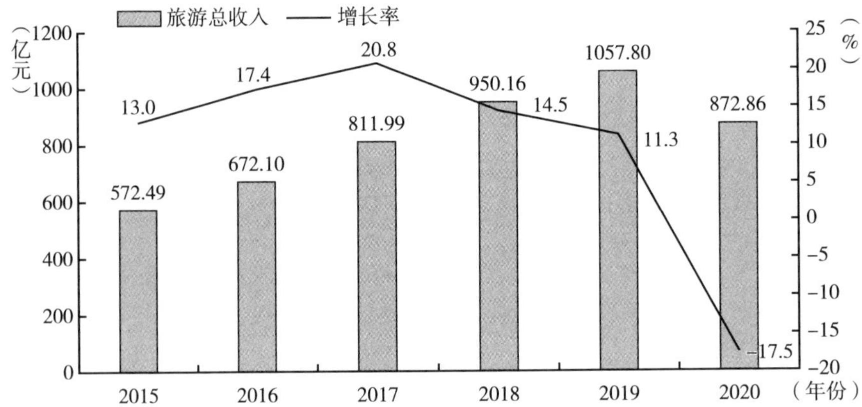

图5 2015～2020年海南省旅游总收入及其增长率

资料来源：海南省旅游和文化广电体育厅网站。

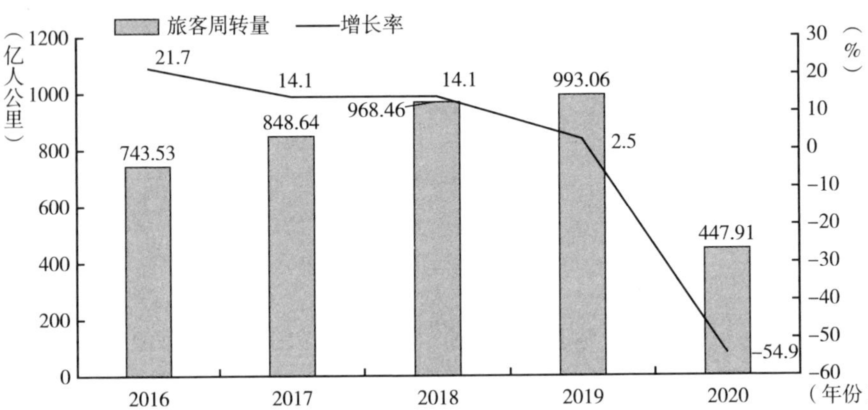

图6 2016～2020年海南省旅客周转量及其增长率

资料来源：海南省旅游和文化广电体育厅网站。

房地产是第三产业的重要组成部分。过去几年，海南省存在房地产市场过热、房价过高的现象。2015年，海南省人民政府通过了《关于促进房地产市场平稳健康发展的若干意见》。2016年，海南省人民政府通过了《关于加强房地产市场调控的通知》。通过近几年的政府宏观调控，加上国家相关政策的影响，2020 年海南省房地产业的增加值、投资、税收分别占 GDP、固定资产投资、地方一般公共预算收入的比重，各自回落 4.0%、21.9%、25.1%。房地产市场逐渐健康发展，促进了总体经济健康稳定运行。

进出口贸易是衡量第三产业的重要指标。2020 年海南省全省进出口总额为 933.0 亿元，同比增长 3%。其中，出口额为 276.4 亿元，同比下降 19.6%。进口额为 656.6 亿元，同比增长 16.8%。货物进出口逆差为 380.2 亿元。2020 年，出口市场更加多元化，对外贸易伙伴涉及全球 183 个国家和地区，美国、日本、欧盟是排名前 3 的主要贸易对象（见图 7）。

2020 年，海南省对外贸易存在较大逆差。特别是对美国和日本两国存在较大的贸易缺口。2020 年，海南进出口商品种类从 2019 年的 2378 种增加到 3610 种。主要进口商品多为日用消费品、用于加工生产的基本有机化学品和木片。主要出口商品多为农产品、纸及其制品、汽车零配件和医药材及药品。

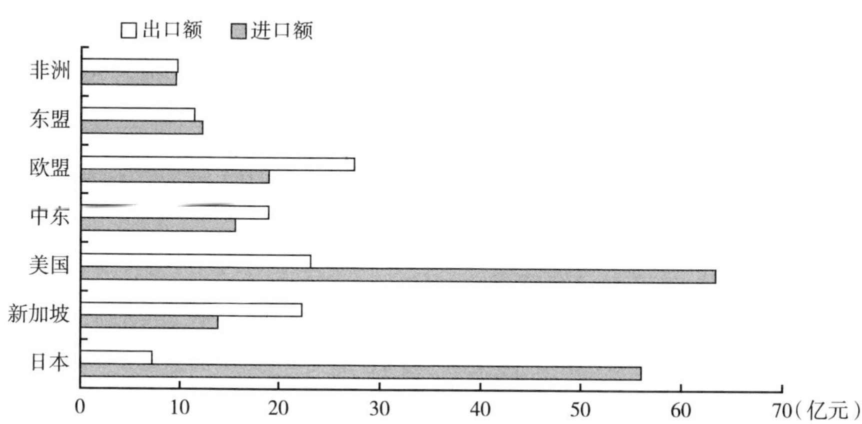

图 7　2020 年海南省对主要国家和地区进出口额对比

资料来源：《2020 年海南省国民经济和社会发展统计公报》。

金融业是第三产业的重要组成部分，海南自由贸易港的建设推动了金融业在海南省的发展，增强了其对全省第三产业的推动作用。全省金融机构资产总额 14030.72 亿元，同比增长 3.7%。海南省金融业的发展离不开政策方面的支持。2020 年 4 月人民银行牵头四部委发布《关于金融支持海南全面深化改革开放的意见》。2020 年 6 月《海南自由贸易港建设总体方案》公布，海南经济特区的金融业态得到极大丰富，金融开放和金融创新能力不断加强，服务自贸港的功能得到提升。2020 年 9 月海南省制定发布《关于贯彻落实金融支持海南全面深化改革开放意见的实施方案》，初步构建起金融开放的“四梁八柱”。有近 12 家 QFLP 股权投资基金和 6 家基金管理企业在海南省落地，总基金规模超 6 亿美元。首批 14 家 QDLP 股权投资类和 10 家非股权投资类试点企业公布。

海南自由贸易港政策的推广促进了海南省金融业的繁荣发展。2020 年 11 月，广发银行海口分行经中国银保监会批准成立。2020 年 12 月，海南省地方金融监督管理局会同海口综合保税区与中国国际金融股份有限公司设立基金管理公司，服务海南省基础设施建设。2020 年 12 月 29 日，海南自由贸易港金融发展中心挂牌成立，海南省金融业态得到了进一步丰富。2020 年全省共新增地方金融组织 88 家，其中 6 家融资担保公司，2 家融资租赁公司，9 家小额信贷公司，1 家典当行，6 家保理公司，64 家融资租赁 SPV 公司。全省全年离岸贸易收支累计已超 18 亿美元。2018 年 4 月以来，新设中央企业 98 家，营收总额 1300 亿元，提前完成“百家央企进海南”目标。

（三）经济统筹协调发展

受疫情影响，2020 年海南省旅游收入为 872.86 亿元，同比下降 17.5%。过境旅客周转量 447.91 亿人公里，同比下降 54.9%。接待游客 6455.09 万人次，同比减少 22.3%。酒店餐饮行业也受疫情影响较大。2020 年海南省酒店行业年收入 183.8 亿元，同比减少 36%。餐饮行业年收入 202.75 亿元，同比减少 47%。海南省酒店餐饮行业收入占旅游收入的比重为 44.17%，与 2019 年相比大幅下降。

海南省人民政府高度重视经济统筹协调发展，出台一系列措施支持企业复工复产。2020 年是海南自由贸易港建设的开局之年，全省在党中央、国务院的指导下采取系统性的全新措施。围绕“三区一中心”的定位，大力发展海南省服务业，助推海南省经济实现高质量发展。2020 年 5 月 6 日，印发《关于进一步采取超常规举措确保完成全年经济目标的实施意见》，围绕促投资、扩消费、招商引资、推动园区发展、抓好三农工作及强化保障措施六个领域出台 43 条超常规措施。全口径减免税费 175.8 亿元，主要经济指标在第二季度实现回暖。通过各项措施，我国最终取得 2020 年国内生产总值 5532.39 亿元、增速 3.5% 的成绩。

（四）全面建成小康社会

2015 年 11 月 23 日，中共中央政治局审议通过《关于打赢脱贫攻坚战的决定》。2015 年 11 月 29 日，《中共中央　国务院关于打赢脱贫攻坚战的决定》发布，脱贫攻坚战全面打响。2017 年 10 月 18 日，习近平指出：“我们既要全面建成小康社会、实现第一个百年奋斗目标，又要乘势而上开启全面建设社会主义现代化国家新征程，向第二个百年奋斗目标进军。”[①] 至 2020 年底，我国 932 个贫困县全面脱贫。联合国秘书长古特雷斯称“这是人类历史的伟大壮举”。

2020 年是打赢脱贫攻坚战和全面建成小康社会的收官之年。海南省将脱贫攻坚视为建设自由贸易试验区和中国特色自由贸易港的第一民生工程。海南省有国家认定的贫困县 5 个，分别是五指山市、临高县、白沙黎族自治县、琼中黎族苗族自治县和保亭黎族苗族自治县。2013 年以来，共实现 65.9 万贫困人口脱贫。贫困率从 11.10% 下降到 0.01%。贫困居民可支配收入、累计脱贫人数逐年增加（见图 8、图 9）。

海南省成立 2700 多支乡村振兴工作队，总人数达 8583 人。工作队积极联系困难群众，深入基层解决实际问题。截至 2020 年底，海南省 5 个贫困

---

① 《习近平指出，既要决胜全面建成小康社会，又要开启全面建设社会主义现代化国家新征程》，新华网，2017 年 10 月 18 日，http：//www.xinhuanet.com//politics/19cpcnc/2017 - 10/18/c_ 1121820451.htm。

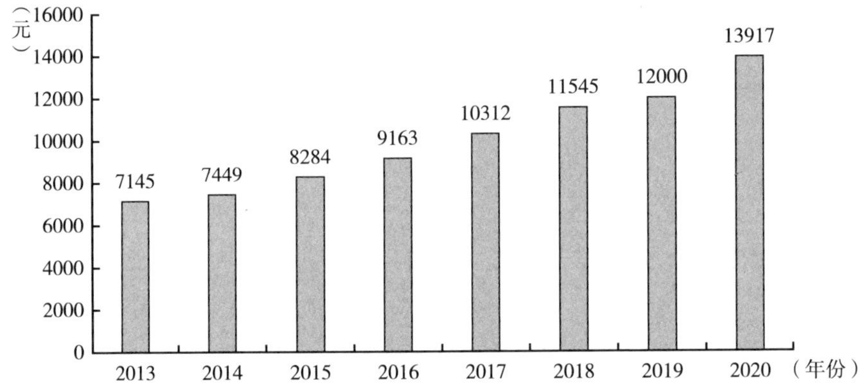

图8　2013～2020年海南省贫困居民人均可支配收入

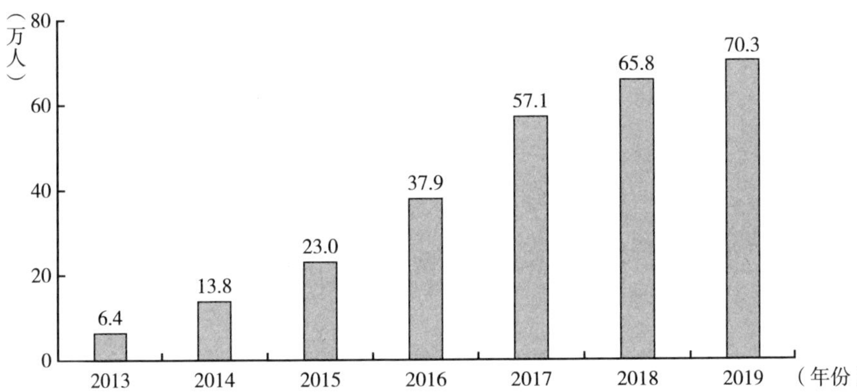

图9　2013～2019年海南省累计脱贫人数

县和600个贫困村全部脱贫。海南省64.97万名建档的贫困群众全部脱贫。海南省全面贯彻产业扶贫、就业扶贫和消费扶贫政策，打造社会主义新农村，实施返贫致贫动态监测、精准帮扶全过程闭环管理。海南省五指山市通过产业扶贫政策，依托“老四样”橡胶、槟榔、益智、瓜菜和“新四样”茶叶、忧遁草、树仔菜、百香果等特色本地产品，拓宽消费市场，打赢脱贫攻坚战。临高县通过打造“永不下班”工作队，落实“五级书记”抓扶贫政策，运用“一户一策”自主发展模式和龙头企业带动的“三位一体”产业帮扶模式完成脱贫任务。白沙县选派61名第一书记、2996名各级干部建立覆盖乡、村、组的“三级作战”体系。立足本地橡胶产业，探索出一条“稳胶扩茶扩药创特色”的产业发展路径。通过努力，2020 年 3 月海南省正式宣布省内三个贫困县完成脱贫任务，全面进入小康社会。

二　海南经济特区发展的新方向

（一）数字经济高质量发展

数字经济是以数据资源作为关键生产要素，以现代信息网络作为重要载体，以信息通信技术的有效使用作为提升经济效率和优化经济结构的重要手段。是一种改变人类社会沟通方式、组织方式、生产方式、生活方式的新型经济形态。成为全球经济发展的新动能，以云计算、大数据、物联网、人工智能、5G 为代表的新一代信息技术不断创新发展，使数字经济呈现快速增长的趋势。

我国数字经济呈现跨越式发展，在国民经济中的作用越发明显。2020 年我国数字经济规模达 39.2 万亿元，同比增长 9.5%（见图 10），占 GDP 的比重达 38.6%。2020 年新冠肺炎疫情发生后，我国数字经济发挥了更加重要的作用。线上教育、互联网医疗、直播电商、远程办公服务等新业态新模式的发展，为我国成为 2020 年全球主要经济体中唯一正增长的成绩做出重要贡献。2019 年，广东、江苏、浙江、上海、北京、福建、湖北、四川、河南、河北、安徽、湖南等地数字经济增加值超过 1 万亿元，辽宁、重庆、江西、陕西、广西等超过 5000 亿元。河北、浙江、福建、广东、重庆、四川也开始致力发展国家数字经济创新发展试验区。

海南作为我国后发省份，要建设自由贸易试验区和中国特色自由贸易港，就应该大力发展数字经济，利用相关政策优势，力图实现弯道超车和跨越式发展。

海南省在数字经济新基建建设中取得显著成绩，全省 20 户以上自然村光纤宽带和 4G 网络覆盖率分别达到 99.24% 和 99.94%。2020 年底，全省

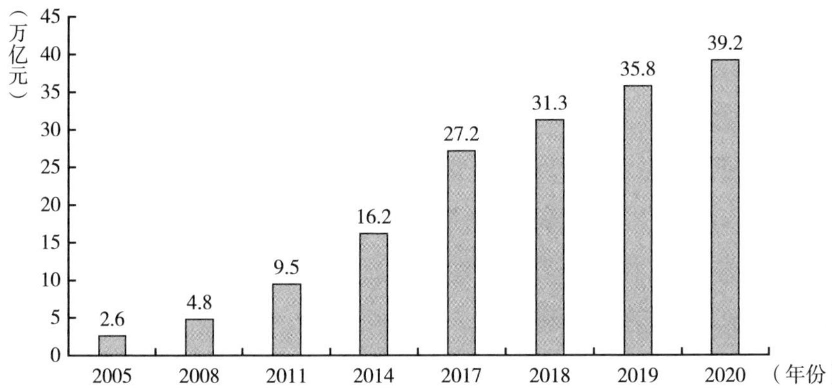

图 10　2005～2020 年中国数字经济规模

资料来源：中国信息通信研究院：《中国数字经济发展白皮书》。

5G 物理基站累计超过 7000 个。“五网”基础设施提质升级。光纤宽带网络和高速移动通信网络实现城乡全覆盖。

1997 年，海南就提出了“信息智能岛”的发展观点。2019 年，海南省委、省政府正式启动《智慧海南总体方案》编制。2020 年 8 月，正式发布《智慧海南总体方案（2020—2025 年）》。贯彻落实海南自由贸易港建设，履行“三区一中心”的国家战略使命。以“数字孪生第一省”为目标，努力打造国内智慧城市第一梯队。强调智慧赋能，争取成为全球自由贸易港智慧标杆。将海南自由贸易港打造为国际信息通信开放试验区、精细智能社会治理样板区、国际旅游消费智能体验岛、开放型数字经济创新高地。完善“地基”，即智慧大脑、能力中台、支撑体系和机制体制；“八柱”，即 5G 和物联网等新型基础设施、提升国际信息通信服务能力、创新现代化治理和智慧监管新模式、构建立体防控智慧生态治理体系、优化国际旅游消费服务智慧化体验、推动数字政府和智能公共服务创新、加快优势产业数字化转型、数字新产业做优做强等。

自由贸易港的政策优势是海南省发展数字经济的重要推动力。自由贸易港是当今世界上开放程度最高的经济特区形式。《海南自由贸易港建设总体方案》指出要分步骤、分阶段实施贸易自由便利、投资自由便利、跨境资金流动自由便利、人员进出自由便利、运输来往自由便利和数据安全有序流动政策，逐步推进“零关税、低税率、简税制”。这些开放条件有利促进了各种生产要素的自由流动，为数字经济产业发展带来极大推动力。海南省还成立了我国第四个“知识产权法院”，成为我国保护知识产权的先行省份之一，对高度依赖专利技术的数字经济的发展起到了保驾护航的作用。

虽然海南省数字经济发展迅速，但仍存在总量小、基础弱等问题。总体上处于起步阶段。此外，海南省在发展数字经济的过程中还存在相关劣势，特别是对大数据挖掘的深度和广度还有所欠缺。首先，高新技术企业数量与一线城市相比仍有较大差距，互联网产业规模仅占全国1%。其次，数字新基建建设也相对落后。例如，2020 年，海南省建成 5G 基站 2100 座，同一时期深圳建成 4.5 万座。新基建建设力度的不足会影响数据处理能力和信息传输能力的提升。最后，大数据产业专业人才欠缺。海南省高等教育水平与其他省份相比仍有较大差距，且省内缺乏知名互联网企业入驻，因此培育数字复合型人才也至关重要。

（二）现代产业体系逐渐完善

现代产业体系是以智慧经济为主导、大健康产业为核心、现代农业为基础，通过五大产业（农业、工业、服务业、信息业、知识业）的融合实现产业升级、经济高质量发展的产业形态。海南省应立足于自由贸易试验区和中国特色自由贸易港建设的先机，大力发展现代产业体系。构建特色旅游业、现代服务业、高新技术产业、热带特色高效农业等“3+1”发展格局。

特色旅游业方面，国际旅游消费中心建设加快，新型旅游吸引力主要集中在环岛旅游公路、中部热带雨林。游客人均旅游天数和消费额显著提高，旅游收入增加值占 GDP 的比重达 12%。发展特色旅游产业集群，推动旅游振兴乡村。现代物流、医疗健康、现代金融、商务服务规模扩大，国际冷链物流、专病康养、国际设计岛等瓶颈得到突破。

高新技术产业方面，产业总产值突破 1 万亿元，战略性新兴产业发展取得突破。数字经济、石油化工新材料、现代生物医药产值分别突破4000亿元、2000亿元、500亿元。其中数字经济增速达30%。未来产业加速发展，大种业、深海、航天等产业在海南省均有突破。“陆海空”产业总规模超350亿元。打造清洁能源、节能环保、高端食品加工等三个优势产业。

热带特色高效农业方面，农产品加工业产值超过农业产值，禁止耕地“非农化”和“非粮化”。新建改造高标准农田100万亩，培育热带水果、观赏鱼、花卉等新品种。促进海洋渔业转型和渔民转产，建设现代化海洋牧场12个。

（三）乡村振兴逐步推进

2021年，我国贫困县全部摘帽，代表脱贫攻坚战取得全面胜利。[①] 广大农村地区在打赢脱贫攻坚战后，开始实施乡村振兴战略。2021年2月25日，国家乡村振兴局挂牌成立。2021年5月27日，海南省乡村振兴局正式挂牌，标志着海南省的脱贫攻坚任务顺利完成，农村工作任务全面转向海南省乡村振兴。

海南省是一个农业产值占比较高的省份，本身独有的热带地理条件是实施乡村振兴战略的重要优势。海南自由贸易港战略的推广建设，为乡村振兴增添更多活力。2020年，海南省建立健全已脱贫人口、边缘人口、农村低收入人口常态化监测，防止返贫现象和确保无增贫现象。促进“农业+旅游”和“农业+商业”融合机制，保障农民收入增长。启动集体经济“空壳村”清零活动，培训农民相关产业技能，鼓励农民到本土重点企业和重点项目务工。改善农村居住环境，实施“乡村建设行动”。建成10个特色产业小镇、100个特色精品美丽乡村，改造特色小镇电网50个。进行“厕所革命”，加快农村污染治理，改善农村排污设施。深化农村农垦

① 《习近平庄严宣告：我国脱贫攻坚战取得了全面胜利》，“新华网客户端”百家号，2021年2月25日，https://baijiahao.baidu.com/s?id=1692634997668175695&wfr=spider&for=pc。

改革，推进农村宅基地和集体建设用地房地一体确权登记。在 1985 个村完成集体产权制度改革，完善覆盖市、县（区）、镇、乡四级的农村集体产权交易市场体系。

三　海南经济特区发展的政策建议

（一）2020年海南经济发展的总体评述

2020 年 6 月 1 日，中共中央、国务院印发了《海南自由贸易港建设总体方案》，象征着海南省发展进入了一个新的历史阶段。以建设高水平自由贸易区和中国特色自由贸易港为出发点，海南省在未来应抓住发展机会，贯彻新发展理念，形成新发展格局，实现经济高质量发展。海南省应牢牢把握经济特区、全面深化改革开放试验区、国家生态文明试验区、自由贸易试验区、国际旅游消费中心的“四区一中心”重大历史发展机遇。

保持经济持续增长，实现经济正增长，为我国成为 2020 年唯一经济正增长的国家做出重要贡献。受疫情影响，海南省第一季度 GDP 同比下降 4.5%，后三个季度迎难而上，最终实现全年地区生产总值 5532.39 亿元，并实现了难能可贵的 3.5% 的地区生产总值增速，高于全国 2.3% 的增速水平。海南省三次产业结构比从 2019 年的 20.3∶20.7∶59.0 变为 2020 年的 20.5∶19.1∶60.4，第三产业占比首次突破 60%，产业结构持续优化。

数字经济取得较快发展。2020 年 7 月印发了《智慧海南总体方案（2020—2025 年）》，提出建设国际信息通信开放试验区、精细智能社会治理样板区、国际旅游消费智能体验岛、开放型数字经济创新高地。利用好自由贸易港的政策优势条件，通过自贸港的贸易自由化，更好地吸引数字资本，扩大互联网产业规模。市场主体大规模增加，全省注册登记的互联网企业从 2018 年的 14000 多家上升到 2020 年的 36000 多家。产业集聚效应明显，海口、澄迈、三亚、陵水、洋浦以及儋州等市数字经济规模占全省的 95%。

产业发展档次提升，积极引进阿里巴巴、腾讯、京东、今日头条、爱奇艺等互联网巨头。

脱贫攻坚取得成功，乡村振兴开局良好。2020 年，海南省的 5 个国家级贫困县——五指山市、临高县、白沙黎族自治县、琼中黎族苗族自治县和保亭黎族苗族自治县全部顺利脱贫。开启乡村振兴工作，成立 2700 多支乡村振兴工作队，总人数 8583 人。助力全省乡村振兴，防止贫困人口返贫。开启建设社会主义新农村、实现共同富裕的征程。

海南省经济发展仍然存在一定问题。一是数字经济规模相对较小，互联网产业规模仅占全国的 1%。互联网企业数量仍比较少，本土缺乏有影响力的互联网企业。且数字经济发展不均衡，仅集中于少数几个城市。全省大部分地区未能有效覆盖数字经济产业。数字经济人才培养仍比较缺乏，省内高等教育力量相比于其他省份较薄弱。二是产业结构还不够完善。海南省第一产业占比仍较高，达到 20%。与其他农业大省如河南省（三次产业占比为 9.7∶41.6∶48.7）相比，海南省第二产业占比仍不够高，现代农业发展程度还不够完善。而且第三产业中旅游收入占比较高，单一产业占比较高容易使经济遭受不稳定风险。

（二）促进海南经济发展的政策建议

1. 积极落实好自由贸易港的政策安排

加快有关自由贸易港配套制度的出台，完善自由贸易港相关法规和规范性文件。强化重大功能平台建设，支持自由贸易区相关配套设施发展。完善相关海关监管特殊区域的管理。加快研究封关准备，加快简税制改革。持续优化营商环境，出台营商环境重要量化指标赶超国内一流水平实施方案。省委、省政府贯彻落实国家发展战略，提升政府部门政策执行能力。积极联络海南省人大常委会完善特区内相关法律制度建设，落实国家建设中国特色自由贸易港的相关要求。以上层建筑建设为出发点，为成功打造自由贸易港保驾护航。同时学习国外成功自由贸易港的制度成果，加强国际交流，更好地使海南融入世界发展体系中。

2. 加快创新驱动发展战略

打造重点科研平台，完善国家实验室建设，争取引进知名高校在海南设立分校以及新增国家重点实验室。创建国家区块链试验区，争取引进顶级科研机构在海南设立分支机构。建立健全科研支撑体系，加大高层次人才引进力度，完善科研项目资金管理模式。设立科技信贷风险补偿资金和科技成果转化引导基金，加大财政资金的科研投入。省委、省政府应制定相应战略文件，从高层角度引导各级政府重视创新驱动战略。积极加强与世界其他国家的合作交流，学习国外先进战略成果。集中精力发展数字经济，加快数字产业化和产业数字化进程，强化新型战略性产业建设。

3. 扩大开放水平

利用好原有的博鳌亚洲论坛会议平台，使海南加快成为我国新型开放高地。完成琼州海峡港航一体化，规划建设两岸陆岛物流园区。办好首届中国国际消费品博览会，利用好国家自由贸易港的政策优势，力争在国内会展业取得先进发展水平。优化投资结构，在完善传统基础设施建设的情况下加快新型基础设施建设。落实重大项目责任制度。利用好海南优越的自然条件，打造国际旅游胜地。努力建设形成符合条件的大型国际会议举办地。

参考文献

《2020 年海南省政府工作报告》，海南省人民政府网站，2020 年 1 月 22 日，https：//www. hainan. gov. cn/hainan/2019lhzfgzbgn/list_ 2020hnlh. shtml。

《最新公布！2020 年海南城乡居民人均可支配收入 27904 元》，“国际旅游岛商报”百家号，2021 年 1 月 21 日，https：//baijiahao. baidu. com/s? id = 1689456070888268305&wfr = spider&for = pc。

王了谦：《央媒看海南丨中新社用一串数据聚焦海南自贸港建设成果》，“潇湘晨报”百家号，2021 年 1 月 27 日，https：//baijiahao. baidu. com/s? id = 1690016817886748462&wfr = spider&for = pc。

《高质量打造深化交通运输改革开放试验区、交通强国建设先行区》，海南省人民政府网站，2018 年 7 月 25 日，https：//www. hainan. gov. cn/hainan/zxjd/201807/82f40c6c4ac24c648c189c1816c1c0eb. shtml。

吴英艳、刘宁玥：《2020 年海南金融业实现增加值 414. 8 亿元》，界面新闻网，2021 年 2 月 1 日，https：//www. jiemian. com/article/5627577. html。

王海萍：《五指山因地制宜实施农业扶持　稳住“老四样”发展“新种养”》，海南省人民政府网站，2019 年 11 月 15 日，https：//www. hainan. gov. cn/hainan/sxian/201911/dc8427d045544a42bf5f30054fe85087. shtml。

《智慧海南总体方案（2020—2025 年）》，海南省人民政府网站，2020 年 8 月 15 日，https：//www. hainan. gov. cn/hainan/5309/202008/24ab4a2a31664627a3b9223a9935b103. shtml。

B.14
上海浦东新区年度发展报告*

章平 杨帆 陈旺**

摘　要： 2020年是浦东开发开放30周年。30年来，浦东新区保质高效、推陈出新，展现敢闯敢试、先行先试的改革决心与行动力，成绩斐然。通过对浦东新区2020～2021年发展情况的总结分析，本报告认为，即使面对新冠肺炎疫情的冲击，浦东新区的经济发展仍稳健向好，复工复产有序推进，取得了不同程度的阶段性突破与发展，经济韧性进一步得到强化。经济发展效益与社会民生保障持续优化提高。在落实更高水平的开放、更好地推进深层次改革等诸多方面，获得良好成效，产生了发展改革的示范效应。在抢抓社会主义现代化建设引领区新机遇的同时，浦东新区发展还面临一些新的挑战：疫情的常态化防控任务重、经济发展和公共服务供给不充分、不平衡等总量和结构性问题仍然存在。

关键词： 浦东新区　高水平开发开放　总量和结构优化　新发展格局

2020年是我国改革开放的第42个年头，上海作为我国改革开放的重要窗口、长三角区域重要的经济增长极，经济发展不断取得新的突破与进展，已

---

* 本报告为中国经济特区研究中心2021年度资助项目成果。

** 章平，管理学博士，深圳大学中国经济特区研究中心副教授，主要研究方向为比较制度分析、人口与土地城市化；杨帆，深圳大学中国经济特区研究中心硕士生，主要研究方向为新政治经济学；陈旺，深圳大学中国经济特区研究中心硕士生，主要研究方向为新政治经济学。

成为中国拥抱世界日益璀璨的“东方之珠”。同时2020年也是浦东开发开放30周年，30年来，浦东的开发开放不断刷新发展进程——一座功能要素齐全、设施先进完善的现代化新兴城市拔地而起，为中外开放发展提供了一个良好范例，成为我国改革开放以来的一个重要标志，也彰显了上海现代化建设的显著成效。时代大潮一路向前，浩浩荡荡，无数的见证人、推动者的力量不断凝结，实践者奋斗凝聚着人民的力量，这些力量也汇聚成为浦东开发开放30年来的强大后盾。习近平总书记在浦东开发开放30周年庆祝大会上发表讲话，提出了浦东新区不断锐意进取，激励上海创造出会让世界为之刮目相看的新奇迹，同时也能够展现我国建设社会主义现代化国家这一新的气象。

2020年面对突如其来的新冠肺炎疫情，浦东新区积极应对疫情对于地区经济的冲击，经济社会发展保持稳中有进，顺利完成“十三五”的收官，同时也为“十四五”开局做好了准备。2020年浦东新区的地区生产总值达13207.03亿元，城镇失业人数为2.5764万人，人均年可支配收入达74627元，社会固定资产投资2450.79亿元。持续强化创新驱动，助力上海基本建成“五个中心”核心区，切实提高居民的生活品质，打造高质量、高效率发展的“绿水青山”。浦东新区正以其高昂的发展热情向上海、向世界展示其作为改革之热土、开放之前沿、创新之高地、人民之城市的力量。

一 浦东开发开放30周年

2020年是浦东开发开放的第30个年头，从起步到发展再到经济的腾飞，每一个历史节点对于20世纪的中国而言都具有开创性的重大意义（见图1）。浦东的开发开放是我国改革开放纵向推进的新起点，是党中央全面研判国内外形势，统筹改革开放大局极为重要的谋篇布局，也是我国改革开放历史上最为浓墨重彩的一笔。作为改革和开放的排头兵，面对国内和国际形势的风云变幻，浦东勇立潮头，在改革和开放的深水区攻坚克难，特别是进入新时代之后，迈入“而立之年”的浦东更是把握机遇，以大无畏的精神吹响更深层次改革、更高水平开放的冲锋号。

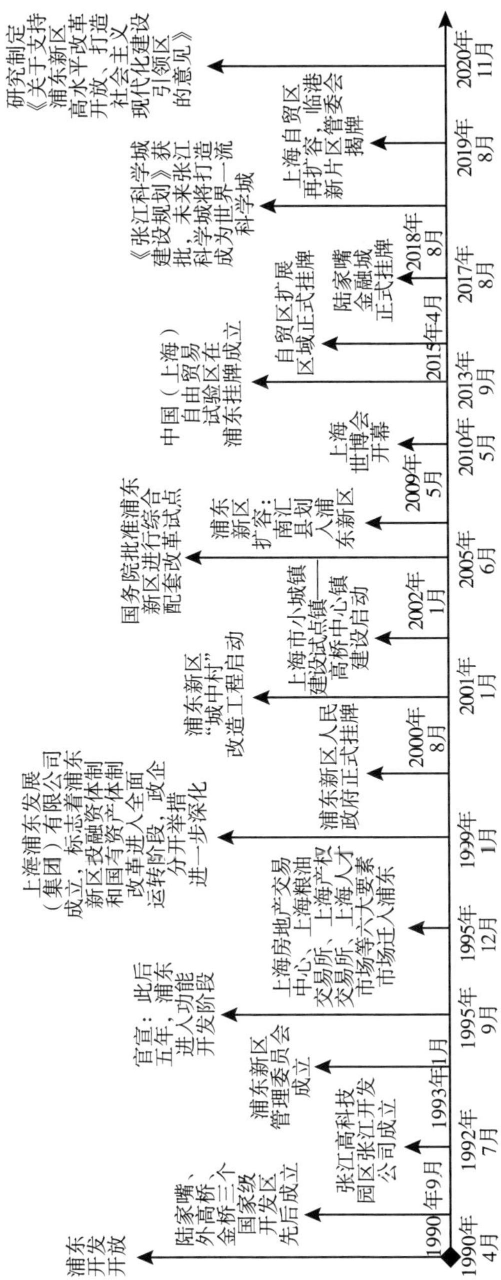

图1 浦东开发开放30周年大事记

30 年的砥砺，浦东也不负众望，创造了一个又一个“中国第一”“国内首次”“世界第一”的壮举（见表 1），由过去以农业为主的区域，发展成今天功能集聚、要素齐全、设施先进的现代化新城。浦东日益成为上海乃至整个长三角地区极为重要的经济增长极，同时也是上海“五个中心”建设的重心所在。2020 年上海经济经受住疫情大考，实现全市地区生产总值 38700.58 亿元，经济韧性进一步增强。上海经济总量位居亚洲城市第二、全球城市第六，浦东经济总量占全市比重也在持续提升，2020 年浦东实现地区生产总值 13207.03 亿元，占全市比重达 34.13%；上海在全球金融中心指数（GFCI）排名中成功跻身全球前三，其中浦东金融业增加值占全市比重超过 58%，金融机构体系和金融市场体制机制建设进一步完善，全年新增持牌类金融机构 32 家，总量达 1110 家，占全市的 2/3；上海口岸进出口总额位居全球城市首位，浦东外贸进出口总额达 20937.63 亿元，占全市的 60% 以上；新华 · 波罗的海国际航运中心发展指数，上海位居全球城市第三，上海港集装箱吞吐量连续 11 年全球第一，浦东集装箱吞吐量占全市的 90% 左右，机场货邮吞吐量连续 13 年位居全球第三；张江科学城“五个一批”重点项目滚动实施，大科学设施建设加速推进，基本形成了科创中心核心区的基本框架。

表 1　浦东 30 年来取得的重大成就

时间	重大成就
1990 年	陆家嘴、外高桥、金桥三个开发公司挂牌成立。外高桥是中国第一个保税区，陆家嘴是全国唯一以“金融贸易”命名的国家级开发区； 新中国大陆第一家证券交易所——上海证券交易所在浦东开业
1991 年	陆家嘴、外高桥、金桥三家开发公司获得浦东 9.7 平方公里土地使用权，在全国首创“土地实转、资金空转”的开发模式
1992 年	全国第一家外资保险公司——美国友邦保险有限公司上海分公司在浦东注册成立
1993 年	上海首家区域性、综合性、股份制商业银行——上海浦东发展银行开业，结束了上海 40 年来没有地方性银行的历史
1996 年	中国人民银行颁布《上海浦东外资金融机构进行人民币业务试点的暂行管理办法》，这是我国首次对外开放本币业务市场

续表

时间	重大成就
1998 年	首家中国大陆设立代表机构的台湾券商——台湾京华证券国际有限公司在浦东设立代表处； 中国人民银行上海分行在浦东陆家嘴金融贸易区挂牌，这是中国第一家跨行政区的央行分行
2001 年	上海磁悬浮列车示范运营线工程在浦东新区正式开工建设，这是世界交通史上第一个商业化运营的磁悬浮列车工程
2004 年	上海外高桥保税物流园区正式封关运作，成为中国首个保税区"区港联动"试点示范区
2005 年	国务院常务会议批准上海浦东新区作为全国首家综合配套改革试点单位； 中国最大的集装箱深水港——洋山深水港区顺利开港
2006 年	中国首个由地方政府设立的政策性扶持基金——浦东新区创业风险投资引导基金启动
2010 年	上海首家境内自然人投资设立的中外合资企业——上海中绿环保科技有限公司领到营业执照，中国公民设立外资公司率先在浦东落地； 国内首个"国家电子商务综合创新实践区"落地浦东，浦东新区唐镇成为国内首个"国家电子商务创新试点镇"
2011 年	上海浦东智慧城市发展研究院对外公布"智慧城市指标体系 1.0"，这是国内首个公开发布的智慧城市指标体系； 全国首家"国家科技兴海产业示范基地"在浦东临港新城揭牌，上海由此成为国家"科技兴海"试点城市
2013 年	中国(上海)自由贸易试验区在浦东新区正式挂牌成立，这是建立在中国大陆的第一个自由贸易试验区
2014 年	全国瞩目的上海市场监管体制改革"第一枪"在浦东打响
2015 年	第一个总部设在上海的国际金融组织——金砖国家新开发银行开业； 中国首家拥有自主知识产权的商用干线飞机 C919 在中国商飞浦东制造基地下线
2016 年	全国第一个外国人证件业务"单一窗口"率先建立； 中国内地首座、全球第 6 座迪士尼度假村开园
2017 年	全国检察机关首创的"命名检察官办公室"在浦东新区人民检察院正式成立； 全国首张按照国际惯例编制的金融服务业对外开放负面清单——《中国(上海)自贸试验区金融服务业对外开放负面清单指引(2017 年版)》正式发布
2018 年	中国首支原油期货在位于浦东的上海期货交易所上市交易
2019 年	浦东召开"一业一证"改革发布会暨首批颁证仪式
2020 年	我国首家外商独资的保险控股公司——安联(中国)保险控股有限公司在浦东揭牌开业； 浦东新区发布 16 条措施，其中提到率先承接金融业对外开放项目落地

二 发展总体特征和趋势

（一）经济发展稳中有进、走向趋好

浦东新区的经济发展情况在面对突如其来的疫情所引起的对经济的巨大冲击下，总体上依然保持着较为稳定的发展态势。2020 年浦东新区继续践行“人民城市人民建，人民城市为人民”的发展规划理念，在统筹安排疫情防控的同时，继续推进社会的经济发展，以达到经济持续健康发展、社会稳定的发展目标。

疫情的冲击使整个上海市 2020 年第一季度的地区生产总值同比大幅下降了 6.7%，在不断地努力下，经济逐季得到回升。浦东新区的期末城镇登记失业人数控制在 3 万人以内，地区生产总值增长了 3.71%，人均可支配收入增长了 3.99%，财政总收入增长了 0.68%，商品销售总额增长了 6.35%，战略性新兴产业产值达 5035.68 亿元，人均可支配收入增长率高于地区生产总值增长率，人民生活得到进一步改善。

2015～2020 年浦东新区的地区生产总值呈现逐年稳步增长的趋势（见图 2），从 2018 年开始，地区生产总值突破 10000 亿元，2020 年浦东新区的地区生产总值为 13207.03 亿元，较 2019 年增长了 472.78 亿元。浦东新区的地区生产总值增长率在 2016 年至 2018 年间逐年上升，2018～2020 年地区生产总值的增长率逐步放缓，2020 年的地区生产总值增长率为 3.71%。

在财政收入方面，2015～2020 年浦东新区财政总收入呈现稳步增长的态势，2020 年浦东新区财政总收入为 4345.56 亿元，相较于 2019 年的 4316.00 亿元，增长了 0.68%（见图 3）。

2020 年浦东新区的产业发展继续稳中有质前进，战略性新兴产业增加值为 7327.58 亿元，比 2019 年增长了 9.2%；其中工业增加值为 2959.79 亿元，比 2019 年增长了 9.6%；服务业增加值为 4367.79 亿元，比 2019 年增

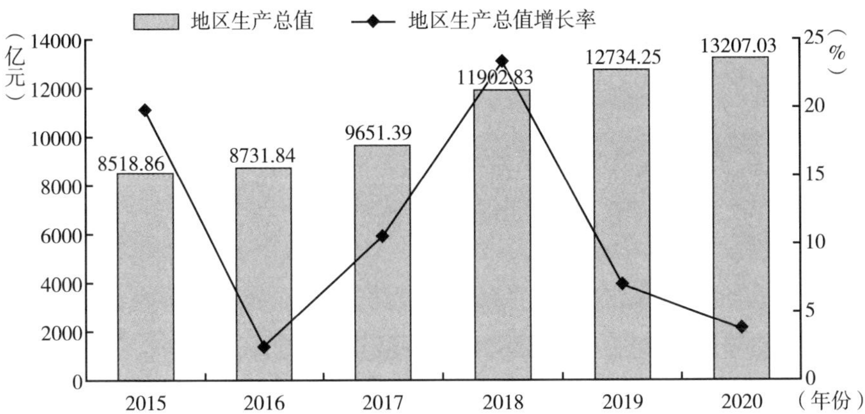

图 2　2015 ~ 2020 年浦东新区地区生产总值及其增长率

资料来源：2015 ~ 2020 年上海浦东新区统计年鉴。

长了 8.9%。2020 年 6 个重点行业（电子信息产品制造业、汽车制造业、石油化工及精细化工制造业、精品钢材制造业、成套设备制造业、生物医药制造业）工业总产值增长了 23784.22 亿元，比 2019 年增长了 4.1%。

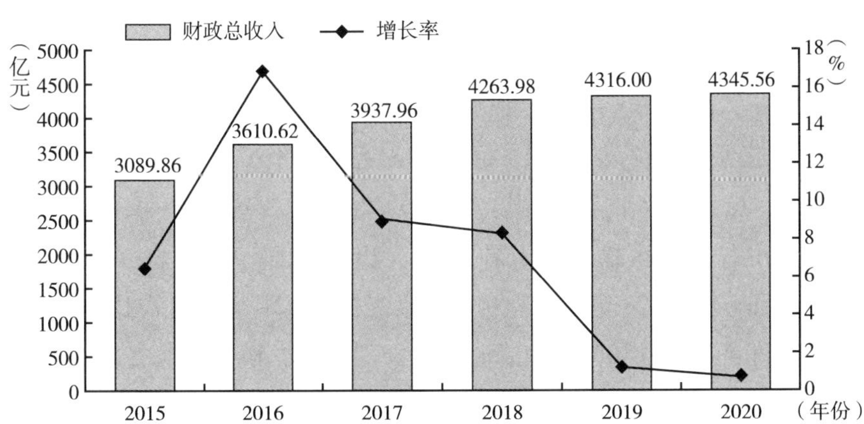

图 3　2015 ~ 2020 年浦东新区财政总收入及其增长率

资料来源：2015 ~ 2020 年上海浦东新区统计年鉴。

在三次产业产值占新区总产值的比重方面，2020 年浦东新区第一产业产值占新区总产值的比重为 0.1%，相较于 2019 年浦东新区第一产业产值占新区总产值0.2%的比重有较小程度的下降；2020年浦东新区第二产业产值占新区总产值的比重为23%，相较于2019年浦东新区第二产业产值占新区总产值22.5%的比重有较小程度的增长；2015~2020年浦东新区第三产业产值占新区总产值的比重呈现稳中增长的态势，2020年浦东新区第三产业产值占新区总产值的比重为76.9%（见图4）。

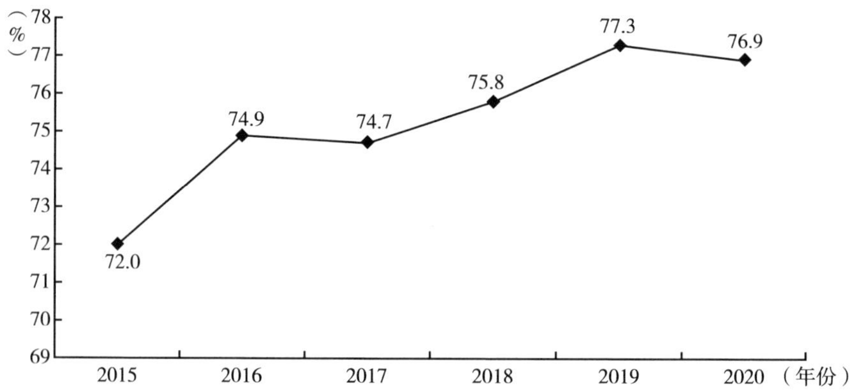

图4　2015~2020年浦东新区第三产业产值占总产值的比重

资料来源：2015~2020年上海浦东新区统计年鉴。

2020年，浦东新区一般公共预算收入达1077亿元，一般公共预算支出为1258.7亿元，其中，一般公共预算支出主要用于：城乡社区支出、卫生健康支出、社会保障和就业支出、科学技术支出、教育支出、文化旅游体育与传媒支出、交通运输支出、农林水支出等方面。其中城乡社区支出356.17亿元（占比28.30%）、卫生健康支出65.21亿元（占比5.18%）、社会保障和就业支出108.16亿元（占比8.59%）、科学技术支出49.19亿元（占比3.91%）、教育支出145.24亿元（占比11.54%）、文化旅游体育与传媒支出16.04亿元（占比1.27%）、交通运输支出25.7亿元（占比2.04%）、农林水支出87.25亿元（占比6.93%）（见图5）。

（二）对外窗口作用稳固

2020年浦东新区外资资产管理机构数突破了100家；启动“全球营运商”

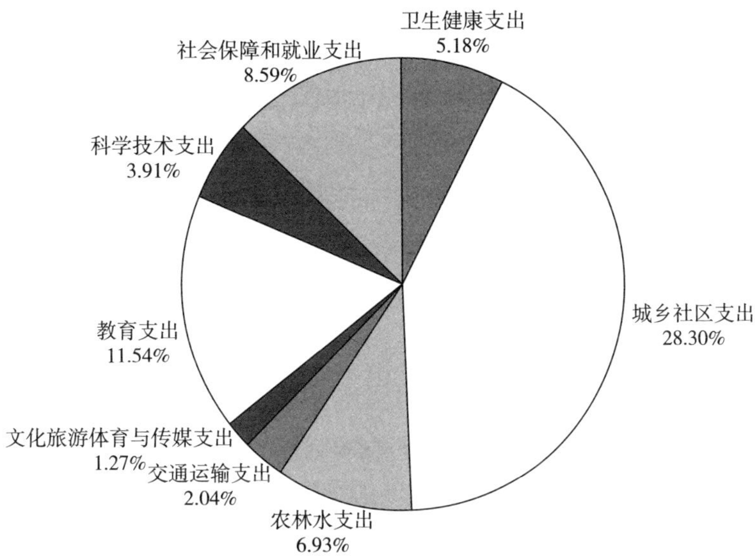

图 5　2020 年浦东新区一般财政支出主要项目占比

资料来源：《上海市浦东新区 2020 年 12 月统计月报》。

计划，与第一批 41 家企业达成了合作；实到外资金融 202.33 亿美元，比 2019 年同期增长 6.2%，创新高；外高桥港和洋山港口的集装箱吞吐量占比为全市总吞吐量的 90%，促进上海连续 11 年成为全球第一大集装箱港。

在航运方面，2020 年浦东新区港口货物吞吐量达 36350 万吨，较 2019 年增长了 5%；集装箱吞吐量达 3908.5 万标箱；国际机场货邮吞吐量达 368.66 万吨，较 2019 年增长了 1.4%；国际机场旅客吞吐量达 3047.65 万人次，较 2019 年减少了 60%；旅游接待人数达到 4276.77 万人次，较 2019 年减少了 44.5%。

在对外贸易方面，2015 ~ 2020 年浦东新区对外贸易稳中发展（见图 6）。2020 年浦东新区的进出口总值为 20937.63 亿元，相较于 2019 年 20514.73 亿元，上涨了 2.06%；2020 年浦东新区进口总额为 13799.74 亿元，相较于 2019 年 13385.24 亿元，上涨了 3.10%；2020 年浦东新区的出口总额为 7137.89 亿元，相较于 2019 年 7129.49 亿元，上涨了 0.12%。进出口保持稳定，稳中增长。

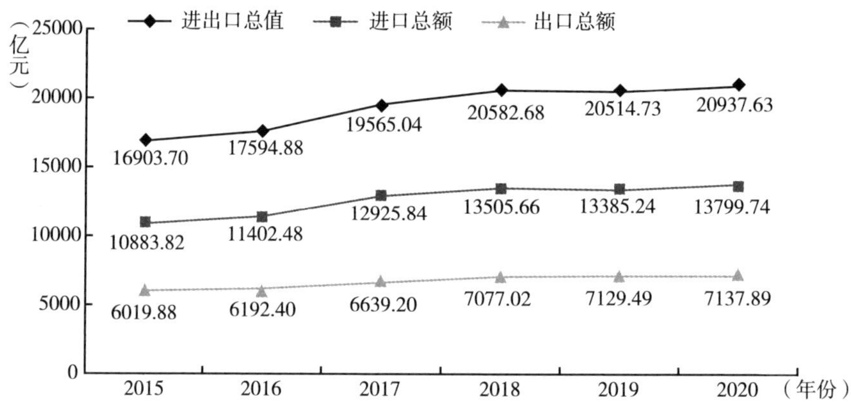

图6　2015～2020年浦东新区对外贸易情况

资料来源：2015～2020年上海浦东新区统计年鉴。

2020年浦东新区有27家跨国公司在此新增地区总部，累计跨国公司总部数达359家，占上海市跨国公司总数的46.6%；外资研发中心总数达248家；在创业板上市的企业新增12家；高新技术企业总数达3817家。

2015～2020年浦东新区持牌类金融机构数量逐步增加（见图7），截至2020年已有1110个持牌类金融机构，较2019年新增35家，增长率为3.26%。

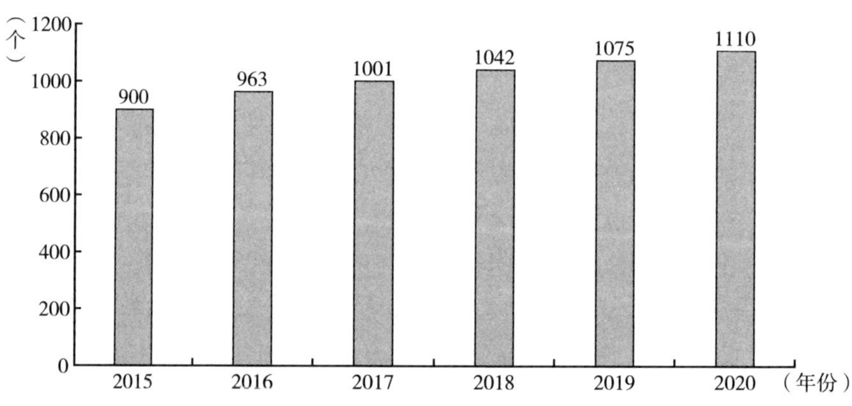

图7　2015～2020年浦东新区持牌类金融机构数量

资料来源：2015～2020年上海浦东新区统计年鉴。

（三）自由贸易试验区示范作用不断增强

2020 年中国（上海）自由贸易试验区继续自我改革，优化发展，针对发展政策以及工作方案在不断调整中进行优化整合，取消了部分外汇管理行政许可申请材料；开展“证照分离”改革试点全覆盖；减免中小企业房屋 2、3 月的租金；落实“5 大倍增行动”、推出“10 + 6 + x”行动方案等，进一步激发自由贸易区经济的稳定发展，贯彻落实一如既往坚定不移地深化改革、扩大开放的发展理念，营造良好的国际化、法制化、市场化营商环境，将自由贸易区先行先试的作用发挥出来。并在疫情冲击的背景下保持贸易市场的活力与稳定。2020 年中国（上海）自由贸易试验区主要经济指标及其增速见表 2。

表 2　2020 年中国（上海）自由贸易试验区主要经济指标及其增速

指标	绝对值	增速(%)
一般公共预算收入(亿元)	608.25	-1.8
外商直接投资实际到位金额(亿美元)	84.38	10.5
全社会固定资产投资总额(亿元)	1524.88	44.8
工业总产值(亿元)	5446.56	13.9
社会消费品零售额(亿元)	2094.17	1.5
商品销售总额(亿元)	45810.17	-3.3
服务业营业收入(亿元)	5033.18	-0.4
期末监管类金融机构数(个)	997	2.2

资料来源：《2020 年上海市国民经济和社会发展统计公报》。

自由贸易试验区在浦东新区发展成为社会主义现代化建设过程中的一个先进示范引领区的过程中，首先要把握好开放新高度，提升和完善自己作为开放平台的功能，使其达到可以对标世界最高水平的先进示范区标准；其次要在发展中需要不断探索新的高质量发展路径，不断强化核心功能的发展建设，在国际经济合作与竞争中，更好地起到代表作用；最后要不断优化和完善各项事务的事中事后监管，守住风险防范的底线，为浦东新区发展更大平台、建设更大市场、实施更高水平开放做好支持与保障。

（四）疫情有效防控，社会民生持续改善

2020 年疫情的冲击使全球经济体都陷入了不同程度的衰退，失业加剧，经济负增长似乎难以避免。然而对于浦东而言，疫情并没有给社会居民方面造成太大的影响，居民收入水平和就业保障等方面继续保持着较为强劲的发展态势，区内居民的生活质量和民生福祉得到了持续不断的提高优化。这既得益于国内及时有效的疫情防控工作，也体现了地方经济的韧性以及地方政府对社会民生工作一如既往的重视。在就业方面，期末城镇登记失业人口数继续保持逐年下降的趋势（见图 8），2020 年期末城镇登记失业人数为 2.58 万人，相较于2019 年期末城镇登记失业人数2.82 万人下降了8.51%。与此同时，2020 全年新增岗位数为10.7 万个，即使面临疫情的不确定性，从相关数据来看，浦东新区依然出色地完成了2020 年的政府工作目标。

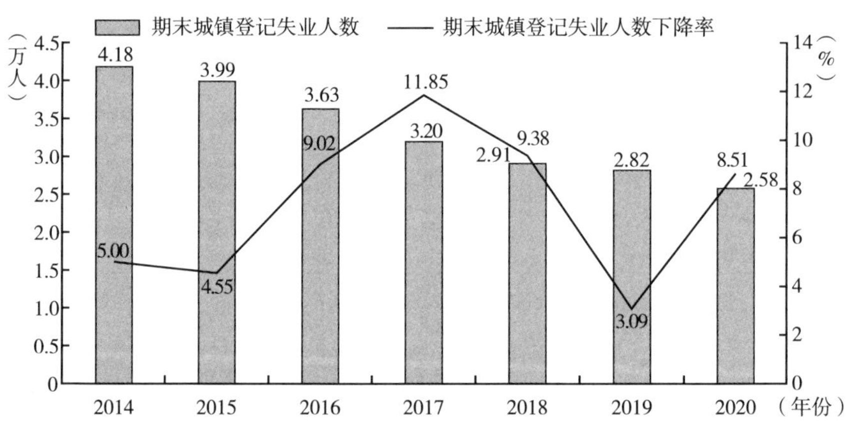

图 8　2014 ~2020 年浦东新区期末城镇登记失业人数及其下降率

资料来源：2014 ~2020 年上海浦东新区统计年鉴、《上海市浦东新区 2020 年 12 月统计月报》。

在居民收入方面，区内居民收入水平继续保持稳健增长的态势（见图 9），2020 年居民人均年可支配收入达 74627 元，同比增长 4.16%，同时居

民家庭可支配收入增长率为 3.99%，在总量水平的进一步增长以及疫情的共同影响下，近两年增速有所放缓。

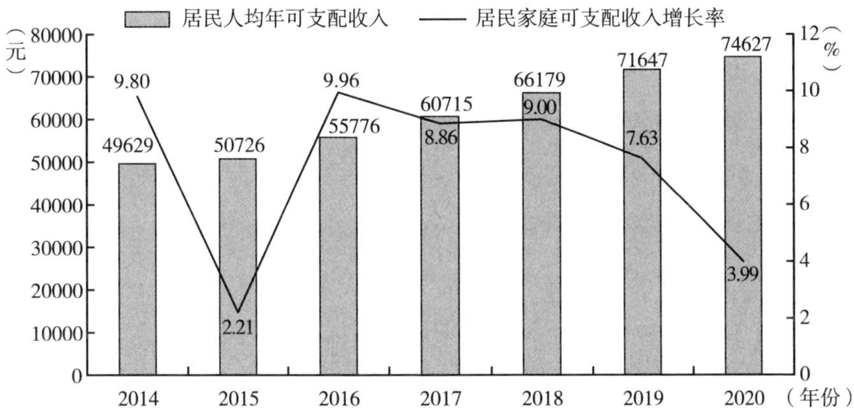

图 9　2014～2020 年浦东新区居民人均年可支配收入及居民家庭可支配收入增长率

资料来源：2014～2020 年上海浦东新区统计年鉴、《上海市浦东新区 2020 年 12 月统计月报》。

在社会福利和救助方面，全市保障性住房开工（筹措）面积达 200 万平方米，超额完成 170 万平方米的年度目标任务。除此之外，新区一如既往地重视老年人的晚年生活质量，全年新增养老床位数 4737 张，相比 3000 张的目标超额完成 57.9%；同时作为一项民心工程，全区推动建设标准化老年活动室项目，2020 年新区建设标准化老年活动室数量为 371 家，其中一类 367 家、二类 4 家，持续不断地推进运动养老、健康养老的理念。不断营造“弱有众扶”的社会氛围，充分调动社会各界的参与积极性，扩大对困难群众的帮扶。2020 年，全区共投入了 2.87 亿元资金用于元旦和春节期间的帮困送温暖活动，受益群众达 64.88 万人。不断推进社会救助体制机制的建设，积极开展困难群众的社会救助工作。

（五）城市建设管理水平再上新台阶、生态环境持续优化

城市建设管理水平再上新台阶，地区重大工程建设有序推进。自 2020 年有序全面复工以后，新区的重大工程投资也呈现逐月加速的上升

态势。对外交通更加高效畅达，机场联络线加快推进，进入全线开工建设阶段；沿江通道浦东段前期手续顺利推进，完成35000平方米绿化搬迁工作。轨道交通日益绿色便捷，轨道交通10号线二期工程（浦东段）、轨道交通18号线工程一期南段正式开通试运营。区域交通日趋完善，东西通道（浦东段）完成双向4车道、部分路段6车道通车，东大道改建工程高架全线通车，济阳路快速化改建工程主线高架部分通车、全线结构贯通，着力构建综合完善的交运体系。除此之外，全区新增5G基站500个，实现外环内重点区域全覆盖。城市科学化、精细化、智能化水平进一步提升，新区深入推进“一网通办”，深化探索“一网统管”，上线运行“城市大脑”3.0版，着力提高城市治理的现代化水平。创新基层社会治理，建成全区1330个联勤联动站，全覆盖推进街镇城管微平台建设，努力实现“乱点趋零”。

新区生态环境持续改善，着力打造居民舒适生活、健康工作的“绿水青山”。单位生产总值综合能耗下降率、二氧化硫、化学需氧量和氨氮等主要污染物排放量削减率均完成市下达任务。持续推进新区绿地覆盖面积，2020年完成林地建设1.7万亩、绿地建设300公顷，森林覆盖率达18.2%，人均公园绿地面积达12.9平方米。劣V类水体提前基本消除。2020年$PM_{2.5}$年均浓度为30微克/米^3，比2019年降低3微克/米^3；空气质量优良天数占比达89.1%，比2019年上升2.9个百分比。生活垃圾分类工作稳步推进，继续领跑全市。

三　新的机遇与挑战

2020年作为浦东开发开放30周年，同时也是“十三五”规划的收官之年，面对疫情的冲击，在全球经济面临前所未有挑战的严峻形势下，浦东经受住疫情的大考，展现地区经济在极端情形下的韧性。各方面工作都取得了阶段性成果和突破性进展，经济运行稳健向好，高质量发展格局更加突出，总体上顺利完成2020年的年度计划以及“十三五”规划确定的主要目标任务。但要清楚地认识到疫情影响下浦东新区的地区生产总值也受到了一定的冲击，2020 年的增长率较 2019 有所降低，同时地方财政总收入增长率近几年也出现了逐年下降的趋势。

2021 年作为“十四五”的开局之年，正值中国共产党的百年华诞，浦东需继续担负打造社会主义现代化建设引领区的新使命。新使命既是新的机遇也是新的挑战，经济体量突破 1.3 万亿之后，浦东的发展仍然面临一些困难和挑战。

（一）疫情常态化防控任重道远

疫情的影响可谓范围广而深远，浦东近两年的地区经济也受其影响增速出现了较为明显的放缓。目前，新冠肺炎疫情的全球化传播形势仍然十分严峻，虽然国内新冠疫苗接种率不断提升，但是新冠病毒的变异仍在持续。因此打赢常态化疫情防控的攻坚战，巩固好国内疫情防控的出色成果至关重要，这不仅关系着社会民生，更关系着疫情防控常态化时期世界政治经济格局的走向。浦东更要紧抓增长迅猛的外需，外需、内需一盘棋，变挑战为机遇，大力发展地方经济，为中华民族的复兴以及“双循环”新发展格局的构建打造浦东模式。

（二）经济继续负重前行

从国际环境来看，当今世界正经历着百年未有之大变局，加之疫情的洪流席卷全球，逆全球化、贸易保护形势等日趋严峻，国际政治经济环境的不确定性显著增加。从国内环境来看，随着国内疫情防控的高效实施，复工复产有序推进，经济韧性进一步增强。同时经济恢复不均衡、不平衡的特征仍然十分突出，主要体现在供需结构、投资结构、消费结构等方面。

在内外部环境的隐忧之下，浦东经济上行承压，经济增速下降态势仍可能持续。这主要体现在全球疫情防治的严峻形势持续影响进出口贸易和消费需求等方面，受此影响新区内就业压力短期内无法得到缓解。招商、安商、稳商，促进有效投资，支持企业运营等方面仍须积极应对。与此同时，经济体量上升之后增速放缓，发展不平衡、不充分等结构性问题也日益突出。

（三）社会民生保障仍须行稳致远

公共服务资源配置仍不够充分均衡优质。教育资源总量供需矛盾以及优质教育资源分布不均衡问题依然突出。同时，浦东新区作为上海老年人总量最大的市辖区，医疗卫生资源总量不足，养老设施布局不均衡、不充分等问题仍然存在。乡村振兴须继续深化推进，切实推进农业高质高效，农民收入持续增加，农村生活宜居宜业。生态环境建设尚须持续发力，目前浦东新区的森林覆盖率为18.21%，离下一阶段19.5%的规划目标还有一定距离。生态空间布局以及生态环境质量有待进一步优化提升，切实提高居民的满意度和生活质量。

四　政策建议

（一）推进更高水平改革开放，社会主义现代化建设引领区取得更多突破

2021年7月，《中共中央　国务院关于支持浦东新区高水平改革开放打造社会主义现代化建设引领区的意见》正式发布，提出支持浦东高水平改革开放打造社会主义现代化建设引领区，浦东开发开放再出发，在新的起点推进更高层次、更高水平的改革和开放，为全面建设社会主义现代化国家做出浦东样板。

深入推进自贸试验区先行先试，扩大对外开放的层次和水平，切实放大综合保税区的样板作用。坚持大胆改革，勇当新时代更高水平改革开放的排头兵和开拓者，持续深入推进浦东综合性改革试点、自贸试验区改革和以“一业一证”为牵引的“放管服”等改革，全力打造社会主义现代化建设引领区，推出更多基础性、首创性、引领性改革开放举措，促进“一带一路”

建设、长三角一体化等国家战略叠加联动。

除此之外，浦东新区在今后的发展中，应不断增强风险预警与防控能力，提升应对风险与冲击的能力，减少自身的损失。同时加快第三产业的发展，做好上海发展的先进带头作用，促进新兴产业的有序发展。在进出口方面，浦东新区与自由贸易实验区不断巩固和提高自身作为上海乃至全国重要贸易港口的地位，在保持稳定的进出口数额的同时，促进高质量高水平高科技产品的研发制造，减少贸易逆差。

（二）持续深化创新驱动，聚焦关键核心技术

面对新一轮科技和产业革命，浦东作为上海市科创中心核心承载区，要持续深化创新驱动发展的国家战略。全面提升区域创新活力，做大做强创新引领发展的动力，全力打造全国乃至全球的自主创新高地。聚焦关键核心技术，做大做强相关产业链的自主化程度，加快实现关键领域产品的国产替代。

大科学基础设施是实现重大科学研究突破的“国之重器”。近年来，上海加快国家重大科技基础设施建设步伐，着力打造具有全球影响力的科创中心。截至 2020 年底，上海已建成和在建国家重大科技基础设施 14 个，全部位于张江国家自主创新示范区，数量和投资金额亦是领跑全国，已经初具大科学基础设施的集群效应。作为上海的科创之“心”，浦东要进一步聚焦张江，强化其进军全球科创中心的核心竞争力。创新配套的制度体系建设，持续优化高尖端人才的培养和引进措施，以兼容并包的精神打造“活力四射”的科创中心。

同时，随着国内经济的飞速发展，作为社会主义现代化建设的旗手，浦东的科技创新要聚焦关键核心技术，致力解决“卡脖子”的硬核科技。加强创新服务，打造具有强大创新策源能力和集群效应的研发中心；充分发挥科创板服务实体经济的作用，打造具有核心竞争力的产业龙头企业；放大龙头企业的创新引领和产业链整合效应，完善产业链的关键环节，推进高精尖材料、产品的国产替代。

（三）致力普惠型公共服务供给，着眼人民对美好生活的向往

社会民生心系千家万户，要让改革发展的成果更多、更公平地惠及全体人民就要着眼于解决人民群众最关心的和最直接的现实利益问题，扩大更均衡优质的公共服务供给，聚焦人民对美好生活的向往。

多种手段和措施并举，稳定和扩大就业。提高就业数量的同时也关注就业的质量，优化配套的职业教育体系，切实提高劳动人口特别是就业困难群体的就业能力。坚持“教育强区”的建设目标，扩大优质教育资源的供给，加快推进教育综合改革。优化提升养老服务体系，培育多元化的养老模式，引导社会组织和企业提供更加丰富地养老服务。完善公共卫生服务管理体系，加快推进医疗资源的扩容提质，强化医疗人员的培育和队伍建设。统筹落实社会保障，优化社会保障体系，为人民创造更加高质量的生活。

（四）推进城市基础设施和生态环境建设，促进更高水平城乡一体化发展

不断完善城市基础设施，持续优化生态环境，深入推动乡村振兴，促进浦东城乡全面融合、共同繁荣。

围绕加快推进长三角综合交通一体化，打造长三角地区沿海交通网络核心节点，加大高速公路、快速路和轨道交通建设力度，加快浦东综合交通枢纽建设。围绕“生态浦东”建设，切实提高污染防治的能力，扩大绿林和植被的覆盖面，提升资源利用效率，加快推进第二轮“美丽街区”建设三年行动。深入实施乡村振兴战略，推进“绿色田园”，实现农业提质增效，加强乡村生态环境综合治理、基础设施建设、公共服务能级提升，切实打造“美丽乡村”。与此同时，全面提升城市治理的现代化水平，加快构建经济治理、社会治理、城市治理统筹推进和有机衔接的治理体系。

参考文献

《习近平：在浦东开发开放 30 周年庆祝大会上的讲话》，中共中央党校网站，2020 年 11 月 12 日，https：//www. ccps. gov. cn/xxsxk/zyls/202011/t20201112_ 144784. shtml。

《上海浦东新区人民政府公报》2019 年第 1 期。

《上海浦东新区人民政府公报》2020 年第 1 期。

B.15

天津滨海新区发展报告

李　桐*

摘　要： 2020年是“十三五”规划的收官之年，中国全面建成小康社会，顺利实现第一个百年奋斗目标。但突袭而至的新冠肺炎疫情给世界经济和人民生活造成了严重冲击。天津滨海新区深入落实习近平总书记2019年视察新区时的重要指示精神，坚持贯彻新发展理念，科学统筹疫情防控和经济社会发展，保障了新区经济质效逐季稳步提升，改革创新成果丰硕，经济指标逆势上扬。本报告在总结2020年全年重点领域和产业发展基础上，围绕现代服务业、战略性新兴产业和混合所有制改革以及自贸试验区创新发展和服务国家战略等方面提出发展建议。

关键词： 天津　滨海新区　京津冀　协同发展

2020年是极不寻常的一年。从世界范围来看，山火、地震、洪灾、疫情、军事冲突不断；从国内来看，2020年是中国制定的“三步走”发展战略的第三步和党的十八大提出要全面建成小康社会的时间节点。从天津滨海新区发展来看，2020年是京津冀协同发展战略实施的第7年，是贯彻落实习近平总书记2019年视察天津和滨海新区重要指示精神的开局之年，面对疫情防控与经济社会发展双重任务，天津滨海新区继续贯彻新发展理念，科

* 李桐，经济学博士，深圳大学中国经济特区研究中心教师，主要研究方向为中外经济特区比较研究。

学统筹疫情防控和经济社会发展，扎实做好“六稳”工作，落实“六保”任务，全年实现了经济正增长，较为出色地完成了各项发展任务。2020 年还是“十三五”规划收官之年，这 5 年天津滨海新区经历了主动调速换挡，加快动力变革、质量变革、效率变革的“改革阵痛期”，主动下调经济总量挤破数据泡沫，从量的积累转向质的提升，向高质量发展要效益，逐步实现二、三产业双轮驱动、增速提质的良性发展态势。

《天津市 2021 年政府工作报告》在“十四五”时期天津经济社会发展主要目标中首次将“‘津城’‘滨城’双城发展格局初步形成”作为未来 5 年的发展目标之一，通过未来 5 年的发展，“‘津城’现代服务功能明显提升，形成若干现代服务业标志区，‘滨城’城市综合配套能力显著增强，生态、智慧、港产城融合的宜居宜业美丽滨海新城基本建成，合理分工、功能互补、协同高效的空间布局更加优化”[①]，双城格局的提出为滨海新区未来发展提供了更清晰的定位和发展空间。

据统计，2020 年天津滨海新区地区生产总值比 2019 年增长 2.3%，区级一般公共预算收入为 515.49 亿元，同比增长 2.5%，区级一般公共预算支出为 806.6 亿元，同比增长 2.0%。全年全区新增市场主体 5.58 万户，同比增长 25.0%。其中新增内资企业 2.31 万户，同比增长 2.2%；新增外资企业 432 万户，呈下降态势。新增个体工商户 3.23 万户，增长近 1 倍。全区规模以上工业增加值同比增长 1.9%，固定资产投资同比增长 4.9%，城镇登记失业率为 3.5%，全年城镇居民人均可支配收入为 55026 元，同比增长 3.4%。[②]

本报告以 2020 年天津滨海新区主要经济指标为依据，重点关注新区在经济结构和产业结构优化方面取得的进展，特别是面对疫情的巨大冲击，新区所采取的具体举措，化危为机，在高端制造业、现代服务业、战略性

---

① 《天津市 2021 年政府工作报告》，天津市人民政府网站，2021 年 2 月 1 日，http：//www.tj.gov.cn/zwgk/zfgzbg/202102/t20210201_5343672.html。

② 《天津市滨海新区国民经济和社会发展统计公报（2020）》，天津市滨海新区统计局网站，2021 年 4 月 28 日，http：//tjj.tjbh.gov.cn/contents/177/483906.html。

新兴产业和混合所有制改革以及自贸区和服务国家战略等重点方面提出建议。

一　2020年天津滨海新区总体态势及发展特征

2020 年，天津滨海新区地区生产总值比 2019 年增长 2.3%，同比减少 3.5 个百分点，初步估算金额约为 7800 亿元，超过天津全市地区生产总值增长率 0.8 个百分点。分产业来看，2020 年第一产业同比增长 1.6%，第二产业同比增长 2.6%，第三产业同比增长 2.0%。分行业来看，2020 年第一产业中农林牧渔业总产值为 46.49 亿元，同比增长 3.0%。其中，种植业产值为 9.82 亿元，同比增长 13.0%；林业产值为 0.42 亿元，同比增长 20.9%；畜牧业产值为 14.35 亿元，同比下降 0.8%；渔业产值为 17.02 亿元，同比下降 6.2%。农林牧渔专业及辅助性活动产值为 4.88 亿元，同比增长 3.4 倍；第二产业中规上工业增加值同比增长 1.9%，新能源产业、电子信息产业、汽车产业和生物医药产业分别同比增长 25.0%、11.2%、8.0% 和 6.2%，表现较为强势，高技术制造业产值同比增长 4.3%，表现突出的行业比如计算机及办公设备制造业同比增长 19.1%，医疗仪器设备及仪器仪表制造业同比增长 12.9%；第三产业中高技术服务业营业收入同比增长 8.6%。[①] 受疫情冲击，三次产业增速均呈下降趋势，但总体仍保持增长实属不易。2020 年三次产业结构比为 0.3∶45.4∶ 54.3，与 2019 年相比，第二产业和第三产业呈现此消彼长的态势，第二产业同比减少 4.6%，第三产业增加 4.5%，自 2017 年统计口径调整以来连续 3 年出现第二产业比重下降、第三产业比重增加，符合经济发展趋势（见图 1）。从 2016 ~2020 年天津滨海新区三次产业结构占比变化情况可以看出，第一产业比重基本稳定，第二产业和第三产业此消彼长，并未形成较稳定的结构，但近 3 年形势逐渐清晰，即第

① 《天津市滨海新区国民经济和社会发展统计公报（2020）》，天津市滨海新区统计局网站，2021 年 4 月 28 日，http：//tjj. tjbh. gov. cn/contents/177/483906. html。

三产业特别是先进服务业在地区生产总值中的比重稳步上升，第二产业特别是传统优势产业和高新技术制造业仍是滨海新区经济发展的“稳定器”和“压舱石”，在确保滨海新区所拥有的优势产业及其优势地位前提下，适当保证先进服务业的快速发展，是带动滨海新区整体高质量发展的方向和路径。

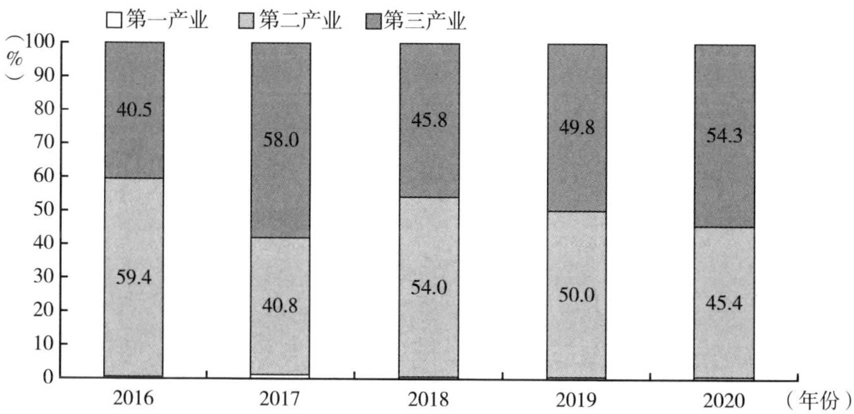

图 1　2016 ~ 2020 年天津滨海新区三次产业结构占比变化情况

资料来源：根据 2016 ~ 2020 年天津市滨海新区国民经济和社会发展统计公报数据整理。

2017 年以来，在天津全市主动实施换挡降速政策的引领下，滨海新区量稳质增势头不断显现，对天津全市经济整体带动作用继续增强。2020 年滨海新区全年新设外商投资企业 354 家，合同外资金额 336.7 亿美元，同比增长 20.8%，占天津市比重为 92.9%。全区现有在沪深港三地交易所上市企业 41 家，占天津市比重为 62%。在京津冀协同发展、“一带一路”建设等的执行方面，滨海新区主动作为，敢于承担，坚持在发展中解决问题，用实际行动体现滨海新区在天津市产业结构优化调整过程中的重要作用。

（一）京津冀协同发展等重大国家战略不断落地，实施成效尽显

7 年来，特别是“十三五”期间，天津市和滨海新区政府积极落实京津冀协同发展等国家重大战略，积极承接北京非首都功能疏解项目的落地和实

施，滨海新区协同发展引擎作用日益显现，2020 年承接北京非首都功能疏解重点项目 1160 个，协议投资额 3147 亿元。5 年来已经打造 5 个承接疏解平台，引进北京项目 3283 个，协议投资超过 9100 亿元，项目落地步伐明显加快。专门为此建设的滨海—中关村科技园累计注册企业 2012 家，京津冀科技成果转化联盟成立并挂牌，成为京津两地优势互补、良性互动的重要平台。合作共建滨唐、滨沧示范产业园，全面深化与雄安新区在规划、产业、生态、公共服务等方面交流合作，塘承高速滨海新区段、津石高速天津东段加快建设，津秦、津保高铁相继开通，京津城际实现“公交化”运行，京津冀“一小时交通圈”基本形成。建立京津冀大气污染防治协作机制，牵头制定首个区域环保标准。

继续推进“一带一路”服务中心建设，发展支点作用持续增强。支持天津港加快世界一流智慧港口、绿色港口建设，5G 智慧港口成功入围“国家 2020 年新型基础设施建设工程”，获批建设全球首个港口自动驾驶示范区，开通至雄安新区绿色通道，建成京津冀港口智慧物流协同平台，在全国率先实现区域通关一体化。天津港“一港六区”实现统一运营管理，集装箱吞吐量突破 1800 万标准箱，年均增长 5.4%，稳居全球集装箱港口十强。推动国际班列稳定运行，获批国家第二批多式联运示范工程。加快建设泰达苏伊士经贸合作区，建成高水平中埃经贸合作示范区。①

（二）自贸试验区继续坚持创新步伐，改革开放引领作用持续增强

中国（天津）自由贸易试验区（以下简称“天津自贸试验区”）自设立以来，经过两轮自贸区管理体制改革，积极开展首创性、差异性改革探索，累计实施 478 项制度创新举措，37 项试点经验和实践案例在全国复制推广，占全国总量的 20%。自由贸易账户设立主账户 800 余个，收支规模超千亿元。重大项目接续落地，累计实际利用内资 4774 亿元、外资 259 亿美元。已有 939 个项目竣工，2000 个项目正在加快建设中。

① 《2021 年滨海新区政府工作报告》，《滨海时报》2021 年 1 月 14 日。

天津自贸试验区挂牌以来大力推动贸易自由便利和通关流程去繁就简，通过建成国际贸易“单一窗口”，落实百余项通关监管创新措施，进出口通关时间分别下降至47.7小时和1.1小时，相比2017年压缩了近五成。这得益于天津口岸通关效率的提升和业务模式的创新，在中山大学发布的“2020～2021年度中国自贸试验区贸易便利化指数排名”中，天津与广东南沙、上海（浦东）、广东前海、上海（临港）分列全国前五。作为天津落实京津冀协同发展战略、加快推进“一基地三区”建设部署实施的重点项目工程，航空口岸大通关基地是承接北京货运功能疏解、建设中国国际航空物流中心的重要载体之一。依托天津自贸试验区机场片区政策优势，大通关基地将着力打造兼具口岸、商贸、多式联运功能的绿色智慧综合服务型物流园区。同时创新海关监管模式、“一站作业”模式、“单一窗口”模式，实现通关集成监管、简化流程、提效降费。建成后，可满足货邮吞吐量60万吨/年的处理能力。在构建国内国际双循环新发展格局的时代背景下，口岸是联结国内外两种资源两种市场的重要纽带。“着力提升港口能级；提升口岸营商环境和航运服务水平；高标准建设航空物流园，建成大通关基地；在航空口岸大通关基地开通海关监管场所”等被列为《天津市综合交通运输“十四五”规划》重点任务。[①] 在自贸试验区内，天津正在打造的“国家租赁创新示范区”已初具规模和成效。截至2020年底，试验区内现存总部法人租赁公司数量达1648家，融资租赁资产总额近2万亿元，其中飞机业务占全国的90%，航运船舶占全国的80%以上，海工平台占全国的100%。[②]

（三）现代产业体系不断完善，优势产业继续巩固加强

5年来，作为具有传统优势的重工业产业基地，新区以调速换挡为契

① 《六年探索实践激发政策外溢，天津自贸试验区创新发展风正劲》，中国（天津）自由贸易试验区网站，2021年9月14日，http：//www. china - tjftz. gov. cn/contents/16116/507625. html。

② 《深化供给侧改革　打造国家租赁创新示范区》，中国（天津）自由贸易试验区网站，2021年8月24日，http：//www. china - tjftz. gov. cn/contents/16116/505603. html。

机，建立现代产业体系，巩固传统优势产业，产业联动集聚式发展。空客A320飞机累计交付超过500架，建成航空航天、电子信息等8个国家新型工业化产业示范基地；汽车整车产能达150万辆，一汽丰田、恒大新能源汽车生产基地开工，中石化LNG一期等重大项目建成投产；南港世界一流化工新材料基地中沙新材料园、“两化”搬迁等项目进程加快，建设形成汽车和机械装备制造、石油化工2个两千亿级和新一代信息技术、新能源新材料2个千亿级产业集群；集聚国际知名和国内领先的生物医药企业1500余家，形成以创新药、现代中药、细胞和基因治疗等为代表的产业集群，京津冀特色“细胞谷”加快建设，培育生物医药400亿级产业集群和38家百亿级企业。新一代超级计算机等国家级重大平台获批建设，国家自主创新示范区、新一代人工智能创新发展试验区建设加快推进，成功突破高端CPU芯片、自主可控操作系统等核心关键技术。国家海洋经济创新发展示范城市加快推进，海工装备制造、海洋工程总承包和服务实力位居全国前列。生物医药、网络信息安全产品和服务产业入选国家战新产业集群。新能源、国产自主可控信息安全产业入选国家创新型产业集群试点。

在受到新冠肺炎疫情严重影响的大背景下，滨海新区2020年全区规模以上企业实现工业增加值比同比增长1.9%。11大优势产业[①]2020年增加值同比增长2.1%。其中，新能源产业、电子信息产业、汽车产业和生物医药产业分别增长25.0%、11.2%、8.0%和6.2%。[②]与2019年相比均有所回落，但新能源产业和生物医药产业连续多年保持快速增长势头，巩固了优势产业地位，符合发展预期。

高新技术和战略性新兴产业近年来在政策支持下发展迅速，2020年全区高技术制造业产值同比增长4.3%，增速高于全区规模以上工业总产值10.1个百分点，优势明显；全区高技术服务业企业实现营业收入同比

① 优势产业包括电子信息产业、航空航天产业、机械装备产业、汽车产业、新材料产业、生物医药产业、新能源产业、资源循环及环保产业、石油化工产业、冶金产业、轻纺工业。

② 《天津市滨海新区国民经济和社会发展统计公报（2020）》，天津市滨海新区统计局网站，2021年4月28日，http://tjj.tjbh.gov.cn/contents/177/483906.html。

增长 8.6%，集成电路总产量同比增长 129.2%，锂离子电池同比增长 11.8%。

（四）加快服务业发展，新动能进一步壮大

天津作为中国北方重化工业和传统制造业基地，其服务业发展一直是较为欠缺的发展方向，“十三五”期间现代服务业获得长足发展，“十四五”发展规划，将发展现代服务业特别是高技术服务业作为新区迈向高质量发展的重要方向，也是新旧动能转化的重要手段。前文可知，2020 年第三产业在国民经济中的比重已经超过第二产业，即使受到疫情影响，全区高技术服务业企业实现营业收入 1854.91 亿元，同比增长 8.6%，其中，信息服务业、电子商务服务业、检验检测服务业、研发与设计服务业、知识产权及相关法律服务业企业营业收入分别同比增长 11.6%、51.3%、10.7%、26.5%、50.4%。[①]

（五）坚持“双创”引领，深化国有企业改革，大力支持民营经济健康发展

2020 年面临新冠肺炎疫情的巨大冲击，天津滨海新区坚持以“双创”引领，继续深化国有企业改革，压缩国资监管层级，优化国有资本布局，成立国有资本投资运营公司，组建 10 家区属国有一级企业集团，完成混改出让 62 家、出清 149 家。坚持以创新带动创业，全区已建成市级以上众创空间 68 家，其中国家专业化众创空间 4 家、国家级众创空间 24 家。市级以上科技企业孵化器 30 家，其中国家级 15 家。2020 年新区市场主体比 2015 年翻了近一番，达 27.7 万户。2020 年 5 月，天津滨海新区召开服务民营经济座谈会，针对疫情下民营经济遇到的困难进行调研，会议强调全力支持民营企业发展，为民营经济营造更好发展环境，帮助解决发展中的困难和问题，

① 《天津市滨海新区国民经济和社会发展统计公报（2020）》，天津市滨海新区统计局网站，2021 年 4 月 28 日，http://tjj.tjbh.gov.cn/contents/177/483906.html。

让民营经济创新源泉充分涌流，让民营经济创造活力充分迸发，为滨海新区高质量发展增添活力。

（六）行政体制改革全面深化，完成新一轮政府机构改革

全面实施开发区法定机构改革，推行全员竞聘、企业化管理，经验做法得到国家深改委充分肯定并向全国推广。持续深化“放管服”改革，高标准承接一次性下放市级事权 622 项，凡是开发区能承接的事项全部下放，295 个审批事项全部下沉街镇。深化“一制三化”改革，行政许可要件累计减少 650 项，企业开办时间压缩至 1 个工作日，政务服务事项“一网通办”“最多跑一次”成为常态。全国首创信用承诺审批分级管理，率先推行“一企一证”综合改革，得到国务院充分肯定。

二　2021年天津滨海新区发展面临的挑战

2021 年是“十四五”规划的开局之年，全球疫情仍未得到有效控制，世纪疫情与百年未有之大变局交织叠加，外部不稳定不确定性因素增多，我国整体经济也处于结构优化调整期，天津自身调速换挡仍处于攻坚阶段，决定了 2021 年面对的困难局面将更加复杂，必须做好充分的思想准备，发挥“越是艰险越向前”的战斗品格和昂扬斗志，确保“十四五”开局之年各项工作稳中求进。

经历了 2020 年疫情肆虐全球的极端情形，在党中央的正确领导下，中国成为全球少数经济实现正增长的经济体，滨海新区也实现了超过 2% 的经济正增长，成果来之不易，这一年的各项经济指标由于受疫情影响不具可比性，但与自身历史发展阶段相比，仍可发现一些不足。

1. 思想不够解放，敢为人先的魄力不足

天津滨海新区自设立以来已经走过 30 个年头，在全国人民眼中，说起改革开放，首先想到的是深圳经济特区和上海浦东新区，天津滨海新区在改革开放史中的地位略显不高。总体来看天津滨海新区 30 年的发展，发展前

期主要以巨额固定资产投资作为拉动经济增长的“灵丹妙药”，经济增长内生动力不足，发展后期特别是在新旧动能转化过程中，随着固定资产投资明显放缓，滨海新区的经济增长速度迅速下降，同时经历了2017年“挤水分”后的经济总量缩减和经济增速下调，又遭遇全球疫情的严重影响，经济发展无明显起色，仍处于调速换挡的发展阵痛期，这也反映出新区思想不够解放，改革步伐偏慢，抓机会能力不够，敢为人先的魄力不足。比如在大力发展现代服务业方面，滨海新区明显落后于先进地区，导致产业转型整体进展不够快。

2. 新旧动能转换不够快，战略性新兴产业支撑力不足

天津滨海新区作为中国传统制造业基地，在承接非首都功能疏解和“一带一路”倡议执行方面仍有提升空间。11大优势产业总产值近年来均有增长，但增长幅度减小和发展势头明显不足，对整体产业的带动作用不强，京津冀协同发展战略已经实施7年，滨海新区在利用发展契机带动自身新旧动能转换方面仍有待加强。比如在现有重化工业传统优势领域中细分行业龙头以及延长产业链上下游企业方面，围绕创新链部署产业链、围绕产业链部署供应链，促进上下游企业共同发展方面，很多领域仍有潜力可以挖掘。同时新旧动能转换还体现在战略性新兴产业与现代服务业协同发展方面，现代服务业发展对战略性新兴产业的服务作用亟待加强，动能转化不能局限于工业内部转化，要拓展到第三产业，特别是第三产业对第二产业的支撑和服务职能，作为传统制造业和重化工业基地，滨海新区在现代服务业发展方面需要政府的大力支持，推动生产性服务业向专业化和价值链高端延伸，生活性服务业向高品质和多样化升级，重点关注为战略性新兴产业提供服务保障的现代服务业领域。

3. 市场主体多元化仍有待加强，体制机制创新仍需提高

多元化市场主体不断增多，国有企业混合所有制步伐继续加快，民营经济内生发展动能与发达省份相比仍显不强，在利用外资和吸引重大项目引领经济增长已经越来越困难的大背景下，更有效地利用内资，是新区可探索的有效路径之一，这就要求提高政府和职能部门的社会治理水平和治理能力，为各种资源的综合利用提供良好的发展环境和营造良法善治的公平氛围。重

点要培育壮大“双创”主体，将国企混合所有制改革与鼓励“双创”的中小科技企业相结合，强化市场主体多元化是有效方式之一。体制机制创新步伐仍不够大，对国企改革和民营经济支持的力度仍须加强。

4. 资源环境约束趋紧，污染防治和生态保护任务仍然艰巨

促进经济发展，不能以浪费资源破坏生存环境为代价。在京津冀协同发展战略的实施过程中，要利用三地联动机制，把资源环境、污染防治和生态保护有机结合起来，在经济发展中充分利用好现有资源，积极采取有效措施防治土壤、水、空气等污染，在事关民生的重点领域加大治理力度，确保经济发展与生态环境保护齐头并进，任务十分艰巨。在实施乡村振兴战略过程中，农业现代化与农村健康发展机制仍未有效衔接，仍缺少规范化发展的农业龙头企业和新型农业经营主体，面向乡村的金融服务体系仍不健全。

三　发展展望及政策建议

天津滨海新区在落实高质量发展进程中，要不忘初心，以实体经济为根基，建设世界一流产业创新中心，打造服务京津冀协同发展示范区；坚持创新第一动力，打造创新驱动发展先导区。在“十四五”时期经济社会发展主要目标中，天津滨海新区坚持“创新立区、制造强区、改革活区、开放兴区”，加快构建现代化经济体系，推进治理体系和治理能力现代化，努力打造社会主义现代化建设先行区、“一基地三区”核心区、高质量发展示范区、国内大循环北方枢纽和国内国际双循环重要战略支点，基本建成生态、智慧、港产城融合的宜居宜业美丽滨海新城。为实现发展目标，在协同发展、产业融合、创新驱动、营商环境和社会治理等方面需要坚定决心，不断加大改革力度。

一是在落实重大国家战略方面，一方面继续发挥自身优势，在引进北京非首都功能疏解项目的同时，更加注重提升协同创新能力，带动现有传统产业转型升级，不仅要将产业和项目引进来，还要在产业融合和协同创新方面完善体制机制，通过政策鼓励和激励机制加以引导；另一方面充分利用港口

优势继续打造北方国际航运枢纽，用好海上门户这一优势地位，为“一带一路”建设项目提供更多支撑。有必要继续关注由天津港经俄罗斯去往欧洲的北极航道“冰上丝绸之路”，提前做好布局和规划。

二是在“津城”“滨城”双城建设方面，“十四五”时期十分重要，但在如何布局、如何建设、双城之间在发展规划和产业布局以及落实国家战略和协同创新发展方面还有待进一步明确，特别是前期已经布局的重点产业和重大项目和双城发展目标之间是否衔接等方面，要在建设之前重点落实。比如，滨海新区作为传统重工业基地，在资源环境约束，城市公共服务和基础设施配套建设能力及产城融合具体举措方面，项目引进应与双城发展目标定位相一致。

三是在进行新旧动能转换过程中坚持创新驱动发展战略，发展现代产业体系，坚持实体经济发展之基，提升现代服务业发展质量和效能，使之与滨海新区大力发展的战略性新兴产业相匹配。在自贸试验区内坚持先行先试，鼓励试错，制定容错机制，宽容失败才能大胆创新，进而激发各类市场主体活力，才能产生更多具有首创性质的体制机制创新和路径模式创新。在《2021 年滨海新区政府工作报告》中，也明确提出要大力发展现代服务业，推动生产性服务业向专业化和价值链高端延伸、生活性服务业向高品质和多样化升级等具体举措，接下来要重点落实并利用自贸试验区的政策支持，加大创新力度，使现代服务业更好地与战略性新兴产业协调发展。

四是需要持续推进提升政府办事效率、优化营商环境、污染防治攻坚等事项，在现有基础上继续优化提升，需要打持久战，久久为功。政务服务方面没有最优、只有更优的特点决定了其要持续推进的属性，不进则退，这也影响着滨海新区在招商引智方面的实效，是企业和人才是否进驻的重要衡量标准。

特区发展动态考察报告

Investigation Reports on the Development Trends of the Special Economic Zones

B.16 深圳前海深港现代服务业合作区发展报告*

雍 炜**

摘 要： 本报告梳理了前海深港现代服务业合作区在“制度创新、现代服务业集聚、深港合作”等方面的发展状况和新进展。面对国内外复杂多变的市场环境以及迎来扩区的新机遇，前海深港现代服务业合作区当前发展的焦点问题有以下两点：一是继续推进深港两地规则衔接、机制对接，打破要素流动壁垒；二是继续推进深港现代服务业合作，推动现代生产服务业的专业化、高端化发展。作为“深港合作新高地、改革开放新典范”，前海深港现代服务业合作区应继续推动有效市场和有为

---

* 本报告的数据均来自前海深港现代服务业合作区管理局网站。

** 雍炜，经济学博士，深圳大学中国经济特区研究中心讲师，主要研究方向为社会保障与收入再分配。

政府的有机结合，不断推进制度创新，同时深化与港澳合作，加快推进与港澳社会保障等制度的衔接。

关键词： 制度创新　现代服务业集聚　深港合作

一　前海深港现代服务业合作区发展状况与新进展

2021年是“十四五”的开局年，也是前海深港现代服务业合作区开发开放11周年。11年来，前海深港现代服务业合作区在“制度创新、现代服务业集聚、深港合作”等方面取得了突破性的进展。

（一）制度创新：构建高标准市场规则体系，持续优化营商环境

对于企业而言，营商环境是企业发展的沃土，好的营商环境，能够源源不断将各种资金、资源等要素集聚，激发企业的活力，使企业不断成长壮大，增强市场经济发展的内生动力；而坏的营商环境，会限制企业的提升甚至影响其根本发展，阻碍经济的发展。对于以现代服务业为重要产业发展的前海深港现代服务业合作区需要一个良好的营商环境。

联合香港地区，对标国际高标准市场规则，以制度创新为核心构建高标准的市场规则体系，这是前海深港现代服务业合作区发展的重要使命。通过不断的制度创新，降低合作区内现代服务业发展的制度性交易成本，吸引更多的高端要素集聚，为现代服务业的发展提供高效便捷的营商环境。截至2021年8月，前海深港现代服务业合作区累计推出包含市场准入、法治保障、政务服务等方面的645项制度创新成果，并向全国进行复制推广，积极发挥前海深港现代服务业合作区作为全面深化改革扩大开放先行示范区的先行先试作用，为粤港澳大湾区的发展提供有效路径。

1. 市场准入：继续优化外商投资准入、人才准入管理模式

在外商投资市场准入方面，前海深港现代服务业合作区继续优化市场准

入管理模式，在管理规则、备案程序、核准程序、事中事后监管等方面不断探索，推出了“一口受理”升级版、前海企业信用信息平台、“深港通注册易”、“深澳通注册易”等服务。2021 年 6 月，“深港通注册易”“深澳通注册易”开始复制推广至全市，“全面实现港澳企业商事登记服务前移、离岸受理、远程办理”。

在人才准入方面，前海深港现代服务业合作区不断探索建立便利化的境外专业人才执业机制，推出了资质认可、合伙联营、项目试点、执业备案等便利化措施。2021 年又发布《港澳涉税专业人士在中国（广东）自由贸易试验区深圳前海蛇口片区执业管理暂行办法》，开启了港澳涉税专业人才（包含香港的税务师和澳门的会计师）的免试跨境执业。截至 2021 年 8 月，已经有包含注册建筑师、注册专业工程师、注册专业规划师等 20 多类境外专业人才通过登记或者备案即可在合作区内执业。此外，积极探索完善外籍人才紧缺职业清单制度，2021 年推出《前海外籍人才紧缺职业清单》，为深港现代服务业合作区内紧缺职业需求与外籍人才的高效匹配提供了有效路径。设立前海国际人才服务工作站，为紧缺外籍专业人才“最大限度提供外国人签证、外国人停留证、外国人工作居留许可、永久居留、外籍人才永居推荐函、外籍人才生活服务等出入境管理等一站式服务”。

2. 法治保障：全力构建国际商事纠纷解决中心

在法治保障方面，前海深港现代服务业合作区积极对接国际商事规则，探索构建诉讼、仲裁、调解有序衔接的多元化国际商事纠纷解决机制。高效地解决纠纷有利于构建法治化的营商环境。司法是解决商事纠纷的最后一道防线，在多元化的商事纠纷解决机制中，不管是仲裁还是调解，最终都需要借助司法得以实现，可以说法院的作用是至关重要的。随着前海法院、最高人民法院第一巡回法庭（第一国际商事法庭）“一带一路”经济纠纷调处中心、深圳知识产权法庭、深圳金融法庭、广州海事法院深圳法庭入驻前海深港现代服务业合作区，已经形成了包含商事、知识产权、金融、海事等的完备且专业的司法保障体系。作为国家综合性司法体制改革的示范点，前海法院继续深化“一站式”多元化国际商事纠纷解决机制，立足粤港澳大湾区，促进国际商事调解规则的衔接，积极调动、整合社会各方资源，共同治理解决纠纷，提升社会治理的现代化水平。截至2021年8月，前海“一带一路”国际商事诉调对接中心已与香港和解中心、中国国际贸促会深圳调解中心等48家境内外调解机构合作，共建国际商事调解平台，已成功调解纠纷10508件。

仲裁是另一种有效的纠纷解决方式，对于纠纷主体来说，仲裁更能够自主控制纠纷解决的进程、结果，而且高效便捷。“以仲裁为核心，创建与仲裁有机结合的调解、谈判促进和专家评审机制”，深圳国际仲裁院立足前海深港现代服务业合作区，以市场需求为导向，以当事人为中心，“率先规定可以受理东道国与外国投资者之间的投资仲裁案件，率先探索选择性复裁机制，率先推出谈判促进规则，率先实践‘展会调解＋仲裁’‘商会调解＋仲裁’‘香港调解＋深圳仲裁’机制，率先创新‘四位一体’资本市场纠纷解决机制”，不断创新仲裁制度，提高仲裁质量和公信力。

相对于诉讼、仲裁，调解是最灵活高效的纠纷解决方式，它更适用于国际化的商事纠纷。组建国际化、专业化的调解队伍，促进解纷人才资源交流，共享国际化调解资源，是提升调解公信力和国际影响力的重要保障。[①]随着粤港澳商事调解联盟、深圳市蓝海法律查明和商事调解中心、深圳市前海国际商事调解中心、深圳市商事调解协会入驻前海深港现代服务业合作区，商事调解已经在前海深港现代服务业合作区有了长足的发展，调解员队伍也不断专业化、国际化，“在投资、金融、证券期货、保险、房地产、工程承包、技术转让、知识产权、国际贸易等领域提供商事调解服务，发挥商事调解组织专业化、职业化的优势”。

3. 政务服务：不断深化“放管服”改革，创新政务服务

在政务服务方面，前海深港现代服务业合作区不断深化“放管服”改革，以合作区内企业需求为导向，推出了企业开办“一窗通”、“证照分离”、“无人工干预智能审批的秒批服务”、税务“套餐式”服务、e企惠、“前海e讲堂”、

① 《前海打造国际商事争议多元化解决机制》，前海深港现代服务业合作区网站，2020年11月20日，http://qh.sz.gov.cn/ljqh/fzqh/fzjxs/content/post_8286378.html。

前海公共信用平台等一系列创新举措，在准入、服务、监管环节提高政务服务水平，为合作区内企业提供保姆式服务，助力提升企业的核心竞争力。

2013 年以“互联网 + 政务服务”为创新模式的前海 e 站通正式运营以来，秉承“让数据多跑路，让群众少跑腿”的服务理念，截至 2021 年 8 月，已经有包含深圳市社会保险基金管理局、深圳市地方税务局、深圳市版权协会等 15 家机构入驻前海 e 站通服务中心，集中办理省市各个部门下放前海的 700 多项管理事项，做到“行政事项集中管理、审批资源集中共享、审批过程集中监管”，实现了“一口受理、一门审批、一网服务、一颗印章”政务服务创新。另外在税收方面，为了减轻合作区内市场主体的负担，前海深港现代服务业合作区继续推行“两个 15% 税收优惠”，将预计在 2020 年底失效的税收优惠政策延期至 2025 年 12 月 31 日。同时扩大原有的优惠目录企业范围，让合作区内更多的企业得到利好。截至 2021 年 5 月 30 日，合作区内累计减免企业所得税 93.38 亿元，惠及 4.2 万家企业。

（二）现代服务业：已经形成高端引领、集约发展的现代服务业体系

金融业是前海深港现代服务业合作区发展的第一大产业。随着全国首家民营互联网银行——微众银行、首家港资控股合资基金管理公司——恒生前海基金管理有限公司、首家社会资本主导的再保险公司——前海再保险公司等金融企业落户前海深港现代服务业合作区，截至 2021 年 8 月，金融类企业近 6 万家，其中持牌金融机构已达 252 家，并已经初步形成了由商业保理、融资租赁等构成的具有代表性的供应链金融业态，服务实体经济，惠及全国百万余家中小企业。此外现代物流、信息服务、科技服务、专业服务等现代服务业都有了长足的发展。2021 年前海深港专业服务业集聚区启动建设，未来将推动香港专业服务业的机构及专业人才集聚前海，截至 2021 年 4 月，已有 19054 家[①]专业服务业企业入驻前海深港现代服务业合作区，成为深港合

① 《4 万平方米先导区空间！前海启动深港专业服务业集聚区建设》，“深圳发布”百家号，2021 年 4 月 9 日，https://baijiahao.baidu.com/s?id=1696514211193164040&wfr=spider&for=pc。

作的重要产业之一。另外，2021 年前海深港商贸物流小镇也开启建设，并迎来了利丰、中外运、嘉里等深港商贸物流企业的签约入驻，助力香港物流企业拓展内地市场。截至 2021 年 6 月，前海深港现代服务业合作区累计注册企业 183711 家，累计注册资金 97881.33 亿元，累计实际使用港资 2255.84 亿美元，占实际使用外资的 92.4%。

从经济成效来看（见表 1），2020 年前海深港现代服务业合作区注册企业增加值为 2586.05 亿元，同比增长 12.98%，较 2013 年的 49.89 亿元增长了 51.84 倍，年均增长速度为 75.77%，经济密度为平均每平方公里创造 173.33 亿元经济总产值。从为国家创造税收来看，2020 年前海深港现代服务业合作区创造税收 485.35 亿元，同比增长 13.40%，较 2013 年的 5.19 亿元增长了 93.52 倍，年均增长速度为 91.23%，税收密度为平均每平方公里创造 32.53 亿元税收。

表 1　2013～2020 年前海深港现代服务业合作区发展情况

单位：亿元，%

指标	2013 年	2014 年	2015 年	2016 年	2017 年	2018 年	2019 年	2020 年
注册企业实现增加值(初步值)	49.89	192.98	569.46	926.45	1528.09	2001.46	2288.99	2586.05
实现增加值增速	—	286.79	195.09	62.69	64.94	30.98	14.37	12.98
税收收入	5.19	30.47	95.39	184.90	275.75	361.47	428.00	485.35
税收收入增速	—	487.23	213.06	93.90	49.30	31.10	18.41	13.40

（三）深港合作：继续推进深港两地要素的高效便捷流动

深港合作是前海深港现代服务业合作区存在之根本。在过去的 11 年里，前海深港现代服务业合作区陆续推出百余项惠港利港政策，并搭建深港合作平台，推进两地产业的深入融合发展，前海深港青年梦工厂、前海深港创新中心、前海深港基金小镇、前海深港创意设计产业园、前海深港商贸物流小镇现已投入使用，前海深港专业服务业集聚区仍在建设中。构建协同发展的现代服务业体系是深港合作的重要目标，而现代服务业的协同发展要以货物、资本、信息、技术、人才等要素的自由流动为基础，这就需要深港两地利用各自优势，深度合作，消除各种制度上的壁垒，融合发展，实现要素在深港两地的高效便捷流动。

在货物自由流通方面，前海深港现代服务业合作区不断探索创新“陆路跨境快速通关、先入区后报关模式”“前店后仓运作模式”“网购保税电商业务模式”，建设“海运国际中转分拨集拼中心”“离港空运服务中心”，打造“MCC 前海新物流模式”，整合“陆海空铁”资源，打通进出口物流链上的堵点，不断提高通关效率，降低物流成本，保障物流的便捷流通。在资本要素自由流动方面，前海深港现代服务业合作区协同香港共同开展“跨境人民币贷款、跨境双向发债、跨境双向资金池、跨境双向股权投资、跨境资产转让、跨境金融基础设施”等六大跨境金融创新业务，加速资本要素在深港两地的自由流动。在信息要素自由流动方面，深圳市前海管理局积极与香港中华总商会、香港中华工商总会、香港中华厂商联合会、香港广东社团总会、澳门中华总商会等知名商协会签订战略合作协议，深化双方组织协调机制，加强双方的信息交流共享，通过线上线下的方式搭建经贸交往平台。① 在技术要素自由流动方面，引进前海深港国际先进技术研究院、前海深港智慧电网研究中心、前海深港智慧水务研究中心、精准医疗研究中心等科研平台，积极探索深港两地人才、科技、产业的融合创新发展。② 在人才要素自由流动方面，不断推进香港专业机构、专业人才的开业执业便利化，建设港澳台侨青年学习实践、交流交往等平台，建设“前海深港梦工厂”“港澳青年创新创业小镇”等港澳青年创业平台，推行定向招录港澳籍公务员等新举措，积极为港澳青年来深就业创业打通渠道、创造平台。

---

① 张智伟、吴徐美：《前海推动深港合作便利港澳青年创新创业》，《深圳特区报》2021 年 1 月 27 日。

② 张智伟、吴徐美：《前海推动深港合作便利港澳青年创新创业》，《深圳特区报》2021 年 1 月 27 日。

二 前海深港现代服务业合作区经济社会发展新形势与新动态

（一）国内外市场环境仍存在众多不确定性

从国际形势上来看，新冠肺炎疫情、经贸摩擦冲击着全球产业，经济全球化、贸易自由化持续受阻。随着各国疫情防控隔离政策的再度收紧，全球产业链、供应链断裂的风险将持续上升。此外，疫情下贸易保护主义的加剧正在改变全球产业链的分工布局。从国内发展来看，我国传统制造业创新力不强，关键核心技术仍然受制于人，一旦国外断供，国内产业链就会出现断裂的风险。现代服务业尤其是生产性服务业发展相对滞后，产业结构不合理，使整体产业仍然处于全球产业链的中低端。

面对疫情冲击以及国内外复杂多变的环境，2020 年党中央提出了构建“以国内大循环为主体、国内国际双循环相互促进的新发展格局”的政策部署。建设“双循环”新发展格局，需要转变长期以来以出口为导向的外向型经济发展模式，充分发挥国内市场规模优势，全方位激发国内市场内需潜力，变被动为主动，以日益增长的内需市场增强产业链、供应链的韧性，加速提升产业链、供应链现代化水平，构建具有更高附加值、更安全可靠的价值链体系，“形成深度嵌入全球价值链、不会被轻易替代的独特竞争优势”。改革开放 40 多年来，我国经济已经与世界经济深度融合，在经济全球化的进程中，中国是重要的参与者、受益者，同时也是坚定的维护者、推动者。面对逆全球化潮流，中国将进一步对外开放，深化国际合作，对接高标准国际经贸规则，以制度创新构建国内高标准市场经济体系，积极参与全球经济治理，维护全球产业链、供应链的稳定。

（二）前海深港现代服务业迎来扩区

2021 年 9 月，中共中央、国务院印发了《全面深化前海深港现代服务业合作区改革开放方案》（以下简称《方案》），将前海深港现代服务业合作区的发展空间扩大到原来的8倍，为前海深港现代服务业合作区的发展提供了新的发展机遇。《方案》从“打造全面深化改革创新实验平台”“建设高水平对外开放门户枢纽”两个方面对未来前海深港现代服务业合作区的发展做了明确的战略定位，以“改革”“开放”为两个重要抓手，深化深港合作，“推进与港澳规则衔接、机制对接，丰富协同协调发展模式”，“打造粤港澳大湾区全面深化改革创新平台，建设高水平对外开放门户枢纽，不断构建国际合作竞争新优势”。

扩区后的前海深港现代服务区发展空间将进一步扩大。一是产业集聚方面，产业业态将更加丰富，除了原有的金融、现代物流、信息服务、科技服务和其他专业服务等现代服务业外，前海深港现代服务业合作区将结合南山区的高新技术产业、宝安区的制造业优势，整合新扩展区域的资源要素，大力发展高新科技、海洋科技、航空物流、会展业以及先进制造业。同时积极拓展与香港的产业合作领域，“聚焦人工智能、健康医疗、金融科技、智慧城市、物联网、能源新材料等港澳优势领域”，以现代服务业带动战略性新兴产业的发展，加快前沿技术的产业化，推动现代服务业和先进制造业融合发展。二是制度创新方面，《方案》为前海深港现代服务业合作区的制度创新提供了更广阔的空间。在“推进现代服务业创新发展”“加快科技发展体制机制改革创新”“创新合作区治理模式”“深化与港澳服务贸易自由化”“扩大金融业的对外开放”“提升法律事务对外开放水平”等方面，前海深港现代服务业合作区将大有所为。

三　前海深港现代服务业合作区发展的焦点问题

（一）继续推进深港两地规则衔接、机制对接，打破要素流动壁垒

高水平的改革开放是国家赋予前海深港现代服务业合作区的重要使命，而加快推进与香港的规则衔接、机制对接是关键突破口。在“一国两

制”框架下，充分发挥“两制之利”①，通过与香港的规则衔接、机制对接，不断先行先试，从而逐步实现我国与国际高标准市场规则体系的全面对接。如何继续推进深港两地更深更广的融合发展，仍然是作为先行示范区的前海深港现代服务业合作区现在以及未来发展的重要着力点。

要素集聚的能力已经成为国际间竞争的核心所在，而要素的集聚取决于各国的市场与制度环境。“规则衔接、机制对接”为要素自由流动、要素集聚提供了制度基础。改革开放 40 多年来，确立了社会主义市场经济体制，使市场充分发挥资源配置的决定性作用，同时持续深化政府改革，简政放权，消除了要素向境内流入的政策、制度障碍，为各种要素的本土集聚创造了市场和制度条件，吸引了技术、信息、资本等高端要素的集聚，推动了我国经济的快速发展。习近平总书记在党的十九届四中全会第二次全体会议上的讲话中曾强调：“制度优势是一个国家的最大优势，制度竞争是国家间最根本的竞争。”② 加快与香港的规则衔接、机制对接，不断推进制度创新，构建要素自由流动、要素集聚的制度环境，对于前海深港现代服务业合作区自身的发展、粤港澳大湾区的协同合作以及香港融入国家发展战略有着深远的意义。

前海深港现代服务业合作区自建设之初，就致力在投资贸易、金融、法律、人才流动等方面与香港推进规则衔接和机制对接，截至 2021 年 8 月，已经累计推出 645 项制度创新成果，并复制推广至深圳市、广东省乃至全国。香港是世界公认的高水平自由贸易港，“在金融、贸易、航运、法律，特别是在国际化的规则体系标准方面，国际认可的专业人才方面有着非常大的优势”③，前海深港现代服务业合作区要更好地联合香港，建立有效的合作机制，稳步推进两地的规则衔接、机制对接。

① 《文雅靖、王万里：论粤港澳大湾区的规则衔接》，“综合开发研究院”百家号，2021 年 4 月 26 日，https://baijiahao.baidu.com/s?id=1698068543646598785&wfr=spider&for=pc。

② 《坚定制度自信 深刻认识制度优势是国家的最大优势——学习〈习近平谈治国理政〉第三卷》，中国共产党新闻网，2020 年 8 月 24 日，http://theory.people.com.cn/n1/2020/0824/c40531-31833585.html。

③ 曲维玺：《高端智库看前海④丨前海要为深化改革、扩大开放接续贡献力量》，“中国发展观察”澎湃号，2020 年 9 月 25 日，https://www.thepaper.cn/newsDetail_forward_9337224。

（二）继续推进深港现代服务业合作，推动现代生产服务业的专业化、高端化发展

现代生产服务业属于中间投入品，为生产服务。作为制造业的高级要素投入，现代生产服务业的发展会通过服务外包、产业联动、资本深化以及空间集聚等方面降低制造业的交易成本，为制造业产业链升级提供适宜的“温床”和良好的外部条件，促进制造业主动或被动升级，从而向产业链高端攀升。[①] 现代生产服务业的专业化、高端化发展能够进一步增强现代服务业对制造业释放的外溢效应，提升制造业产业链的附加价值和竞争力。发展现代服务业是前海深港现代服务业合作区开发建设的重要产业目标，加快深港两地现代生产服务业的融合发展，培育专业化、高端化的现代生产服务业集聚区，有助于带动粤港澳大湾区产业链的优化升级，提升产业的国际竞争力。

香港是现代服务业最发达的地区，拥有金融、现代物流、信息服务等国际先进水平的现代服务业，尤其在“人工智能、健康医疗、金融科技、智慧城市、物联网、能源新材料等方面占有优势”，扩区后的前海深港现代服务业合作区可以“加快科技发展体制机制改革创新”，与香港强强联合，强化技术与产业的对接，助推香港的前沿技术和成果的产业化，形成现代生产服务业与其他相关产业的发展集群，提升前海深港现代服务业合作区产业的集聚效应、规模效应以及辐射效应。

四　前海深港现代服务业合作区发展的对策建议

（一）继续推动有效市场和有为政府的有机结合

如何处理好市场与政府的关系，一直是我国经济体制改革的核心问

① 张前程：《现代服务业对制造业产业链升级的影响机理研究》，载《中部崛起与现代服务业——第二次中部商业经济论坛论文集》，2008 年 6 月。

题。党的十九届五中全会通过的《中共中央关于制定国民经济和社会发展第十四个五年规划和二〇三五年远景目标的建议》提出“推动有效市场和有为政府更好结合”。何为有效市场，何为有为政府？有效市场，也就说市场作用是有范围和限度的，既要肯定“市场在资源配置中起决定性作用”，也要避免“市场神圣化”倾向，明确“市场不起全部作用”。[①] 实现有效市场就是充分发挥市场在资源配置中的决定性作用，激发各类市场主体的活力和内生动力；而有为政府也是一样，政府的作用是有范围和限度的。[②] 实现有为政府就是优化政府部门的行政效能，最大限度地减少政府对市场活动的直接干预，降低制度性成本，弥补市场的不足、缺陷，优化市场营商环境。“推动有效市场和有为政府更好结合”就是让市场更有效，让政府更有作为。

促进生产要素的跨境自由流动，有效市场和有为政府是必不可少的。有效市场可以通过市场机制实现各生产要素的有效配置，而有为政府可以通过营造国际化、法治化、自由化的营商环境，持续吸引资金、人才、科技、信息等高端要素，为产业集聚发展提供良好的环境和服务。比如在市场准入方面，深入推进“放管服”改革，消除隐性壁垒。进一步放宽市场准入门槛，完善“准入前国民待遇 + 负面清单”管理机制，为前海深港现代服务业引入更多的“鲇鱼”，发挥“鲇鱼效应”，激发市场主体的活力。同时推进审慎包容监管，创新监管机制，“给予市场主体成长‘容错’‘试错’空间”，提升市场主体的创新活力。进一步放开对港澳在教育、医疗、文化旅游等领域的市场准入，引入高端的教育、医疗、文化等资源，推进前海深港现代服务业的融合发展。在跨境执业方面，积极探索“境外国际通行执业资格认可清单”，开放“金融、法律、税务、会计、建筑、医疗等领域港澳或国际专业人士在前海跨境执业”。

---

① 韩欢：《超越与重构：中国共产党领导下有效市场和有为政府的耦合协调》，《中共宁波市委党校学报》2021 年第 5 期。

② 韩欢：《超越与重构：中国共产党领导下有效市场和有为政府的耦合协调》，《中共宁波市委党校学报》2021 年第 5 期。

（二）加快推进与港澳社会保障等制度的衔接

人才是现代服务业发展的核心力量。消除深港两地人才自由流动的隐形壁垒和加速现代服务业专业人才集聚，是推进深港两地现代服务业融合发展的重要内容。过去 11 年里，前海深港现代服务业合作区通过创业扶持、税收优惠、创新跨境执业等措施吸引了港澳现代服务业高端专业人士来深创业、工作、生活。如何留住人才，让他们安心地、心无旁骛地扎根深圳，用好他们，是前海深港现代服务业合作区必须做且必须做好的事情。

随着港澳人员流动的不断增加，对社会保障等民生方面也提出了新的要求。比如港澳居民在深工作生活中遇到的关于户籍、教育、社会保险、住房等方面亟须解决的问题。以社会保险为例，目前内地与港澳之间的社会保险制度没有有效地衔接，导致暂时或长期来深工作生活的港澳居民在深圳参加养老保险、医疗保险时，会遇到双重缴费的压力，也就是在深圳参保的同时，不能放弃在港澳的参保，否则很可能会由于在深圳参保时间过短等原因而无法达到领取待遇的标准，从而出现在深圳、港澳都享受不到社会保险待遇等问题。加快内地与港澳的社会保障制度的衔接，可以有效解决三地劳动者在职流动期间的双重缴费问题，减轻劳动者的双重缴费压力，更好地推进劳动者在三地间自由流动。

参考文献

《习近平：在浦东开发开放 30 周年庆祝大会上的讲话》，中共中央党校（国家行政学院）网站，2020 年 11 月 12 日，https：//www. ccps. gov. cn/xxsxk/zyls/202011/t20201112_144784. shtml。

《上海浦东新区人民政府公报》2019 年第 1 期。

《上海浦东新区人民政府公报》2020 年第 1 期。

B.17
中国自由贸易试验区发展报告

范霄文*

摘　要： 2020年中国21个自由贸易试验区积极探索，税收制度改革已经开启，跨境服务贸易准入制度首次在海南自由贸易港施行，贸易投资自由化便利化的制度集成推广成效显著，高水平营商环境的建设带来了显著的经济效益。面对复杂多变的国际局势，自由贸易试验区改革的核心问题：一是打造高端核心技术创新生态系统；二是自然人流动制度创新推进。面对逆全球化和新工业革命叠加带来的挑战，作为开放制度改革"试验田"的自由贸易试验区，应探索建设突破核心技术"卡脖子"问题的科技创新园区，同时在新的发展模式下，进一步完善市场规则，共享经济发展成果。

关键词： 自由贸易试验区　新工业革命　创新生态系统

一　中国自贸试验区发展状况与进展

中国21个自由贸易试验区（以下简称"自贸试验区"）的67个片区，经过8年的改革创新和大胆探索，充分发挥了制度改革"试验田"的作用，贸易便利化水平已超过世界贸易组织（WTO）《贸易便利化协定》的

* 范霄文，经济学博士，深圳大学中国经济特区研究中心副教授，硕士生导师，主要研究方向为特区经济、大数据分析。

要求，高水平的营商环境正在形成，自贸试验区方案中设定的任务已经基本完成，260 项制度创新成果的集成及复制推广为我国开放型经济体制的构建奠定了良好的基础。2021 年 7 月 5 日，国务院自由贸易试验区工作部际联席会议办公室印发了自由贸易试验区第四批 18 个“最佳实践案例”，成果复制推广再添新篇。更高水平开放的海南自由贸易港，在税收制度改革和法律保障制度建设方面先行先试，更高水平开放的开放型制度正在不断完善之中。

（一）自贸试验区制度改革成果

按照国际通行规则在区内全面实施准入前国民待遇，非禁即入，建立了“法无禁止皆可为”的市场准入负面清单管理模式；“一线放开、二线安全高效管住、区内流转自由”的贸易便利化制度落地生效，海关“四自一简”[①] 监管制度不断降低企业运营的制度成本。本外币一体化自由贸易账户，打通了企业境外融资渠道，降低了融资成本，构建了“一线放开、二线严格管理”的金融监管模式；“法无授权不可为、法定职责必须为”的事中事后监管制度，构建起了“以信用为核心的跨部门协同监管平台”，政府管理理念已发生了根本变革。《海南自由贸易港法》的颁布，标志着高水平开放的法制保障不断加强。总之，以制度创新为核心、以各自贸试验区经济特点为载体、以复制推广为要求的自贸试验区制度创新，降低了试错成本的同时提高了改革效率，制度改革硕果累累。

（二）自贸试验区制度改革新进展

1. 税收制度改革已分阶段展开

2020 年 6 月 1 日，中共中央、国务院印发的《海南自由贸易港建设总体方案》中首次提出税收制度改革安排，海南自由贸易港将按照不同发展

① “四自一简”，指综保区内企业可自主备案、合理自定核销周期、自主核报、自主补缴税款，海关简化业务核准手续。

阶段，分别进行零关税、低税率、简税制的制度改革，最终形成具有国际竞争力的高水平开放型经济税收制度。

现阶段，在全岛封关前，零关税意味着对部分进口商品免征进口关税、进口环节增值税及消费税。低税率指对在海南自由贸易港进行实质性经营的企业，征收15%的企业所得税；对高端紧缺人才个人所得税免征实际税负超15%的部分。简税制指简化税种，在全岛封关时，将增值税、消费税、车辆购置税、城市维护建设税及教育费附加等税费进行简并，改为在货物和服务零售环节增收销售税，构建简单科学、收入归属清晰的税种结构体系。

市场经济是通过价格来进行资源配置的，不合理的税收制度会通过扭曲价格导致资源的低效配置，且一国的税收政策会敏感波及全球资本的流动。从顶层设计，按照零关税、低税率、简税制的原则，分阶段进行税收制度改革是目前开放型经济制度改革的又一个重大突破。

2. 跨境服务贸易负面清单发布，标志着更高水平的贸易自由化

自2013年9月23日首个自贸试验区设立以来，自贸试验区外商投资准入负面清单项目由2013年版的199项减至2020年版的30项，2020年版全国外商投资准入负面清单减至33项。2020年12月30日国务院批准公布的《海南自由贸易港外商投资准入特别管理措施（负面清单）（2020年版）》则包含11大类27项，与自贸试验区版相比进一步放开了采矿、汽车整车制造准入，负面清单再减少3项。

2021年7月23日，商务部发布了我国跨境服务贸易[①]领域首张负面清单——《海南自由贸易港跨境服务贸易特别管理措施（负面清单）（2021年版）》。清单共包含8大行业70条，该负面清单从2021年8月26日起正式施行。

按照WTO《服务贸易总协定》（GATS）的规定，国际服务贸易有跨境交付、境外消费、设立商业存在和自然人流动四种模式。已经发布的外

① 跨境服务贸易是指境外服务提供者以跨境方式向海南自由贸易港内市场主体及个人提供服务的商业活动。

商投资负面清单列明的是“设立商业存在”模式的市场准入规则，而跨境服务贸易负面清单则列明了其他三种贸易模式下的市场准入规则，随着跨境服务贸易负面清单的出台，我国非禁即入的国际贸易开放水平达到一个新的高度。

3. 海南自由贸易港法颁布

2021 年 6 月 10 日，中华人民共和国第十三届全国人民代表大会常务委员会第二十九次会议通过了《中华人民共和国海南自由贸易港法》（以下简称《海南自贸港法》），并于 6 月 10 日起在海南施行。《海南自贸港法》包括 8 章 57 条，聚焦贸易自由便利、投资自由便利、财政税收制度、生态环境保护、产业发展与人才支撑等制度改革方面进行顶层设计，并赋予海南新的更大的立法权。为海南高水平开放经济制度的大胆改革、先行先试，提供了法制保障。

2021 年 9 月 29 日，海南省通过了《海南自贸港法》颁布实施以来首批配套法规，包括《海南自由贸易港优化营商环境条例》《海南自由贸易港反消费欺诈规定》《海南自由贸易港公平竞争条例》《海南自由贸易港社会信用条例》，标志着自贸港法制保障不断完善。

（三）自贸试验区改革经济成效显著①

商务部发布的数据显示，2020 年，18 家前 5 批设立的自贸试验区共新设企业 39. 3 万家，实际使用外资 1763. 8 亿元，实现进出口总额 4. 7 万亿元，外商投资和进出口分别占全国的 17. 6% 和 14. 7% 。2021 年上半年，21 个自贸试验区实际使用外资 1008. 8 亿元，实现进出口总额大约 3 万亿元，分别各占全国的 16. 6% 。21 个自贸试验区围绕各自的战略发展定位，积极发挥改革开放排头兵的引领作用，不断取得显著的经济成效（见表 1）。

① 各自贸试验区经济成效数据来自各自贸试验区网站和新闻发布会。

表 1　中国 19 个自由贸易试验区经济成效

第 1 批	
上海	截至 2020 年底，累计新设立企业 6.9 万家，其中，新设外资企业 1.2 万家。累计开立 FT 账户 13.2 万个，全年跨境人民币结算总额为 54311.8 亿元。实际利用外资金额为 84.38 亿美元，固定资产投资金额为 1524.88 亿元
第 2 批	
广东	2020 年，新设外资企业 3146 家，占全省外资企业的 1/4；实际利用外资金额为 79.36 亿美元，占全省实际利用外资的 1/3。固定资产投资金额为 1292.12 亿元，税收收入为 1019 亿元，外贸进出口金额为 3412.8 亿元
天津	2020 年，新设立市场主体数为 10832 家，其中内资企业数为 10623 家，外商投资企业数为 209 家；合同外资金额为 117.96 亿美元，实际使用外资金额为 21.89 亿美元。实现税收收入（全口径）470.56 亿元
福建	2020 年，新设企业 13810 家，其中新增外资企业 354 家，合同外资金额为 20.62 亿美元，实际利用外资金额为 5.3 亿美元
第 3 批	
辽宁	自 2017 年挂牌 4 年来，共新增注册企业 6.3 万家，新增注册资本 6300 亿元。新签约落地重大项目 256 项，其中已落成投产 119 项
浙江	2020 年，新设企业数 7357 家，其中新增油品企业数 1880 家；合同外资金额为 9.07 亿美元，实际利用外资金额为 2.35 亿美元，税收总额为 78.28 亿元
河南	自 2017 年挂牌 4 年来，累计入驻企业 9.48 万家，其中入驻世界 500 强企业 123 家。2020 年实际吸收外资金额同比增长 51.8%，外贸进出口金额同比增长 40.1%
湖北	自 2017 年挂牌 4 年来，累计新增企业 61609 家。2020 年，进出口总额为 1273.3 亿元，实际利用外资金额为 15.8 亿美元；进出口总额和实际利用外资金额分别占全省同期的 29.7% 的和 15.3%
重庆	自 2017 年挂牌 4 年来，累计新增市场主体超过 5 万家。进出口企业数占全市的 1/4 以上，进出口总额和外商直接投资金额分别占全市的 70% 和 40%
四川	自 2017 年挂牌 4 年来，累计新设企业 14 万家，其中外商投资企业 1349 家。外商投资企业数占全省的 1/4，进出口总额占全省的 1/10
陕西	自 2017 年挂牌 4 年来，累计新设市场主体 83528 家，其中新设企业 57517 家。外商投资企业占全省的近 1/6，进出口总额占全省的 7/10，实际利用外资占全省的近 1/2

续表

第4批	
海南	2020年全年海南新增企业14.9万家，同比增长107.1%。全年新设外资企业1005家，同比增长197.3%。2020年洋浦港口吞吐量达5664.4万吨，同比增长12.9%，完成101.9万个标准集装箱，同比增长44%。其中外贸集装箱超过20.3万标箱，同比增长98.3%
第5批	
江苏	截至2021年7月底，累计新增注册企业5.4万家，其中2020年新增2.9万家。2020年，实际使用外资金额为22.9亿美元，进出口总额为5630.5亿元，分别占全省的9.7%和12.7%
广西	截至2021年7月底，累计入驻企业3.9万家，其中新增现代服务企业7616家，占同期新增企业数的比重为22.25%。固定资产投资增速比全区平均水平高18.3个百分点，达33.4%；规模以上工业总产值增速比全区平均水平高16.3个百分点，达33.7%
云南	2020年新设企业17874家，占全省新设企业数的13.2%；外贸进出口总额同比增长91.4%；实际利用外资金额为3.69亿美元，占全省实际利用外资金额的46%
黑龙江	截至2021年7月底，新设企业11403家，比挂牌前增长66.8%，其中新设外资企业数占全省的24.1%。2020年，外贸进出口总额达204.9亿元，同比增长12.8%。2021年1～7月外贸进出口总额达128.9亿元，同比增长44.9%，高于全省平均增幅约25.0个百分点
第6批	
北京	自贸区设立1年来，累计新设外商投资企业474家，新增外资企业数占全市的1/3。实际利用外资金额为17.8亿美元
湖南	截至2021年7月底，新设立企业5251家；实际使用外资金额为7.0亿美元；新引进项目235个，投资总额为2435.4亿元
安徽	自揭牌至2021年2月底，新设立企业2895家；累计签约入驻项目数257个，协议引资额为1112.0亿元；累计进出口总额为328.54亿元，占全市的35%

注：21个自由贸易试验区中，第5批设立的山东自由贸易试验区和河北自由贸易试验区因没有获取相关数据，未列入表1。

二　中国自贸试验区改革的核心问题

经过8年多的探索，自贸试验区成立之初设立的围绕贸易投资自由化便利化的相关制度创新已经基本完成。自贸试验区发展面对的国际环境更加复杂多变，全球经贸格局已经发生了重大改变，中美两大经济体间的贸易摩擦短期内很难得到改善，美国对中国高科技企业的技术封锁，打破了原有全球产业供应链供求平衡，使中国在一些核心技术上受制于美国，核心技术“卡脖子”问题凸显。面对严峻的挑战，作为制度改革创新的“试验田”，中国经济发展中面临的问题，就是自贸试验区先行先试要解决的核心问题。

（一）建立高端产业核心技术的协作创新生态系统

当今时代，中国面临纷繁复杂的挑战，从短期发展看，目前亟待解决的问题之一就是因中美贸易摩擦引发的“卡脖子”问题；从长远看，面临的更严峻的挑战将是由新工业革命带来的全球价值链重构。“革命”意味着社会发生质的深刻变革，每一次工业革命，人类的经济体制和社会结构都会随之发生深刻变革。这次新的工业革命（或称为“第四次工业改革”），经济的竞争规则与以往低成本战略不同，国家和企业要想在全球产业价值链中保持竞争力，必须以创新方式提供产品和服务，并在产业价值链中占据关键技术节点，这就要求各方面要处于创新前沿。

新的工业革命对中国而言，是挑战也是机遇。互联网、新材料、新能源及以制造业数字化为核心的新工业革命，带来的是新的经济发展模式。低成本劳动力不再是企业的竞争优势，取而代之的是创新——新想法、新商业模式、新产品和新服务才是真正的竞争力所在。这种发展模式的转变正在使全球技术要素和市场要素配置方式发生革命性变化，制造智能化技术的应用，有可能使一些制造业重新回到发达经济体。因而，在现阶段，无论是解决“卡脖子”问题，还是能否实现“弯道超车”，构建适应新工业革命的创新生态系统既是关乎未来发展的核心问题，也是自贸试验区改革创新的核心问题。

创新显然是一个复杂的系统工程，不是完全依靠自力更生或单打独斗就可以一蹴而就，也不能认为创新是理所当然的。要使创新不断向前推进，普惠大众，规则和协同创新的生态系统建设尤为重要。在创新生态系统中，个人、企业和学术界是主体，生态要解决不同主体间的协同关系，这种协同关系既包括国内主体间，也包括国内和国际主体间的协同创新机制，自贸试验区作为开放高地，有着得天独厚的创新优势。

按照国际发展经验，政府对创新要发挥积极的引导和协调作用，鼓励资助创新主体在进行开拓性的基础和创新型技术研究的同时，建立协调机制，围绕新工业革命的引爆点，鼓励商业性的创新研究。以企业为主体的协同创新方式构建创新生态系统，既可以满足企业发展需要，从实际发展中的难点推进创新，也可实现创新的快速落地。通过协作式创新的方式分享资源，合作双方和所在经济体均可以获得巨大价值。

创新离不开人才，围绕能源技术、人工智能制造、生命科学、信息技术等到技术创新，人才无疑至关重要。建设有利于人才发展创新的生态系统是提高竞争力的保障。毫无疑问，新工业革命给未来带来了许多的不确定甚至是颠覆性挑战，在开放型制度创新中，要认识到建立创新生态系统的必要性和紧迫性，同时，构建减缓技术革命颠覆性影响力所必需的制度性框架，只有如此才能减少来自其他国家颠覆性创新的巨大压力。

（二）自然人流动制度推进

根据 WTO 的《服务贸易总协定》中跨境交付、境外消费、设立商业存在和自然人流动四种服务提供模式，自然人流动是其中的一种跨境服务模式。《服务贸易总协定》第一条第二款 d 项指明：“自然人流动是指一成员国的服务提供者在任何其他成员境内以自然人存在的方式提供服务。”自然人流动的服务模式就涉及自然人的跨国流动，为了消除以移民为目的影响其他成员境内就业市场的人口流动，WTO 在《关于 GATS 下提供服务的自然人流动的附件》中，对自然人流动进行了更加严格的界定说明。如“本协定不适用于自然人寻找进入一成员国就业市场的措施，也不适用于在永久基础上有关公民身份、居住或就业的措施”。

自然人流动的贸易服务远低于其他三种模式的服务贸易，对这种形式的服务贸易各国都持谨慎态度，可能是各种壁垒和限制最多的一种服务贸易。然而，随着服务在 GDP 中比例的增加，随着“一带一路”倡议的实施，最重要的是随着新工业革命进程的加快，自然人流动在国际贸易中的重要性不断提升。然而，与其他三种服务贸易模式相比，我国自然人流动的自由化程度相对都较低，与服务贸易整体发展水平不相匹配。

自贸试验区作为高水平开放的高地，随着改革进程的不断深入，开放的制度创新也进入深水区。就中国目前发展情况看，发展中最大的瓶颈就是创新，而创新发展的核心是人才。在全球经济发展的拐点，中国应围绕创新发展制定相配套的自然人流动政策制度，这成为自贸试验区当前的核心问题之一。

当然，任何事物均有两面性，自然人流动自由化程度的提高，一方面会产生技术外溢效应，通过人员流动将发达国家先进的技术引进来；另一方面，也可能会带来本国人才的流失。应探索建立适应我国目前经济发展的自然人流动的市场准入制度，鼓励以多种协同创新方式进行自然人流动服务贸易，逐步提高自然人流动的自由化程度，如构建自然人流动负面清单，明确创新专业目录，通过灵活多样的跨境技术创新协作方式等，构建具有中国特色的自然人流动自由化制度。

三　中国自贸试验区发展的焦点问题

（一）自贸试验区如何在新发展格局下发挥作用

改革开放以来，我国经济发展实行以出口为导向的发展理念，中国也成为世界第一大出口国和世界工厂。但在经济高速增长的同时，也形成了市场和资源“两头在外”的发展格局。美国次贷危机引发的国际金融危机导致世界经济低迷，加之全球化和新一轮技术变革的叠加，削弱了大多数人的竞争力，特别是一些发达国家低端劳动力的议价能力。贸易保护主义抬头，疫情的出现使逆全球化趋势更加明显，美国对中国高科技企业的封锁使我国产业链短板凸显，一些核心高科技“卡脖子”问题突出。

为应对复杂多变的国际环境，中共中央提出了“构建以国内大循环为主体、国内国际双循环相互促进的新发展格局”的经济发展战略。自贸试验区作为开放型经济制度改革的“试验田”，如何在新发展格局下发挥作用就成为其发展的焦点问题。

中国在全球产业价值链中虽然处于中下游，但中国产业规模化优势明显，即使由地缘政治引发了贸易摩擦，但各国经济活动不可能完全封闭起来，中国经济发展离不开世界产业链，世界产业链中也不可能没有中国。世界需要中国大规模的生产能力，而中国则需要克服自身创新不足的短板。

目前，影响中国经济发展的“卡脖子”问题，是全球产业价值链中关键的高科技创新技术，这些技术的自主创新不是一朝一夕可以解决的。技术创新的关键：一是顶尖的世界级技术创新人才，二是与之相适应的创新制度。自贸试验区作为经济开放的高地和制度创新的“试验田”，通过更高水平的改革开放，可以在高科技创新制度建设上发挥积极作用。

（二）自贸试验区如何承载更多的改革内容

自贸试验区最初设立的功能主要是围绕投资和贸易自由化便利化进行制度创新，构建与国际通行规则接轨的营商环境。从 2013 年中国第一个自贸试验区——中国（上海）自贸试验区设立以来，在自由化方面形成了“非禁即入”的市场准入负面清单；在便利化方面，形成了便捷高效的监管制度；在资金自由进出方面，形成了本外币一体化自由贸易账户监管制度。这些制度创新使我国的营商环境不断改善，开放水平不断提高。然而，作为开放型经济新制度创新的“试验田”，在制度改革的过程中，不能忽略对外开放对国内经济的影响。过去以出口为导向的经济发展战略形成了我国“两头在外”的特点，对外开放对国内经济的影响可见一斑。

高水平开放在实现全球资源配置的过程中，不仅会对国内产业结构产生影响，也会对国内一些行业的发展造成冲击，进而影响收入分配的变化，带来一定的社会隐患。在开放型经济制度改革过程中，无疑要考虑这些问题。目前，自贸试验区的制度改革创新基本是围绕贸易投资自由化便利化展开，对于开放带来的更深层次的影响并未触及。且除海南外，现有 20 个自贸试验区的地理区域面积每个大约 120 平方公里，已入驻的企业大多数是从事与国际贸易相关的企业。虽然海南自由贸易港是全域开放，但其产业配套较薄弱，很难从问题导向的角度进行制度创新。改革离不开相应的载体，在自贸区有限的区域内，如何承载更深层次的制度创新也是自贸试验区目前面临的焦点问题。

四　中国自贸试验区发展的对策建议

（一）在深圳创建突破“卡脖子”核心技术创业园

当前是一个全球化和技术变革交叠的时代，加之疫情的影响、中美贸易摩擦不断、贸易保护主义抬头，全球产业供应链出现区域化、本土化的趋势，价值链的重构必然会引起世界经济的震荡。目前全球的产业链上游是由以美国为首的发达国家所主导的，美国作为产业价值链生产标准的主导者，位于价值链的高端。中国虽然在全球产业链中具有集群化的规模优势，但位于价值链的中低端，美国对中国高科技企业进行技术封锁无疑会使中国在某种程度上受制于美国。在中美出现对峙的情况下，自贸试验区如何在改革和开放中发挥制度创新优势，找到“卡脖子”核心技术发展的突破口，是自贸试验区“试验田”的使命。

纵观全球，高科技发达和聚集的地方就是美国的硅谷，这里聚集着互联网巨头谷歌、Meta，也聚集着苹果、英特尔等世界级公司。从地理位置看，硅谷具有宜居和交通便利的条件，吸引世界各地人才流入；从创业环境看，斯坦福大学在半导体技术突破之际创建了一个创新创业集聚地；从发展之初看，硅谷就以创新为核心成为技术密集型而非资本密集型集聚地；从发展过程看，容忍失败的风险投资，汇聚全球精英的多元移民文化，为全球跨国公司的诞生提供了条件，而高科技企业的高管和成功企业家参与项目的孵化，提高了创新成功的可能性。

深圳作为中国的移民城市，出现了华为、腾讯、大疆等一大批的创新型企业，已具备了一定的产业创新发展基础和创新生态，如果利用自贸试验区得天独厚的制度创新优势，借鉴硅谷发展经验，在一定区域内设立“卡脖子”核心技术产业园，可以以此为载体进行创新产业发展的相关制度创新，如可以在跨境服务交付、自然人自由流动等服务贸易方面大胆闯，探索建立全球高科技创新人才自由流动、项目落地、孵化及相关商业模式等制度创新。只有一个开放和包容的发展环境，才能不断吸引世界各地人才和项目落地，才有可能突破发展瓶颈，占据价值链的关键节点，在新技术变革的节点实现“弯道超车”。

（二）完善市场规则，共享经济发展成果

有学者认为，全球化和技术变革的叠加效应对经济的影响比人们预想的要深远。数字化技术、人工智能等新技术正在将劳动力分裂为两大类，一类是充分利用新技术变革的少部分利益既得者，另一类是未能充分利用新技术变革的大多数。因为新的工业改革带来新的生产模式，进而改变收入分配模式。

第二次工业改革形成的生产模式是大批劳动力从事大规模生产活动，为大众带来收入，满足大众需求。这次技术变革后的生产模式是少数人从事生产活动，收入向少数人集中，满足有消费能力人群的需求。潜在的问题是贫富差距会加大。一方面是需要更高的生产力，另一方面是大众消费乏力。而购买力不足，供求矛盾加剧，经济发展和社会安定都会受到影响，显然不利于人类的发展和有违经济发展的初衷。

在“双循环”新发展格局背景下，经济内循环是基础，外循环是补充，如果内循环不能良性发展，外循环也就无从谈起。未来新的生产模式下，当经济和市场规则有可能不再有利于普通民众时，勤劳而不能致富会导致社会问题出现。因此政府应积极作为，制定新经济发展模式下共同富裕的新规则。

自贸试验区作为开放型经济制度改革的“试验田”，虽然改革的承载体有限，但在市场规则完善中可以发挥其先行先试的优势。市场只是配置资源的其中一种方式，自由市场也是在规则下的自由市场，规则的制定决定着资

源的配置结构。在处理好效率与公平关系的基础上，探索构建旨在实现共同富裕的市场规则，设计能够让大部分人认为公平合理的初次分配结果的规则，而非依靠大规模再分配的公平规则，为社会的稳定与繁荣提供制度保障。

参考文献

《刘鹤：加快构建以国内大循环为主、双循环相互促进新发展格局》，“人民日报”百家号，2020 年 11 月 25 日，https：//baijiahao. baidu. com/s？ id = 1684295598701146251&wfr = spider&for = pc。

吴军：《硅谷之谜》，人民邮电出版社，2015。

罗伯特·赖克：《拯救资本主义》，曾鑫、熊跃根译，中信出版社，2019。

B.18
中国图们江地区经济社会发展报告

沈万根　赵宝星*

摘　要： 本报告通过实地调研及文献总结的方法，对中国图们江地区经济社会发展进行考察。中国图们江地区应顺势而为、因地制宜地提出路径方法以解决所面临的问题，确保中国图们江地区在“十四五”时期顺利开局，推进地区经济社会高质量发展。

关键词： 中国图们江地区　经济社会发展　高质量发展

2021 年，我国正式通过《中华人民共和国国民经济和社会发展第十四个五年规划和 2035 年远景目标纲要》（以下简称“‘十四五’规划纲要”），并明确指出：“我国已转向高质量发展阶段。”① 中国图们江地区②是我国边疆地区、民族地区以及革命老区，由于区位以及历史发展原因，中国图们江地区经济实力相对其他地区较弱。因此，在“十四五”时期，中国图们江地区应顺势而上，把握“十四五”时期的发展机遇，推进中国图们江地区高质量发展，借此促进民族团结、推进中华民族共同体建设，并维系国家边疆安全稳定，实现长治久安。

---

* 沈万根，延边大学马克思主义学院教授，博士生导师，主要研究方向为少数民族经济；赵宝星，延边大学经济管理学院博士生，主要研究方向为少数民族经济。

① 《中华人民共和国国民经济和社会发展第十四个五年规划和 2035 年远景目标纲要》，人民出版社，2021。

② 中国图们江地区，本报告是指吉林省延边朝鲜族自治州，包括延吉市、图们市、珲春市、龙井市、和龙市、敦化市、安图县和汪清县等 8 个市县。

一 中国图们江地区经济社会发展状况

（一）经济社会稳步发展

2020 年，中国图们江地区实现地区生产总值 726.86 亿元，较 2019 年增长 0.5%。人均地区生产总值为 35296 元，同比增长 1.4%。从地区生产总值与增长速度来看，地区生产总值逐年增加，但地区生产总值增长速度逐步放缓。如表 1 所示，2016～2020 年，2016 年的增长率为近 5 年最高，为 7.1%，2017 年增长率大幅下降，下降了 4.2 个百分点，为 2.9%。此后至 2019 年地区生产总值增长率大致在 2% 到 3% 之间，受新冠肺炎疫情影响，2020 年地区生产总值增长率仅为 0.5%，成为近 5 年最低增长率。2016～2020 年，地区生产总值平均增长率约为 3.02%，2018～2020 年地区生产总值平均增长率仅约为 1.77%。

表 1　2016～2020 年中国图们江地区地区生产总值、产业构成及增长率

单位：亿元，%

年份	地区生产总值	产业构成			增长率
		第一产业	第二产业	第三产业	
2016	669.07	7.5	34.0	58.5	7.1
2017	688.33	7.0	33.2	59.8	2.9
2018	708.17	7.3	33.3	59.4	2.9
2019	723.37	7.6	34.3	58.1	2.1
2020	726.86	9.1	33.3	57.6	0.5

资料来源：根据《延边统计年鉴 2019》与 2020 年、2021 年延边州统计公报数据整理获得。

如表 2 所示，2020 年，中国图们江地区城镇常住居民人均可支配收入达 28872 元，同比增长 2.5%。2016～2020 年，城镇常住居民人均可支配收入平均增长率为 5.9%。但就 2020 年而言，吉林省城镇常住居民人均可支配收入为33396元，同比增长3.4%[①]，全国城镇常住居民人均可支配收入43834元，同比增长3.5%[②]。农村常住居民人均可支配收入方面，2020年人均可支配收入为13585元，同比增长8.5%。2016～2020年，农村常住居民人均可支配收入平均增长率为8.7%，中国图们江地区保持较高的经济增速。吉林省与全国农村常住居民人均可支配收入分别为16067元和17131元，分别同比增长7.6%和3.6%，中国图们江地区城镇与农村常住居民人均可支配收入均低于吉林省以及全国的平均水平，因此应当推动经济发展，提升人均可支配收入水平。

表2　2016～2020年中国图们江地区城镇与农村常住居民人均可支配收入及增长率

单位：元，%

年份	城镇常住居民	增长率	农村常住居民	增长率
2016	23276	7.1	9675	7.9
2017	24766	6.4	10401	7.5
2018	26316	6.3	11129	7.0
2019	28158	7.0	12520	12.5
2020	28872	2.5	13585	8.5

资料来源：根据《延边统计年鉴2019》与2020年、2021年延边州统计公报数据整理获得。

（二）产业结构趋于合理

2020年，中国图们江地区第一、二、三产业增加值分别为66.27亿元、241.68亿元、418.90亿元，同比分别增长2.2%、0.5%、0.1%，三次产业占地区生产总值的比重分别为9.1%、33.3%、57.6%。如表1所示，2016～2020年三次产业增加值占地区生产总值的平均比重分别为7.7%、33.6%、

① 《吉林省2020年国民经济和社会发展统计公报》，吉林省统计局网站，2021年4月12日，http：//tjj.jl.gov.cn/tjsj/tjgb/ndgb/202104/t20210415_8027371.html。

② 《中华人民共和国2020年国民经济和社会发展统计公报》，国家统计局网站，2021年2月18日，http：//www.stats.gov.cn/tjsj/zxfb/202102/t20210227_1814154.html。

58.7%，按比重由多到少排列可见，长期保持在“三二一”的动态局面。受疫情影响，第二、三产业增加值比重有所减少，第一产业增加值比重有所增加。

2020年，中国图们江地区农业稳步发展，粮食种植面积达36.15万公顷，其中，稻谷种植面积为3.75万公顷，玉米种植面积为20.01万公顷，豆类种植面积为12.17万公顷。与2019年相比，前两者种植面积有所增加，分别增加了0.09万公顷和2.16万公顷，后者则减少了1.99万公顷。2020年，中国图们江地区粮食年总产量为171.01万吨，比2019年增产2.47万吨，同比增长约1.5%。2020年，中国图们江地区全部工业增加值为186.98亿元，比2019年增长1.5%，其中规模以上工业增加值增长2.5%。分门类行业看，2020年除采矿业规模以上工业增加值比2019年下降2.0%外，其他行业均有增长。2020年，中国图们江地区第三产业受到较大影响，批发和零售业、住宿和餐饮业等行业均有下降，其中住宿和餐饮业受疫情影响较为明显，下降幅度最大。

由此可见，在疫情防控常态化背景下，推进中国图们江地区高质量发展，应当落实创新驱动战略，夯实第一产业发展基础，促进地区第二、三产业优化升级，稳固中国图们江地区现有产业结构，为推进地区经济社会发展注入内生动力。

（三）人口持续减少

中国图们江地区人口再生产能力相对较弱，是中国最大的朝鲜族聚居区。由于受地区经济实力相对较弱等因素的影响，中国图们江地区呈现人力资本持续外流的态势。如表3所示，2016～2020年，中国图们江地区人口自然增长率除2016年实现正增长外，其余年份均为负值，年平均自然增长率为-2.29‰。2020年，中国图们江地区人口自然增长率为-6.24‰，为2016～2020年最低水平。中国图们江地区的净流失人口的计算公式为：

净流失人口=（上一年人口-当年人口）-自然增加人数

由表 3 可见，2016～2020 年，中国图们江地区净流失总人口为 65307 人，平均每年净流失人口为 13061 人，中国图们江地区长期呈现人口流出的态势。

表 3　2016～2020 年中国图们江地区总人口、自然增加人数、净流失人口、自然增长率、出生率与死亡率

年份	总人口（万人）	自然增加人数（人）	净流失人口（人）	自然增长率（‰）	出生率（‰）	死亡率（‰）
2016	212.04	3168	18570	1.5	8.4	5.4
2017	210.14	-10623	8345	-5	7.9	6.9
2018	208.66	-1262	13523	-0.6	7	12.9
2019	207.20	-2331	12226	-1.12	6.86	7.6
2020	204.66	-12842	12643	-6.24	5.21	7.99

资料来源：根据《延边统计年鉴 2019》与 2020 年、2021 年延边州统计公报数据整理获得。

2020 年，中国图们江地区总人口为 204.66 万人，较 2019 年末减少 2.54 万人，同比减少 1.2%，在 2016 年至 2020 年间的人口减少率中排名最高。地区户籍人口城镇化率有小幅度提升，目前城镇化率为 69.5%，同比增长 0.1%。“十四五”规划提出于 2025 年城镇化率达到 65% 的目标①，中国图们江地区在城镇化率指标方面已经达标。2016～2020 年，中国图们江地区人口总计减少 8.9 万余人，年均人口减少率为 0.8%。

从性别维度看（见表 4），2020 年男性人口减少约 1.4 万人，女性人口减少约 1.2 万人，为 2016 年至 2020 年间最高值。总减少人口中男性减少人口所占比重较高。男性人口减少 4.06 万余人，占总减少人口的 55.0%，年均男性人口减少率为 1.0%；女性人口减少 3.32 万余人，占总减少人口的 45.0%，年均女性人口减少率为 0.8%。

① 《中华人民共和国国民经济和社会发展第十四个五年规划和 2035 年远景目标纲要》，人民出版社，2021。

表 4　2016～2020 年中国图们江地区男性人口、女性人口数量及减少率情况

单位：万人，%

年份	总人口	男性人口	减少率	女性人口	减少率
2016	212.04	105.33	1.0	106.71	0.5
2017	210.14	104.20	1.1	105.94	0.7
2018	208.66	103.40	0.8	105.26	0.6
2019	207.20	102.62	0.8	104.58	0.6
2020	204.66	101.27	1.3	103.39	1.1

资料来源：根据《延边统计年鉴 2019》与 2020 年、2021 年延边州统计公报数据整理获得。

从城乡维度看（见表 5），城镇人口的减少量远高于乡村人口的减少量。2020 年，城镇人口约 142.2 万人，占总人口的 69.46%。相较 2016 年初，城镇人口在 5 年的时间里减少约 4.44 万人，占 2016～2020 年期间流失人口的 60.16%。反观乡村流失人口，5 年间流失 2.94 万余人，约占期间流失人口的 39.84%。人口减少逐渐成为中国图们江地区的常态，但 2020 年城镇人口与乡村人口减少率突然增加。

表 5　2016～2020 年中国图们江地区城镇与乡村人口情况

单位：万人，%

年份	总人口	城镇人口	比重	减少率	比重	乡村人口	减少率
2016	212.04	146.60	69.14	2.3	30.86	65.44	-3.0
2017	210.14	145.64	69.31	0.7	30.69	64.50	1.4
2018	208.66	144.66	69.33	0.7	30.67	64.00	0.8
2019	207.20	143.77	69.38	0.6	30.62	63.43	0.9
2020	204.66	142.16	69.46	1.1	30.54	62.50	1.5

资料来源：根据《延边统计年鉴 2019》与 2020 年、2021 年延边州统计公报数据整理获得。

从民族结构角度看（如表 6），2020 年汉族、朝鲜族的人口均有减少，人口减少率处于相对较高水平，除汉族、朝鲜族之外的其他民族在人口总数上也有小幅度下降。2020 年与 2019 年同期相比，中国图们江地区汉族人口减少约 1.35 万人，减少率为 1.08%；朝鲜族人口减少约 1.18 万人，减少率为

1.59%，其他民族共减少0.01万人，减少率为0.12%，分别占总减少人口的53.15%、46.46%、0.39%。综上，总体看来，中国图们江地区人口减少程度越发严重。

表6　2016～2020年中国图们江地区民族人口情况

单位：万人，%

年份	总人口	汉族人口	比重	朝鲜族人口	比重	其他民族人口	比重
2016	212.04	127.70	60.21	75.89	35.79	8.44	4.0
2017	210.14	125.92	59.96	75.72	36.04	8.49	4.0
2018	208.66	125.22	60.00	74.92	35.90	8.52	4.1
2019	207.20	124.43	60.06	74.21	35.84	8.56	4.1
2020	204.66	123.08	60.12	73.03	35.68	8.55	4.2

资料来源：根据《延边统计年鉴2019》与2020年、2021年延边州统计公报数据整理获得。

（四）进出口贸易有所回落与外商直接投资明显增加

2020年全世界都受到新冠肺炎疫情的影响，中国图们江地区进出口贸易不可避免地受到波及。2020年，中国图们江地区全年货物进出口总额为120.11亿元，比2019年减少29.57亿元，同比下降19.8%。其中，出口额为62.28亿元，比2019年减少11.7亿元，同比下降15.8%；进口额为57.83亿元，比2019年减少17.87亿元，同比下降22.3%。随着进口额的大幅度下降，中国图们江地区进出口贸易转逆差为顺差，由2019年的进出口贸易逆差1.73亿元转变为2020年的进出口顺差4.45亿元，增加6.18亿元。

中国图们江地区外商直接投资额不同于进出口贸易额普遍下降的态势，外商直接投资额实现较大幅度增长。2020年中国图们江地区实际使用外商直接投资金额353万美元，比2019年增加225万美元，同比增长1.8倍。其中，外商直接投资集中于制造业与租赁和商务服务业，二者占据全部外商直接投资的87.3%。其中制造业外商直接投资157万美元，占44.5%，相较2019年增加124万美元，同比增长375.8%，比重提升18.7个百分点；

租赁和商务服务业外商直接投资 151 万美元，相较 2019 年增加 112 万美元，同比增长 287.2%，占 42.8%。

二　中国图们江地区经济社会发展面临的困境

（一）自身经济实力较弱且增长速度缓慢

2020 年，中国图们江地区地区生产总值 726.86 亿元，从各地区来看（见表 7），中国图们江地区地区生产总值在吉林省内处于中间水平，排名由 2019 年的第 6 位，上升至 2020 年的第 4 位。但相较 1300.82 亿元的吉林省平均地区生产总值水平，仍具有一定的差距。同时，中国图们江地区地区生产总值增长速度放缓。2016 年，中国图们江地区地区生产总值增长速度为 7.1%，而 2020 年，中国图们江地区地区生产总值增长速度仅为 0.5%，2016～2020 年平均增长速度为 3.67%，低于吉林省与国家同期的地区生产总值增长速度。同时，中国图们江地区区位临近的国家与地区经济实力也较为薄弱，致使中国图们江地区无法以大城市或中心城市为依托推进高质量发展。

表 7　2019 年与 2020 年吉林省各市（州）地区生产总值及比重

单位：亿元，%

序号	2019 年			2020 年		
	市(州)	地区生产总值	比重	市(州)	地区生产总值	比重
1	长春市	5904.14	50.43	长春市	6638.03	54.96
2	吉林市	1416.55	12.10	吉林市	1452.60	12.03
3	四平市	796.17	6.80	松原市	752.88	6.23
4	松原市	729.78	6.23	延边州	726.86	6.03
5	通化市	725.76	6.20	通化市	531.70	4.40
6	延边州	723.37	6.18	四平市	526.60	4.36
7	白山市	509.66	4.35	白城市	510.18	4.22
8	白城市	491.55	4.20	白山市	509.42	4.21
9	辽源市	410.38	3.51	辽源市	429.90	3.56

资料来源：根据《延边统计年鉴 2019》与 2020 年、2021 年延边州统计公报数据整理获得。

中国图们江地区作为民族地区、边疆地区、革命老区，具有较为优良的自然资源与人文资源，但自然资源与人文资源的开发程度有限，如中国图们江地区森林覆盖率在80%以上，但林业资源利用不充分，林下经济开发程度浅。同时，未能开发自然资源的多种功能，仅挖掘自然资源的经济价值，社会价值挖掘不足。中国图们江地区具有朝鲜族特色文化、边疆文化、红色革命文化等人文资源，以朝鲜族特色文化为例，多数选取朝鲜族特色文化当中的饮食文化、服饰文化等，其余特色文化挖掘程度有限。并且已经开发的朝鲜族特色文化多数停留于体验阶段，未实现向纵深推进。总之，未能将自然资源与人文资源变成中国图们江地区发展的资本，不利于推进中国图们江地区高质量发展。

（二）疫情仍是影响经济社会发展的最大变量

“新冠肺炎疫情影响广泛深远，世界经济陷入低迷期。”① 因此，疫情防控常态化已成为中国图们江地区、我国乃至世界经济社会发展的重要一环。旅游产业是中国图们江地区的支柱产业，而疫情对中国图们江地区旅游产业造成了严重影响。如2020年中国图们江地区接待国内外游客791.07万人次，比2019年减少接待国内外游客1960余万人次，同比下降71.2%。② 2020年吉林省接待国内外游客15342.23万人次，比2019年下降38.2%，降幅高于吉林省平均水平。中国图们江地区接待国内游客788.79万人次，相较2019年减少1906余万人次，同比下降70.7%。吉林省接待国内游客788.79万人次，下降70.7%，③ 而2020年国内游客达28.8亿人次，比2019年下降52.1%。④ 2020年，中国图们江地区接待入境游客2.28万人次，相

① 《中华人民共和国国民经济和社会发展第十四个五年规划和2035年远景目标纲要》，人民出版社，2021。

② 《延边朝鲜族自治州2020年国民经济和社会发展统计公报》，延边州人民政府网站，2020年4月24日，http://www.yanbian.gov.cn/sj/tjgb/202105/t20210524_340388.html。

③ 《吉林省2020年国民经济和社会发展统计公报》，吉林省统计局网站，2021年4月12日，http://tjj.jl.gov.cn/tjsj/tjgb/ndgb/202104/t20210415_8027371.html。

④ 《中华人民共和国2020年国民经济和社会发展统计公报》，国家统计局网站，2021年2月28日，http://www.stats.gov.cn/tjsj/zxfb/202102/t20210227_1814154.html。

较 2019 年减少 54 万人次，同比下降 96. 0%。2020 年，吉林省接待入境游客中，接待外国游客 16. 91 万人次，同比下降 86. 0%；港澳台同胞 3. 92 万人次，同比下降 74. 7%。2020 年中国图们江地区与吉林省国内旅游收入分别为 97. 24 亿元与 2528. 10 亿元，分别同比下降 81. 9% 与 48. 5%；旅游外汇收入分别为 0. 83 亿元与 0. 97 亿美元，分别同比下降 95. 4% 与 84. 2%。可见，疫情对中国图们江地区、吉林省乃至全国的旅游业都产生了较大影响，部分环节收入出现断崖式下降。而疫情的影响不仅局限于旅游产业，其对各行业都具有深刻影响。因此，在疫情防控常态化背景下，应当积极推进地区产业结构优化，增强应对突发公共事件的能力，推进中国图们江地区高质量发展。

（三）人力资本仍是经济社会发展短板

生产要素由低收入地区流向高收入地区，符合经济发展规律。中国图们江地区经济实力相对薄弱，是人力资本外流的重要原因。因此，中国图们江地区要通过发展自身实力以吸引人才，培育自身内生动力。培育中国图们江地区的本土人才，方为中国图们江地区发展的长久之策，但中国图们江地区培育人才面临较为困顿的局面。一方面，中国图们江地区内部教育机构尤其是高等院校与职业技术学校数量有限，仅有 3 所高校与 22 所中等职业技术学校。2020 年，中国图们江地区研究生、普通本专科分别招生 0. 2 万人、0. 8 万人，在校研究生与本科生分别有 0. 5 万人、2. 9 万人，毕业生分别有 0. 1 万人、0. 6 万人。中等职业教育招生 0. 4 万人，在校生 1. 1 万人，毕业生 0. 3 万人。[①] 2020 年，高校与中等职业技术学校毕业生共计 1 万余人，但多数毕业生并未留在中国图们江地区从事相关工作。因此在地区人才培育过程中，高等院校与中等职业技术学校并未充分发挥应有的作用。同时，高等院校及中等职业技术学校专业建设有待与时俱进，应根据中国图们江地区经

① 《延边朝鲜族自治州 2020 年国民经济和社会发展统计公报》，延边州人民政府网站，2020 年 4 月 24 日，http：//www. yanbian. gov. cn/sj/tjgb/202105/t20210524_ 340388. html。

济社会发展需要推进学科、专业建设，推进所需学科专科教育、本科教育、研究生教育系统化培养。另一方面，由于中国图们江地区受到经济实力与区位因素的影响，引进人才后人才不易留住。并且人才引进相关配套支持有限，出现一部分引进人才“再外流”现象，这不利于中国图们江地区的可持续、高质量发展。

三　中国图们江地区经济社会发展的破题路径

（一）顺势而为增强自身实力

2021 年是“十四五”规划的开局之年，中国图们江地区应当紧紧把握发展契机，推进地区经济社会高质量发展。中国图们江地区既要立足区位，又要突破区位，进而切实提升自身实力。即不局限于仅与周边国家进行经贸合作，以区位优势为基础，积极参与“一带一路”建设与国内国际“双循环”建设。“十四五”规划纲要明确指出：“参与北极务实合作，建设‘冰上丝绸之路’。”① 中国图们江地区应当利用好自身处于图们江流域的重要区位优势，以珲春市为中国图们江地区推进海洋经济建设的先行者，与周边国家积极发展蓝色伙伴关系，参与并推动海洋命运共同体建设。中国图们江地区还应当深入挖掘自身所具有的自然资源与人文资源，尤其是挖掘自然资源与人文资源的教育功能，通过挖掘自然资源的教育功能，推动游客、学生走进自然、认识自然，并进一步形成保护自然、绿色发展的观念。“十四五”规划纲要明确指出：“坚持以文塑旅、以旅彰文。”② 因此，人文资源的利用是将朝鲜族特色文化、红色革命文化以及边疆文化融入中国图们江地区经济社会发展中，打造具有中国图们江地区特色的文化体验。如打造民俗游、红

① 《中华人民共和国国民经济和社会发展第十四个五年规划和 2035 年远景目标纲要》，人民出版社，2021。

② 《中华人民共和国国民经济和社会发展第十四个五年规划和 2035 年远景目标纲要》，人民出版社，2021。

色游、边疆游等“三合一”的旅游路线，并针对朝鲜族特色文化中象帽、长鼓、长白山等文化符号以及东北抗联密营等文化符号创建文创品牌，将文化注入经济社会发展中，为中国图们江地区经济社会发展注入动力，实现经济社会内涵式发展、高质量发展。

与此同时，深化东西部协作机制，促进中国图们江地区经济发展。在脱贫攻坚阶段，东部地区帮扶西部地区主要采取资金援助、提供就业岗位等形式。从长远来看，中国图们江地区应当利用好东西协作机制，通过项目合作的形式促使东部地区在本地区投资建厂。一方面，通过投资建厂促进东部地区产业结构进一步优化升级。另一方面，借此促进在中国图们江地区实现产业转移效应，实现农村剩余劳动力就地转化，实现农村剩余劳动力“离土不离乡”，进而促进中国图们江地区劳动力回流，为中国图们江地区可持续、高质量发展注入内生动力。

（二）纵深推进产业智慧化建设

在疫情防控常态化背景下，疫情的发展情况成为经济社会能否有序发展的重要影响因素。为减少疫情对中国图们江地区经济社会高质量发展的影响，应当深入推进产业智慧化建设。推进产业智慧化建设首要是进行基础设施建设，尤其是信息基础设施建设，为产业智慧化保驾护航。在此基础上，推进中国图们江地区智慧文旅、智慧社区、智慧教育、智慧医疗等建设，利用好互联网平台，推进中国图们江地区产业数字化发展。如利用好抖音、快手等短视频平台进行直播带货，销售中国图们江地区特色农产品。中国图们江地区可通过直播的形式开展“云旅游”与“云学习”。通过“云旅游”的形式带领云端的游客“云体验”中国图们江地区的景色风光、红色革命文化、朝鲜族特色节庆活动等观光项目，并利用抖音、快手等短视频平台打造关于中国图们江地区历史、朝鲜族历史与文化、红色革命历史与文化等系列短视频，使更多的人认识、了解朝鲜族文化与红色革命文化，在铸牢中华民族共同体意识的同时，推进中国图们江地区智慧文旅建设。同时，带领云端的学生在中国图们江地区内的红色革命遗址、红色博物馆等地开展“云学习”，也能够组织地区内的农民通过云端平台针对农业技术、农产品加工、经营管理、法律法规等问题开展“云培训”，推进中国图们江地区智慧教育建设。通过推进中国图们江地区产业数字化、智慧化发展，提升抵御疫情所致风险的能力，并形成中国图们江地区产业发展的新业态、新模式，推进地区经济社会高质量发展。

（三）人才自我培育与招才引智并重

人才，是中国图们江地区实现持续发展的重要内在动力。但长期依靠引进人才，中国图们江地区的经济社会发展将如无本之木、无源之水。因此，中国图们江地区要采取“自我培育与引进人才同步推进”的人才策略。在人才培育方面，应当推进研究生教育、本专科生教育以及职业教育有机结合，发挥人才培育最大合力。中国图们江地区高等院校与中等职业技术学校整合资源，进行密切协作，如高等学校主要侧重培养理论型人才、研究型人才，中等职业技术学校主要侧重培育操作型人才。同时，高等院校培养周期相对中等职业技术学校培养周期要长，因此中等职业技术学校应当及时根据中国图们江地区发展需要增加相关专业，为地区发展及时提供所需专业人才。与此同时，在培育人才时，应当注意对其世界观、人生观、价值观的塑造，厚植人才扎根地方、服务地方的价值取向，进而确保中国图们江地区自身培育的人才能够留得下，并投身中国图们江地区建设。在人才引进方面，政府应积极为引进人才搭建合作平台，并支持引进人才组建团队；建立引进人才保障机制，从住房、医疗、子女教育等方面为人才在中国图们江地区的后续发展提供保障。同时，要加强对引进人才的人文关怀，使其逐步认同中国图们江地区，并对地区产生归属感，愿意扎根于此，为地区高质量发展贡献力量。

总而言之，在“十四五”规划时期，中国图们江地区应当把握疫情防控常态化的大背景，积极参与“一带一路”建设与国内国际“双循环”建设，以及深化东西部协作促进中国图们江地区自身经济实力的提升，以推进产业智慧化、数字化发展，形成中国图们江地区经济发展新模式、新业态，并采取人才自我培育与招才引智并重的策略，为中国图们江地区发展注入内生动力，实现中国图们江地区经济社会可持续、高质量发展。

参考文献

方元秀主编《延边经济社会发展蓝皮书》，延边人民出版社，2021。

《延边州 2019 年国民经济和社会发展统计公报》，中国统计信息网，2020 年 6 月 24 日，http：//www. tjcn. org/tjgb/07jl/36489_ 4. html。

B.19

深圳湾区经济报告

——基于区域经济一体化的视角

李 凡　刘承君　吴一菲*

摘　要：《中华人民共和国国民经济和社会发展第十四个五年规划和2035年远景目标纲要》强调要积极稳妥推进粤港澳大湾区建设，深圳既是核心引擎城市又肩负着“先行先试”的使命，在粤港澳大湾区建设中发挥重要引领作用。因此，本报告立足深圳，阐述粤港澳大湾区经济一体化发展的战略定位，对比分析区域经济一体化发展的基本态势和潜在不足，并结合深圳引领粤港澳大湾区经济一体化发展的核心优势，探索深圳在促进创新要素自由流动、构建区域协同发展新路径和实现多元文化交流融合中的实践路径。

关键词：粤港澳大湾区　区域经济一体化　深圳

自2019年2月《粤港澳大湾区发展规划纲要》（以下简称《纲要》）印发至今，粤港澳大湾区的经济一体化稳步发展，打造世界级城市群的实力逐渐展现。2021年3月公布的《中华人民共和国国民经济和社会发展第十四个五年规划和2035年远景目标纲要》（以下简称《“十四五”规划纲要》）进一步强调要积极稳妥推进粤港澳大湾区建设。深圳既是引领粤港澳大湾区

* 李凡，深圳大学中国经济特区研究中心副主任，教授，主要研究方向为产业组织、互联网经济；刘承君，深圳大学中国经济特区研究中心硕士生，主要研究方向为互联网经济；吴一菲，深圳大学金融科技学院本科生，主要研究方向为数字经济。

发展的中心城市，又是开启中国特色社会主义伟大实践新征程的先行示范区。因此，深圳必须抓住历史机遇，勇当“创新发展拓荒牛”，引领粤港澳大湾区经济一体化发展。

本报告首先基于《纲要》，阐述粤港澳大湾区在创新、开放和民生领域一体化发展中的战略定位。其次，全面分析粤港澳大湾区在这三个领域中的发展现状和潜在不足，从而探索未来发展方向。最后，立足深圳的政治、经济和文化优势，从整合科技创新要素、建设深圳都市圈以及加强高教互补和文旅融合三个方面探索深圳引领粤港澳大湾区经济一体化发展的实施路径。

一 粤港澳大湾区经济一体化发展的战略定位

（一）具有全球影响力的国际科技创新中心

建设具有国际影响力的国际科技创新中心这一定位，要求湾区内构建开放型区域协同创新共同体，搭建高水平科技创新载体和平台，优化区域创新环境。从根本出发，巩固创新在我国现代化经济体系建设中的核心地位。在此基础上，瞄准世界科技和产业发展前沿，加强创新平台建设，使粤港澳的科技研发与产业创新优势得到充分发挥。拓宽人才、资本、信息、技术等创新要素的流通渠道，提高创新要素的流动性，激发企业创新动力，夯实广东作为全面创新改革试验区的重要地位，建成全球科技创新高地和新兴产业重要策源地。总而言之，建成具有全球影响力的国际科技创新中心是全方位推动粤港澳大湾区经济一体化的驱动器。

（二）“一带一路”建设的重要支撑

为更好发挥港澳在国家对外开放中的“领头羊”作用，首先要深化粤港澳合作，吸取港澳成功经验，带领珠三角九市逐步建成能够对接国际标准和贸易规则的相应制度。其次要加快政府职能转变，减少行政干预，发挥市场对资源配置的调节作用。最后要从提供高质量司法服务和政务服务等方面入手，进一步优化营商环境。落实系列协议，进一步放宽内地对港澳投资者的准入限制，提高港澳居民与货物来往内地的便利化水平，提升市场一体化水平。支持粤港澳加强合作，支持港澳建设“一带一路”相关的服务中心、论坛等重要平台。强化港澳和珠三角九市对“一带一路”建设的共识，是促成湾区内经济一体化的重要抓手。

（三）宜居宜业宜游的优质生活圈

实现湾区内的区域经济一体化任重道远，人民在教育、文化、就业、旅游、社会保障等方面的诉求不容忽视。坚持以人民为中心，提高湾区内居民生活质量，为港澳居民在内地学习、就业、生活等创造更为便利的条件。在粤港澳大湾区内建设宜居宜业宜游的优质生活圈，不仅能够吸引外来人才落户，还能够直接从青少年开始培养，便于留住人才。生活得到优质保障，人才方能坚定不移地为粤港澳大湾区的经济建设做出贡献。因此，打造宜居宜业宜游的优质生活圈是构建粤港澳大湾区经济一体化的民生基础。

二　粤港澳大湾区经济一体化发展的基本态势

（一）创新实力强劲但创新要素自由流动受限

粤港澳大湾区作为世界四大湾区之一，创新实力尤为强劲。根据《2020 年全球创新指数报告》的研究，粤港澳大湾区蝉联全球第二大创新集群。在三种专利类型中，发明专利源于技术的进步，最能够反映创新水平。依据《粤港澳大湾区协同创新发展报告（2020）》，自 2015 年开始，粤港澳大湾区的发明专利数量在四大湾区中已经连续四年位居榜首，其中，2019 年发明专利数量更是达到最为活跃的旧金山湾区的 8 倍。

在国内区域创新发展中，粤港澳大湾区也遥遥领先。2015 ~ 2019 年，国家知识产权局授权公开的发明专利数量（不含港澳地区）总计约 195 万件，其中珠三角九市[①]发明专利总量约124万件，占比高达63.59%。企业是区域创新活动的主体，粤港澳大湾区的企业在国内同样名列前茅，2020年入围《财富》世界500强排行榜的中国（不含台湾地区）企业共有124家，21家上榜企业来自粤港澳大湾区，其中15家企业排名逐年稳步上升。

虽然粤港澳大湾区在国内外的区域创新发展中均呈领先之势，但是创新要素自由流动受限。第一，"一国两制"的政治体制差异导致香港、澳门和珠三角九市涉及三个关税区三种货币，创新必需的人才流、物资流和现金流的流通必然受阻。第二，因为粤港澳大湾区各市的经济发展水平和产业结构存在较大差异，致使创新过程中的资源错配现象较为严重。第三，粤港澳大湾区获得创新要素的成本较高。工业用地租金的逐年上升挤占企业创新投入的空间，中小企业进行创新的高风险导致其难以获得融资机构的资金支持，实现完全落户并享受市民同等待遇的门槛较高，阻碍了劳动力的自由流动。

（二）经济高质量融合发展但行政管理体制不灵活

粤港澳大湾区以中心城市为极点推动城市间融合发展，迸发高质量发展新动能。第一，基础设施"硬联通"奠定融合之基。自《纲要》公布以来，粤港澳大湾区城市间交通基础设施建设全面提速，空间联系强度不断提升。被誉为"现代世界七大奇景""一国两制"框架下三地首次合作建设的港珠澳大桥自2018年10月开通以来，通关便利化改革不断加速，货运整体通关时间缩短八成以上，与香港机场和珠海机场的联运节省近40%的运输成本。通关环境的改善直接提升了区域内企业的竞争力，企业外贸市场涵盖全球219个国家和地区，经由大桥的进出口总值高达2016亿元。广深港高铁紧密连接三地，广珠城轨对接澳门轻轨提上日程，"广佛同城行"和"深中通道"建设持续推进。粤港澳大湾区交通基础设施的硬联通使"货畅其流"成为现实，"一小时生活圈"已见雏形。第二，机制"软联通"巩固发展成

① 《粤港澳大湾区协同创新发展报告（2020）》统计，港澳地区发明专利数量约为4万件，但鉴于专利审核标准与内地差异较大，因此未合并统计。

果。粤港澳大湾区以“湾区通”工程为导向，珠三角九市和港澳在市场准入、标准认定和产权保护等方面进行接轨，推进民生各领域的标准互认、规则衔接和政策互通。“湾区通”工程自2019年实施以来成效显著。香港、澳门、珠海、江门四地的政务服务及不动产登记实现“马上办、网上办”。截至2020年12月，共有28家港澳建筑企业在珠三角九市通过备案，179名港澳居民获得国家律师职业资格，122名港澳建筑业人士和96名澳门旅游业人士获准执业。

虽然粤港澳大湾区的“硬联通”和“软联通”不断促进区域内融合发展，但是行政管理体制的不灵活仍是深度融合的障碍。一方面，区别于珠三角九市，港澳实行的是行政长官主导的社会治理模式，各项利益诉求与内地存在相当大的差异，与内地的合作常常因此受阻。另一方面，破除“唯GDP论”未落实处，地方官员的政绩考核仍以GDP为主，加剧城市间的行政边界感和发展竞争意识，致使珠三角九市的城市管理在一定程度上出现“各自为政”，城市间的统筹协调发展难度较大，推进同城化和都市圈建设仍具挑战。

（三）美好生活建设成就突出但存在多元文化价值冲突

粤港澳大湾区以人为本，全方位打造宜居宜业宜游的美好湾区。供需两端共同发力打造宜居湾区。珠三角九市“房住不炒”政策持续加码，“稳控房价”成为多市主线任务，调整房贷利率为非居住需求降温与加大住房供给同步实施。多元立体交通网和创新创业政策共同打造宜业湾区，“一票通达”的大湾区方案让珠三角九市的城际铁路成为“通勤班车”，大湾区青年就业计划和港澳青年创业基金鼓励支持港澳青年跨城逐梦。同根同源、文化相亲打造宜游湾区。加强城市间文化旅游交流和资源整合，以广佛肇、港深莞惠、澳珠中江等三大城市群为核心打造大湾区特色优质旅游资源（见表1）。

虽然宜居宜业宜游的粤港澳大湾区建设如火如荼，但是多元文化价值冲突也不容忽视。首先，传统的岭南文化在新时代的语境下与社会主义核心价值观完美契合仍面临较大挑战。其次，港澳居民尤其是青年群体囿于政治体制的差异，深受西方自由价值观念影响，对粤港澳大湾区文化的认同感较低。最后，要实现“多元文化交流融合”，需要拥有支持不同文化交流合作的设施体系，目前大湾区尤其是珠三角九市的平台设施建设仍显不足。

表 1　粤港澳大湾区城市群代表旅游资源及其发展特色

城市群	城市	代表旅游资源	发展特色
广佛肇	广州	长隆旅游区、新羊城八景	综合都市旅游
	佛山	祖庙、南风古灶、南国桃园度假区、古村	商务旅游、历史文化旅游
	肇庆	鼎湖景区、七星岩景区、盘龙峡	生态旅游、历史文化旅游
港深莞惠	香港	迪士尼、海洋公园、南丫岛、太平山顶、维多利亚港	国际化都市旅游、海滨旅游
	深圳	世界之窗、华侨城、西涌、大小梅沙旅游区	海滨休闲游、主题公园游、商务综合游
	东莞	下坝坊、银屏山、大屏障森林公园、观澜湖高尔夫球会	村落旅游、文化旅游、高端特色游
	惠州	客家文化、古村、大亚湾、巽寮湾	海滨休闲旅游
澳珠中江	澳门	澳门金沙度假区、大三巴、威尼斯人、历史城区	博彩娱乐旅游、豪华度假旅游
	珠海	情侣大道、外伶仃岛、东澳岛、横琴旅游区	海岛休闲旅游、亲子旅游
	中山	孙中山故居、岐江景区、神湾磨刀岛	游艇休闲旅游
	江门	碉楼、古镇、温泉、川山群岛	海滨休闲游、历史村落旅游

资料来源：前瞻产业研究院。

三　深圳引领粤港澳大湾区经济一体化发展的核心优势

自改革开放开始，深圳始终走在改革最前列，屡屡扮演排头兵的角色。《纲要》更是赋予深圳作为粤港澳大湾区发展的核心引擎城市的重要定位。发展至今，深圳已成为国内外创新、开放和民生领域中的中心城市。因此，在促进粤港澳大湾区经济一体化中，深圳既有责任担当之义务，又有引领发展之优势。

（一）创新、开放和民生领域的政策“先行先试”

第一，深圳坚持创新驱动发展战略，在尊重创新规律的基础上，注重顶层设计，并出台一系列鼓励创新发展的政策。根据深圳市科技创新委员会的公开资料，2020 年至 2021 年上半年，深圳市出台了 22 条科技创新管理办法（见表 2），政策内容覆盖科技人才培养、科技平台建设、科技企业培育和科技成果转化等创新发展全流程。深圳科技创新政策在实践中的行之有效引起广泛关注，2021 年 7 月国家发展改革委发布《关于推广借鉴深圳经济特区创新举措和经验做法的通知》，系统介绍并推广深圳的科技创新经验。

第二，深圳坚持全方位对外开放。2020 年 10 月 20 日，《深圳建设中国特色社会主义先行示范区综合改革试点实施方案（2020—2025 年）》（以下简称《方案（2020—2025 年）》）正式印发，《方案（2020—2025 年）》赋予深圳更多自主权，是深圳在新发展格局下进一步深化对外开放的标志性文件，为深圳在诸多领域加快对外开放保驾护航。在《方案（2020—2025 年）》的指引下，深圳率先在金融业扩大对外开放，既支持中资“走出去”，又鼓励外资“引进来”。2021 年 5 月，深圳大幅修订 QDIE① 政策，在投资范围、投资期限、受理流程和管理模式等方面放松管制。

第三，深圳坚持以人民为中心的发展思想。在民生领域，深圳市政府近年来动作频繁，着力于补齐民生短板，打造“民生幸福标杆”。出台专项规划，实现高水平医疗和养老服务、完善救助政策保障基本民生、拟定建设计划保障教育和住房公平。医疗是民生之需，深圳对标一流，在数量上，不断增加对卫生医疗的财政投入，近三年累计投资超过 860 亿元；在质量上，深圳的 7 家三级公立医院在绩效考核中成为全国百强，“三医联动”改革经验和“罗湖医改”模式推广全国。

① QDIE 全称 Qualified Domestic Investment Enterprise，是指人民币资本项目在尚未实现自由兑换的情况下，符合条件的投资管理机构经中国有关部门批准，面向境内投资者募集资金对境外的投资标的进行投资的一项制度安排。

表 2　2020 年至 2021 年上半年深圳市出台的科技创新管理办法

文件名称	文号	所属领域
《深圳市承接国家重大科技项目管理办法》	深科技创新规〔2020〕2 号	科技成果转化
《关于以“悬赏制”方式组织开展“新型冠状病毒感染的肺炎疫情应急防治”应急科研攻关项目的工作方案》	深科技创新〔2020〕27 号	科技成果转化
《深圳市科技创新券管理办法》	深科技创新规〔2020〕3 号	科技平台建设、科技人才培养
《深圳市科技企业孵化器和众创空间管理办法》	深科技创新规〔2020〕1 号	科技平台建设
《关于强化科技支撑打赢疫情防控阻击战　促进企业健康发展的若干措施》	深科技创新〔2020〕38 号	综合
《深圳市科技型中小微企业贷款贴息贴保项目管理办法》	深科技创新规〔2020〕5 号	科技企业培育
《深圳市基础研究项目管理办法》	深科技创新规〔2020〕6 号	综合
《深圳市创业项目管理办法》	深科技创新规〔2020〕7 号	科技企业培育
《深圳市可持续发展科技专项项目管理办法》	深科技创新规〔2020〕8 号	科技成果转化
《深圳市工程技术研究中心认定与运行管理办法》	深科技创新规〔2020〕9 号	科技企业培育
《深圳市高等院校稳定支持计划管理办法》	深科技创新规〔2020〕10 号	科技平台建设
《深圳市重点实验室建设和运行管理办法》	深科技创新规〔2020〕11 号	科技平台建设
《深圳高新区政府投融资园区产业用房租金减免办法》	深科技创新规〔2020〕12 号	科技平台建设
《深圳市深港澳科技计划项目管理办法》	深科技创新规〔2020〕4 号	科技平台建设
《深圳市技术攻关专项管理办法》	深科技创新规〔2020〕13 号	科技平台建设、科技企业培育
《深圳市科技计划项目实施过程与验收管理办法(试行)》	深科技创新规〔2020〕14 号	科技成果转化
《深圳市重点企业研究院资助管理办法》	深科技创新规〔2020〕15 号	科技企业培育
《深圳市科研诚信管理办法(试行)》	深科技创新规〔2020〕16 号	科技企业培育
《深圳市临床医学研究中心管理办法》	深科技创新规〔2021〕1 号	科技平台建设

续表

文件名称	文号	所属领域
《深圳市外籍“高精尖缺”人才认定标准(试行)》	深科技创新规〔2021〕2 号	科技人才培养
《深圳市优秀科技创新人才培养项目管理办法》	深科技创新规〔2021〕3 号	科技人才培养
《深圳市技术合同享受税收优惠事项管理办法》	深科技创新规〔2021〕4 号	科技企业培育

（二）创新、开放和民生领域的经济基础夯实

第一，深圳创新基础坚实、成就突出，构建了跨区域联动的“基础研究 + 技术攻关 + 成果产业化 + 科技金融 + 科技人才”全过程创新生态链。这与深圳在创新基础设施方面所拥有的优势息息相关。在创新基础设施中，深圳率先在生命科学、人工智能、网络通信等领域布局大型实验室、国家超级计算深圳中心和国际科技信息中心等一大批重大设施，打造基础研究的新引擎，助力粤港澳大湾区攻克关键核心技术难题。除此以外，凭借拥有全球最完备、响应速度最快的电子信息产业链，深圳的本土科技企业能够快速响应粤港澳大湾区“新基建”建设需求。2020 年 7 月，深圳出台专项实施意见，对创新基础设施在内的三类新型基础设施进行超前布局，为粤港澳大湾区建设注入强劲动力。

第二，深圳大力发展开放型经济，在招商引资和对外贸易等方面领先发展。深圳在对外开放领域同样拥有一系列优势。作为全球商贸物流中心，深圳一直是外商投资的热土。根据深圳市商务局的数据（见表 3），深圳 2020 年全年实际使用外资 86.83 亿美元，较 2019 年增加 11.2%，接近全国平均增速的两倍。即便是在疫情较为严重的 2020 年上半年，深圳实际使用外资仍同比增长 5%，充分展现深圳开放型经济的韧性。基于贸易结构的优化、新兴市场的开拓以及海空铁三线运输技术的发展，深圳对外贸易中的出口规模连续 28 年居全国城市首位。进口规模常年稳居第二位。2020 年全年深圳

进出口总值达到 3 万亿元，其中出口规模约为 1.7 万亿元（同比增长 1.5%），进口规模约为 1.3 万亿元（同比增长 3.6%）。

第三，深圳致力打造“民生幸福标杆”城市，近年来在民生领域大举投资建设，鼓励人才在区域内和区域间充分流动，逐渐彰显区域发展中的民生经济优势。教育是最大的民生，为全力保障教育公平，2015～2019 年，深圳教育财政投入累计达到 2800 亿元，年均增速为 20%，教育投入总量和增速在珠三角九市中均稳居第一，同时对全市中小学进行改建或扩建，不断增加学位供给，2020 年新增 74 万个义务教育学位。住房是民生之要，深圳为抑制高房价，使人才“住有所居”，2018 年开展大规模公共住房建房行动，目标是到 2035 年新增各类住房 170 万套。这一行动在 2021 年更是直接被纳入十大重点工作安排。

表 3　2014～2020 年深圳经济基础的优势

	2014 年	2015 年	2016 年	2017 年	2018 年	2019 年	2020 年
实际使用外资（百万美元）	5804.69	6497.33	6732.27	7401.29	8203.00	7809.00	8683.00
累计出口（百万元）	1746890.00	1641539.00	1568040.00	1653357.00	1627469.00	1671550.00	1697266.00
累计进口（百万元）	1249178.00	1110119.00	1062661.00	1147789.00	1370905.00	1306511.00	1352986.00
教育财政支出（百万元）	32941.40	28855.20	41472.70	50909.70	58450.60	71655.10	85094.00

资料来源：CEIC 数据库。

（三）创新、开放和民生领域的文化观念新颖

第一，开拓向前、大破大立是深圳锐意创新的真实写照。在改革开放之初，从刻画深圳积极创新的“拓荒牛精神”和“深圳精神”，到描绘深圳勇于进取“敢为天下先”和“敢闯敢试”，创新皆是其中的核心要素。在创新

文化的指引下，深圳缔造了“三天一层楼”的“深圳速度”，这是粤港澳大湾区内的其他城市难以企及的深圳优势。在 21 世纪，深圳延续并升华这一文化优势，将创新文化引向制度层面。“前海模式”是其中的典范。2012 年之前的前海仍是一片滩涂，习近平总书记在视察时强调前海也要发挥“敢为天下先”的精神。自此始，前海以制度创新为核心平均 3 天进行一项制度改革，短短 8 年时间便建成了质量最高、效益最好的前海蛇口自贸片区。这种精神既鼓励创新，也包容失败，能够包容创新过程中的失败对于激励全社会开拓创新具有重要意义。

第二，深圳精神中的锐意进取、包容万物与其移民文化紧密相连，移民文化是深圳精神的文化根源更是深圳优势的内在动力。深圳虽然地处岭南，但自开放初便以普通话作为深圳官方语言，旨在为来自不同地域的移民创造一个在语言上对其友好的城市。根据 2020 年的深圳统计年鉴数据，深圳超过 95% 的人口是外来移民，其中近 50% 的移民来自广东省以外的其他省份。“主弱客强”的人口比例特征使深圳相比于其他一线城市，几乎不存在排外现象，进一步鼓励人才的流入，提高了城市的人才竞争力。众多高度流动的移民群不仅为深圳带来了发展所必需的人才，也带来了移民特有的创业激情和开放包容的精神特征。这也为缔造“人文湾区”奠定了良好基础。深圳华侨城拥有世界之窗、锦绣中华和民俗文化村等著名景点，在这里既能够一日览尽世界各地的著名景观，也能够欣赏中华大地上的宜人风景和璀璨民俗，极大增强了外来人口对深圳文化的认同感和归属感。

第三，深圳以人为本，在城市发展中急民之所急，予民之所需。建立深圳特区的初期，深圳喊出的“时间就是金钱，效率就是生命”口号以及配套的现金奖励机制和浮动工资制度承认个人追求物质利益的正当性和合理性，堪称城市文明建设中最早的以人为本。2002 年，一篇对深圳前途满含忧患意识的《深圳，你被谁抛弃》引起社会大讨论，时任深圳市长的于幼军高度重视群众意见，决定开门纳谏。在 2003 年初，就深圳前途命运与文章作者呙中校进行长达两个半小时的平等对话，“开创了中共省级高官与互联网批评者当面交流的先河”。2004 年建成的深圳市政府大楼所在区域被命名为“市民中心”，就是取“以人民为中心”“为人民服务”之意。市民中心没有任何高墙围栏，向民众全面开放。因此，整个市民中心既是市政府的办公之地，也是居民休闲娱乐的场所。

四　深圳引领粤港澳大湾区经济一体化发展的实践路径

（一）整合科技创新要素，促进要素自由流动

首先，“人才是创新的第一资源”，从国家竞争到区域发展，关键在人才。深圳作为粤港澳大湾区的核心引擎城市对人才已然具备强大吸引力，然而，与住房、教育和社会保障等权利关联紧密的户籍制度仍是人才流动的最大障碍。为促进人才在大湾区内部的充分流动，深圳应率先深化户籍制度改革，规范、优化落户方式方法。对于深圳创新发展急需的“高精尖缺”人才，取消或进一步放松落户限制迫在眉睫；对于大量的境外人才，有必要推出专项政策性落户措施，真正留住人才；对于实质上为深圳创造价值的群体，削弱落户的学历要求，更多考虑社保参与和税收缴纳等因素，以彰显“以人为本”的执政理念；对于其余非城市发展急需或未做出实质贡献的群体，适当提高落户要求，修补制度缺口，节约公共资源，避免出现“劣币驱逐良币”的恶果。

其次，企业是创新的主体，中小企业更是促进创新驱动发展的重要力量，然而，其投入大、风险高、周期长的创新活动需要依赖充足稳定的现金流。构建区域一体化的创新投融资体系，可靠的税收体系是促进创新要素自由流动的必要条件。设立“大湾区天使投资基金”和“城市产业共赢基金”，满足大湾区的科创企业在初创期和快速发展期的高资金需求；发挥资本市场在配置资金方面的核心作用，鼓励引导大湾区的科技型中小企业通过科创板、中小板等资本市场板块进行创新融资；完善增值税的进项抵扣规则，将科技型中小企业用于研发的人力成本纳入税前抵扣，并适当下调企业适用税率，切实降低科技型中小企业税负，从而增加企业创新所需的现

金流。

最后，先进制造业和战略性新兴产业在全球产业链中占据主导位置，以这些企业为核心打造大湾区新兴产业集聚区，打通区域内的创新产业生态链。一方面，利用深圳在传统电子信息产业的深厚实力，建立产业转移承接区，加大向工业后发城市的产业转移，带动后发城市的产业建设。另一方面，基于深圳在5G、集成电路、云计算和大数据等新一代信息技术中已取得的先发优势，探索实施“链长制”加强版，不仅要培育和挖掘深圳的战略新兴产业链，也要进行整体布局，以打造区域产业链为制度视角，依据城市产业特色和发展现状，甄别链接区域产业链的关键环节，发挥优势产业的集聚效应和扩散效应，努力形成链接整个大湾区的战略新兴产业链。

（二）建设深圳都市圈，构建区域协同发展新路径

“都市圈是城市群内部以超大特大城市或辐射带动功能强的大城市为中心、以1小时通勤圈为基本范围的城镇化空间形态。”[①] 建设都市圈有利于粤港澳大湾区“9+2”城市优势互补和协同发展，有利于打造区域发展的新增长极，进而培育粤港澳大湾区在区域竞争中的新优势。

深圳在构建现代化都市圈中既具备经济和政策优势，更肩负引领大湾区都市圈建设的历史使命，为全国甚至国际区域都市圈的建设打造深圳模式、贡献深圳经验。

2020年6月，《广东省开发区总体发展规划（2020—2035年）》（以下简称《规划》）出台。《规划》明确建设广东省三大都市圈[②]，建设范围涵盖了粤港澳大湾区珠三角九市，其中深圳都市圈包括深圳、东莞、惠州、河源和汕尾（含深汕特别合作区）。2020年12月，《深圳市国民经济和社会发展第十四个五年规划和二〇三五年远景目标的建议》指出以深莞惠为都市圈主中心、其余三市为副中心，加快建设深圳都市圈。2020年统计数据显

---

① 《国家发展改革委关于培育发展现代化都市圈的指导意见》，国家发展改革委网站，2019年2月19日，https://zfxxgk.ndrc.gov.cn/web/iteminfo.jsp?id=16110。

② 三大都市圈分别是广州都市圈、深圳都市圈和珠江口西岸都市圈。

示，深圳都市圈的主中心——深莞惠的地区生产总值达4万亿元，常住人口达3400万，约占粤港澳大湾区地区生产总值和常住人口的38%和30%。在如此大的经济和人口规模下，深圳主要从城市交通和物流效率两方面着手建设深圳都市圈。

在城市交通建设中，随着深圳打通与大亚湾之间的断头路，深惠互通取得突破进展。与此同时，深大城际、深惠城际和深汕铁路等项目于2021年陆续进入施工阶段，深惠汕之间的交通联系持续加强。此外，深圳进一步加密交通网络，计划在"十四五"时期铺设1000公里地铁、1000公里轻轨和城际铁路、1000公里高快速路，在粤港澳大湾区"1小时交通圈"的基础上打造"半小时交通圈"，切实加强整个深圳都市圈的中心城市与外围城市的互通互联。

在物流效率提高方面，深圳在"十四五"时期将致力打造区域物流枢纽城市，统筹规划港口型（盐田港）、空港型（宝安国际机场）、铁路型（平湖南铁路集装箱中心站）和公路型（城市外围区的东中西方向）4种物流枢纽。此外，深圳将大力发展智慧物流，推动数字技术与物流建设的深度融合，在城市间的物流运行体系建设中，加强智能装备和云技术的应用，强化托盘、运力、配送和仓储的共享化与智能化趋势，实现物流资源的集约使用和优化配置。

（三）加强高教互补和文旅融合，实现多元文化交流融合

面对"一个湾区、两种制度、三种文化"的处境，加强多元文化交流融合既是推动粤港澳大湾区文化繁荣的必要举措，也是实现要素自由流动和区域一体化发展的重要路径。深圳从高教合作、文旅融合两方面致力粤港澳大湾区的多元文化交流融合发展。

深圳与大湾区其余城市间高等教育的优势互补，既有利于培养经济高质量发展所必需的人才要素，又有利于加强人才要素在大湾区内部的流动。早在2014年建成并开始招生的香港中文大学深圳校区（港中深）是大湾区高教合作的典范。建校初期，港中深仅招收300名本科生。截至

2021 年 1 月，港中深已拥有 5200 名本科生以及 1852 名研究生。学校为粤港澳大湾区完整培养了三届本科毕业生和五届硕士毕业生。香港大学深圳校区正在筹建中，旨在拓展香港高校的发展空间。此外，深圳并不满足于只是高校输入。全国人大代表、深圳大学校长李清泉在 2021 年“两会”期间建议要实现内地与港澳高等教育的“双向流动”，支持在高等教育领域的先行先试，实现深圳高校向港澳的输出。深圳大学作为深圳高等教育的“长子”，要作为深圳本土高校的先锋，筹建香港校区。未来深圳大学香港校区的建成不仅能够促进两地青年的文化交流，也能为港澳青年在内地就业创业提供更好的解决方案。

深圳的文旅融合发展日益成为弘扬粤港澳大湾区历史文化和紧密联结内地与港澳的新要素。2020 年 5 月中旬，广东省文化和旅游厅公布第一批广东省历史文化游径，深圳首批入选 3 条。这 3 条历史文化游径深刻展现了岭南文化的深圳特色。深圳将以此为基础，深挖自身的“滨海”文化特色，服务整个大湾区的文化特色战略部署。此外，依据《粤港澳大湾区文化和旅游发展规划》的筹划，深圳将设立国家级和特色专题博物馆深圳分馆，引领区域内的文化交流；规划华侨城特色产业园区、中国（深圳）国际文化产业博览交易会和深圳全球创意设计大奖赛与设计展等文化产业园区和展会项目，借此发挥辐射带动作用，推动城市文化产业的融合发展和区域文化产业带建设；以岭南文化为核心对接港澳，搭建文化交流创新示范区和交流合作基地。

参考文献

《〈广东省开发区总体发展规划（2020—2035 年）〉重磅出炉》，“潇湘晨报”百家号，2020 年 6 月 6 日，https：//baijiahao. baidu. com/s？ id = 1668731262848379348&wfr = spider&for = pc。

广州日报数据、数字化研究院（GDI 智库）：《粤港澳大湾区协同创新发展报告（2020）》，2020 年 11 月。

孟庆民：《区域经济一体化的概念与机制》，《开发研究》2001 年第 2 期。

《中华人民共和国国民经济和社会发展第十四个五年规划和 2035 年远景目标纲要》，中国政府网，2021 年 3 月 13 日，http：//www. gov. cn/xinwen/2021 - 03/13/content_ 5592681. htm。

世界知识产权组织（WIPO）：《2020 年全球创新指数》，2020 年 9 月。

袁晓江：《深圳在区域经济一体化中的“带动力”》，《特区经济》2020 年第 7 期。

《中共中央办公厅　国务院办公厅印发〈深圳建设中国特色社会主义先行示范区综合改革试点实施方案（2020—2025 年）〉》，中国政府网，2020 年 10 月 11 日，http：//www. gov. cn/zhengce/2020 - 10/11/content_ 5550408. htm。

张紧跟：《论粤港澳大湾区建设中的区域一体化转型》，《学术研究》2018 年第 7 期。

B.20
新疆新兴经济特区发展报告

王保卫　李聿岢*

摘　要： 2020年是极为特殊的一年，喀什经济特区和霍尔果斯经济开发区在党的领导下，坚持以习近平新时代中国特色社会主义思想为指导，全面贯彻党的治疆方略，努力做好“六稳”和“六保”工作，积极推进“1+3+3+改革开放”部署，统筹疫情防控和特区经济发展，在有效控制疫情扩散的同时，恢复经济社会的稳定发展，实现全年经济正增长，为脱贫攻坚收官之战写下了完美的句号。同时，新疆新兴经济特区也存在城乡发展不平衡，全球疫情影响对外贸易，产业结构升级缓慢等问题。本报告对新疆新兴经济特区面临的问题进行分析，并提出相关的政策建议，努力为新疆新兴经济特区的发展做出一定贡献。

关键词： 喀什　霍尔果斯　经济特区

一　2020年喀什经济特区发展概况

（一）地区生产总值保持上升，增长速度明显下降

受新冠肺炎疫情影响，2020年全国各地社会经济面临巨大压力。如图1

* 王保卫，应用心理学博士，深圳大学中国经济特区研究中心讲师，主要研究方向为行为经济学、心理分析、特区经济；李聿岢，深圳大学经济学院应用经济学专业硕士生，主要研究方向为海外投资、风险管理。

所示，2020 年新疆喀什地区地区生产总值达 1130. 2 亿元，比 2019 年增长了 7. 8%；地区生产总值增速与 2019 年的 17. 8% 相比有明显下降，但仍远高于全国 2. 3% 的平均增速。2020 年，喀什地区在新疆各市州的地区生产总值排名中超过巴音郭楞州，从第 6 名上升到第 5 名。

在人均地区生产总值方面，2020 年喀什地区人均地区生产总值为 28402 元，比 2019 年增长了 2. 5%，增速较 2019 年的 5. 9% 略有下降。2020 年喀什地区人均地区生产总值依然处于较低的位次，位列新疆各市州人均地区生产总值的第 12 名。

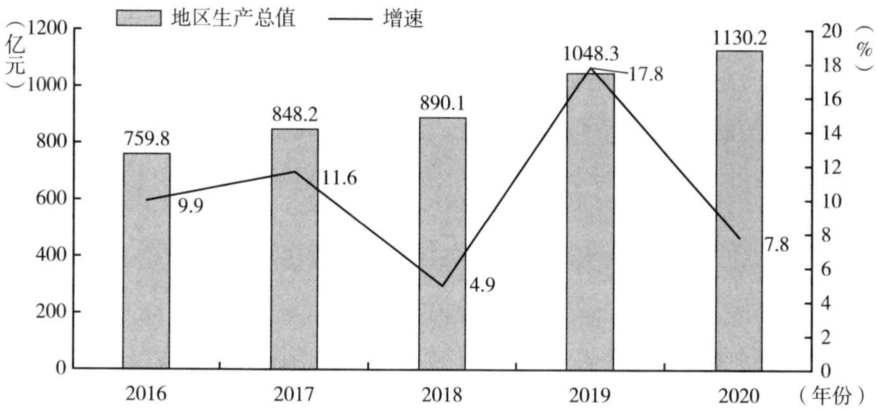

图 1　2016～2020 年喀什地区地区生产总值及增速

资料来源：根据 2016～2020 年喀什地区国民经济和社会发展统计公报数据整理得出。

（二）产业结构比重基本稳定，第二产业增速提升明显

与 2019 年相比，2020 年喀什地区产业结构基本稳定，变化幅度较小。

从产业增加值角度考察，2020 年第一产业增加值为 324. 5 亿元，占地区生产总值的比重为 28. 7%；第二产业增加值为 212. 3 亿元，占地区生产总值的比重为 18. 8%；第三产业增加值为 593. 4 亿元，占地区生产总值的比重为 52. 5%。与 2019 年相比，第三产业增加值占地区生产总值的比重有小幅下降，但依然超过了 50%，是拉动喀什地区经济发展的主要动力。2016～2020 年喀什地区三大产业增加值占地区生产总值的比重见图 2。

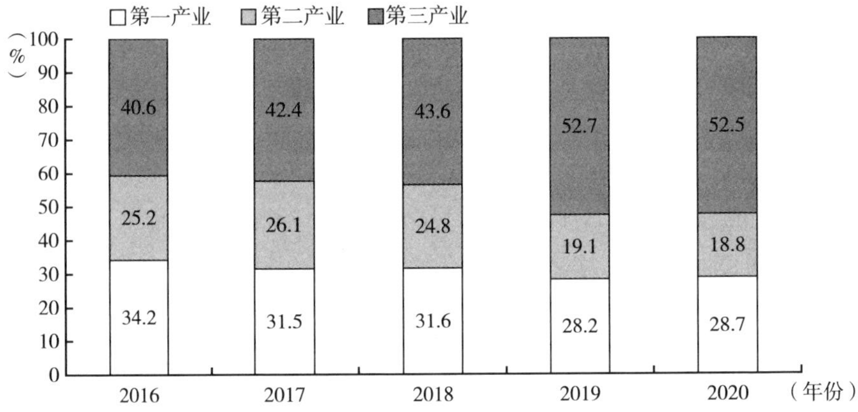

图 2　2016～2020 年喀什地区三大产业增加值占地区生产总值的比重

资料来源：根据 2016～2020 年喀什地区国民经济和社会发展统计公报数据整理得出。

从产业增长角度来分析，2020 年喀什地区第一产业生产总值同比增长 4.7%，第三产业生产总值同比增长 3.2%，与 2019 年的 6.1% 和 6.6% 相比分别有所降低，其中第三产业生产总值增速降低最明显；第二产业生产总值同比增长 9.0%，增速最高，与 2019 年的 2.6% 相比提升明显。

由于地理位置和产业规划的特殊性，喀什地区的采矿业、制造业等第二产业属于弱势产业，近年来占地区生产总值的比重持续下降，而农业、牧业等第一产业占地区生产总值的比重仍远高于第二产业。因此，与全国平均水平相比，喀什地区的产业结构仍然存在不合理的地方，产业结构升级迫在眉睫。

（三）固定资产投资额大幅增加，第一产业投资成倍增长

如图 3 所示，2020 年喀什地区的固定资产投资额（不含农户）为 1002.1 亿元，与 2019 年相比有大幅的增加，上升了 35.6%。这是固定资产投资额在 2018 年急剧下降后，首次重新突破 1000 亿元。

从固定资产投资情况来看，2020 年喀什地区民间固定资产投资额和基础设施投资额均有增长，其中民间固定资产投资额增长幅度最大，高达 64.5%；相反，六大高耗能行业投资额下降 6.5%。

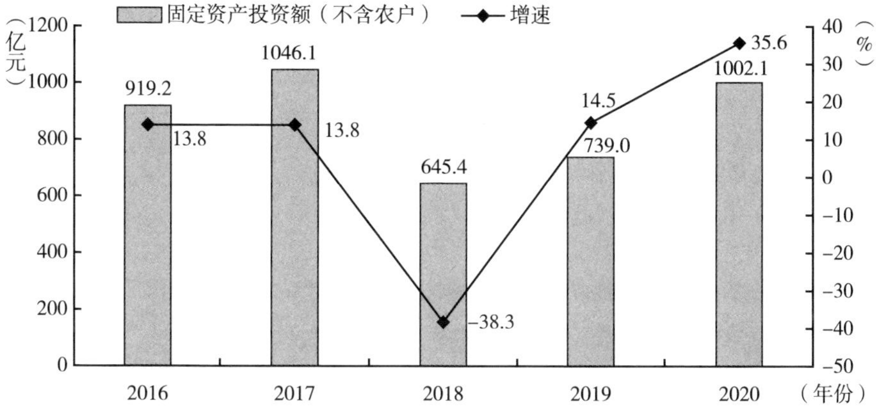

图 3　2016～2020 年喀什地区固定资产投资额（不含农户）及增速

资料来源：根据 2016～2020 年喀什地区国民经济和社会发展统计公报数据整理得出。

从三大产业投资情况来看，2020 年喀什地区三大产业的固定资产投资额（不含农户）均呈显著上升趋势。其中，第一产业投资额同比增长 116.7%，增长幅度最大，为近 5 年之最；第二产业投资额和第三产业投资额分别同比增长 9.0% 和 38.7%。值得注意的是，第三产业投资额在经历两年的负增长后，于 2020 年恢复到了正增长（见图 4）。

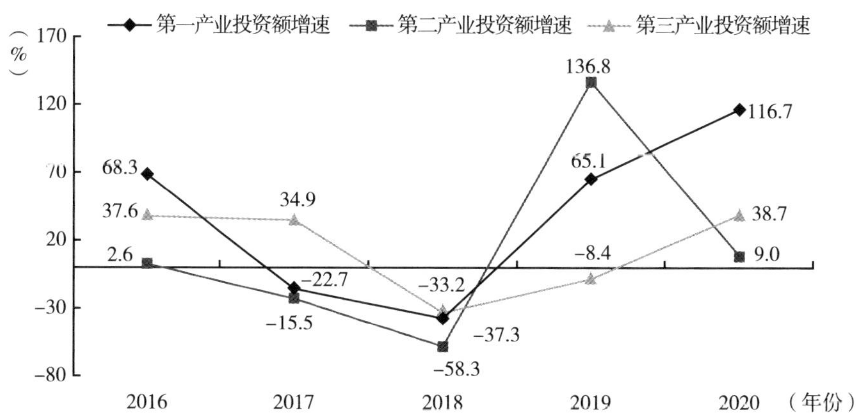

图 4　2016～2020 年喀什地区三大产业投资额增速

资料来源：根据 2016～2020 年喀什地区国民经济和社会发展统计公报数据整理得出。

如图5所示，尽管第一产业投资额占固定资产投资额（不含农户）比重持续提高，达到5年来的最高值10.7%，但其依旧是三大产业中比重最低的产业类型。第二产业投资额比重为22.3%，较2019年下降5.5个百分点。第三产业仍然是固定资产投资的主要产业类型，占固定资产投资额（不含农户）的67.0%。

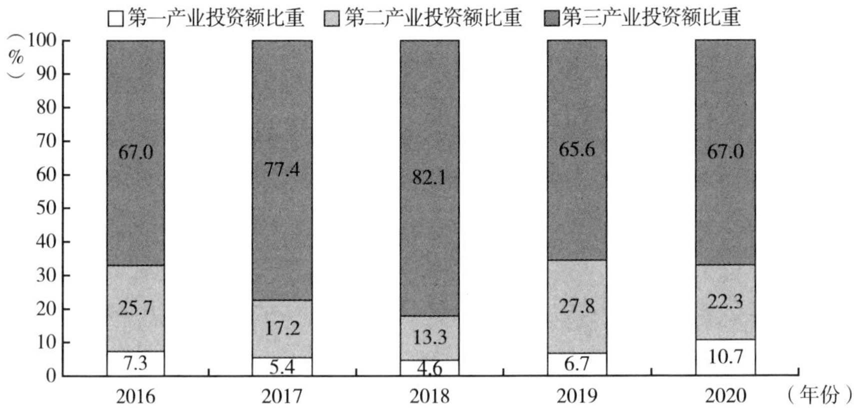

图5　2016～2020年喀什地区三大产业投资额占固定资产投资额（不含农户）比重

资料来源：根据2016～2020年喀什地区国民经济和社会发展统计公报数据整理得出。

（四）工业增加值微幅下降，制造业增加值领先

2020年，喀什地区全年工业增加值为96.5亿元，增速略有下降。其中，轻工业增长8.4%，重工业下降1.4%。2016～2020年喀什地区工业增加值及其增速如图6所示。

在地区规模以上重点监测的行业中，2020年喀什地区电力、热力生产和供应业、非金属矿物制品业、纺织工业的增加值相较于2019年有所降低。其中，非金属矿物制品业下降幅度最大，同比下降8.3%。其他行业相较于2019年呈现上升趋势，其中，农副食品加工业、化学原料和化学制品制造业的增加值增长幅度较为明显，分别增长23.2%和43.8%；建筑业增加值为116.7亿元，比2019年增长14.7%，这与2020年全年的固定资产投资额（不含农户）大幅增加密切相关；有色金属冶炼和压延加工业增长0.7%，基本保持稳定。

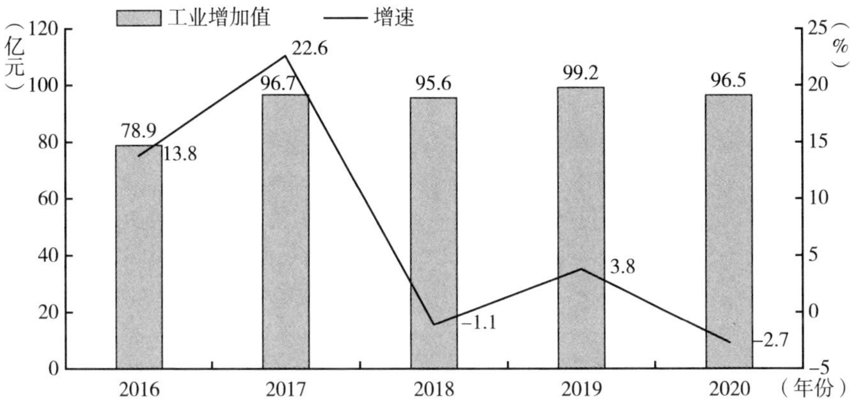

图 6　2016～2020 年喀什地区工业增加值及增速

资料来源：根据 2016～2020 年喀什地区国民经济和社会发展统计公报数据整理得出。

2020 年喀什地区规模以上工业增加值中重点产业增加值的比重如图 7 所示。从产业类型来看，电力、热力生产和供应业增加值占喀什地区规模以上工业增加值的比重为 24.71%，相较于 2019 年的 13.41% 显著提高。这表明喀什地区正大力发展第二产业，努力升级产业结构。

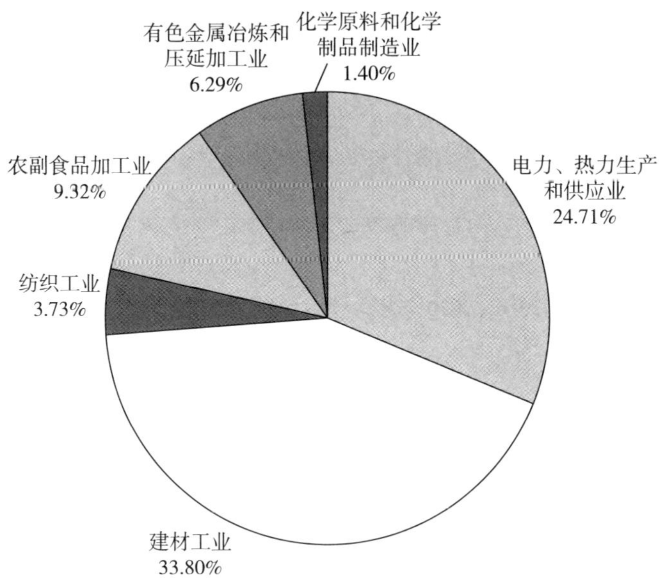

图 7　2020 年喀什地区规模以上工业增加值中重点产业增加值的比重

资料来源：根据《2020 年喀什地区国民经济和社会发展统计公报》数据整理得出。

（五）全球疫情形势严峻，外贸进出口总额减少

2020 年，伴随疫情的全球扩散，全国各地区外贸进出口受到较大冲击。喀什地区 2020 年全年进出口贸易总额为 17.7 亿元，相较于 2019 年的 21.2 亿美元下降了 16.5%（见图 8）。其中，出口总额为 17.2 亿美元，同比下降了 17.5%；进口总额为 0.49 亿美元，同比增长了 63%。货物进出口贸易顺差（出口减进口）为 16.7 亿美元。

总体而言，进出口贸易总额的下降将对喀什地区的经济发展产生不利影响。由于喀什地区具有发展进出口贸易特有的区位优势，在新冠肺炎疫情得到有效控制后，喀什地区应当充分利用自身区位优势，积极招商引资，拓展进出口业务，扩大对外贸易规模，促进地区经济发展。

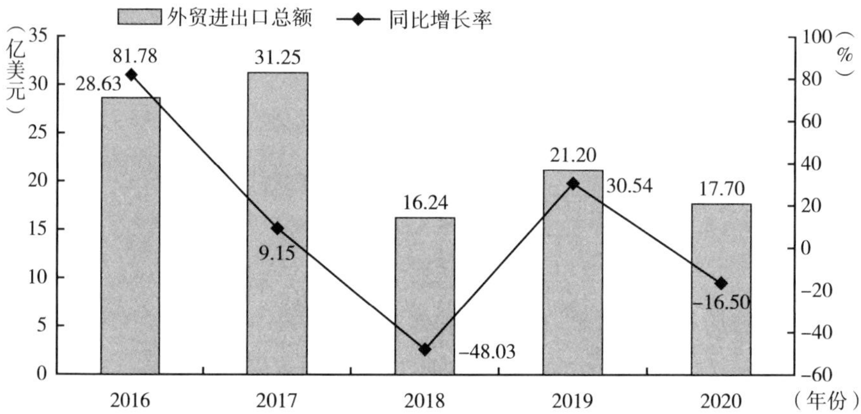

图 8　2016～2020 年喀什地区货物进出口总额及增速

资料来源：根据 2016～2020 年喀什地区国民经济和社会发展统计公报数据整理得出。

（六）国内贸易受到冲击

疫情不仅影响对外贸易，也对国内贸易产生负面影响。2020 年喀什地区全年社会消费品零售总额为 254.87 亿元，比 2019 年下降 2.1%（见图 9）。这也是自 2014 年以来，喀什地区社会消费品零售总额增速首次为负。

从经营地来看，城镇和乡村的消费品零售额均有下降，2020 年喀什地区城镇消费品零售额为 184.50 亿元，同比下降 2.2%；乡村消费品零售额为 70.37 亿元，同比下降 1.9%。从消费类型来看，两大消费类型也均呈下降趋势，2020 年喀什地区商品零售额为 226.00 亿元，同比下降 1.2%；餐饮收入额为 28.87 亿元，同比下降 8.4%。从规模划分来看，2020 年喀什地区限额以上单位消费品零售额为 72.49 亿元，同比增长 5.7%；限额以下单位消费品零售额为 182.38 亿元，同比下降 4.9%。

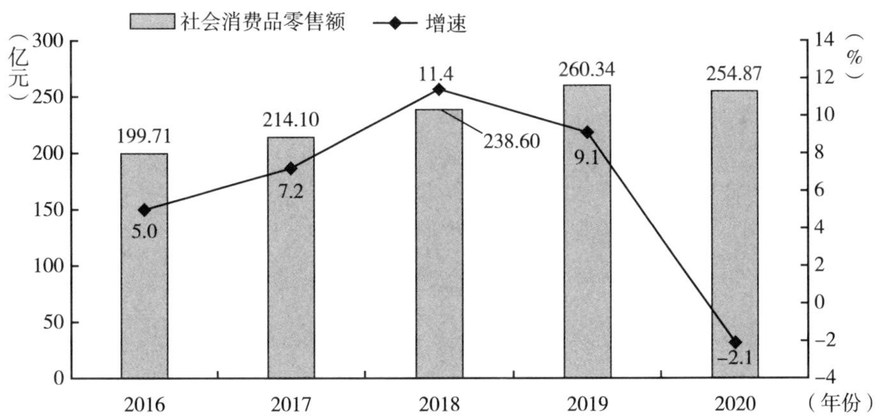

图 9　2016～2020 年喀什地区社会消费品零售额及增速

资料来源：根据 2016～2020 年喀什地区国民经济和社会发展统计公报整理得出。

（七）旅游业发展受疫情影响，收入下降明显

2020 年喀什地区 A 级景区数量上升至 52 处，比 2019 年增加 3 处。因喀什地区独特的自然风光与旅游资源，旅游业收入是地区重要的经济来源之一。2020 年，喀什地区的旅游业发展受到疫情影响，旅游收入为 134.30 亿元，相较于 2019 年的 152.13 亿元下降了 11.72%（见图 10）。

（八）脱贫攻坚取得全面胜利，城乡发展不平衡

2020 年，喀什地区在面对疫情冲击时，认真落实中央关于扶贫工作的重要指示，切实帮助贫困群众，脱贫攻坚取得决定性成就。截至 2020 年 12

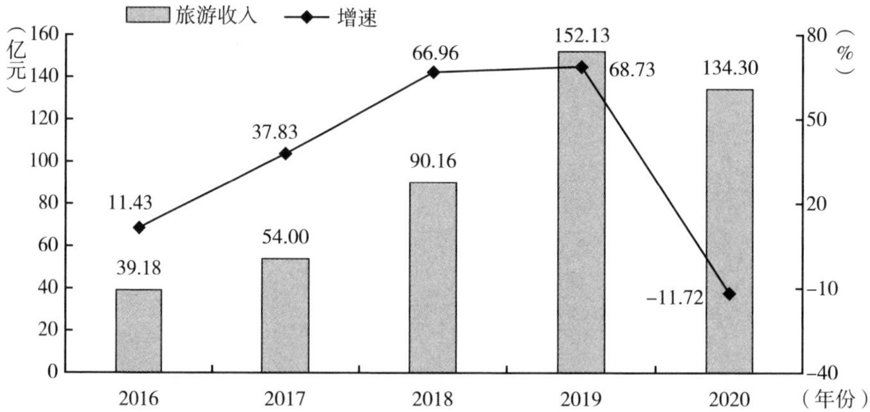

图 10　2016～2020 年喀什地区旅游收入及增速

资料来源：根据 2016～2020 年喀什地区国民经济和社会发展统计公报数据整理得出。

月 31 日，喀什地区累计实现 29.48 万户（涵盖 119.57 万人）脱贫、1543 个贫困村退出、12 个贫困县摘帽。此外，喀什地区贫困群众"两不愁三保障"政策得以全面实现，基本医疗保险、大病保险参保率均达到 100%。喀什地区群众的生产生活条件得到大幅改善，脱贫攻坚取得全面胜利，绝对贫困和区域性整体贫困问题得到历史性解决。

具体来说，2020 年喀什地区城镇居民人均可支配收入为 27321 元，同比下降 0.4%（见图 11）。其中，工资性收入为 18494 元、经营净收入为 1802 元、财产净收入为 761 元、转移净收入为 6263 元。受疫情影响，城镇居民人均经营净收入下降幅度最大，达 5.7%。相反，2020 年喀什地区农村居民人均可支配收入为 10276 元，较 2019 年增长 9.5%。其中，工资性收入为 3961 元，经营净收入为 2361 元，财产净收入为 119 元，转移净收入为 3833 元。[①] 2020 年，农村居民人均转移净收入的增长幅度最明显，达 33.9%。2020 年喀什地区城乡居民收入差距达 17067 元，收入差距依然明显，这表明喀什地区城乡发展不平衡的问题仍亟待解决。

① 数据来源于 http://www.kashi.gov.cn/ksdqxzgs/c112198/202103/4c62464f5a1341e08f6e977b72b2528e.shtml。

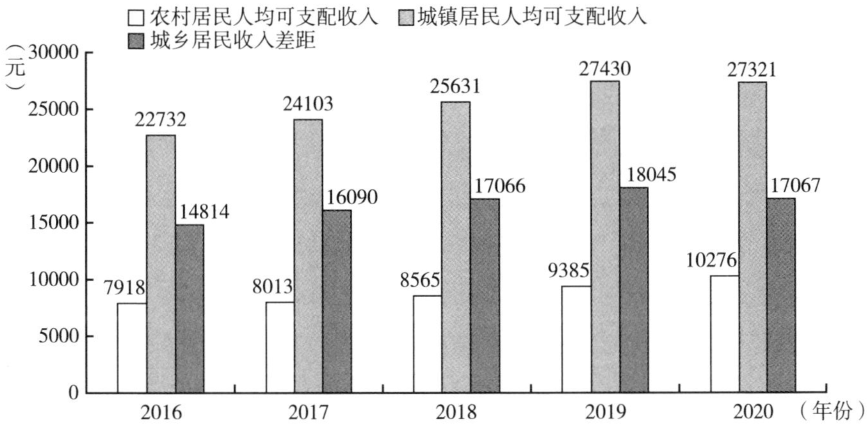

图 11　2016～2020 年喀什地区居民人均可支配收入状况

资料来源：根据 2016～2020 年喀什地区国民经济和社会发展统计公报数据整理得出。

（九）四省（市）援助资金减少，援助资金全部到位

2020 年，山东省、上海市、广东省、深圳市四省（市）对喀什地区的援助资金自 2016 年来首次出现下降，这表明疫情对全国各地的经济都造成一定的冲击。2020 年喀什地区援疆项目共计 282 个，到位资金为 63.56 亿元，同比下降 6.7%（见图 12），资金到位率达到 100%。如图 13 所示，山

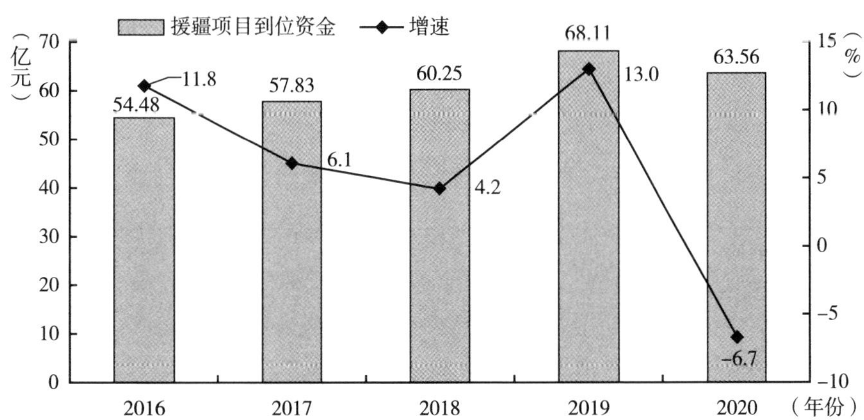

图 12　2016～2020 年喀什地区援疆项目到位资金及增速

资料来源：根据 2016～2020 年喀什地区国民经济和社会发展统计公报数据整理得出。

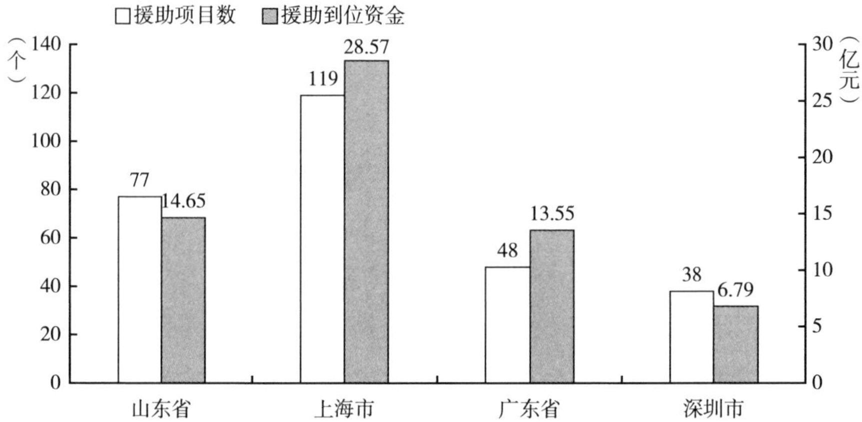

图 13　2020 年四省（市）对喀什地区援助项目数及到位资金对比

资料来源：根据《2020 年喀什地区国民经济和社会发展统计公报》数据整理得出。

东省、上海市、广东省和深圳市对喀什地区援助项目分别达 77 项、119 项、48 项和 38 项，援助到位资金分别为 14.65 亿元、28.57 亿元、13.55 亿元和 6.79 亿元。其中，上海市在对喀什地区的援助项目和到位资金两方面均居于四省（市）之首。

2016～2020 年各对口援助省（市）累计援助情况如表 1 所示。四省（市）在 5 年内对口援助项目共计 1680 个，累计援助到位资金 304.22 亿元。自喀什地区建设以来，四省（市）追随党的治疆方略，汇聚多方力量支持喀什地区各大产业的发展，促进喀什地区经济的繁荣，努力实现共同富裕。

表 1　2016～2020 年各对口援助省（市）累计援助情况

单位：亿元，个

对口援助省(市)	累计援助到位资金	累计援助项目
山东省	67.28	498
上海市	130.65	660
广东省	58.41	260
深圳市	47.88	262
合计	304.22	1680

资料来源：根据 2016～2020 年喀什地区国民经济和社会发展统计公报数据整理得出。

二　2020年霍尔果斯经济开发区（市）发展概况

2020 年，面对突袭而至的新冠肺炎疫情，霍尔果斯经济开发区（市）坚持稳中求进，统筹疫情防控和经济社会发展，实现了疫情防控的人民战争、总体战、阻击战的胜利，保证了全市（含兵团）经济的平稳健康发展，确保了社会大局持续和谐稳定。在疫情重压下，霍尔果斯经济开发区（市）2020 年地区生产总值为 193.89 亿元，同比增长 0.7%。

其中，第一产业地区生产总值为 8.67 亿元，同比增长 1.2%；第二产业地区生产总值为 14.86 亿元，同比大幅增长 42.4%；第三产业地区生产总值为 170.36 亿元，同比下降 3.7%。三大产业地区生产总值结构为 4.4∶7.7∶87.9，第三产业保持绝对优势。

2020 年，全市（含兵团）工业总产值保持增长态势，全市（含兵团）实现工业增加值 5.4 亿元，工业总产值达 12.46 亿元，但增速与 2019 年相比下降 14.1 个百分点。其中，地方规模以上工业增加值同比增长 108.0%。从行业类型来看，农副食品加工业、食品制造业、纺织服装业、化学原料与化学制品制造业和电力热力生产供应业的增加值都呈明显下降态势，同比分别下降 35.7%、39.7%、64.5%、64.4% 和 14.7%；相反，木材加工业和商混制造业增加值均有上升，同比分别增长 1.8% 和 11.5%；此外，电子设备制造业实现增加值净增 2.6 亿元。

（一）固定资产投资额翻倍，呈“井喷式”增长

与喀什地区的固定资产投资额（不含农户）变化趋势相同，2020 年霍尔果斯经济开发区（市）的固定资产投资额也大幅增加，达 116.25 亿元，与 2019 年相比大幅增长 106.6%（见图 14）。这也是霍尔果斯经济开发区（市）的固定资产投资额自 2014 年以来首次突破百亿元。从项目类型来看，建设项目投资同比增长 131.7%，房地产投资额同比下降 17.9%，其中，全市房地产开发投资额为 6.3 亿元，同比下降 17.9%；住宅投资额为 3.2 亿元，同比增长

49.8%；办公楼投资额为1.3亿元，同比下降11.6%；商业营业用房投资额为1.7亿元，同比下降47.2%。从资金构成来看，政府类投资同比增长111.9%，占比为70.3%；社会类投资同比增长103.3%，占比为29.7%。从产业结构来看，三大产业投资占比分别为4.1%、37.9%、58.0%，其中，工业类投资占比为27.9%。

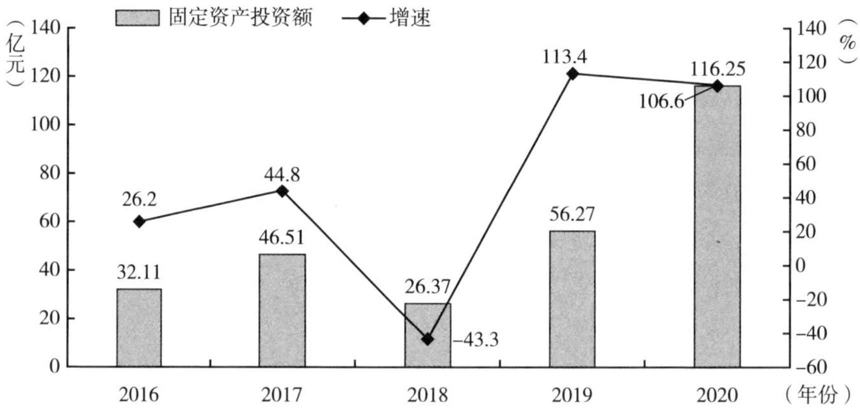

图14　2016～2020年霍尔果斯经济开发区（市）全社会固定资产投资额及增速

资料来源：根据2016～2020年霍尔果斯经济开发区（市）国民经济和社会发展统计公报数据整理得出。

（二）通关贸易额及通关货运量保持增加

如表2所示，2020年霍尔果斯口岸实现通关贸易额（不含天然气）1901.91亿元，相较于2019年的1283.37亿元，增长48.2%。其中，中哈国际边境中方配套区通关贸易额（不含天然气）增长幅度最大，全年达13.21亿元，同比增长174.6%。铁路口岸通关贸易额（不含天然气）实现通关贸易额最多，达1589.39亿元，同比增长82.8%。公路口岸和中哈国际边境合作中心中方区的通关贸易额（不含天然气）呈下降趋势，分别为283.96亿元和15.35亿元，同比下降6.6%和85.4%。

表 2　2019～2020 年霍尔果斯经济开发区（市）通关贸易额

单位：亿元，%

指标	通关贸易额		
	2020 年	2019 年	同比增长率
全市通关贸易额	1901.91	1283.37	48.2
铁路口岸	1589.39	869.53	82.8
公路口岸	283.96	304.18	－6.6
中哈国际边境合作中心中方区	15.35	104.85	－85.4
中哈国际边境中方配套区	13.21	4.81	174.6

注：所有数据均不包含天然气；铁路和公路口岸数据来源于霍尔果斯海关，合作中心中方区和中方配套区数据来源于合作中心海关。

资料来源：根据 2019～2020 年霍尔果斯经济开发区（市）国民经济和社会发展统计公报数据整理得出。

2016～2020 年霍尔果斯经济开发区（市）通关货运量及增速如图 15 所示。2020 年霍尔果斯全区的通关货运量（不含天然气）为 622.02 万吨，为近 5 年最高，与 2019 年相比大幅增长 45.5%。与全年通关贸易额变化趋势相似，铁路口岸和中哈国际边境中方配套区通关货运量（不含天然气）

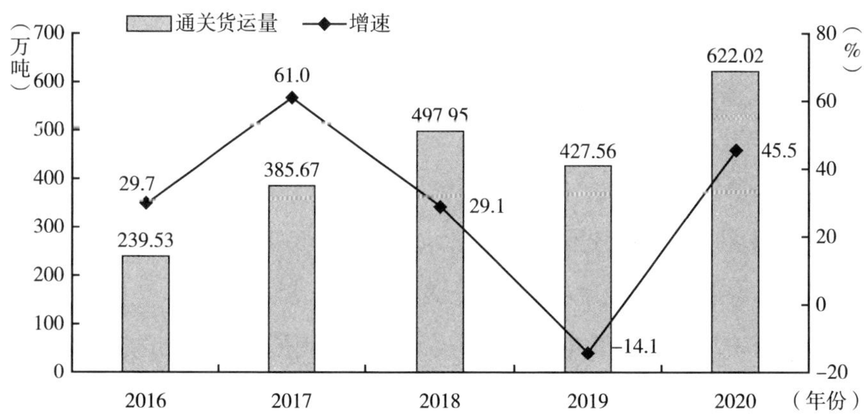

图 15　2016～2020 年霍尔果斯经济开发区（市）通关货运量及增速

注：通关货运量不包含天然气。

资料来源：根据 2016～2020 年霍尔果斯经济开发区（市）国民经济和社会发展统计公报数据整理得出。

较2019年均有增加，为555.62万吨和12.79万吨，分别增长75.9%和55.0%。相反，公路口岸和中哈国际边境合作中心中方区的通关货运量（不含天然气）呈下降趋势，为51.77万吨和1.84万吨，分别下降42.5%和86.2%（见表3）。

表3　2019～2020年霍尔果斯市经济开发区（市）通关货运量

单位：万吨，%

指标	通关货运量		
	2020年	2019年	同比增长率
全市通关货运量	622.02	427.56	45.5
铁路口岸	555.62	315.95	75.9
公路口岸	51.77	90.06	-42.5
中哈国际边境合作中心中方区	1.84	13.30	-86.2
中哈国际边境中方配套区	12.79	8.25	55.0

注：所有数据均不包含天然气；铁路和公路口岸数据来源于霍尔果斯海关，中哈国际边境合作中心中方区和中方配套区数据来源于合作中心海关。

资料来源：根据2019～2020年霍尔果斯经济开发区（市）国民经济和社会发展统计公报数据整理得出。

（三）招商引资增幅明显，涉及领域广

霍尔果斯经济开发区（市）在2020年积极招商引资，共执行相关项目62个，涉及总投资682.1亿元，同比大幅增长83.4%。这表明霍尔果斯济开发区（市）投资吸引力大幅增加，营商环境持续向善。

2016～2020年霍尔果斯区（市）招商引资到位资金额及增速如图16所示。2020年霍尔果斯经济开发区（市）实现招商引资到位资金223.36亿元，与2019年的100.35亿元相比，增长122.58%，实现招商引资到位资金翻倍。其中，招商引资的项目涉及电子信息、装备制造、食品加工、新材料加工等多个领域。

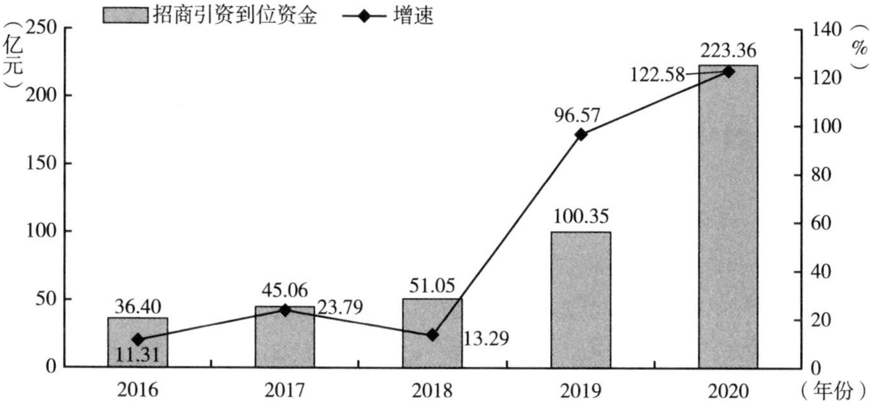

图 16　2016～2020 年霍尔果斯经济开发区（市）招商引资到位资金额及增速

资料来源：根据 2016～2020 年霍尔果斯经济开发区（市）国民经济和社会发展统计公报数据整理得出。

三　新疆新兴经济特区发展面临的主要问题

（一）产业结构调整升级缓慢

一般来说，一国或地区合理的产业结构应为“三、二、一”的形式，即第一产业比重保持下降，第二产业比重保持稳定，第三产业比重持续上升。新疆的产业结构一直处于缓慢调整之中，表现为第一产业比重过高、第二产业比重缓慢下降、第三产业比重缓慢增长。不合理的产业结构以及缓慢的调整升级过程不利于新疆的整体发展。

在党中央的领导和对疆政策的支持下，新疆在产业结构和经济基础上已经有了较大的改善和提高，但与全国平均水平相比仍存在一定的差距。以喀什地区为例，该地区的第一产业比重近 5 年来始终与第二产业比重不分上下。尽管喀什地区正大力发展第二产业，努力升级产业结构，2020 年喀什地区电力、热力生产和供应业增加值占喀什地区规模以上工业增加值的比重从 2019 年的 13.41% 显著上升到 24.71%，但喀什地区第二产业比重仍在持续下降；此外，喀什地区第三产业比重增速过于缓慢，整体结构及其发展趋势仍不合理。

（二）城乡发展水平差距大，南北疆经济不协调

新疆新兴经济特区存在的主要问题之一是城镇与乡村发展水平差距过大。以喀什地区为例，2020 年喀什地区城镇居民人均可支配收入为 27321 元，农村居民人均可支配收入为 10276 元，同比增长率虽达到 9.5%，但仍不足城镇居民人均可支配收入的一半，城乡收入差距达到了 17045 元。长期过高的城乡收入差距会产生农民边缘化、社会矛盾加剧、区域发展不平衡等问题，从而阻碍特区的经济发展。

南北疆经济发展不协调也是新疆新兴经济特区存在的问题。总的来说，北疆地区相较于南疆地区而言经济和社会发展速度较快；此外，北疆地区以发展工业和服务业为主，而南疆地区以发展农业为主。长期来看，南北疆经济发展不平衡会导致资金、人才、技术等资源配置倾斜，加剧社会矛盾，从而制约新疆经济发展方式的转变和产业结构的转型升级。

（三）国外疫情形势紧张，进出口贸易受到影响

2020 年，新冠肺炎疫情在全球迅速蔓延。在党的领导下，国内疫情已得到有效控制，然而新疆周边的亚洲国家，如印度等，其国内疫情仍处于严峻的防控态势之中，每日新增确诊病例数持续上升。由于新疆新兴经济特区在语言、文化和宗教等方面与周边国家均有相融相通之处，在“一带一路”建设中扮演着重要角色，在周边及共建“一带一路”国家疫情没有得到有效控制的情况下，新疆地区与周边国家及共建“一带一路”国家之间的人员流动和贸易往来将受到严格管控，这对新疆地区的进出口贸易产生了巨大的影响。以喀什地区为例，该地区 2020 年外贸进出口总额为 17.7 亿元，相较于 2019 年的 20.9 亿美元，下降了 16.4%。

（四）多种资源匮乏，影响经济发展

新疆新兴经济特区位处我国内陆偏远地区，与深圳、上海等沿海发达城

市相比，在资金、技术和人才资源上相对匮乏。首先，新疆高校数量较少，人才培养机制不完善，同时本土人才的不断外流加剧了新疆人才匮乏情况；其次，因科研能力较弱、技术能力不足，新疆的高科技产业数量远低于沿海省（区、市），导致科技产业的缺乏；最后，新疆投资环境较差，金融产业体系不完善，吸引资金投资的规模有限，从而造成资金的不足。多种资源的匮乏在一定程度上阻碍了新疆新兴经济特区的快速发展，如何解决资源匮乏问题以促进新疆新兴经济特区的持续向善发展，有待进一步思考和完善。

四　促进新疆新兴经济特区发展的政策建议

（一）常态化疫情防控，加强国内贸易运输

2020 年疫情突袭而至，新疆经济特区与周边国家和共建“一带一路”国家的对外贸易不可避免地会受到影响，从而对新疆的整体经济运行产生负面影响。以喀什地区为例，该地区 2020 年的对外贸易和国内贸易都呈现下降趋势。

在党的领导下，我国的疫情相对于其他国家而言已经得到较好控制。新疆新兴经济特区应适应常态化疫情防控和国家战略的调整，构建以国内大循环为主体、国内国际双循环相互促进的新发展格局，维持并促进新疆的经济发展。

（二）坚决拥护和执行党中央治疆方针，维护新疆和平稳定发展

坚决拥护和执行党中央治疆方针，坚持去极端化工作是根除外来宗教极端思想、制止恶性事件发生的重要途径，也是保证新疆经济稳定发展的基础条件。在党的坚强领导下，我国的去极端化已经取得了阶段性胜利。2020 年 9 月，习近平总书记在第三次中央新疆工作座谈会上强调，要“依法治疆、团结稳疆、文化润疆、富民兴疆、长期建疆”，为进一步推进去极端化工作提供重要科学指导。首先，应整合高校、军队、宗教以及群众等多方力

量，加强去极端化工作；其次，应深入基层，借助互联网媒体等宣传平台，做好反极端化的宣传工作，提高人民群众对极端思想的判断能力；最后，应积极与周边国家合作，开展交流，共同打击恐怖组织以及宗教极端思想。

（三）推动现代化和工业化体系建设，加快产业结构升级

新疆近年来重视现代化和工业化发展，并取得了一定成绩，但由于新疆新兴特区目前处于建立初期，存在发展水平低、产业单一、技术能力弱等问题。在新时代、新阶段，结合新疆特色以及区位优势，制订相应策略推动当地现代化和工业化发展迫在眉睫。以喀什地区为例，喀什地区气候宜人，地域宽阔，盛产棉花等农产品，因此对棉花的生产不应只停留在种植层面，应努力引进高新技术，推进现代化生产方式，提高高附加值加工产品产出的再加工能力。推动现代化和工业化体系建设不仅可以提高新疆的综合生产能力，还能够优化新疆第二产业结构，加快新疆产业结构的转型升级，实现产业结构合理化，促进新兴特区经济的发展。

（四）落实利农措施，缩小城乡发展差距

新疆城乡发展差距过大是多年来阻碍新疆新兴特区持续发展及其城乡一体化建设进程的重要问题之一。以喀什地区为例，2020 年喀什地区城镇居民人均可支配收入比农村居民人均可支配收入高 17067 元，差距明显。

新疆应落实相应的利农措施，统筹城乡发展，缩小城乡发展差距。首先，应重视农村地区教育发展，解决农民子女入学难、入学率低等问题，提高农村居民整体教育水平；同时，鼓励农民集中学习现代化农业技术，提高生产水平，实现经济收入增长。其次，充分发挥地区财政政策的作用，在合理范围内降低农民的农业税收，鼓励农民多产多销，减缓农民赋税压力，提高个人收入，缩小城乡居民收入差距。最后，大力发展新疆新兴经济特区的物流网络和基础设施建设，拓展多元化的可贸易地区，降低农产品的运输成本，让农民的各类农产品更易运输到全国乃至全球各地。

总之，缩小城乡居民差距的任务繁重而紧急，新疆应顺应国家扶贫工作的指示，巩固拓展脱贫攻坚成果，加快推动城乡一体化建设进程。

参考文献

王保卫、姜月、郑凯鑫：《新疆新兴经济特区发展报告》，载陶一桃主编《经济特区蓝皮书：中国经济特区发展报告（2019)》，社会科学文献出版社，2020。

王丽：《中国新疆对外贸易：现状、利好与展望》，《兵团党校学报》2021 年第 4 期。

李季鹏、陈明月、杜美珊：《"一带一路"背景下新疆企业国际化的影响因素及对策研究》，《河北企业》2021 年第 9 期。

王杰：《新疆新型城镇化与乡村振兴协同发展研究》，《乡村论丛》2021 年第 4 期。

《喀什地区 2020 年国民经济和社会发展统计公报》，喀什地区行政公署网站，2021 年 3 月 31 日，www. kashi. gov. cn/Item/51327. aspx。

《霍尔果斯经济开发区（市）2019 年国民经济和社会发展统计公报》，霍尔果斯市人民政府网站，2021 年 6 月 17 日，www. xjhegs. gov. cn/info/1822/49411. htm。

《中华人民共和国 2020 年国民经济和社会发展统计公报》，国家统计局网站，2021 年 2 月 28 日，http：//www. stats. gov. cn/tjsj/zxfb/202102/t20210227_ 1814154. html。

后　记

今年是中国共产党建党一百周年，也是“十四五”规划的开局之年。在这样一个特殊历史节点上，蓝皮书的出版被赋予了时代的意义。纵观经济特区发展的历程，它的建立与成功是中国共产党发展史上的辉煌一笔，它不仅以改革开放的实践真正推动了马克思主义的中国化，还以中国共产党人在社会转型进程中的不断探索与突破，丰富发展了马克思主义，形成了中国特色社会主义理论体系，为新兴市场经济国家和转型国家提供了可以借鉴的发展中问题的中国解决方案。所以，以深圳为代表的经济特区不仅以其自身令世人瞩目的辉煌成就和发展奇迹证明了中国共产党改革开放的决策是英明的，印证了中国道路是正确的，同时还体现了中国共产党的改革智慧和源于思想与道路的力量与魅力，而《经济特区蓝皮书：中国经济特区发展报告》正是一部记录、体现这一力量与魅力的编年史。

呈现在读者面前的《经济特区蓝皮书：中国经济特区发展报告》，是教育部人文社科重点研究基地——中国经济特区研究中心着力打造的一个学术品牌和标志性科研成果；是教育部重点支持的人文社科重点基地报告；是全国唯一的经济特区蓝皮书；它具有源于区位优势与研究积淀的原创性、前沿性和权威性。自 2009 年创办以来，已连续出版发行了 13 部，2016 年起同时由德国斯普林格出版社海外出版发行，至此开始中英双语国内外出版发行。

《经济特区蓝皮书：中国经济特区发展报告》以真实反映中国经济特区发展状况，如实记录中国经济特区发展历程，动态记载中国经济特区先行先试的成长路径，学理性阐述经济特区在推动中国深化改革中的独特地位，及时反映国家整体发展战略和区域发展布局调整的大思路，而受到国内外相关领域的专家学者乃至政府官员的普遍关注，已经产生了独特的学术与对策研究的影响，是国内经济特区研究的重要成果。

从结构上来说，本年度的《经济特区蓝皮书：中国经济特区发展报告》分为总报告、专题研究报告、特区发展分述报告、特区发展动态考察报告四部分，共20篇。总报告是全书的概论，是站在国家整体发展战略规划的角度对中国经济特区，包括新兴特区，如喀什、霍尔果斯、中国图们江地区和新型特区，如自贸区、湾区、粤港澳大湾区一年发展状态的整体评述。从编撰的逻辑上来说，全书以新常态和供给侧改革为指导，以深化改革为方向，以新的政策增长极为切入口，以经济特区新时代新使命为出发点，从经济特区由先行先试到先行示范新时代新使命的视角出发，反映中国社会由政策开放走向制度开放的进程；展现中国社会由外向型经济向开放型经济转变的路径；突现“一带一路”建设大背景下，中国社会以更高水平的开放，促进更加深刻的政治经济体制改革的内在制度变迁逻辑。尤其从理论与实践方面关注，在构建“双循环”新发展格局中，在创新型国家建设中，在建立现代工业体系的进程中，以深圳为典型代表的经济特区的功能与使命的发挥及其自身的制度创新探索。我们希望总报告能更充分地体现国家整体战略，并准确反映中国改革开放的大方向，能成为具有一定学术分量和政策意义的，准确记载、预测中国经济特区发展现状与未来趋势的，具有学术参考意义和影响力的年度总报告。当然，由于认知能力和对部分数据资料掌握的客观局限，本书的分析、研究难免有疏漏和不全面的地方。但是，一切不足与遗憾，都是未来研究有可能趋向完美的内在动力。

专题研究报告部分不是泛泛而论的综述，而是问题导向的探索。即分别以特区发展现状、比较分析、政策建议为切入点，分别针对产业绿色转型、资源效率与可持续发展、公共就业服务体系、科技创新、金融产业发展、特区文化及文化产业等问题进行综述分析，并对每一具体问题提出宏观层面的建议。本年度专题研究报告中的《中国经济特区碳生产率与可持续发展报告》调整为《中国经济特区绿色全要素生产率评估报告》，旨在从可持续发展的视角，阐述绿色发展理念以及人与自然和谐发展的价值取向对经济增长和社会发展方式转变的影响及其绩效；本年度专题研究报告中的《中国经济特区公共就业服务体系发展报告》调整为《中国经济特区人才特区建设报告》，这种调整除了考虑到随着数字经济的发展与战略性新兴产业的蓬勃成长，深圳经济特区对人力资本，尤其是高端优质的人力资本的需要与供给正面临城市与人才如何相互成就的博弈，而且如何以良好并富有制度绩效的人才政策引吸、留住人才也已经成为经济发展水平相对较高的大中城市竞争的关键。

专题研究报告部分所讨论的问题，既是经济特区所面临的问题，也是现阶段中国社会发展所遇到的问题。各特区对上述问题解决的路径与举措，或许会对全国产生先行先试的借鉴与推广意义，这也正是中国经济特区的功能与使命所在。我们认为，这部分研究的重要性还在于拓展了对经济特区的研究，不是就特区研究特区，而是以特区为蓝本，走向了对中国改革开放所遇到的理论与现实问题的前沿或前瞻性的研究与思考；从单纯的经济问题研究，走向对经济社会的更广泛问题的研究与探索；从对特区问题本身的研究，走向对中国道路的实质与内涵的研究。从而为实现中国梦，为建设美丽中国，为全面建成小康社会，为实现“两个一百年”奋斗目标提供理论支撑。

特区发展分述报告部分，是对传统五大经济特区及上海浦东新区和天津滨海新区发展状况的历史性记录与梳理，是《经济特区蓝皮书：中国经济特区发展报告》撰写伊始就存在的最基础性的内容。但随着特区自身的发展及其功能的变化，我们的研究也在不断增加新的内容以体现时代的声音与脚步。如果说专题研究报告部分是共性问题的比较，那么特区发展分述报告部分则偏重不同特区的特殊问题的比较研究。由于历史及地域位置的不同，各经济特区、新区、自贸区、经济带在国家整体发展战略部署中所担负的责任与使命有所不同；在产业结构中的定位及在中国经济发展布局中的地位、角色、作用有所不同，所以它们对发展路径的选择也有所不同，该部分的分析正是从这些“不同”展开的。

特区发展动态考察报告部分，是为了及时反映中国区域发展战略调整及介绍、借鉴世界新兴市场经济国家经济特区发展状况的一个比较灵活，并且具有广泛拓展空间的结构安排。喀什经济特区、霍尔果斯经济开发区、中国图们江区域（珲春）国际合作示范区的建立，意味着中国社会已经开始了由沿海开放向沿边开放的战略转移，有鉴于此，2014 年度蓝皮书就增加了《中国图们江区域（珲春）国际合作示范区外商投资发展报告》。可以说，从沿海开放到沿边开放是在中国大地上确立、完善市场经济体系的战略大思路；是中国社会实现协调发展的大举措；是全方位开放路径的积极探索；是科学发展的伟大实践；是全面实现现代化的整体部署。它不仅以战略的眼光规划着中国社会全面发展的宏伟蓝图，同时也将促进产业结构区域间的合理布局，不同区域间由要素禀赋等构成的比较优势的形成与有效发挥；扩大中国经济增长的对外辐射力，从而开拓更加广阔的国际市场；减弱世界经济危机对以外向型经济为主的经济增长模式的正面冲击，形成具有日益增长空间的稳定而又可持续的内生的经济发展动力；构建全国范围内的逐渐趋于平衡发展的共同繁荣的以区域间协调互补为特征的经济共同体。所以它对中国未来的发展将产生深刻而持久的影响，它的战略意义是深远而巨大的。

与喀什、霍尔果兹、中国图们江地区不同，中国自由贸易试验区和深圳前海深港现代服务业合作区的建立，不仅是区域发展战略部署的结果，更是中国社会全面深化改革，由外向型经济走向开放型经济，实践“一带一路”倡议的战略性试验区。如果说近 40 余年前，以深圳为代表的传统经济特区的设立是为了完成计划经济向市场经济的转型，那么今天新型经济特区，如深圳前海、广东南沙、珠海横琴，乃至粤港澳大湾区作为经济特区新时代、新使命的一种拓展形式，其使命则是以更大区域的示范效应和更强劲的政策增长极效应引领中国社会深化改革，为创新型国家建设，为拓展中国改革开放新格局，为有效实施“一带一路”倡议提供可复制的经验，从而降低深化改革的试错成本。

记录、反映、研究国外新兴经济体的经济特区发展路径、成长模式、政府行为等问题，在比较中寻找共性规律，探索共同面临的问题及解决方案，寻求共同发展繁荣的途径和方式，是《经济特区蓝皮书：中国经济特区发展报告》的时代使命。新兴市场国家几乎无一例外地面临某些共性的问题，如既依赖于国际分工，又受制于国际分工；都在经历经济高速增长的同时，面临资源过度消耗及环境污染和保护等问题；都遭遇“未富先老”的社会尴尬和矛盾；等等。尽管对于经济可持续发展和社会文明进步而言并没有一条放之四海而皆准的道路或模式，但国与国之间的相互借鉴、学习以及对共同面对的发展问题的不同国别的解决方案的提出，无疑是一种合作力量的体现。同时我们认为，在拓展改革开放新局面的今天，中国经济特区的成功经验还将具有为新兴市场国家提供发展中问题中国解决方案的意义。这将在丰富发展经济学的同时，为转型理论提供具有借鉴意义的中国案例。

从2012年开始，《经济特区蓝皮书：中国经济特区发展报告》就增加了介绍世界经济特区的内容。2012年是整体概要介绍了以美国、日本、爱尔兰为代表的发达经济体的特区，以印度、菲律宾、巴西为代表的新兴市场国家的特区。自2013年起，有关国外经济特区部分我们开始采取单一国家或特定区域专题研究的方式。2013年是《巴基斯坦经济特区发展报告》；2014年是《非洲经济特区发展报告》；2015年是《朝鲜经济特区发展报告》；2016年是《拉丁美洲经济特区发展报告》；2017年是《欧洲经济特区发展报告》；2018年是《印度经济特区发展报告》；2019年是《古巴经济特区发展报告》。2020年海外经济特区发展报告我们选择了“一带一路”东南亚区域内的老挝，老挝塞色塔特区是中老合作的产物，它在相当程度上体现并反映了中国道路“走出去”及以中国经济特区成功经验，为新兴市场经济国家提供发展中问题中国解决方案的实践路径。由于持续两年的疫情，本年度我们没有继续撰写国外经济特区相关报告，相信这一遗憾将会在后续编写出版的蓝皮书中得到弥补。

《经济特区蓝皮书：中国经济特区发展报告》的顺利完成，首先要感谢学术团队的全体同人。这是一支专业知识扎实，学术功底深厚，对经济特区问题有比较深入思考与研究的学术团队。这个团队是财政部支持的理论经济学创新团队，是广东省理论经济学攀峰学科团队，是广东省高水平大学建设重点学科团队。目前正在承担国家社科基金重大项目——“中国经济特区发展史（1978～2018）”。如果说共同的学术兴趣是蓝皮书团队的凝聚力之所在，那么团结、友善、合作，充满活力与朝气则是这个团队的战斗力之所在。蓝皮书的出版不仅仅是一个学术项目的完成，更是学术团队共同的思想收获。对学术的敬畏和对专业的热爱是这支学术团队已经拥有，并期待永远拥有的美好品格。

作为学术团队的重要成员和负责人之一，教育部人文社科重点基地——深圳大学中国经济特区研究中心副主任袁易明教授，为蓝皮书的完成付出了大量的心血。皮书副主编之一周铁昆博士不仅一直负责蓝皮书文稿的具体收集、整理等相关事务工作，而且还承担了特区发展分述报告部分中《厦门经济特区发展报告》的撰写任务。

蓝皮书编委会成员是由学者、来自几大中国经济特区的实际工作者及地方官员组成的。蓝皮书从前期调研、资料收集到制订撰写框架和初稿的论证都得到了编委会全体成员的积极参与和大力支持。来自各大经济特区的编委会成员以丰富的实践经验和时政思考，为蓝皮书的完善提出了许多有针对性，有价值的意见与建议。在这里尤其要说明的是，蓝皮书受到了来自越南广宁经济特区，南非、巴基斯坦、印度、柬埔寨、俄罗斯、哈萨克斯坦等新兴经济体的学者与官员的高度关注，逐步加入新兴经济体经济特区、自贸试验区的内容，将是蓝皮书未来的一个研究方向。这是国别比较、借鉴的过程，也是宣传、介绍中国道路的过程。

在这里还要特别感谢社会科学文献出版社王利民社长对《经济特区蓝皮书：中国经济特区发展报告》出版给予的皮书领域的战略性指导与全方位支持；感谢皮书责任编辑王玉山先生、文稿编辑李小琪女士，他们踏实的工作作风和令人敬佩的专业精神为蓝皮书的顺利完成提供了不可或缺的指导与帮助。社会科学文献出版社是我们的战略合作伙伴，也是《经济特区蓝皮书：中国经济特区发展报告》13 年成长历程的见证者和强有力的支持者与成就者。

《经济特区蓝皮书：中国经济特区发展报告》是教育部哲学社会科学发展报告立项资助的培育项目；是广东省委宣传部“理论粤军”的专项支持项目。蓝皮书的出版还受到深圳市文化宣传基金的资助。作为“深圳学派”具有标志性意义和海内外学术影响力的代表作品，《经济特区蓝皮书：中国经济特区发展报告》在介绍以深圳为代表的中国经济特区成功经验方面，在宣传中国道路方面发挥着独特的作用。它可谓深圳学派“走出去”的精彩体现。在这里还要感谢深圳市委、市政府，感谢市委宣传部，感谢深圳市社会科学院给予蓝皮书的大力支持，尤其要感谢深圳市社会科学院党组书记、院长，深圳市社科联主席吴定海同志所给予的指导、支持与帮助，使《经济特区蓝皮书：中国经济特区发展报告》作为深圳学派具有独特代表意义的成果，拥有理论与实践价值及世界分享意义。可以说深圳市相关部门这一具有智慧与远见卓识的决定与举措，会为中国特区发展史、中国改革开放史乃至中国现代史留下一笔厚重的思想财富。它的意义和价值会随着时间的延续越来越显著。可以肯定地说，政府的远见卓识是学术自由发展与繁荣的制度保证。

正如习近平总书记在深圳经济特区建立40周年庆祝大会上所说的“深圳是改革开放后党和人民一手缔造的崭新城市，是中国特色社会主义在一张白纸上的精彩演绎”。“深圳等经济特区的成功实践充分证明，党中央关于兴办经济特区的战略决策是完全正确的 。经济特区不仅要继续办下去，而且要办得更好、办得水平更高 。”可以说，习近平总书记对经济特区的高度评价与肯定是我们继续前行潜心研究的无穷动力。

希望蓝皮书在以飨读者的同时，能得到同行和读者的批评与指教。

陶一桃

2022年元月于深圳大学粤海校区

Abstract

Blue Book on Special Economic Zones: *Report on the Development of China's Special Economic Zones* is the high-end academic brand established in 2009 and has become one of the iconic academic achievements developed by the key research base of Humanities & Social Sciences of Ministry of Education—China Center for Special Economic Zone Research, Shenzhen University. It's a report of the Ministry of Education of China, is listed into China Blue Book Scheme, and is the only blue book about special economic zones nationwide. It, by means of trend research, reflects every year the progresses regarding politics, economy, society, culture, system, environment, innovation and reform as well as the problems, challenges and countermeasures thereof in the traditional special economic zones like Shenzhen and the new special economic zones like Kashgar, Khorgos and Tumen River area, and hence it's authoritative, cutting-edge and original. It has generated iconic influences at home and abroad, is the important achievement on special economic zones researches, the important historical resource for researches on China's special economic zones and is the academic brand created by Shenzhen with international influences.

Blue Book on Special Economic Zones: *Report on the Development of China's Special Economic Zones* (*2021*) consists of four parts detailed as general report, reports on specific researches, reports on the development situations of the special economic zones and investigation reports on the development trends of the special economic zones. Among them, the general report is the basic outline of the whole book and is the overall review on the development of China's special economic zones in the whole last year, including the reform experimental areas and part of new special economic zones, from the perspectives of the national overall development strategic planning. The reports on specific researches encountered by the special economic zones regarding the green transformation, the use of resources and the sustainable development, the public employment service system, the social security, the scientific and technological innovation, financial institutional reform, the cultural industries through the problem-oriented exploration and by taking the development status of the special economic zones, comparative analysis and policy suggestions as the breakthrough points, and make development suggestions regarding every specific problem accordingly. The reports on the special economic zones record and comb the development over the past year of the 5 traditional special economic zones, Pudong New Area in Shanghai and Tianjin Binhai New Area, compare the special problems of different special economic zones, and focus on the case analysis of different special economic zones. This part mainly includes the reports on the such 5 traditional special economic zones as Shenzhen SEZ, Zhuhai SEZ, Shantou SEZ, Xiamen SEZ and Hainan SEZ and new special economic zones such as Pudong New Area in Shanghai and Tianjin Binhai New Area. The investigation reports on the development trends of the special economic zones are designed to reflect the adjustment of China's regional development strategy timely and to introduce and learn from foreign experience. In particularly, the investigation reports have made a relatively flexible structural arrangement with extensive expansion space for the development of special economic zones in emerging market economies.

Keywords: Special Economic Zone; Reform Pilot Area; High-quality Development

Contents

Ⅰ General Report

B.1 Annual Report on the Development of China's Special Economic Zones (2021) *Tao Yitao, Li Meng and Che Da* / 001

Abstract: In 2021, while the construction of Shenzhen Pilot Demonstration Zone for Socialism with Chinese Characteristics is fully carried out, Shenzhen SEZ also faces many prominent contradictions and major problems. The pressure on innovation and development for the medium and long run is increased, a new round of technological revolution and regional economic reform brings new challenges, and Shenzhen SEZ urgently needs to cultivate new driving forces with digital economy technology. Faced with the new requirements under the new stage, new concept and new development pattern, Shenzhen SEZ's urgency for high-quality economic development is increased, and accordingly, the pressure for sustainable development has increased. Shenzhen SEZ needs to accurately grasp the general trends of the technological revolution, make look-ahead planning and layout for some future industries, transform the engines of its economic growth, and get through the economic internal circulation.

Keywords: Digital Economy; New Technological Revolution; Digital Enablement

Ⅱ Reports on Specific Researches

B.2 Development Report of the Industrial Green Transformation in China's Special Economic Zones

Yuan Yiming, Du Tingting / 016

Abstract: Based on the theory of industrial ecologicalization, this report comprehensively evaluates the effects of the green transformation of industries in the five traditional special economic zones. From 2013 to 2020, this report has been using the industrial green transformation indicator system to track and evaluate the progress of the industrial green transformation of such five traditional special economic zones. As shown by the practices made by such five traditional special economic zones, the transformation of industrial ecology can form a virtuous circle system involving innovation, ecology and economic development. The green transformation of industries in such five traditional special economic zones has achieved remarkable results and is of important leading and exemplary significance.

Keywords: Special Economic Zone; Industrial Ecologicalization; Evaluation of the Effect of Industrial Green Transformation

B.3 Evaluation Report on the Green Total Factor Productivity of China's Special Economic Zones

Zhong Ruoyu, Wu Wenzong, Cen Yuwen, Li Yuxin and Huang Wenyu / 049

Abstract: As environmental problems become increasingly prominent, promoting coordinated governance to reduce pollution and carbon emissions has become an important measure to improve environmental governance capabilities.

Based on the perspective of reducing pollution and carbon emissions, this report uses the super-efficiency slacks-based measure (SBM) model to evaluate the green total factor productivity (GTFP) of China's five traditional special economic zones from 2000 to 2020. The main contributions of this report are that it adds a domestic material input (DMI) indicator, and takes the carbon dioxide emissions and annual average concentration of PM2. 5 as dual non-expected output, which can effectively avoid the complex output structure caused by the use of all industrial waste gas emission indicators; in addition, by comparing the efficiencies of various special zones in reducing pollution and carbon emissions, it is found that the GTFP of Zhuhai SEZ basically ranks in the forefront, Shenzhen SEZ has achieved in-depth coordination in effectively reducing both pollution and carbon emissions, however, the technological progress of all such five traditional special economic zones is basically in a state of regression. On this basis, policy recommendations are put forward for optimizing the green development path of special economic zones.

Keywords: Special Economic Zone; Green Total Factor Productivity; Reduction of Pollution and Carbon Emissions; Super-efficiency SBM Model

B. 4 Report on the Innovation Development in China's Special Economic Zones *Huang Yiheng*, *Laiting* / 072

Abstract: In 2020, under the impacts of intensified international political conflicts and COVID −19, the innovation and development of the five traditional special economic zones has slowed down, leaving huge room for improvement in general. After combing and analyzing, this report mainly draws the following conclusions: the rise of local government debts has a significant negative impact on the investments by the whole society in innovation and development; an excessively high proportion of investment in basic research will squeeze the resources of innovation and development to some extent, thereby affecting the performances of innovation and development. Based on this, this report suggests that special economic zones should pay more attention to the balance between policy orientation and market orientation in the process of innovation and development, and establish a sound and sustainable innovation input system.

Keywords: Special Economic Zone; Fiscal Revenue and Expenditure; Market Orientation

B.5 Report on the Social Security Development of China's Special Economic Zones *Gao Xingmin, Qiu Feng and Chen Shijiang* / 090

Abstract: Firstly, based on the keynotes and policies of national economic and social work, this report summarizes the development status and actual achievements of the five traditional special economic zones in 2020 from three perspectives of social insurance, social welfare, and social assistance; secondly, this report lists the limitations and difficulties in the development of the social security system and the implementation of policies of the special economic zones when the special economic zones perform their responsibilities as the "vanguard" and "experimental field" in the deepening reform of China; finally, this report puts forward reasonable policy measures and recommendations to further and fully implement the social security work deployment outlined in the "14th Five-Year Plan" as guided by Xi Jinping's thoughts on socialism with Chinese characteristics for a new era, to make the reform and development achievements more equitable and benefit more people, to give full play to the bottom-up role of the social security system, and to coordinate the promotion of the "five-in-one" overall layout, thus to lay a solid foundation for embarking on a new journey of building a modern socialist country in an all-round way and realizing the first centenary plan.

Keywords: Special Economic Zone; Social Security; Social Insurance; Social Assistance

B. 6 Report on the Construction of Special Talent Zone by China's Special Economic Zones

Zhang Keting, Xian Linwen and Feng Jiawei / 120

Abstract: As the construction of socialism with Chinese characteristics embarks on a new era, the demand for talents required by high-quality economic, social and cultural development is increasing, and the status and role of talents are becoming more and more significant. Accelerating the talent construction is a requisite for building a great modern socialist country in an all-round way, also, it is of great significance for building a modern industrial system, promoting sustainable economic and social development and overall social progress. Based on the normative documents of the governments of Shenzhen, Zhuhai, Shantou, Xiamen, Hainan on talent construction, this report summarizes and analyzes the practical experience of SEZs in talent construction mainly from the perspectives of the construction of high-quality talent teams, the establishment of talent guarantee systems, and the optimization of talent development environment, and puts forward some policy recommendations in view of the deficiencies in the construction of special talent zones.

Keywords: Special Economic Zones; Construction of Special Talent Zone; Talent Ecosystem; Talent Policy

B. 7 Report on the Development of Financial Industry of China's Special Economic Zones *Guo Maojia* / 133

Abstract: In 2020, as affected by COVID – 19, the average economic growth rate of China's special economic zones experienced a cliff like decline that is rarely seen in history, which brought an obvious negative impact on the development quality of the financial industry in the special economic zones. However, the good news is that the growth rate of the financial industries in the

SEZs was not in line with the economic growth rates. Whether it is analyzed either from external perspective or from internal perspective, 2021 will be a year of opportunities and challenges for the development of the financial industries in the SEZs. Based on the basic development trend of the financial industries in the SEZs in 2020, and faced with the opportunities and challenges for the financial industries in 2021, we propose that for the development of the financial industries in the SEZs in 2021, measures should be adopted to "maintain scale, make up for weakness, recover vitality, and practice internal strength".

Keywords: Cliff-like Decline in Growth Rate; Endogenous Opportunities; Endogenous Challenges

B.8 Report on the Development of Cultural Industry of China's Special Economic Zones *Zhong Yaqin*, *Yang Qingtong* / 159

Abstract: As affected by COVID – 19, the development of cultural industries in special economic zones in 2020 showed an obvious trend of industry differentiation. The emerging digital industrial operation represented by "Internet + culture" grew rapidly, while industries such as cultural entertainment and leisure services, cultural communication channels, culture-assisted production and intermediary services encountered many difficulties. For the digital transformation by traditional cultural industries forced by COVID –19, the government plays an increasingly important role in guiding the development of cultural industries. Centering on the strategic positioning of the high-quality development of the cultural industry during the 14th Five-Year Plan period, the cultural industry in the special economic zones should accelerate the cultivation of new industrial growth points, speed up the digitalization of the cultural industry, further promote the integrated development of culture and tourism, and improve the high-quality modern cultural industry system.

Keywords: Digitalization of Cultural Industry; New Types of Operations in Cultural Industry; Modern Cultural Industry System

Ⅲ Reports on the Special Economic Zones

B.9 Development Report on Shenzhen Special Economic Zone

Wu Fenglan, Zhang Kaiyue / 175

Abstract: Driven by the "dual zones" policy of the Guangdong-Hong Kong-Macao Greater Bay Area and the Pilot Demonstration Zone, Shenzhen has been actively preventing and responding to COVID-19 and organizing the resumption of work and production, which made its GDP grow against the trend and rank the first of China in terms of amounts of goods export. However, when compared with other "first-tier cities" in China, Shenzhen also has some problems such as low service-oriented industrial structure, sluggish consumption, mismatch between supply and demand of public services, insufficient land space, key core technologies controlled by other countries, and imbalanced regional development within and outside its original special economic zone territory. In response to these problems, this paper puts forward specific suggestions from the following aspects: accelerating the development of the production service industry, unblocking the economic internal circulation, expanding the effective supply of public services, strengthening the cooperation with government of neighboring cities, enhancing the original innovation capabilities, and promoting the integrated construction of special economic zones.

Keywords: "Dual Zones" Policy; Economic Internal Circulation; Original Innovation Capability

B.10 Development Report on Zhuhai Special Economic Zone

Chen Hongquan / 205

Abstract: In 2020, the sudden outbreak of COVID-19 caused a severe impact on Zhuhai's economy, as a result, major economic indicators of Zhuhai such as industry and foreign trade fell back. For all this, Zhuhai's economy gradually recovered during the prevention and control of COVID −19, and its economic growth rate turned from negative to positive, highlighting the resilience of Zhuhai's economic development. In the face of the new international and domestic situations, this report believes that in the "post-COVID-19" era, Zhuhai SEZ will benefit from the recovery of the global economy and international trade, and the continued upward trend of China's economic fundamentals, and it will solidify the confidence in development under the prevention and control of COVID −19, promote the overall economic and social development, accelerate the cooperation between Zhuhai and Macao in the development of Hengqin development zone, expand the traffic volume of the Hong Kong-Zhuhai-Macao Bridge, optimize the support structure of credit funds, and enlarge the supports for Zhuhai's manufacturing industries, especially the high-tech pillar industries.

Keywords: Zhuhai Special Economic Zone; Double Circulation; Hengqin Development Zone

B.11 Development Report on Shantou Special Economic Zone

Ma Limei, *Meng Fei* / 222

Abstract: In 2020, the development of Shantou SEZ demonstrated the following situations: economic development grew steadily; industrial structure was optimized; the growth rate of fixed asset investment declined; imports and exports maintained a positive trend of growth; technological innovation strength was continuously strengthened; remarkable progress was made in ecological and environmental governance. In this paper, Clausen's regional classification method, location entropy method, data envelopment analysis (DEA) method and entropy method are used to comprehensively evaluate the socio-economic development of Shantou SEZ. The results show that Shantou SEZ belonged to a "potential area" of Guangdong Province in terms of the economic development level; Shantou's degree of specialization in the secondary industry was relatively high; its innovation efficiency was below the middle level in Guangdong Province, its input and output results of innovation resources were not ideal, and there was still 33.1% room for improvement to the frontier of efficiency; its urban comprehensive capability index ranked in the middle and upper reaches in Guangdong Province. From the perspective of functions, the index values in descending order are green development, population agglomeration, information sharing, suitability for living and work, economic development, technology innovation and opening up. Based on this, this paper puts forward several targeted optimization suggestions.

Keywords: Innovation Efficiency; Data Envelopment Analysis Method; Urban Comprehensive Capability; Shantou

B.12 Development Report on Xiamen Special Economic Zone

Zhou Yikun, *Zhang Peixi and Tang Hui* / 242

Abstract: Facing the severe tests brought by COVID -19 and the complex and volatile situations at home and abroad, Xiamen coordinated the prevention and control of COVID -19, promptly introduced various policies and measures, and promoted the resumption of work and production in an orderly manner. With that, its economic and social recovery presented strong momentum, key industries continued to improve, economic operations generally showed a steady growth trend, and economic development was better than expected. In 2020, Xiamen's GDP growth rate ranked from the 4th in the first quarter to the 2nd in the whole year in Fujian Province, and its growth rate has led China's sub-provincial cities for two consecutive years. Overall, Xiamen's industrial development quality was further improved, economic growth resilience was significantly increased, strategic emerging industries grew steadily, new development engines continued to strengthen, and the guarantees for people's livelihood became more solid. Although positive factors continue to accumulate, uncertainties remain. Xiamen also needs to adhere to both prevention and control of COVID -19 and economic development, exert efforts from both ends of supply and demand, actively integrate into the new pattern of domestic and international dual-circulation development, focus on innovation, improve the weak aspects, improve the abilities to turn crises into opportunities, and make layout in advance for high-quality development.

Keywords: Economic Recovery; New Pattern of Dual-circulation Development; High-quality Development

B.13 Development Report on Hainan Special Economic Zone

Liu Weili, *ChenTengpeng* / 259

Abstract: The major opportunities of building a pilot free trade zone and a free trade port with Chinese characteristics have brought more opportunities for Hainan's high-quality economic development, integration into the new development pattern, and implementation of new development concepts. The overall economic development of Hainan SEZ is sound, its three-sector ratio has been gradually improved and breakthroughs have been made therein. Its economic development has been improved in a coordinated way, and major achievements have been made in poverty alleviation and building a moderately prosperous society in an all-round way. In the future development of Hainan SEZ, the high-quality development of the digital economy and the improvement of modern industrial system are important strategic objectives. Effective strategic measures are to implement the free trade port policy arrangements, accelerate the innovation-driven development strategy, and expand the level of opening up.

Keywords: Free Trade Zone; Free Trade Port; High-quality Development; Industrial Structure; Digital Economy

B.14 Development Report on Shanghai Pudong New Area

Zhang Ping, Yang Fan and Chen Wang / 279

Abstract: 2020 is the 30th anniversary of the development and opening of Pudong New Area. Over the past 30 years, Pudong New Area has made great development of high quality and efficiency, brought forth the new ideas, and demonstrated its determinations and actions of daring to try first, and hence has achieved remarkable achievements. As seen from the summary analysis of the development of Pudong New Area from 2020 to 2021, despite the impact of COVID-19, the economic development of Pudong New Area was still stable and improved, and the resumption of work and production was pushed in an orderly manner, and stage breakthroughs were made in different degrees, and economic resilience was further strengthened. The benefits of economic development and the guarantees for people's livelihood continued to be optimized and improved. It achieved good results in many aspects, such as implementing a higher level of opening up and better advancing deeper-level reforms, which produced a demonstration effect for development and reform. In seizing its new opportunities as an area leading socialist modernization, Pudong New Area also faces some new challenges in its development: heavy tasks in the normalization of prevention and control of COVID-19, insufficient and unbalanced economic development and public service supply, and other aggregate and structural problems.

Keywords: Pudong New Area; High-level Development and Opening Up; Aggregate and Structural Optimization; New Development Pattern

B.15 Development Report on Tianjin Binhai New Area

Li Tong / 298

Abstract: The year of 2020 is the final year of 13th Five-Year Plan. In 2020,

China completed its task of building a moderately prosperous society in all respects and successfully achieved its first centenary goal. At the beginning of the 2020, the outbreak of COVID -19 swept the world and caused serious shocks and damages to the world economy and people's lives. Tianjin Binhai New Area thoroughly implemented the important instructions made by General Secretary Xi Jinping during his inspection of Tianjin Binhai New Area in 2019, adhered to implementing the new development philosophy, coordinated the prevention and control of COVID -19 and economic and social development in a scientific way. With that, its economic quality and efficiency had been steadily improved quarter by quarter, and fruitful achievements were made in reform and innovation, and economic indicators rose against the trend. On the basis of summarizing the key areas and industrial development for the whole year of 2020, this report puts forward development suggestions on modern service industries, strategic emerging industries and mixed ownership reforms, innovative development of pilot free trade zone and ways to serve the national strategies.

Keywords: Tianjin; Binhai New Area; Beijing-Tianjin-Hebei; Coordinated Development

Ⅳ Investigation Reports on the Development Trends of the Special Economic Zones

B.16 Development Report on Qianhai Shenzhen-Hong Kong Modern Service Industry Cooperation Zone *Yong Wei* / 310

Abstract: This report summarizes the development status and new progress of Qianhai Shenzhen-Hong Kong Modern Service Industry Cooperation Zone in terms of "institutional innovation, agglomeration of modern service industry, and Shenzhen-Hong Kong cooperation". Facing the complex and volatile market environment at home and abroad and the new opportunities for expansion, Qianhai Shenzhen-Hong Kong Modern Service Industry Cooperation Zone should focus on two points for its current development: First, it should continue to promote the integration of rules and mechanisms between Shenzhen and Hong Kong, and break the barriers of factor flow; second, it should continue to promote the Shenzhen-Hong Kong cooperation in the modern service industry, and promote the professional and high-end development of the modern production and service industry. As a "new highland for Shenzhen-Hong Kong cooperation and a new model of reform and opening up", Qianhai Shenzhen-Hong Kong Modern Service Industry Cooperation Zone should continue to promote the organic integration of effective market and government, keep innovating systems, and at the same time, deepen cooperation with Hong Kong and Macao, and accelerate the promotion of connections with the social security systems and other systems of Hong Kong and Macao.

Keywords: Institutional Innovation; Agglomeration of Modern Service Industry; Shenzhen-Hongkong Cooperation

B.17 Development Report on China's Pilot Free Trade Zone

Fan Xiaowen / 323

Abstract: In 2020, with active explorations made by 21 pilot free trade zones, the tax system reform embarked on its journey, and the cross-border service trade access system was implemented in Hainan Free Trade Port for the first time. The integration and promotion of trade and investment liberalization and facilitation system achieved remarkable results, and the construction of high-level business environment brought great economic benefits. Facing the complex and volatile international situations, the core issues on the reform of the pilot free trade zones are to establish an ecosystem for innovations in high-end core technologies, and to promote the innovations in the systems for the flow of natural persons. Facing the challenges brought by the superposition of de-globalization and the new industrial revolution, the free trade pilot zones, as the "test field" for the reform of open system, should explore the construction of science and technology innovation parks to break through the "stuck neck" technologies, and at the same time, further improve the market rules and share the fruits of economic development under the new development model.

Keywords: Pilot Free Trade Zone; New Industrial Revolution; Innovation Ecosystem

B.18 Report on the Economic and Social Development of China's Tumen River Area *Shen Wangen, Zhao Baoxing* / 336

Abstract: This report investigates the economic and social development of China's Tumen River Area through field investigation and literature summary. China's Tumen River Area should take advantage of the situations and propose paths and methods according to its local conditions to solve the problems, and thus to finally realize the smooth start of its development during the "14th Five-Year Plan" period and promote its high-quality development.

Keywords: China's Tumen River Area; Economic and Social Development; High-quality Development

B.19 Economic Development Patterns of Shenzhen Bay Area —*from the Perspective of Regional Economic Integration*

Li Fan, Liu Chengjun and Wu Yifei / 350

Abstract: The outline of the "14th Five-Year Plan" emphasizes on actively and steadily promoting the construction of the Guangdong-Hong Kong-Macao Greater Bay Area. Shenzhen is not only a core engine city of the Greater Bay Area, but also shoulders the mission of "pioneer to carry and try", playing an important leading role in the construction of the Guangdong-Hong Kong-Macao Greater Bay Area. Therefore, based on Shenzhen, this report elaborates the strategic positioning of the economic integration development of the Guangdong-Hong Kong-Macao Greater Bay Area, makes a comparative analysis of the basic situations and potential deficiencies of the regional economic integration development, combines Shenzhen's core advantages in leading the economic integration of the Guangdong-Hong Kong-Macao Greater Bay Area, thus to explore Shenzhen's practical path in promoting the free flow of innovative elements, building a new path for regional coordinated development, and realizing multicultural exchanges and integration.

Keywords: Guangdong-Hong Kong-Macao Greater Bay Area; Regional Economic Integration; Shen zhen

B.20 Development Report on the Emerging Special Economic Zones in Xinjiang *Wang Baowei*, *Li Yuke* / 366

Abstract: 2020 is a very special year, under the leadership of the Party, and by adhering to Xi Jinping's thoughts on socialism with Chinese characteristics for a new era, Kashgar Special Economic Zone and Khorgos Economic Development Zone fully implemented the Party's strategies of governing Xinjiang, and made efforts in ensuring six priorities and stability in six areas (ensuring stability in employment, financial operations, foreign trade, foreign investment, domestic investment, and expectations and ensuring security in job, basic living needs, operations of market entities, food and energy security, stable industrial and supply chains, and the normal functioning of primary-level governments), actively promoted the deployment of "1 +3 +3 + reform and opening up", coordinated the prevention and control of COVID – 19 and the economic development, restored stable economic and social development while effectively controlling the spread of COVID –19, and achieved positive economic growth for the whole year of 2020, marking a perfect end to the final battle against poverty. Despite this, Xinjiang's new special economic zones also suffered from unbalanced urban and rural development, the impacts of COVID –19 on foreign trade, and the slow upgrading of the industrial structures. This report analyzes the problems faced by Xinjiang's new special economic zones, and puts forward relevant policy recommendations, with an aim to make certain contributions to the development of Xinjiang's new special economic zones.

Keywords: Kashgar; Khorgos; Special Economic Zone

S 基本子库
SUB DATABASE

中国社会发展数据库（下设 12 个专题子库）

紧扣人口、政治、外交、法律、教育、医疗卫生、资源环境等 12 个社会发展领域的前沿和热点，全面整合专业著作、智库报告、学术资讯、调研数据等类型资源，帮助用户追踪中国社会发展动态、研究社会发展战略与政策、了解社会热点问题、分析社会发展趋势。

中国经济发展数据库（下设 12 专题子库）

内容涵盖宏观经济、产业经济、工业经济、农业经济、财政金融、房地产经济、城市经济、商业贸易等 12 个重点经济领域，为把握经济运行态势、洞察经济发展规律、研判经济发展趋势、进行经济调控决策提供参考和依据。

中国行业发展数据库（下设 17 个专题子库）

以中国国民经济行业分类为依据，覆盖金融业、旅游业、交通运输业、能源矿产业、制造业等 100 多个行业，跟踪分析国民经济相关行业市场运行状况和政策导向，汇集行业发展前沿资讯，为投资、从业及各种经济决策提供理论支撑和实践指导。

中国区域发展数据库（下设 4 个专题子库）

对中国特定区域内的经济、社会、文化等领域现状与发展情况进行深度分析和预测，涉及省级行政区、城市群、城市、农村等不同维度，研究层级至县及县以下行政区，为学者研究地方经济社会宏观态势、经验模式、发展案例提供支撑，为地方政府决策提供参考。

中国文化传媒数据库（下设 18 个专题子库）

内容覆盖文化产业、新闻传播、电影娱乐、文学艺术、群众文化、图书情报等 18 个重点研究领域，聚焦文化传媒领域发展前沿、热点话题、行业实践，服务用户的教学科研、文化投资、企业规划等需要。

世界经济与国际关系数据库（下设 6 个专题子库）

整合世界经济、国际政治、世界文化与科技、全球性问题、国际组织与国际法、区域研究 6 大领域研究成果，对世界经济形势、国际形势进行连续性深度分析，对年度热点问题进行专题解读，为研判全球发展趋势提供事实和数据支持。